suhrkamp tasc

Insistierend auf philosophiegeschichtlich vorgeprägten Fragestellungen wie denen nach Sein und Schein, Pflicht und Neigung oder dem Verhältnis des konstruktiven Geistes zur Wirklichkeit, hat E.Y. Meyer stilistisch zwar – wie ihm die Kritik bescheinigte – den Weg zu einer klaren, beruhigten und ganz selbständigen Prosa zurückgelegt. Nicht gering bleiben dennoch die Schwierigkeiten, die Meyers Werk dem spontanen Verständnis entgegensetzt: sei es die starke autobiographische Verankerung seiner Themen, die präzise, nicht ablassende, penetrierende Art seiner Darstellung, die Verhäkelung des Gesamtwerks infolge seiner Technik motivischer wie inhaltlicher Wiederaufnahme und Weiterführung. Hier wie dort ist der eindringlich fragende Leser auf einführende und ordnende Hilfestellung des versierten Kenners und Interpreten angewiesen. Beatrice von Matt unternimmt diese Aufgabe mit einem abwechslungsreich komponierten Materialienband, versucht Meyers Werk durch eine Vielzahl von Näherungen konzentrisch zu fassen: im Gespräch mit dem Autor, durch Präsentation wichtiger Rezensionen, im Spektrum der Originalbeiträge ausgesuchter Interpreten.

Beatrice von Matt-Albrecht, aufgewachsen in Stans (Schweiz), studierte Germanistik, Anglistik, Philosophie und Kunstgeschichte in Zürich, Paris und Cambridge. Dr. phil. I. Literaturkritikerin (Hauptgebiet: Literatur des 20. Jahrhunderts) und Publizistin (Bücher zur Literatur der deutschsprachigen Schweiz, u. a. *Meinrad Inglin. Eine Biographie*, 1976, *Unruhige Landsleute. Schweizer Erzähler zwischen Keller und Frisch. Eine Anthologie*, 1980).

E.Y. Meyer

Herausgegeben von Beatrice von Matt

suhrkamp taschenbuch materialien

Suhrkamp

Umschlagfoto:
Andrej Reiser

suhrkamp taschenbuch 2022
Erste Auflage 1983
© Suhrkamp Verlag Frankfurt am Main 1983
Suhrkamp Taschenbuch Verlag
Alle Rechte vorbehalten, insbesondere das der Übersetzung,
des öffentlichen Vortrags
sowie der Übertragung durch Rundfunk und Fernsehen,
auch einzelner Teile.
Satz: Georg Wagner, Nördlingen
Druck: Nomos Verlagsgesellschaft, Baden-Baden
Umschlagentwurf: Willy Fleckhaus
Printed in Germany

1 2 3 4 5 6 – 88 87 86 85 84 83

Inhalt

I. Zur Einführung

II. Zu einzelnen Werken

Ein Reisender in Sachen Umsturz

In Trubschachen

Eine entfernte Ähnlichkeit

Das Zerbrechen der Welt

Die Rückfahrt

Die Hälfte der Erfahrung

Sundaymorning

III. Aspekte des Gesamtwerks

IV. Rezeption

V. Anhang

I

Zur Einführung

Beatrice von Matt

Gespräch mit E.Y. Meyer

21. April 1982: Gespräch mit E.Y. Meyer in Wabern, einem Vorort mit älteren Häusern und Gärten bei Bern. »Um reden zu können, brauche ich mein Territorium, kommen Sie doch bitte hierher«, meinte Meyer am Telefon. Er suche kaum mehr ein Restaurant auf. Wir sprechen also stundenlang in seinem ›Gebiet‹, das er – wie er sagt – durchmessen, durchwandern können muß, auch wenn er schreibt. In dieser alten Parterrewohnung mit drei Zimmern – an dem Frühlingstag ist sie von blühenden Sträuchern und ungeschnittenem Spalier ganz umgeben – sitzt er mitten »in einem Netz von Stoffen«. Zum Monatsende muß er das langjährige Domizil verlassen, das Haus wird wie andere der wohnlichen Bauten in dieser Straße renoviert. Die Wohnungen werden dann da zu teuer sein. Abgesehen von Reisen und Aufenthalten in Italien, Südfrankreich, Paris, Österreich, Israel, Deutschland hatte er sich hier dem ergeben, was er in der Voltaire-Geschichte *Ach Egon, Egon, Egon* als ein würdiges Leben pries: »Literatur und Landwirtschaft«, letzteres zumindest in der Form von Gartenpflege und Gemüseanbau. Daß er zu jeder einzelnen Pflanze, auch zu mitgebrachten aus dem Süden, eine besondere Beziehung hat, weiß ich von einem früheren Besuch. Wie wir abends zum Bahnhof fahren, fallen mir ausgegrabene Pflanzen mit Wurzelstöcken hinten im Auto auf. Die werde er der Schwester in den Garten setzen, die könne er nicht zurücklassen und aufgeben.

Der bevorstehende Umzug macht ihm zu schaffen. Die Zeit könnte er jetzt besser nutzen, sie wäre produktiv. Er werde vorderhand in Bern wohnen bleiben, des Romans wegen, den er jetzt in Angriff nehme und der hier seinen Ausgangspunkt habe. Auch einige noch nicht ausgeführte andere Stoffe – wie beispielsweise der »Großwildjäger« – seien mit der Stadt verhängt. Dann werde er weitersehen. Freier Schriftsteller müsse er auf jeden Fall bleiben. Schulehalten könnte er nicht mehr nebenher. »Wenn man einmal so gelebt und gearbeitet hat, empfindet man alles andere als Ablenkung.«

»Sie ziehen um und bleiben in Bern wohnhaft. Empfinden Sie

diese Stadt als eine Heimat? Gibt es hier überdies so etwas wie ein literarisches Klima?«

»Ein literarisches Klima fehlt hier zur Zeit leider, glaube ich. Aber ich kann hier schreiben, und das ist das Wichtigste. ›Ein Reisender in Sachen Umsturz‹ habe ich in Biel geschrieben und alles andere hier. An der Stadt selber ist das vielleicht Wichtigste für mich die Aare. Jeden Abend schwimme ich im Sommer, zuerst im Becken, Anfang August dann auch im Fluß. Jeweils im August kommt auch mein Verleger Siegfried Unseld hierher, und wir schwimmen dann gemeinsam. Wenn dieses Aareschwimmen wegfiele, wäre das eine Verarmung in seinem Leben, hat er mir kürzlich geschrieben. Er sei froh, daß auch meine neue Wohnung nicht weit weg vom Fluß liege. Enttäuscht bin ich von der Stadt, weil sie mir keine Wohnung zur Verfügung gestellt hat. Ich hatte darauf gehofft und wäre darauf angewiesen gewesen. Angenehm an der Stadt ist, daß sie weder zu groß noch zu klein ist. Neuerdings kommt sie mir zwar eher zu klein vor . . . Ein besonderes kulturelles Klima gibt es aber leider nicht, schon gar nicht eines, das demjenigen der Hauptstadt eines Landes angemessen wäre. Kein literarisches, auch kein theatralisches. Hier gibt es zur Zeit nur das, was ich einmal als ›Alltags-Kleinkram-Kunst-Herumgebastel‹ mit Straßenkunst und Kleintheater und Lehrerkunst und Berner Kunst und Beamtenkunst bezeichnen möchte, und das sicher auch seine Berechtigung hat. Alles andere wird da dann jedoch schnell kritisiert. Eine gewisse Kleinkariertheit ist diesem Berner Betrieb nicht abzusprechen. Da ist zum Beispiel Zürich wohl doch mutiger und weltoffener. Dort gibt es das ›Podium‹ der Stadt, Lesungen mit ›Welt-Literatur‹ im Hechtplatztheater . . .«

»Sie haben schon gelegentlich angemerkt, man sei als Schriftsteller in der Schweiz im öffentlichen kulturellen Leben zu wenig integriert, man werde nur – punktuell gewissermaßen – gefördert. Lebt es sich als Schriftsteller schlechter oder doch seelisch weniger gut in der Schweiz als anderswo?«

»Ich habe anderswo noch nie lange genug gelebt, um das beurteilen zu können. Aber ich finde es hier einfach nicht normal, daß keine Kontakte stattfinden. Ein Beispiel: Eben bekam ich eine Anfrage von der ›Berner Zeitung‹, für sie einen Text über die ›10. Gemäldeausstellung Trubschachen‹ zu schreiben. Bundesrat Hürlimann sei bei der Vernissage anwesend. Zu dem Anlaß würde ich also möglicherweise dem obersten Boß der offiziellen staatlichen schweizerischen Kultur zum erstenmal die Hand geben. Ohne diese Anfrage wäre ich da nicht eingeladen gewesen. In anderen Ländern ist die Kunst doch viel mehr integriert als hier, wo man nichts damit zu tun haben will, jedenfalls nicht solange ihre ›Produzenten‹ noch leben. Nachher kann man dann Geschäfte mit ihren Werken machen. Das tönt jetzt so nach Selbstmitleid. Es geht aber nicht darum, daß man sich darum reißen würde, zusammen mit Politikern irgendwo eingeladen zu werden. Es sollte dies vielmehr eine Selbstverständlichkeit sein. Ob man die Einladung dann annimmt oder nicht, wäre dann eine andere Sache. Gewiß ist Kunst immer in Opposition zur Macht, und der Künstler ist im ungewissen darüber, ob er sich mit der Macht einlassen soll oder nicht. Für beide Seiten wäre es aber gewiß besser, man würde sich wenigstens kennen, man hätte gegenseitig Einblick in die jeweiligen ›Tempel‹, in jenen der Macht und jenen der Kunst. Im übrigen gäbe das für die Künstler auch Stoffe. Eine Darstellung von Machtrepräsentanten durch Schriftsteller wäre vielleicht gelegentlich interessanter als die Sicht unserer halboffiziellen, halb staatlichen Medien. Daß es anderswo besser ist, daß man sowohl in Deutschland wie vor allem auch in Österreich als Schriftsteller mehr gilt und die Kunst überhaupt einen ganz anderen Stellenwert in der Öffentlichkeit hat, das habe ich auf Reisen oft genug erfahren.«

»Welches ist Ihr Verhältnis zum Erfolg, zum Ruhm?«

»Man sollte davon, glaube ich, vor allem nicht abhängig sein. Seine Sachen sollte man schreiben, ob man Erfolg hat damit oder nicht. Erfolg hängt immer wieder von äußeren Dingen ab, vom Zeitgeist auch. Oft hat man dann Erfolg, wenn man ihn gar nicht erwartet. Momentaner Erfolg ist schnell da und schnell wieder weg. Davon halte ich nicht viel. Auch kann er hemmend sein für das Arbeiten. Im Grunde muß man selber wissen, was etwas wert ist. Vom Verkauf her ist ›In Trubschachen‹ erfolgreich, aber auch ›Die Rückfahrt‹. Das Erfreuliche ist, daß diese Bücher weiterlaufen. Es sind keine Bestseller, aber gewissermaßen Longseller. Gute Bücher brauchen Zeit, beim Entstehen, wie dann auch in ihrer Wirkung. Ich glaube, daß das zusammenhängt. Was länger braucht zum Entstehen, wirkt auch länger.«

»Wie kamen Sie zum Schreiben? Sie, nicht Albin Berger, der Held der ›Rückfahrt‹? Ich denke, daß da eine Differenz besteht?

Oder wehren Sie sich nicht dagegen, wenn Ihre Bücher vom Autobiographischen her gelesen werden?«

»Doch, dagegen wehre ich mich. Ich mag nicht aufschlüsseln, was autobiographisch ist und was nicht. Denn ich glaube, daß das Schreiben und das, was entsteht im Schreiben, zu komplex ist, als daß man es in die einzelnen Teile zerlegen könnte. Weil das Ganze ja immer mehr ist als die einzelnen Teile zusammen. Die Anfänge meines Schreibens liegen wohl in den vielen Versuchen, meine künstlerischen Talente zu erproben. Von Anfang an habe ich zunächst einmal gezeichnet. Eine irrsinnige Produktion, kann man sagen. Meine Eltern haben mir immer alles erdenkliche Material zur Verfügung gestellt, Papier, Farbstifte, Wasserfarben, Neocolor. Auch mein Vater hatte eine ausgesprochene Begabung fürs Zeichnen. Ende der Gymnasialzeit hatte ich eine Freundin, die schrieb, und ich habe da dann auch angefangen zu schreiben. Doch geht das noch weiter zurück mit den Schreibanfängen. Bis zum Aufsätzeschreiben in der Schule. Bombenerfolge hatte ich mit meinen Aufsätzen in der vierten Klasse in Biel. Der Lehrer lobte mich immer, besonders auch für spezielle bildliche Ausdrücke, die ich aus intensiver Lektüre hatte, wie etwa ›hinter Schloß und Riegel bringen‹. Es geht aber noch weiter zurück bis zu den Märchen, die meine Mutter meiner Schwester und mir erzählt hat. Solche habe ich dann gestaltet, zunächst szenisch mit meinen Kasperlifiguren. In der Sekundarschule habe ich Bildergeschichten mit Text, eigentlich Krimigeschichten, gebastelt. Ein Mitschüler, der jahrelang mein bester Freund war, sagte mir: ›Du schreibst einmal Kriminalromane.‹ Dieser damalige Freund ist heute Instruktor beim EMD (Eidgenössisches Militärdepartement). Und daß wir uns ein bißchen aus den Augen verloren haben, ist deshalb wohl nicht erstaunlich … Dieses Jahr, 1982, habe ich sozusagen mein 10jähriges Berufsjubiläum: Eine lange Zeit seit 1972, da die ersten Erzählungen in Buchform erschienen. In der Produktion bin ich – quantitativ – eigentlich wenig weit gekommen. Aber ich sage mir, qualitative Produktion ist wichtiger.«

E.Y. Meyers Vater ist vor Ostern 1982, 61jährig, unerwartet an einem Aneurysma gestorben.

»Eine 36jährige Geschichte (Meyer wurde 1946 geboren) ist abrupt zu Ende gegangen, gerade jetzt, da ich mich mit dem Vater immer besser verstand …«

Das eigene Herkommen, Gedanken über Vater und Mutter, die Kindheit in Pratteln, die Jugend in Biel werden den einen Gedankenkreis abgeben, zu dem E.Y.Meyer dann im Gespräch immer wieder zurückkehrt. Den anderen, magnetischen Punkt gleichsam wird das bilden, was er »die großen Zusammenhänge« nennt. Das vorsichtige Aufrollen von Zusammenhängen, das Sich-Einfügen und das Sich-eingefügt-Fühlen in weltgeschichtliche Abläufe, das Philosophieren darüber: das bedeutet für diesen Autor das Stillen eines Grundbedürfnisses wie Trinken und Essen. Daß er aber immer wieder diesen Leitgedanken aufgreift, läßt auch die ganze Konzentration auf die momentane Arbeit erahnen. Meyer ist daran, ein Buch über Architektur mit dem Titel *Plädoyer* abzuschließen. Das Thema, gutes und öfter fehlgeleitetes, den Menschen zerstörendes Bauen, könne man nicht isoliert ansehen. Er ist daran, seine Meinungen über das Bauen in die »großen Zusammenhänge« einzugliedern, was bis hin zum Bau eines neuen Welt-Bildes gehen soll.

Im Wohnzimmer, wo wir an seinem ovalen, mit Intarsien versehenen Tisch reden, fällt auf einer Staffelei eine halbfertige Collage auf: aus Goethes ›sonnenhaftem‹ Auge brechen Strahlen in den Spektralfarben und beleuchten urweltliche Tiere, Pflanzen und zwei Frauenkörper. Ein Kalenderblatt, ein Farbfoto des schweizerischen Mittellandes, gibt den Hintergrund ab.

»Sie zeichnen und malen noch immer, wie Sie das von sich als Kind geschildert haben?«

»Ja, das habe ich nie aufgegeben. Dieses Mittel, mich zu artikulieren, hätte ich auch zu meinem eigentlichen Ausdrucksmittel machen können ... Jetzt male ich gelegentlich am Abend, um die Dämonen zu bannen. Die Arbeit an Collagen ist für mich eine Lockerung in einem anderen Medium. Was ich suche, kann ich hier – schneller und direkter – sichtbar machen. Ich kann da auch Dinge, die ich noch nicht durchschaue, in einer (noch) einfachen Bedeutung fassen, erfassen sozusagen – anfassen in einer handfesten Bedeutung. Etwas vom letzten ist ›Die Zurückholung des Goldenen Vlieses‹... Diptychon zwischen den Jahren 1981/1982.«

Auf zwei Holztafeln ist auf Goldgrund eine ganze wildfarbige Welt in Exponenten vertreten: Urgeschichtliches mit Sauriern zu Land und zu Wasser, Geschichtliches mit römischen Legionären, Gegenwärtiges mit abstürzendem Astronauten. Das Ganze wird

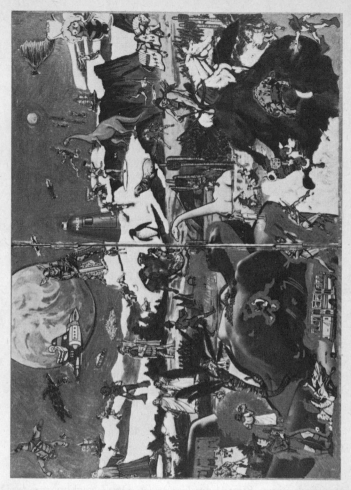

»Die Zurückholung des Goldenen Vlieses ... Fließ-Blattes ...«, Diptychon von E.Y. Meyer. Zwischen den Jahren 1981/1982.

zusammengehalten durch eine liegende schöne Blondine.

»Eine Urmutter-Vorstellung auch hier wie mit der Figur der Bäuerin im Stück ›Sundaymorning‹?« Meyer bejaht.

»Eine Vorstellung von historischer und räumlicher Synthese wie im Roman ›Die Rückfahrt‹?«

Meyer bejaht wiederum: »Es sind Versuche einer ›synoptischen‹ Sicht der Welt . . .«

Er zeigt andere Collagen aus jüngster Zeit, nur einmal fehlen die Frauenfiguren: In Rot und Schwarz herrscht ein schrecklicher Tumult mit platzenden Sternen – Weltkatastrophe, Apokalypse. Im übrigen scheinen es immer Frauen zu sein, die im Bild die Welt noch just im Lot halten, bewahren vor Explosionen, King Kong und sonstigem Bedrohlichen, – auch auf den Blättern »Max Frisch erscheint im Holozän« und »Der heilige Fritz von Neuenburg« – gerade dieses Blatt hat beträchtlichen hintergründigen Witz.

»Frauen sind in Ihrem schriftstellerischen Werk stark ausgespart. Die Freundin Anaïs in der ›Rückfahrt‹ ist absichtlich wenig konturiert. Deren Mutter Ebet Thormann erscheint als eine Weise, eine Leitgestalt, starkes Profil hat die Großmutter in der ›Großpapa‹-Geschichte. Im Roman ›In Trubschachen‹ hat es kaum Frauen. Als eigentliche Partnerinnen fehlen sie im ganzen Werk, warum?«

»Das stimmt . . ., doch ging es bis jetzt in meinen Büchern vorwiegend um die Gestaltung der Selbstwerdung, um die Individuation. Jeder ist ja letztlich doch allein . . . Aber Stoffe leben, und seit einiger Zeit rückt bei mir als Stoff auch die Mutter viel mehr in den Vordergrund. Die Frau ist in meinem ersten Theaterstück ein Hauptthema. Die Mutter-Seite kommt jetzt auch im ›Plädoyer‹ vor. Frauen als Partnerinnen werden im neuen Roman vorkommen. Für mich sind im übrigen Gleichberechtigung und Gleichwertigkeit von Mann und Frau etwas Selbstverständliches – auch wenn sie in den größeren Zusammenhängen der Natur, glaube ich, nicht die gleiche Aufgabe zu erfüllen haben. Daß eine Frau das heute anders erfährt, darüber bin ich mir im klaren. Doch kann ich ja nur aus meiner eigenen, der männlichen Perspektive schreiben, und der extreme Feminismus interessiert mich eben nicht . . .«

Meyer spricht dann von seiner Freundin, die als freie Bühnenbildnerin in Paris lebt. Wenn er sie bei ihrer Arbeit begleite, in Deutschland etwa, erlebe er jeden Tag einen »Roman«, nur komme er dann nicht mehr dazu, alle diese Romane auch noch aufzuschreiben.

»Sie versteht es, sehr gut zu erzählen, und ihre Umgebung, das Theater, liefert die Stoffe von selber. Doch muß ich mich gegen zu viele Stoffe fast wehren, und die müssen dann einfach liegenbleiben, wie etwa der, den ich kürzlich in Venedig erlebte. Das hätte eine gut lesbare Geschichte gegeben, die Vergangenheit von Venedig hätte hereingespielt, typisches venezianisches Intrigenspiel, Horrorszenen . . . Doch dafür ist jetzt nicht Zeit.«

Er zeigt Fotos der Arbeit seiner Freundin, er weist besonders nachhaltig auf eine *Macbeth*-Szenerie hin. Inmitten von Skeletten sind drei Schauspieler zu erkennen, deren Körper nur wie zufällig Kleider und Muskeln vorzeigen.

Der Tod ist eines der dominierenden Themen in unserem Gespräch. »Der Tod ist wahrscheinlich der Preis, den wir für individuelles Leben zahlen. Niedere Materie darf dauern . . . Mich verfolgt jetzt der Gedanke: Wie paßt der Tod meines Vaters zu seinem Leben? Mein Vater hat nie viel gesagt. Wenn ich ihn eines Stoffes wegen über das, was früher war, ausfragen wollte, war seine Antwort stets: ›Werum wottsch das wüsse?‹ Er war der Welt gegenüber aber offen und las viel, vom Krimi bis zum modernen Roman, alles durcheinander. Interessiert war er vor allem konkret technisch. Er hätte es begrüßt, wenn seine beiden Kinder Naturwissenschaften studiert hätten. Ich habe mich aber fürs Schreiben gewehrt. Jetzt, da ich sogenannte ›Belletristik‹ schreiben sollte, studiere ich allerdings wieder Naturwissenschaften.«

(E.Y. Meyer befaßt sich seit Jahren mit Biologie, Physik, Weltentstehungstheorien, Verhaltensforschung und so weiter.)

Ich spreche ihn auf die ersten Seiten der *Großpapa*-Erzählung an, auf denen – suggestiv beinahe – die Geschlechterkette der Meyer zurückverfolgt und insinuiert wird, der Tod verliere dadurch ein bißchen von seinem Schrecken, daß man angesichts verstorbener Vorfahren denken könne »wie Kinder . . . ›Geh du zuerst, dann geh ich auch‹«.

»Ja, ja, aber wir tun trotzdem immer so, als würden wir nicht sterben . . .«, meint Meyer, und im übrigen habe er auch schon geglaubt, es sei soweit. Er zeigt mir die Manuskripte, die er »Nachlaß« nennt, ganz frühe Geschichten und seinen ersten Roman mit dem Titel *Dritte Person Einzahl*.

»Der Tod spielt in Ihrem Denken, in Ihren Büchern, eine große

Rolle. Ist die Evolutionstheorie, die Sie oft ansprechen – jene eines Gregory Bateson beispielsweise – auch eine Rettung vor der Tatsache des individuellen Todes?«

»Eine Rettung gibt es da wohl nicht. Vielleicht aber etwas wie eine Beruhigung, ein Verstehen der Notwendigkeit des Todes – ein Akzeptierenlernen. Jedes Denken im Rahmen der Evolutionstheorie, nicht nur jener von Bateson, spendet Trost in Anführungszeichen. Das ist alles Theorie, nicht letzte Wahrheit, dessen bin ich mir bewußt. Es ist der Versuch eines großgespannten Rahmens, wo alle uns zugänglichen Informationen möglichst widerspruchslos Platz finden. Bei Einstein heißt das ›kosmische Religiosität‹. Das heißt wohl so etwas wie Aufgehobensein ... Daß wir mit den Sternen verbunden sind, aus dem gleichen Material wie die Sterne sind, das ist für mich schon irgendwie ›tröstlich‹. Der Stachel bleibt aber natürlich. Elias Canettis kämpferisches Verhältnis zum Tod, nach dem Sie mich fragen, ist wohl eine Don-Quijote-Haltung in der echten und großen Tradition des Kampfs gegen Windmühlen.

Eingehender, als ich mich bis jetzt mit Bateson beschäftigen konnte, habe ich mich aber zum Beispiel mit Konrad Lorenz beschäftigt. Besonders intensiv mit ›Die Rückseite des Spiegels‹, welches ich als sein Hauptwerk ansehe. Dort habe ich auch eine einleuchtende und überzeugende Lösung meines sogenannten ›Kant-Problems‹ gefunden. Die Denkkategorie der synthetischen Urteile a priori, die Kant nicht anders erklären *konnte*, wird bei Lorenz im Licht der modernen Biologie gesehen. Jene synthetischen Urteile a priori werden da zu phylogenetischen, zu stammesgeschichtlichen Erfahrungen des Menschen, zu Erfahrungen, die durch Vererbung weitergegeben werden. Auch diese Denkkategorien sind also geschichtlich, aber eben in riesigen, uns unvorstellbaren Zeiträumen entstanden.

Gemäß Lorenz gibt es zwei Quellen der Erfahrung, die stammesgeschichtliche und die individuelle.

So gesehen hat die Menschheitsgeschichte für mich die Form eines Dramas. Die größeren Zeitabläufe entsprechen der Tragödie, die Individualgeschichte hat die Form der Komödie. Letztere ist leichter, lockerer, kann, weil sie zufällig scheint, einen komischen Effekt bekommen. Wo Individuelles ist, ist Komödiantisches.«

Um besser zu verstehen, frage ich nach Figuren in seinem

Werk.

»Ja gewiß. Verschiedene Figuren bei mir haben doch immer wieder dieses leicht Komische, Verschrobene, so wie etwa Loser in ›Eine entfernte Ähnlichkeit‹.«

Eine gewisse heilsame Oberflächlichkeit geht diesem Autor ab, seit jeher. Er ist so versessen auf Erkenntnis, auf den Durchblick, die Zusammenschau, »Synopse«, wie er sagt, – daß er es, wie mir scheint, sogar darin zur Meisterschaft gebracht hat, auch sich selber zu objektivieren, sich in gewissen hellen Augenblicken klar wie von außen zu sehen, wie von weit weg . . . Der Tod des Vaters scheint diese Fähigkeit und die Vorliebe für diese Gedankengänge erst recht zu fördern.

»Als Einzelne sind wir doch praktisch nichts, höchstens 2 m hoch und siebzig Jahre lang.« Darum sei ihm die Verbundenheit mit dem Kosmos wichtig. Wir gehörten zu einem umfassenden Größeren, das mehr sei als die Addition der Einzelteile, »früher hat man dem eben ›Gott‹ gesagt«. Dieses »Größere« spricht er immer wieder an, manchmal scheint es wie eine andere Ausprägung der Urmutter, die er sucht, dann hat es wieder eher gottväterliche Züge. Ob er glaube, dieses Größere sei im christlichen Sinn als etwas Persönliches zu verstehen.

Das glaube er nicht. Die Zeit des Christentums gehe wohl zu Ende. Es komme etwas Neues. Was er sehen könne, versuche er jetzt im *Plädoyer* auszuführen. Da wir – als Individuen – so ephemere Erscheinungen seien, käme ihm die Ausbreitung der alltäglichen Seelennöte in den Büchern vieler Kollegen so eng, geistlos und vor allem so gleichartig vor: »Gewiß hat es Gutes in diesem Genre, als das, was es ist, interessiert es mich aber nicht.« In der gegenwärtigen Gesellschaft sieht er eine Tendenz, sich so zu verhalten wie leblose Materie, Energie zu zerstreuen, die Entropie zu unterstützen, statt – wie das sonst persönlich-individuellem Leben entspricht – Energie zurückzubehalten. Der heutige Materialismus gehe so weit, daß wir materieanaloges Verhalten angenommen hätten und uns nur mehr verströmen, gewalttätig verausgaben würden. »Gerade unsere, die jetzige, Zivilisation ist ja nur eine hauchdünne Schicht, darunter lauert nackte Brutalität . . .«

Das Ganzheitsdenken, die Überwindung des gefährlichen Dualismus – hie Idealismus, da Materialismus – das sei ihm ein Hauptanliegen. Von hier aus geht er die konkreten Stoffe, Geschichten, Figuren an: »Was ich sehe, erfahre, höre, beziehe ich auf die ›großen Zusammenhänge‹.« Das ist für ihn eine Art Rückverbindung auch aus dem vereinzelten und vereinzelnden Schreiben zurück zum Kosmos. Er sieht das an wie einen Nährgrund, der ihm die schöpferischen Prozesse speist. »Ohne Zusammenhänge keine Neuerungen . . . Von dort werden Evolutionen in Gang gebracht, nicht nur in gedanklicher, sondern vor allem auch in formaler Hinsicht. Ein Beispiel ist ›Die Rückfahrt‹.« Da habe er zuerst einen Roman schreiben wollen, bei dem die Figur des Denkmalpflegers als Held im Zentrum gestanden hätte. Dann sei diese Figur in den Hintergrund gerückt, aber dort immer noch ständig präsent geblieben.

Die komplizierte, dem inneren Prozeß aber entsprechende Zeitstruktur, die in bezug auf die eigentliche Chronologie gebrochene Romanzeit, das habe sich erst bei der Arbeit ergeben und stehe im Zusammenhang mit der Erweiterung der psychischen und geistigen Kapazität des neuen Helden Berger. Die durch Santschi, Ebet Thormann und Effinger vermittelten Erkenntnisse würden ihn erst befähigen, seine Vergangenheit so aufzuschreiben, wie er es im letzten Teil tut – sie würden ihn sogar erst zu diesem Schreiben bringen. »Durch die schmerzhafte Eingliederung des mit der Welt und mit sich zerfallenen, d. h. also von den Zusammenhängen abgerissenen Berger in neue, ihm bisher nicht zugänglich gewesene Zusammenhänge wird die neue Entwicklung zum *ganzen* Menschen und damit auch zum Schriftsteller möglich. Das spiegelt sich eben in der Zeitstruktur des Buches.« Es sei freilich so, daß weder die ganze Erkenntnis noch der ganze Mensch *ganz* blieben. »Auf neuer Stufe ist das Ganze dann wieder nur die Hälfte. Das ist das Thema von ›Die Hälfte der Erfahrung‹.«

Das ist offenbar Meyers eigentliche Lieblingsvorstellung: das Gegebene durchschauen und – schauend – übersteigen. Es ist der Antrieb seines Denkens und Arbeitens. »Ich weiß schon, daß jeder Text Stückwerk ist, ein Bruchstück, ein kleines Teilchen eines Hauses, aber die Arbeit ist eben anders nicht zu leisten.« Gleich aber verrät er wieder die Utopie, die ihn anstachelt: »Das Haus ist zwischendurch vielleicht schon einmal ganz da – wie in einer mystischen Erfahrung kann man vielleicht einmal das Ganze sehen – aber nur für einen Augenblick . . . Man müßte alt werden, aber völlig präsent bleiben und den Zeitpunkt seines Todes kennen. So fünf Jahre vor dem Tod könnte man dann die eigene Vergangenheit durchsichtig machen und in einer Zusammenschau alles, die ganze eigene Erfahrung und Erkenntnis ein letztes Mal zu gestalten versuchen.«

Vor einigen Jahren wollte er eine solche Gesamtschau schriftstellerisch in Angriff nehmen. Die Idee dazu sei ihm auf einem Berg in Südfrankreich, auf dem Mont Ventoux, gekommen.

»Ich wollte das alles ausführen mit Kindheit, Geschichte in größerem Zusammenhang und so weiter ... Doch da kam wieder etwas dazwischen, und es erschien kurz darauf zum Beispiel auch Peter Handkes ›Die Lehre der Sainte Victoire‹. Es hätten sich da für meinen Geschmack zu direkte Parallelen ergeben, und ich stellte das Projekt zurück. Ich versuche das jetzt eben sozusagen zuerst einmal in ›Fragmenten‹ zu leisten.«

Jetzt gerade stört es ihn beispielsweise, daß er im *Plädoyer* in einer etwas ausführlicheren Weise nur bis zu den Vorsokratikern zurückgehen könne und nicht auch bis zum Urknall.

Ob es denn in Geschichten nicht so sei, daß ihn ein ganz konkreter Anlaß, eine reale Begegnung auch zum Schreiben bringe, wie etwa Loser, der Anstaltsinsasse von *Eine entfernte Ähnlichkeit*, den er, das heißt, das Erzähl-Ich, zufällig in einer Wirtschaft reden hört?

»Doch, natürlich. Da spielt sich aber etwas Analoges ab. Die Figur reizt mich, ich verfolge sie, und während ich sie verfolge, erweitert sich ihr Umkreis ständig, zurück in Geschichtliches, zurück zu einer anderen, einer historischen Figur, wie etwa Robert Walser ...« So mag und kann er kein Phänomen, auch keinen Menschen, nur für sich betrachten. Auf irgendeine Weise muß er mit »den großen Zusammenhängen« in Berührung bleiben. Und jetzt gerade hat er das Bedürfnis, sie nicht nur im Hintergrund mitschwingen zu lassen, sondern sie auch zu benennen.

Ich erwähne die Erzählung *Die Hälfte der Erfahrung*, in der er, wie mir scheint, eine hochraffinierte Mischung von Berichten über konkrete Ereignisse und von Reflexion erreicht hat. Ja, er habe auch geglaubt, das sei geraten, kunstvoll verwoben. Man habe diesen Text aber noch gar nicht so recht zur Kenntnis genommen. Sein Freund Georg Jánoška allerdings sei gerade als Philosoph von der Geschichte angetan gewesen.

»Ich verstehe diese Geschichte als so etwas wie eine Veranschaulichung einer Evolution des Geistes.«

Ich berichte von Erfahrungen mit Studenten, die Meyers Texte vorwiegend von deren Aussage her angingen.

»Glauben Sie, daß die ungeheure Kompositionsarbeit, die in der *Rückfahrt* geleistet wurde, erkannt worden ist? Fürchten Sie nicht einen (zunehmenden) Überhang von bloß thematischer, bloß inhaltlicher Rezeption?«

»Eine gewisse Gefahr besteht da wohl schon. Aber das ist wahrscheinlich auch eine Zeitgeist-Frage. Das wird wieder wechseln. Form und Inhalt gehören untrennbar zusammen. Eines bedingt das andere. Man kann da nicht trennen.«

»Sie sind philosophisch stark engagiert. Sie beobachten die kulturpolitische Situation beispielsweise. Sie erkennen Schäden und Gefahren innerhalb der westlichen Zivilisation. Wollen Sie mit Ihren Büchern direkt Einfluß nehmen?«

»Das ist die Frage, ob Kunst etwas verändern könne. Da glaube ich nicht dran. An direkte, sofortige Änderungen nicht. Auf lange Sicht – indirekt – kann sie bei Bewußtseinsprozessen beitragen. Für mich sind meine Sachen aber auch ein Bewußt-sich-zur-Wehr-Setzen gegen Kräfte, von denen ich das Gefühl habe, daß sie mich in meiner Existenz bedrohen. In jedweder industriellen Zivilisation sind sie am Werk. Das Schlimmste ist wohl, daß die Menschheit ein Massenmonster geworden ist. Wenn weltweit alles vereinheitlicht wird, dann ist das ein lebensfeindlicher Prozeß für die ganze Weiterentwicklung. Die Fortsetzung der Evolution ist abhängig von der möglichst großen Vielfalt. Da wir das Ziel der Evolution nicht voraussehen können, muß für jede mögliche Wendung genügend Spielraum vorhanden bleiben. So können immer Anpassungen erfolgen. Wenn der Mensch ein einheitlich spezialisiertes Wesen wird, kann er sich an Umweltveränderungen, die außerhalb seiner Einflußmöglichkeiten liegen, nicht mehr anpassen.«

»Was sagen Sie zum Vorwurf, der besonders nach Erscheinen von *Die Hälfte der Erfahrung* zu hören war, Sie würden philosophische Gedanken zu ungebrochen in Ihre Texte einbauen? Trauen Sie der Fiktion, dem Schreiben von Geschichten, dem Entwerfen von Figuren, weniger als früher?«

»Zwischen lockerem und strengem Denken muß, gemäß Gregory Bateson, notwendig ein Wechsel stattfinden. Das ist nur in zeitlicher Abfolge möglich. Literatur würde ich dem lockeren Denken zuordnen, philosophische Gedankengänge dem strengen. Momentan ist doch, innerhalb der schweizerischen Literatur, die Situation nicht so, daß da eine starke Phase wäre, in die man

Vertrauen haben könnte. Ich sehe ein Treten-an-Ort, Nabel-schau, Ignoranz gegenüber wichtigen Dingen, die in der Welt geschehen. Das Wichtigste geschieht heute wohl in den Naturwissenschaften, das gilt für das ganze Jahrhundert. Die Literatur hat dagegen immer mehr die Rolle eines Sozialhelfers übernommen: alltägliche Privatgeschichten werden noch und noch durchgekaut. Das muß vielleicht auch sein. Aber das hat zur Zeit, glaube ich, ein ungutes Übergewicht . . . Dem Wechsel zwischen dem lockeren und dem strengen Denken entspricht auch meine literarische Entwicklung. Die war mir ja zunächst nicht bewußt. Im nachhinein betrachtet ist da aber eigentlich alles nach dem Prinzip gebaut, das man als Motto der ›Rückfahrt‹ nehmen könnte, nämlich nach dem Satz von Kierkegaard: ›Das Leben wird vorwärts gelebt und rückwärts verstanden.‹ Und das korrespondiert eigentlich auch mit dem Schema des naturwissenschaftlichen Denkens. Die erste Stufe umfaßt da das Sammeln von Informationen, was wahllos, orientierungslos vor sich geht. Es ist die Herstellung einer Induktionsbasis. Die zweite Phase geschieht im Rückblick auf die Informationen. Man wird diese systematisch zu ordnen und Strukturen in ihnen zu sehen versuchen. Und die dritte Stufe besteht dann darin, abstrakte Gesetzlichkeiten herauszulesen. So sehe ich im Rückblick nun eigentlich eben auch die eigene Entwicklung . . . Und dann beginnt das dann jeweils wieder von vorn. Es ist danach dann wieder eine neue, größere Induktionsbasis nötig, denn diese kann nie groß genug sein und alles umfassen, was vorhanden ist. Anhand der eigenen Bücher lese ich da nun zum Beispiel folgende Entwicklung ab: ›Ein Reisender in Sachen Umsturz‹ kommt einem Sammeln von Informationen gleich. Das geschah im Weglosen. Das war ein Umherirren in wegloser Landschaft, surreal vermischt. Voller Bedrohungen. Die ›Inselgeschichte‹ etwa würde ich sehen wie ein Bild der ›Welt-Geschichte‹, weil wir heute wissen, daß unsere Welt wie eine Insel im Weltraum ist. ›In Trubschachen‹ bedeutet dann den ersten größeren Versuch, einen Weg zu finden, die Orientierung an Kant, die Auseinandersetzung mit ihm. Die Verbindung zwischen dem, was der Held will, und der Realität hat da allerdings noch nicht stattgefunden. Erst in der ›Rückfahrt‹ findet eine solche Verbindung statt. Zuvor gibt es dann noch die drei langen Übergangserzählungen in ›Eine entfernte Ähnlichkeit‹. Diese spiegeln die Situation des Unterwegsseins, als Schriftsteller und zum freien

Schriftsteller, Identitätsfindung. Die Nachgeschichte zu ›Trubschachen‹ gehört da wesentlich dazu. Das war eine wichtige Erfahrung und hat mich vieles gelehrt über Literatur und ihre Wirkung, über das Verhältnis von Fiktion und Realität. Die ›Großpapa‹-Erzählung weist schon auf das Kindheits-Projekt, das dort zum erstenmal konkret auftaucht. Dann kommt eben der Versuch zu ordnen auf höherer Ebene, abstrakte Gesetzlichkeiten herauszulesen. Das wäre, so gesehen, in der ›Rückfahrt‹ passiert. Sie steht auf einer abschließenden Stufe.

›Die Hälfte der Erfahrung‹ spiegelt diese Reflexion des Weges. Jetzt ist wieder Aufbruch in Neuland, dazu gehört die Dramatik, vorbereitet durch Hörspiel und Fernsehspiel.

In der Mythosforschung gibt es ein analoges Schema. Immer dann, wenn das soziale Gefüge des Unbewußten aufgelöst wird, wenn es chaotisch wird, muß der Held eine heroische Reise unternehmen, etwa durch einen Wald, wo noch keine Wege sind, wo noch niemand war. Dort muß er mit bedrohenden Mächten kämpfen, diese Kämpfe siegreich überstehen und dadurch zu neuen Formen finden auf höherer Ebene. Er muß so Antwort geben auf das Chaos, oder er muß untergehen. Auch beim Schreiben ist das so. Und das muß ja auch so sein, wenn eine Entwicklung feststellbar sein soll. Alles andere ist autistisches und artistisches Treten-an Ort. Ein Bild dafür gibt, wie gesagt, die Erzählung ›Die Hälfte der Erfahrung‹. Sobald die Erfahrung ganz wird, kippt sie zurück und ist wieder nur die Hälfte.

In dem Sinn ist der Begriff des bürgerlichen Entwicklungsromans heute auszuweiten zum Begriff des evolutionistischen Romans. Das gilt auch für die ›Rückfahrt‹, die, glaube ich, bereits so eine Art evolutionistischer Roman ist.

Die gleiche evolutionäre Entwicklung ist sowohl im Produkt wie im Schöpfer dieses Produkts festzustellen [. . .]. Wir Menschen scheinen so etwas wie kleinste Modelle eines riesigen Entwicklungsprozesses zu sein, Vorkämpfer einer riesigen Armee, die ins Unbekannte vordringt. Und diese Armee braucht eben die individuelle Vielfalt, damit sie unter allen Umständen weiter vordringen kann. Die Armee umfaßt alle belebte Materie. Die Menschheit ist nur die Vorhut. Alles andere, was hintendran ist, hält und stützt uns jedoch: Pflanzen, Tiere, anorganische Materie. Meine ganze Arbeit ist eigentlich nichts anderes als die Arbeit an einem so gearteten Welt-Bild. Ein Bild der Welt, das ist ja auch das, was die Menschen anstreben und anstreben müssen. Sie wollen sich so befreien aus der Welt des momentanen Erlebens. Das ist notgedrungen aber auch ein vereinfachtes und ein zum Zweck einer Übersicht geschaffenes Bild. Ein solches Bild zu errichen ist der Zweck sowohl der Kunst wie der Wissenschaft. Bei Einstein etwa ist das Bildermachen eine der wichtigsten Tätigkeiten. In einer Rede zum 60. Geburtstag von Max Planck schreibt er: ›Der Mensch sucht ein ihm irgendwie adäquaterweise vereinfachtes und übersichtliches Bild der Welt zu gestalten und so die Welt des Erlebens zu überwinden, indem er sie bis zu einem gewissen Grad durch dies Bild zu ersetzen strebt.‹

In meinem neuen Buch heißt die essayistische Einleitung ›Reisen nach Deutschland. Überlegungen zur Art und Weise, wie Welt-Bilder entstehen‹. Es geht da um das Suchen eines individuellen Welt-Bildes und dessen In-Zusammenhang-Bringen mit dem kollektiven Welt-Bild: beides ist, glaube ich, unabdingbar für das Überleben sowohl der Menschheit wie des Individuums. Insofern setze ich mich damit auch von der jüdisch-christlichen Tradition ab, die sagt, man solle sich kein Bildnis machen. Die Bilder, die wir uns heute quasi ›automatisch‹ von unserer Außenwelt machen können und machen müssen, sind in Wirklichkeit in langen Zeit-räumen als hochkomplizierte Prozesse enstanden . . .«

»Ist das Schreiben für Sie eine Existenzfrage? Hat es für Sie therapeutische Wirkung?«

Beide Begriffe passen ihm nicht. »›Existenzfrage‹ klingt zu pathetisch.

»Wenn man schon so lange geschrieben hat wie ich, dann entwickelt sich eben dieses Medium. Wenn man mit diesem so jahrelang fortgekommen ist, hat man mit der Zeit keine andere Wahl mehr. Die Möglichkeiten schränken sich ein. So um 1967 herum hatte ich noch die Wahl zwischen Schreiben und Malen. Für die Bieler Weihnachtsausstellung habe ich damals auch zehn Bilder gemalt, apokalyptische Bilder mit Themen wie ›Technik und einsame Menschen‹ und Titeln wie ›Quo vadis?‹, Bilder mit schwarzen Vögeln drauf. Zwei wurden dann von der Jury für die Ausstellung ausgewählt . . . Und gefilmt habe ich damals auch noch. In der Bieler Galerie 57 sind im November 1968 vier meiner Achtmillimeter-Kurzfilme aufgeführt worden.«

Und Meyer zeigt mir eine Besprechung von Heinz F. Schafroth aus der Tagwacht (14. Nov. 1968): »Das Team Tobias Kästli (Re-

Junge Bieler zeigen

Donnerstag, 7. November um 20 Uhr 30
in der
GALERIE ㊲ , SEEVORSTADT 57

ihre 8 mm Filme :

Inversion, Naum:, Buildings, Streets, Inside-Outside

In Paris wird bereits der Taschenfilm (in Analogie zum Taschenbuch) propagiert,
und der Münchner Filmer Edgar Reitz ("Mahlzeiten") glaubt, dass die Herrschaft
des Geldes bei der Filmherstellung nur zu beseitigen ist durch radikale Verein-
fachung der Herstellung. Die Kosten sollen so klein werden, dass sie kaum noch
ins Gewicht fallen, was man heute mit 8 mm Filmen erreichen kann.

Wir glauben, dass es gerade auf Grund solcher Ueberlegungen nützlich ist, auch
in Biel 8 mm Filme zu drehen und zu zeigen und über ihre Möglichkeiten zu diskutieren.

Nous aimerions dire avec les mots de Godard: Essayez de faire vos films le plus
tôt possible, car après nous pourrions enfin en discuter!

Des Jeunes Biennois montrent

Jeudi, le 7. novembre à 20 heures 30
à la
GALERIE ㊲ , FAUBOURG DU LAC 57

leurs films en 8 mm :

Inside-Outside, Streets, Buildings, Naum:, Inversion

LE FILM QUITTE LE CINEMA

Meyer, Spiers, Küstli, J.P. Wolf, M. Wolf, Meier, Küfer, R. Liechti, Christ, Flückiger, H. Liechti

Einladung zu einem 8-mm-Filmabend, an dem u. a. auch der Film *Inside-
Outside* von E.Y.Meyer gezeigt wurde (1968).

gie), Peter Meyer [e. i. E.Y.Meyer] (Hauptdarsteller, Regie, Drehbuch) und Jürg Spieß (Kamera) verdient [. . .] Respekt und Interesse [. . .]. Rhythmus zeichnete den schönen und überraschenden Streifen ›Buildings‹ aus, der immer wieder durch effektvolle Schnitte (Übergang vom Baustellentümpel zum Teich der Villa Adriana) und spannende Kameraeinstellungen bestach, der seine Motive je nach ihrem Gehalt verschieden ins Bild umsetzte – den modernen Häuserblock in hektischem Zeitraffer, das verträumte kleine Palais in fotografischer Statik.«

»In Ihren Büchern fällt die Beschreibung von Häusern auf – von markanten Bauten, Kliniken, Kirchen, von schönen oder bergenden Häusern. Einer Ihrer Kurzfilme hieß ›Buildings‹. Sie schreiben jetzt ein Buch über Architektur und nennen es ›Plädoyer‹. Haben Sie selber eine Erklärung für die Vorliebe solcher Thematik?«

»Sie haben recht. Das ist eine Linie, die man verfolgen kann. Der Raumfaktor spielt im Leben des Menschen eine große Rolle. Wenn der soziale Raum nicht mehr geschützt ist, dann tritt Terror auf. Die Stadt ist eine typisch menschliche Erfindung. Sie hat keine Parallele im Tierbereich. Das enge Zusammenleben hat die Zivilisation ermöglicht. Nur sind dann die Grenzen überschritten worden, sinnlose Wucherungen der Städte haben eingesetzt. Möglicherweise wird die Zivilisation hier auch wieder enden, wo sie angefangen hat. Wenn nach dem biologischen Gesellschaftsvertrag ein Gleichgewicht zwischen notwendiger Ordnung wie ebenso notwendiger Unordnung gefordert ist, dann müßte man feststellen, daß jetzt zu große Ordnung verlangt ist. Alle müssen nach dem gleichen Prinzip funktionieren. Das ist gefährlich. Und das Individuum wird dazu gedrängt, auf seinem Recht auf Unordnung zu bestehen.«

»Ähnliche Ansichten über Bauen und Wohnen finden sich in ›Die Rückfahrt‹ und wohl auch im entstehenden ›Plädoyer‹!«

Meyer bejaht, und er bestätigt auch die Vermutung, daß man rein formal die Filmarbeit seinen Texten gelegentlich ansehe, beispielsweise in der Art, wie er zu Beginn der *Rückfahrt* vom drastisch ausgeschilderten Traum vom auseinanderbrechenden Berner Münster in einem einzigen Schnitt auf den Träumenden wechsle, den man erst jetzt als solchen erkenne (»Berger lag auf dem Rücken«). Ja, er möchte gerne neue Filme drehen und auch Kopien der alten herstellen, diese zudem direkt mit Ton ausstatten. Aber dies sei eben recht teuer.

»Und nun zum Therapeutischen beim Schreiben?«

»Diese Fragestellung ist zu eng. Dann müßte man ja nur schreiben, und die Heilung würde von selbst einsetzen. So genesen, könnte man das Schreiben dann lassen. Natürlich ist es so, daß alle menschlichen Tätigkeiten den Sinn haben, Schrecken und Störungen zu beheben. Sie dienen zur Systemregulierung. Jede menschliche Tätigkeit strebt Ausgleich, Selbstregulation des Systems an, auch das Schreiben ... Es ist aber auch viel mehr als das, höchst anstrengend und nicht nur auf die Person des Schreibenden gerichtet. Erst wenn die einzelne Schilderung einer Figur, eines Tatbestandes, so weit geformt ist, daß sich ein Bezug zum Größeren, eine Wendung zu einer anderen Ebene, herstellt, dann ruft sie auch im Leser Bezüge auf, Reflexionen, ja Deutungen von dessen eigenem Leben, Verhalten. Der Text kann dann auch im Leser eine Art Evolution des Geistes bewirken, die nach dessen eigenen Gesetzen verläuft. Daß es auf geistigem Gebiet auch eine Evolution gibt, hat ja Gregory Bateson in ›Ökologie des Geistes‹ nachzuweisen versucht.«

»Erst wollten Sie doch nach dem ›Plädoyer‹ wieder ein Theaterstück schreiben?«

»Die Arbeit an einem Stück käme mir an sich jetzt sehr gelegen. Da wäre ich weniger an den Ort gebunden. Die konkretere Sprache eines Dialogs verlangt nicht diese gewaltige und andauernde Konzentration, wie sie ein Roman erfordert. Der Dialog braucht ein lockereres Schreiben, und Dialogeschreiben lockert mich auch. Ein Stück hätte ich jetzt zum Beispiel auch in Paris in Angriff nehmen können. Aber die Theatersituation ist heute eben im allgemeinen überall ziemlich schlecht. Die meisten Theater sind fast nur noch unkreative, auf soziale Sicherheit ausgehende, risikofeindliche Fabriken. Oder sie sind ins andere Extrem verfallen und werden von engstirnigen ideologischen Denkern oder irgendwelchen mystischen Gurus beherrscht. Die Autoren stehen da eigentlich nur im Weg und stören. Ich bin sicher, daß mein Stück ›Sundaymorning‹ aufgeführt werden wird – mein Verleger sieht es in zehn Jahren sogar als Oper –, aber ich will dies nicht um jeden Preis geschehen lassen. Für Bern kann ich es nun schon zum zweiten Mal nicht freigeben, weil die Voraussetzungen für eine einigermaßen adäquate Aufführung nicht gegeben sind. Das ist eine Grundsatzfrage, die nicht nur für Bern gilt. Ich werde das Stück nur freigeben, wenn irgendwo die Voraussetzungen, die es benötigt, gegeben sind – alles andere ist von mir aus gesehen Zeit-, Geld- und Energieverschwendung . . . Es ist verrückt, was da für Figuren gegenwärtig in den Theatern ganz allgemein das Sagen haben – die sollten sich lieber auf einem Bananendampfer anheuern lassen, dort könnten sie dann meinetwegen ihrer ›Verheizungs-Manie‹ frönen, so viel sie wollen . . .«

»Was fasziniert Sie an der Theaterarbeit besonders im Vergleich zur Arbeit an Romanen und Erzählungen?«

»Das Theater ist eine alte Leidenschaft von mir, aus der Zeit der multimedialen Betätigung. Das Wieder-zum-Leben-Erwecken fasziniert mich. Das ist ein mystisch-religiöser Prozeß. Ein solcher findet aber leider nur noch selten statt in den Theatern. Das sind doch heute alles nur aufgewärmte Leichen oder Frankensteinsche Monster. – Theaterarbeit bedeutet natürlich auch einen Ausbruch aus der Einsamkeit des Langstreckenläufers sozusagen, zurück in die Kooperation. Ein Zurück zur Jägerhorde, was aber nicht einfach Regression heißt, sondern neue Erfahrung mit anderen Menschen. Es bedeutet eben auch wieder eine Erweiterung der Induktionsbasis.«

Wir gehen in E. Y. Meyers Arbeitszimmer. Hier herrscht bei aller von ihm betonten Unordnung eine viel peinlichere Ordnung als sonst in der Wohnung. Auf dem Schreibtisch – mit Blick hinein in blühende Forsythien – stapeln sich in zwei Bergen: Zeitungsausschnitte, Bücher . . .

»Das ist Material für den neuen Roman.«

In einem Metallschrank liegen die Projekte, die er wie Dürrenmatt stets »Stoffe« nennt: teilweise nach Themen geordnet (wie etwa ›Kindheit‹), teilweise schon unter Arbeitstiteln, darunter drei Theaterstücke. Ganze Romankomplexe haben sich gebildet.

»›Die großen Zusammenhänge‹ und ›Kindheit‹ sind beides Langzeitprojekte, um wieder einen naturwissenschaftlichen Begriff zu brauchen. In gewissem Sinn sind die kurzfristigen Stoffe im Netz dieser langfristigen angesiedelt.«

Hinter den eigentlichen Projekten ist Material zu fremden Ländern aufbewahrt, USA, Lanzarote, Italien . . . Das sammle er auch für Geschichten.

»In Nordamerika bin ich leider noch nie gewesen. Für die nächste Arbeit muß ich jemand beauftragen, der mir genau beschreibt, wie die schweizerische Botschaft in Kanada aussieht ... Das Wirkliche, Authentische gibt mehr her, als wenn ich mir etwas einfach so vorstelle. Die Klinik in Luzern aus der ›Rückfahrt‹, die Anstalt zwischen Bern und Biel aus ›Eine entfernte Ähnlichkeit‹, das habe ich alles genau angesehen und nach Anschauung beschrieben.«

So hat er auch für die Gespräche im Roman *Die Rückfahrt* zum Teil mit Tonband gearbeitet. Immer sucht er Rückhalt im Authentischen, im Belegbaren.

»Wie deuten Sie selber die Verbindung großer gedanklicher Zusammenhänge mit der Suche nach dem möglichst Spezifischen, dem konkret Faßbaren, dem dokumentarisch Abgestützten?«

»Das Dokumentarische ergibt die Induktionsbasis, das Rohmaterial. Da gibt es viel Abfall, denn ein aufwendiger Auswertungs- und Formungsprozeß folgt auf das Sammeln des Materials. Eine Eins-zu-Eins-Wiedergabe ist gar nicht möglich. Das Tonband ist für mich nur ein technisches Hilfsmittel, das mir die erste unmittelbare Notierung erspart. Bei ›Eine entfernte Ähnlichkeit‹ etwa verhielt es sich so, daß mir das Band das wiederholte Abhören des Aufgenommenen, ermöglichte, eine Sprache wie die von Loser frei zu handhaben. Unabhängig vom Tonband war ich dann fähig, in dieser Sprache zu reden, die Sprache Losers in einer Auswahl, einer Reduktion, einzusetzen, die im Zusammenhang zur Form, zur ganzen Geschichte überhaupt stand.«

Mit dem Hang zum Dokumentarischen hat wohl auch Meyers Angst vor Pauschalisierungen zu tun.

Wiederholt sagt er im Gespräch: »Schreiben Sie das nicht so in einem Satz hin, wie ich es jetzt verkürzt zu Ihnen sage, sonst stellen sich die Leute irgend etwas vor, das dann nicht stimmt.« Und eine andere Beobachtung: Wenn man mit ihm spricht und eine Paraphrase dessen versucht, was er ausgeführt hat, um sicher zu sein, daß er es so und nicht anders gemeint hat, dann denkt er längere Zeit nach, und wenn er einverstanden ist, entspannt sich sein Gesicht, und er sagt mit einem befreiten Ausdruck: »Ja, so ist es.«

Ich erinnere ihn an Meinrad Inglin, der ähnlich versessen gewesen war auf Authentizität.

Im letzten Herbst habe er sich mit Inglin abgegeben. »Ich habe ihn dann aber meiden müssen. Er hätte mich zu sehr hineingezogen, und es hätte sich wieder ein Stoff ergeben, wie letztes Jahr, als ich das Nachwort für ein Poe-Buch schrieb ... Da habe ich jetzt die Vorstellung von Poe als Held eines Stücks, dann schweben mir Fortsetzungen seiner Erzählungen vor ... Ich muß mich ständig wehren, daß ich nicht zu viele Stoffe in mir herumtragen muß ...«

»Welche Autoren sind für Sie wichtig?«

»Wichtig war früher einmal Albert Camus für mich, danach, als ihn noch niemand kannte, Thomas Bernhard, bis zum ›Kalkwerk‹ etwa. Dann auch Dürrenmatt, als Dramatiker, aber auch als Denker. Im allgemeinen aber kann man sagen, daß ich mich mehr als mit den lebenden Autoren mit den großen Realisten des 19. Jahrhunderts auseinandersetze. ›Der grüne Heinrich‹ beispielsweise hilft mir, für mein Projekt ›Kindheit‹ eigene Erinnerungen wachzurufen. Doch gehört diese Art Anregung wohl zu den Qualitäten eines jeden guten Buches ... Vor den naturwissenschaftlichen Studien aber tritt bei mir die Literatur gegenwärtig in den Hintergrund.«

»Welche unter den Schriftstellerkollegen sind denn Ihre wichtigsten Gesprächspartner?«

»Längere Zeit war das Peter Bichsel. Jetzt weniger. Ab und zu sehe ich Max Frisch. Anregend ist für mich Dürrenmatt. Als er für Egon Karter die ›Panne‹ inszenierte, war ich bei den Proben in Wilhelmsbad bei Hanau dabei.

... In Paris besuche ich hie und da Paul Nizon und am Bodensee Martin Walser. Hier in Bern treffe ich mich gelegentlich mit Sam Jaun, dem ehemaligen Kultursekretär der Stadt, und seit der gemeinsamen Israelreise von 1979 habe ich guten Kontakt mit John Erpf und Urs Berner ...

Unter den Schriftstellern ist Dürrenmatt aber der einzige, mit dem ich auch über neueste wissenschaftliche Erkenntnisse reden kann, über Astronomie, Astrophysik, Molekularbiologie, Mathematik, Thermodynamik usw. Dürrenmatt vergleicht etwa Staaten und Sterne, sieht da ähnliche Wesen, ähnliches Verhalten, und ich glaube, da ist etwas dran ... Das geht auch bis zu unserer Malerei, wo sich alles das spiegelt. Eine entsprechende Collage habe ich ihm zum Geburtstag geschenkt: ›Das Porträt eines Poeten-Planeten.‹ Freilich haben wir ein anderes Herkommen. Er stammt aus einer angesehenen Pfarrersfamilie, ist auch stark vom Christentum geprägt. Meine Vorfahren sind Bauern und Arbeiter. Er hat in der Familie eine ganz andere Bildung mitbekommen, ich bin

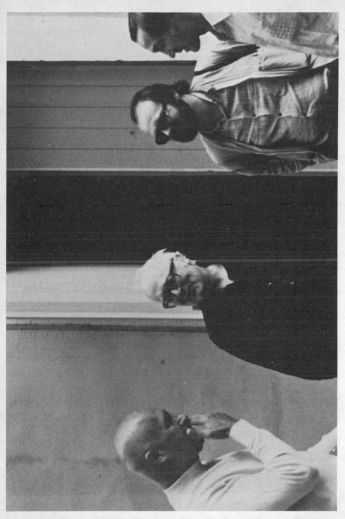

Vor dem »Comödienhaus« in Wilhelmsbad bei Hanau, nach einer Probe
zu Dürrenmatts *Die Panne* (1979): mit (v. l. n. r.) Egon Karter (Leiter des
gleichnamigen Gastspieltheaters in Basel), Friedrich Dürrenmatt,
E.Y. Meyer, Dieter Mainka (Regie-Assistenz).
Foto: Florica Malureariu

sozusagen immer noch am ›Aufholen‹.

In unserer Familie hatte eigentlich nur die Großmutter höhere Ambitionen, mit ihren Freunden in Basel, ihrem Altmöbelhandel und ihren Büchern. Ich habe sie in ›Großpapa ist wieder da‹ ein erstes Mal geschildert ... Obwohl ich der Mutter immer näher gestanden habe als dem Vater, spielte ihre Verwandtschaft in unserer Familie eine viel kleinere Rolle als jene des Vaters. Meine Mutter kommt aus dem Schwarzwald, ich bin eigentlich ein halber Deutscher. Und ich möchte mir dieses ›größere‹ Land nun auch noch mehr aneignen. Meine häufiger gewordenen Deutschlandreisen haben nicht zuletzt auch diesen Sinn.

Mein Vater und meine Mutter haben sich auf eine ganz besondere Art kennengelernt: Mein Vater ist in Pratteln jeweils über den Rhein geschwommen. Am anderen Ufer hat er meine Mutter getroffen ... Und so bin dann ich entstanden. Bei der Abdankung meines Vaters hat der Pfarrer dasselbe Bild gebraucht wie ich jetzt auch im neuen Buch: Für die beiden war das Wasser nicht zu tief wie einst für die bekannten ›Königskinder‹, und so haben sie über das Wasser hinweg zusammenkommen können ... Jedenfalls bin ich, wie ich immer deutlicher zu erkennen glaube, ein Grenzlandbewohner, und solche, glaube ich, sehen von Natur aus sozusagen etwas mehr. Doch nicht nur von Vater und Mutter und dem Gebiet am Rhein her bin ich ein Grenzlandbewohner. Mit elf Jahren kam ich nach Biel, in eine mir fremde Welt mit zwei neuen Sprachen, Französisch und Berndeutsch. Es gab damals Konflikte in unserer Familie. Als dieser Exodus stattfand, war mein Vater gleich alt wie ich jetzt, und erst jetzt kann ich ihn auch, von einer anderen Ebene her, verstehen ... Es gab dann noch viele Umbrüche und viele Krisen. Vor wenigen Jahren noch mußte sich mein Vater in eine neue Stelle einarbeiten, seinen alten Arbeitsplatz hatte er wegen Betriebsschließung verloren. Mit viel Elan hatte er sich mit dem Neuen auseinandergesetzt ... Damals in Biel war Heinz Schafroth wichtig für mich, obwohl er nicht mein Lehrer war. Ich spielte unter seiner Regie Theater, und in der Volkshochschule und der Literarischen Gesellschaft hielt er so etwas wie eine ›Schreibschule‹ ab, in der mich fürs eigene Schreiben unter anderem auch Peter Bichsels eben erschienene Milchmanngeschichten angeregt haben, wenn auch meine Prosa dann ganz anders aussah. Wir hatten in der Gruppe mit Schafroth – da war auch meine erste wirkliche Freundin oder Frau dabei – acht verschiedene Fassungen Bichsels zur Hand. Durch das Vergleichen der Fassungen bekam man einen Begriff von verschiedenen Schreibmöglichkeiten. In der Folge entstand dann mein Roman mit dem Titel ›Dritte Person Einzahl‹ und Geschichten, die ich vor einiger Zeit eben im ›Nachlaß‹ geordnet habe. Ich sehe jetzt, daß ich eigentlich auch in meinen früheren Sachen – nur naiver – dasselbe gesucht habe wie heute: ›die großen Zusammenhänge‹. Auch in den Erzählungen ›Ein Reisender in Sachen Umsturz‹.«

»Eine dieser Erzählungen, ›Neuyork‹, haben Sie für einen kürzlich erschienenen Sammelband überarbeitet, die Syntax verschiedentlich vereinfacht, geglättet. Wie stehen Sie zur sprachlichen Gestalt Ihrer ersten Bücher?«

»Die Überarbeitung machte ich für den Band ›Contemporary German Writers and Poets‹, der amerikanischen Studenten leicht lesbare Texte bieten sollte. Das war der Anstoß einer sprachlichen Bearbeitung in Richtung Lesbarkeit. Ich habe mich – sprachlich – weiterentwickelt. Und ich glaube, daß dieses erste Buch wegen sprachlicher Umständlichkeiten unterschätzt worden ist . . . Ganz versteckt ist meine ganze spätere Entwicklung, glaube ich, überhaupt auch schon in jenem Buch angelegt, und ich stehe noch ganz zu Inhalt und Form dieser Geschichten. Sie sollten einfach noch besser zur Kenntnis genommen werden. Ich sehe sie sowohl als Dokument, als Ausdruck einer Entwicklungsstufe, wie auch als Darstellung dieser Entwicklungsstufe. Diese ist geformt, und man kann diese Entwicklung auch in der Durchformung erkennen, nicht nur inhaltlich. Das zeigt sich eigentlich in jeder Beziehung: dieses Irren im Labyrinth – und am Schluß der Geschichten die neue Ebene, die Erweiterung der Perspektive.«

***

Telefonischer Nachtrag am 12. Mai:

Der Umzug sei anstrengend gewesen. In der neuen Wohnung habe er nun tagtäglich das Berner Münster vor Augen, nachts sogar beleuchtet. Dabei habe er es doch in der *Rückfahrt* zusammenstürzen lassen . . .

(Dieser Text ist anhand von Notizen entstanden, die sich die Verfasserin während eines in Dialekt geführten Gesprächs machte, und der danach von E.Y. Meyer noch einmal durchgesehen worden ist. B. v. M.)

Zwei Briefe

Affermée, am 7. Juli
1967

Lieber Peter,

hier der Bericht, der eben
an gekommen ist.

Mir scheint, nach ihm können
Sie sich etwas auf ihre
Prosa zu gute halten, auch wenn's
Ihnen noch nicht so vorkommen
mag und Sie enttäuscht
sind, weil nicht gerade ein Ver-
trag vom Verlag dabei ist. –

Walsers Kritik scheint mir
interessant, auch wo ich
sie nicht unterschreiben möchte
(Schluss!). Aber setzen Sie sich
damit auseinander, dann wollen
wir davon sprechen, wenn Sie

Brief von Heinz F. Schafroth an E. Y. Meyer (1967).

kommen.

Sie werden sofort sehen, dass, alles in allem, ein grosses Zutrauen in Ihre Begabung aus dem Brief spricht, dass er weit mehr als nur Wohlwollen enthält — und das ist bei einem als bösartig und überaus kritisch bekannten Mann wie Walser nicht selbstverständlich.

Auf bald, und herzliche Grüsse
Ihr F. Schfoth.

7/7/67.

Lieber Herr Schafroth, es hat länger gedauert als mir recht ist, mit dem Manuskript: ich glaube nicht, daß man einem so gearteten Autor viel drein reden sollte. Er wird die Unstimmigkeiten selber kennen-lernen (die Mischungen aus morali-sierenden Geschichts-Elementen oder altmodischen - hier besonders antiquiert - wirkenden - Symbolwörtern und Sätzen: siehe SS 11, 40, 42; S. 41 ist eine gute Stimmen-lage, auf die kann er bauen. Von S. 34 an wird das Manuskript griffiger; am Schluß allerdings zu sehr Story: daß "Er" in den Straßenbelag eingeht, paßt, aber daß das dann wie eine alte Geschichte ausgefüllt wird, daß z.B. Heilige auf ihn nicht gemalt werden, das ist ein Reinfall auf eine hier

Brief von Martin Walser zu einem Manuskript von E.Y. Meyer (an den Literaturkritiker Heinz F. Schafroth, 1967).

38

nicht mögliche Story – Konsequenz...,

Man könnte viel sagen. Er dürfte aus Wörtern z.B. nicht Motive werden lassen, bei ihm sollten's Wörter bleiben ("gelb", "Weste" u.s.w.) Wichtig ist, daß man die Seiten mit Interesse liest. So gut kenn ich mich, glaub ich, in jenem Alter noch aus, daß ich sagen kann, dieser Autor wird seine Erfahrungen mit der Sprache schon machen, er ist im Stande dazu. Ich möchte das Manuskript gern dem Verlag schicken, daß die ein Auge drauf tun. Man kann das Manuskript dann Ihnen wieder schicken. Wegen der unentschiedenen Streite, die innerhalb des Manuskripts herrschen, würde ich nicht raten, das schon ganz zu veröffentlichen.

Vielen Dank dafür, daß Sie's mir schickten.

Ihr M. Walser.

II

Zu einzelnen Werken

Ein Reisender in Sachen Umsturz

Werner Weber
Einer im Kommen

E.Y. Meyer ist 1946 in Liestal geboren. Er studierte Philosophie und Germanistik in Bern. Seit 1971 arbeitet er als Lehrer in Ittigen bei Bern. Jetzt ist sein erstes Buch erschienen: *Ein Reisender in Sachen Umsturz* – sieben Erzählungen: *Dünnerwerdende Äste*, Inselgeschichte, *Hauptgebäude des ehemaligen Klosters St. Katharinenthal*, *GEMD-SCHULH 1834* (Gemeindeschulhaus 1834). *Der oberste Tag. Neuyork* und zuletzt die Erzählung, deren Titel auch als Titel für das Ganze dient: *Ein Reisender in Sachen Umsturz.* Kein Mischmasch; die Prosastücke sind durch Motivreihen miteinander verbunden. In siebenfacher Spiegelung wird eine Grundgeschichte gezeigt; oder eher: Meyer sucht durch Spiegelungen der Grundgeschichte beizukommen.

Von Wegen, vom Unterwegssein, vom Durchkommen ist die Rede. In welcher Richtung, zum Beispiel, wäre das Haus zu erreichen? Auf welchem Pfade kann ich die Gefährten wiederfinden? Man reist dem Freund entgegen, und da man am Ort anlangt, ist der Freund weg; doch andere sind da, bei denen man unterkommen könnte. Das Unterwegssein, das Verfehlen, das Finden und das Verlassen sind durchsetzt von einem Trost, welchem die Trostlosigkeit eng anliegt. Die Grundgeschichte, welche diesen Erzähler bedrängt, heißt: Kranksein am Leben. In der *Inselgeschichte* findet er dafür ein Zeichen. Jemand ist unterwegs. Welchen Weg soll man einschlagen, so, daß man die andern sähe und doch den eigenen Weg behielte? Da steht: ». . . gerade als er sich vorgenommen hatte, noch etwa hundert Meter weiter nach rechts zu laufen und dann wieder umzukehren, um seinen Freund und dessen Freundin einzuholen, stieß er in vollem Lauf gegen eine Dornenhecke und zerstach sich dabei seine Hände und sein Gesicht, so daß er sich für eine Weile nicht mehr zu bewegen wagte und sich erst dann langsam aus der Hecke zu lösen begann, wobei er sich noch mehr Kratzer zuzog und auch seine Kleider ziemlich stark zerriß.« Er zersticht sich, er wagt sich nicht mehr zu bewegen, er beginnt sich aus der Hecke zu lösen; er zieht sich Kratzer zu – »sich« und »sich« und »sich«. Der Jemand ist sich selber das Gegenüber; ihm wird kaum etwas angetan, er tut sich selber etwas an. Das Unterwegssein ist ein Sich-Verletzen. Es ist wohl leicht, einem andern helfen zu wollen; es ist nicht ebenso leicht, einem andern helfen zu können. Man kommt in die Nähe, bisweilen in die nächste Nähe des andern; aber nahe ist man ihm nicht. Kranksein am Leben heißt: ich kann mir verlorengehen; ich kann den andern verlorengehen; die andern können mir verlorengehen – ich weiß das und vermag diese Möglichkeiten nicht auszuschließen. Dazu gehört der Satz aus der Erzählung *Der oberste Tag.* »So gut es ging, versuchte er, sich, wenn er mit anderen Menschen zusammen war, äußerlich nichts anmerken zu lassen, aber in seinem Innern hatte ihn eine unergründliche Angst gepackt.«

Der Erzähler arbeitet am Thema der Un-Heimlichkeit, im doppelten Sinne: am Thema des Nicht-untergebracht-Seins und des Bedrohlichen. Der Bericht kann komische Züge annehmen, sogar eine Spur Drakula ist da oder dort zu sehen. Phantastik, aber gewonnen aus Faktendichte. Meyer nennt, was der gewöhnliche Tag den Sinnen anbietet. Genau nimmt er es mit Wegbeschreibungen (». . . müsse der Postautoroute entlang nach Zilmatt über Tenndli, Fischbach und Feldmatt weiter nach Röthenbach und über Niederei an Selialp und Schaftelen vorbei um den Vorderen Schallenberg herum nach Oberei fahren . . .« und so weiter). Es ist ein hartnäckiges Orten in diesen Erzählungen, auch im weiteren Sinne: das steht da, das steht dort; das ist dann geschehen, das geschieht jetzt. Alles ist nicht nur gewissenhaft, sondern wie unter Zwängen notiert. Wort für Wort versucht die Sprache sozusagen jeder Sinn-Sekunde zu entsprechen. In solcher Augenblicksbesessenheit wird die Übersicht hinfällig. Und die Sprache verliert dann den Satz. Sie bewegt sich grammatikalisch auf der Grenzscheide zwischen Falsch und Richtig. Sie ist ungeschickt; sie kümmert sich nicht um schöne Linie. So kann da zum Beispiel stehen: »Vielleicht aus der persönlichen Beziehung zu dem Praktikumslehrer und dessen Familie, die entstanden war, heraus war in ihm auch eine Vorliebe für Landschulhäuser entstanden . . .«; monströse Verb-Ketten sind nicht selten (»verlassen hatte, befinden müsse«, »suchengehen zu können, mußte« und »festgesetzt hatte, eingeflößt worden war«): Pronomina bleiben in vager Beziehung zu den Nomina. Die Sprache selbst zeigt Un-Heimlichkeit. Nichts spielt sie so oft aus wie die Wendung »sich befinden«; sie verrät damit gestörte Befindlichkeit.

So lesen wir Meyers Prosa, diese schwierige, weniger führende als vielmehr beirrende Prosa. Durch Beirrungen sollen wir zur Aufmerksamkeit, zum Überprüfen des Sagens genötigt werden. Einholen des Sinnes durch Wiederholen der Näherungswerte. Sprache als Mühsal; Verstehen als Mühsal. Das gehört zur Eigenart eines Teils (des größeren Teils) der zeitgenössischen Literatur. Eines ihrer Programmworte heißt »Text«. Die Forderung an den Leser heißt: lerne nicht nur Inhalt, sondern lerne »Text« lesen.

E.Y.Meyer schreibt ein berechnet gestörtes Deutsch, ein Deutsch mit Mundartzügen, ein Deutsch, in welchem Fügungen des Umgangsredens, des Palavers auffallen. Also ist dieses möglich: »Obwohl sich schon vorher ungewöhnlich viele Bücher in seinem Besitze befunden gehabt hatten . . .« Oder: ». . . aber als der Fahrgast dann wieder zurückgelaufen gekommen war . . .« Oder: ». . . und der Damm während der ganzen Zeit über in dem unruhigen Schatten . . . lag«. Ist das gewollt? Ist das passiert? Entweder: während der ganzen Zeit; oder: die ganze Zeit über. Aber beides ineinander? Weiter schreibt Meyer: ». . . so daß mit Aufhellungen nur im Westen und im Wallis zu rechnen seien . . .« Gewollt? Passiert? Jedenfalls ist es falsch, jenes »seien«. Und weiter: ». . . was in seinem Fall bedeutet hatte, daß er sein Studium unabhängig von vorgeschriebenen Fächerverbindungen . . . und überhaupt jeglicher ihm aufgezwungenen Referate, Vorträge, schriftlichen Arbeiten . . . auf alle Gebiete der Geisteswissenschaften hatte ausdehnen können . . .« Bei jenem Genitiv »jeglicher . . .« ist das frühere »von« (»unabhängig von«) vergessen; man kann sagen, das sei eigenwillig; es ist einfach falsch. Und man kann sagen, das alles seien Tüfteleien. Nur, der Anspruch von Meyers schwierigem Schreiben ist so groß, daß wir eben solchem Anspruch in jedem Falle genügen möchten. Dann merkt man, daß nicht alles Stil, sondern einiges Mache und einiges falsch ist.

Fehler in so verhäkeltem Text machen aber die ganze Häkelei verdächtig. Das ist schade; denn Meyer ist kein gewichtloser Schreiber. Aber, wer weiß, vielleicht ist er ein durch Schreibmoden entstellter Schreiber. Der Verlag hat das bemerkt und dafür diesen empfehlenden Satz gefunden: »Meyer braucht sich der

Ahnherren Kleist, Kafka und Bernhard nicht zu schämen.« Treffend: Thomas Bernhard, 1931 geboren, ein Ahnherr des 1946 geborenen Meyer. Man hätte Kleist und Kafka weglassen können. Denn Meyer hat ein einziges Vorbild, dem er zuviel Eigenes geopfert hat: Thomas Bernhard (bis ins Typographische geht die Nachmacherei).

Das erste Buch Meyers beweist: dieser Erzähler hat eigenen Stoff; er hat eigene Sicht; er hat Erfahrungen mit Wörtern – er ist jemand. Und dieses erste Buch zeigt, wie sich einer in vorgegebenem Muster (Bernhard) verlieren kann. Aber wir meinen, da sei einer im Kommen – und er könne die Vorbilder, das Vorbild Bernhard im besondern, vernachlässigen. Er wird sich selber genug sein.

(Neue Zürcher Zeitung, Beilage ›Literatur und Kunst‹, 23. April 1972)

Samuel Moser

Immer dünnerwerdende Äste

»Da ist einer im Kommen«, schrieb Werner Weber über E. Y. Meyer. Demgegenüber wage ich zu behaupten: da ist einer schon da. Meyers Erzählungen verlangen in dem Maße präzises, konzentriertes und aufmerksames Lesen, wie das nur Texte können, in denen der Autor in seiner Subjektivität jederzeit präsent und faßbar ist. Meyers Buch ist voller Träume, wenn man Träume so definiert wie Jörg Steiner in seinem Kinderfilm *Pélés Bruder*: als genau und intensiv durchdachte und zu Ende gedachte Wirklichkeit. Meyers Erzählungen fesseln den Leser. Doch damit dienen sie nicht der Ablenkung von der Wirklichkeit, sondern ermöglichen es, Brüche und Risse wahrzunehmen. Meyers Erzählungen sind der Versuch, ihnen nachzugehen, auf die Spur zu kommen. Sie sind ein Versuch nicht deshalb, weil Meyer nicht darüber hinauskommt, sondern weil sie von der Sache her zwangsläufig nicht weiter gehen können: wer einer Sache nachgeht, riskiert, in sie verwickelt zu werden. Meyers Personen sind alle getrieben vom Verlangen, in einer Sache Klarheit zu bekommen, und gleichzeitig der Angst, sich dadurch in dieser Sache zu verlieren. Ebenso ist Meyers Sprache zu sehen, die mit grammatikalischer Nüchternheit und Berechnung Zusammenhänge herzustellen und bloßzustellen versucht, sich dadurch aber immer tiefer in nun zu Abhängigkeiten gewordene Zusammenhänge verstrickt.

Am Ende beginnen

Wie die Geschichte *Neuyork* enden auch die andern mit dem »Gefühl des Nichtmehrzurückkönnens und des Alleinseins«. Die Sprache liefert sowohl das Bewußtsein dieses Gefühls, wie auch seine dauernde Verstärkung. Die Personen Meyers sind Reisende, die ihre Sache nicht loswerden. So beharrlich sie es auch versuchen, jeder Versuch bedeutet nur größere Gewißheit und Konsolidierung ihres Zustandes. Das Erstaunliche und Beängstigende dabei ist, daß sie nie ihren Höhe- und Endpunkt erreichen, sondern wie von einem permanenten Umsturz immer weiter getrieben werden können und müssen. So ist Meyers *Reisender in Sachen Umsturz* einer, der selber immer wieder umgestürzt wird. Je weiter weg er reist, desto näher gerät er zu seinem Ausgangspunkt: zu sich selbst. So verschieden Meyers Geschichten enden, eines bleibt sich immer gleich: die Gewißheit, daß nicht nur nichts gewonnen ist, sondern daß noch mehr zu verlieren ist. So bleibt jedes Ende vorläufig. *Dünnerwerdende Äste* endet mit dem Wort »Beginnen«: »Und er beim Sichumdrehen sah, wie der Berg langsam über ihnen auseinander- und zusammenbrach und die einzelnen mächtigen Felsstücke sie zu zerdrücken begannen.« Wie lange dieses Ende dauert, bleibt ungewiß. Es ist mit der Genauigkeit und Langsamkeit einer Zeitlupe betrachtet; einer Zeitlupe, der keine Grenzen gesetzt sind. Auch die *Inselgeschichte* endet mit dem Wort »beginnen«: »Wo der Regen nun in den Gang hineinzudringen begann.« Ähnlich wird in *Hauptgebäude des ehemaligen Klosters St. Katharinenthal* alles offengelassen: »Und daß das dunkelglänzende, auch über Krawatte und Hemdbrust hinunterrinnende Fett zwischen Stifers Kinn und Stehkragen kein Fett gewesen war.« Damit stellt sich zwingend die Frage: Was war es sonst? – dieselbe Frage, die die ganze Geschichte ausgelöst und vorangetrieben hat, bleibt am Schluß bestehen. In *Der oberste Tag* könnten die Dämonen am Schluß eine Erklärung sein für das »körperlose Etwas«, dem die Hauptperson ebenso nachjagt, wie sie von ihm selbst gejagt wird. Aber Erklärungen können höchstens die Anpassungen ermöglichen: »Weil er in der Hoffnung, das körperlose Etwas dadurch besser kennenzulernen und dadurch wiederum vielleicht seiner Herrschaft zu entrinnen, versuchen wollte, sich diesem so weit wie möglich anzupassen.« Aber dann merkt er, »wie nahe an Wahnwitz oder Wahnsinn dieser Versuch grenzte«. Wie der Dreikönigsabend – »daß aber auch erst dieser Tag der letzte der Zwölften und eine Tummelzeit für unheimliche Mächte sei und daß der Dreikönigsabend einen Blick in die Zukunft gewähre« – so bestimmt auch das körperlose Etwas, dessen Unfaßbarkeit schon im scheinbar paradoxen Begriff angelegt ist, über die Zukunft, indem es den Blick in sie ermöglicht. Mit ihm Schritt zu halten ist unmöglich. Das schon zitierte Gefühl »des Nichtmehrzurückkönnens und des Alleinseins« in *Neuyork* beginnt am Schluß der Geschichte aufzusteigen. Nichtmehrzu-

rückkönnen heißt also zugleich weitergehen müssen, das Alleinsein ist zwangsläufig der Beginn des Weges in die Einsamkeit.

Unterscheidungen

Jede dieser momentanen Endstationen ergibt sich schon aus den
Ansatzpunkten der Erzählungen. Meyer konstruiert nicht, er beobachtet. Mit der Wahrnehmung und Registration der kleinsten
Abweichung vom Gewohnten – »sahen sie, kaum waren sie einige
Häuser weit gegangen, vielleicht hundert Meter vor sich mitten
auf der Straße einen außergewöhnlich großen Mann (er erinnerte
sich nicht, je einen größeren Mann gesehen zu haben) in einem
ebenso auffallend komischen Gang auf sich zukommen« – kann
auch schon eine Geschichte entstehen. Und Wahrnehmung ist nur
möglich als Unterscheidung: Unterscheidung dessen, was war,
von dem, was hätte sein können, Unterscheidung des Ungewohnten vom Gewohnten. Meyers Geschichten ergeben sich so
zwangsläufig aus dem Denken überhaupt.

Mögliche Wege

Sosehr sich auch Meyers Geschichten auf ein Ende hin entwik-
keln, sosehr diese Entwicklung und ihr Ende jeweils bereits im
Anfang angelegt sind: zur Ruhe kommen sie nie. So konsequent
die Geschichten auch verlaufen: sie hören fast nur zufällig auf, so
wie man für einen Moment außer Atem gekommen ist. Die Richtung freilich der Entwicklung ist gegeben: »Immer kleinere, weiter weg liegende Steine wurden zersplittert, immer dünnerwerdende Äste der Bäume und Sträucher wurden zerfetzt.« Das
heißt: verfeinern, zu immer größerer Genauigkeit und Klarheit
hinabsteigen, auf immer Substantielleres und Elementareres redu-
zieren. Meyers Sprache und Personen gehen alle den Weg zurück,
den Weg in die Vergangenheit und die Vorvergangenheit, den
Weg zum Abstrakten.
  Die unwiderstehliche Logik in Meyers Sprachduktus und Hand-
lungsabläufen könnte zunächst Methode sein, zu immer einfache-
ren, verständlicheren und deshalb vertrauten Grundsätzen zu gelangen. Doch bei Meyer führt sie zu immer Unbekannterem. Es

entspringen ihr nicht Grundsätze, sondern nur noch unverständliche Wörter, etwa Leberpastete, und Situationen, die einer eigenen Logik gehorchen – auf Leberpastete folgt Essen. Das Beängstigende und zugleich Überzeugende daran ist, daß ihre Unverständlichkeit anhand ihrer Logik immer erklärbar bleibt. Das heißt: der Weg, den Meyers Erzählungen gehen, ist ein möglicher und wahrscheinlicher Weg. Die Orte aber, wo sie hingelangen, bleiben durchaus unwahrscheinlich. So wird das Unwahrscheinliche als Möglichkeit in der Realität lokalisiert. Die Realität ist die Totalität des Möglichen. Damit wird aber auch das Wahrscheinliche zur Variablen. Meyer verläßt nie den Boden der Realität. So weit der Bogen vom Anfang bis zum Ende einer Geschichte gespannt sein mag, so quantitativ verschieden das Ende vom Anfang sein kann: es bleibt ein Bogen, der auf demselben Material wieder Fuß faßt, auf dem er aufgestiegen und aus dem er gebaut ist.

(Basler Nachrichten, 10. Juni 1972)

Dieter Bachmann

Neue Schweizer (Heimat-)Literatur

Eine dritte Generation etabliert sich,
und ein Außenseiter erscheint

Das Neue kommt von hinten. Es sickert ein ins Vorhandene, unbemerkt. Plötzlich wird man gewahr: Es hat sich etwas geändert. So die aktuelle Situation der Schweizer Literatur. Eine neue Generation ist aufgetreten, ohne großes Aufheben. Jetzt ist sie da.

Die Schweizer Nachkriegsliteratur hat lange genug von der Zwei-Generationen-Vorstellung gelebt: zuerst der Aufbruch ums Jahr 1950, Frisch und Dürrenmatt. Dann die zweite Generation, hervorgetreten ums Jahr 1960. Jörg Steiner, Walter Matthias Diggelmann, Hugo Loetscher, Otto F. Walter, Paul Nizon, Herbert Meier, Kurt Marti, Raffael Ganz, Jürg Federspiel, Hans Boesch. Alle diese Autoren hatten schon vor der Wende des Jahrzehnts publiziert, aber mit ihren Büchern gelang um 1960 ein Durchbruch.

Wobei nichts konstruiert werden soll: Es gab Nachzügler, die zur Generation gehörten, Adolf Muschg etwa, Peter Bichsel, Heinrich Wiesner, Walter Vogt.

Die dritte Generation wuchs nun bruchlos aus der zweiten heraus. Einige ihrer Autoren, an die zehn Jahre jünger als die genannten, sind schon länger da: Christoph Mangold mit *Manöver* seit 1962, Werner Schmidli, Beat Brechbühl.

Aber mit Clemens Mettlers *Glasberg* (1968) fing es neu an (was man damals noch nicht bemerken konnte). Das Jahr 1968 war für die Jugend politisch bedeutsam, und so ist es vielleicht nicht nur zufällig auch ein Stichdatum für die Literatur. Im selben Jahr: Ernst Eggimann *(Henusode)*, Dieter Fringeli *(Was auf der Hand lag)*, Urs Widmer *(Alois)*. – Inzwischen sind dazugekommen (und bemerkt worden) Gerold Späth *(Unschlecht*, 1970), Jürg Acklin *(Michael Häuptli*, 1969, und *Alias*, 1971).

Im letzten und in diesem Jahr: Sam Jaun, Jürg Schubiger, Margrit Baur, Hansjörg Schneider, Ernst Burren, Rolf Hörler, Ernst

Halter, Rolf Geißbühler, Paul Michael Meyer, E.Y. Meyer.

Ihr Erscheinen wäre nicht möglich gewesen ohne die spezifische Situation im Verlagswesen. Wo die großen deutschen Verlage an der Belletristik kranken, wo es für einen unbekannten Autor immer schwieriger wird, einen Verleger zu finden, schlüpfen Schweizer Verleger noch durch die Maschen der Rezession. Einem Arche-, Benziger-, Diogenes-Verlag war noch möglich, was deutsche Kollegen sich versagen mußten: das Risiko eines neuen Autors. Bei einer kleinen Leserschaft (junge Deutschschweizer Autoren sind vorerst einmal auf die Deutschschweizer Leserschaft angewiesen) kann eine kleine Auflage in einem kleinen Verlag mit kleiner Administration noch knapp rentabel sein.

Auf dieser Basis (einer schmalen) arbeiten denn auch die eigentlichen Kleinverlage, in denen ein Gutteil der jüngsten Literatur erschienen ist. Der Lukianos-Verlag, der Kandelaber-Verlag (beide inzwischen eingegangen) waren kulturpolitisch aktiver als manch hochsubventionierte Institution; heute haben diese Rolle vor allem der Berner Zytglogge Verlag übernommen (der seinen Betrieb mit Schallplatten-Editionen rentabel hält) und winzige Außenseiter wie die Lenos-Presse (siehe *Weltwoche* Nr. 11) oder die Regenbogen-Reihe. Und nicht zu vergessen der Effekt einer preisgünstig und schnell produzierten, titelschluckenden Reihe wie der *Benziger Broschur* (siehe *Weltwoche* Nr. 37/71).

Darf man es wagen, über die Gleichzeitigkeit des Auftretens hinaus bei diesen jüngsten Autoren eine Verwandtschaft in der Thematik zu suchen? Auf jeden Fall: Sie haben sich womöglich noch tiefer ins Schweizerische versenkt als jede Generation davor. Immer wieder trifft man auf die Landschaft Schweiz, und das nicht in einem sentimentalen Sinn, wenn auch die Provinz wieder mächtig lockt. Sie als Anregung zu verstehen, das lehrten schon ein Jörg Steiner, ein Peter Bichsel, als Problematik tauchte sie jüngst bei Raffael Ganz auf. Sinn der Versenkung in die vorgefundene »Heimat« ist eine erneute Überprüfung der Situation Schweiz. Was den Politikern langsam dämmert, daß nämlich dieser Lebensumkreis einer kritischen Revision zu unterziehen sei – die Schriftsteller haben es längst begonnen.

Dieter Fringeli schrieb kürzlich, Schweizer Autoren seien oft »Detaillisten«. Auf die Jüngsten trifft das besonders zu. Mit Ausnahme von Brechbühls *Kneuss* und Späths *Unschlecht* ist das schon äußerlich sichtbar. Was bisher vorliegt, sind schmale Bändchen, und unter ihnen findet sich kaum ein Roman. Bevorzugt wird die Kurzprosa, die Erzählung. Daß der Teufel im Detail sitze, gilt eben auch hier.

Paul Nizon sprach von der Ereignislosigkeit der Schweiz. Oft wird sie bei diesen jüngsten Autoren zum Ereignis. Die »Detaillisten« schieben das »große Ganze« beiseite und finden im Stillstand das Typische. Das hat manchmal auch eine historische Dimension, am sichtbarsten im *Sennentuntschi* von Hansjörg Schneider, jenem Stück, das gegenwärtig im Zürcher Schauspielhaus zu sehen ist; Hansjörg Schneider hat sich aber auch in seiner eben erschienenen Erzählung *Die Ansichtskarte* (Benziger Broschur) der Landschaft Schweiz zugewandt, dem Jura. Offensichtlich gibt es da eine Verwandtschaft zum »neuen deutschen Heimatfilm«: Hier wie dort wird der scheinbar vertraute Lebensstoff umgekrempelt, bis das Idyll seine bösartige Rückseite zeigt; der Detailhändler wird zum Giftmischer. –

Die jungen Schweizer seien Kleinmeister und ihr Thema die Provinz? Überraschungen darf es geben, und die größte in diesem Frühjahr ist E.Y. Meyer. Über ihn ist zu erfahren: 1946 in Liestal geboren, studiert Philosophie und Germanistik, lebt als Primarlehrer bei Bern. Sein Erzählungsband *Ein Reisender in Sachen Umsturz* (Suhrkamp Verlag) ist seine erste Buchveröffentlichung.

Wo ist E.Y. Meyer zu Hause? Sicher nicht in der Schweizer Prosa dieser Jahre. Dieser Ton, diese Schärfe, diese Unbedingtheit muten fremd an in dieser Generation – das ist ein Buch, das auf irritierende Weise aus dem Rahmen fällt. Nach den ersten paar Zeilen fällt einem Kafka ein – aber gibt es das: Kafka im Emmental? Die Schweiz, sie ist nämlich auch da, wenn auch nur den Namen nach – gleich hinter ihnen zerfällt alles in ein überwirkliches Niemandsland.

Dünnerwerdende Äste heißt die erste Erzählung, und diese Überschrift hätte sich besser als Buchtitel geeignet als der jetzige, der Titel der letzten Geschichte, der undurchsichtig bleibt. Dünnerwerdende Äste: Immer wieder setzt Meyer am Stamm der Wirklichkeit an, bei einem oft harmlosen Anlaß; dann kommt schleichende Bedrückung, Angst, schließlich Vernichtung. Der Ast, auf dem man sitzt, will nicht mehr tragen. Angst: »Er wußte, daß ihn dieses Gefühl nicht mehr würde zur Ruhe kommen lassen, sondern erst den Anfang eines Geschehens bildete, im Verlauf dessen sich sein Zustand wahrscheinlich, ohne daß er etwas dagegen würde tun können, noch verschlimmern würde.« Meyers Welt wird sich im Erzählen selber fremd.

Seine Geschichten enden mit ihrem schlimmstmöglichen Ende, mit Chaos, Irrealität, in Dämonie und Tod, Irrsinn. Landschaften werden zu Drohungen, Gesichter zu Fratzen (mitunter auch traumhaft schönen), das drittletzte Wort des Buches (man wird gezwungen, diese Prosa genau zu lesen) ist »tot«. Wo kommt das her? Vielleicht: aus einer absoluten Versenkung in die Welt. Daß deren Dinglichkeit dem bohrenden Blick der unbedingten Anschauung nicht standhält, hat man in der Literatur auch schon erfahren, und so ist es bei Meyer: Unter seinen Sätzen, die wie Messer zwischen die Dinge fahren, weichen die Fixpunkte, die wir als Wirklichkeit annehmen, auseinander; dahinter gähnt als Schrecken das Nichtbenennbare.

Kleist, Kafka und Thomas Bernhard stehen als »Ahnherren« Meyers auch im Klappentext; dabei kann man hier nicht vorsichtig genug urteilen. Trennen muß man, was einen bekannt anmutet und was hier neu ist; die kleistisch über Seiten sich fortwürgenden Sätze von der Art, wie sie in eins benennen und fortfahrend auflösen. Kein Wort von Parabeln: Wenn man kontrolliert, ob es in einer Geschichte, die unter »unheimlichen Mächten« und mit »Dämonen« endet, das Gasthaus »Löwen« in Eggiwil gibt, so gibt es das nicht nur, sondern auch der Name des Wirtes stimmt; wenn in einer Erzählung, die heute spielt, ein Gast auf dem Lukmanier von zwei Schweizer Reisen erzählt, die er im Abstand von 22 Jahren unternommen haben will und die einen seltsam an Goethes Schweizer Reisen erinnern, so wird man nachrechnen, daß zwischen Goethes erster und dritter Schweizer Reise 22 Jahre liegen. Ist Schabernack im Spiel?

Sicher ist das die literarischste, die artifiziellste Prosa, die ein Schweizer seit langem geschrieben hat. Hier ist einer besessen, monomanisch, mit einem unbedingten Kunstwillen dabei, sich seine Welt als Literatur zu schaffen, vielleicht auch, um sie sich damit vom Hals zu halten: Verzweiflung ist mit dabei. Das sind keine Geschichten mehr, wie sie das Leben, sondern die Angst vor dem Leben sie schreibt.

(Die Weltwoche, 29. März 1972)

Rolf Michaelis

Leben als Möglichkeit.
Immanuel Kant im Emmental

Der Schweizer E.Y. Meyer, 1946 in Liestal geboren, Lehrer in Ittigen, 1972 mit dem Geschichtenband *Ein Reisender in Sachen Umsturz* als Erzähler an die Öffentlichkeit getreten, hat seinen ersten Roman geschrieben: *In Trubschachen*. Wenn Welthaltigkeit, wenn Entwicklung eines Individuums Merkmale eines Romans sind, dann ist die 218 Seiten umfassende Erzählung ein Roman, und der eigenwilligste dieses Herbstes dazu –.

Mut zu banalerer Ausgangsposition des Erzählens findet so schnell kein junger Autor. Der sechsundzwanzigjährige Schweizer Erzähler schickt die männliche Hauptfigur, die wie Meyer Philosophie und Germanistik studiert haben dürfte, in der Zeit zwischen den Jahren zu einem Arbeitsurlaub von Biel nach Trubschachen im Emmental. Unser Held fährt los mit einer *»alten Reclam-Ausgabe von Kants ›Kritik der praktischen Vernunft‹, dem vierten und dem achten Band der bei Walter de Gruyter & Co. erschienenen Akademie-Textausgabe von Kants Werken und zwei Kant-Biographien«.*

Was so praktisch vernünftig beginnt, geht rasch über in Verstörung und Unvernunft und endet in Wahnsinn und – gerade noch vermiedenem – Tod. Wer sich an die beste Geschichte von E.Y. Meyers erstem Buch erinnert, *Der oberste Tag*, wird stutzig schon, wenn er merkt, daß der Erzähler seinen Kant-Forscher zwischen Weihnachten und der – spätestens seit Shakespeare berüchtigten – *»Twelfth Night«* des Dreikönigstages in die Fremde schickt; heißt es doch in jener Erzählung, daß dies *»eine Tummelzeit für unheimliche Mächte«* sei, die *»ganz und gar den Dämonen gehöre«.*

Vom ersten Satz an entrückt E.Y. Meyer den Leser in ein Zwischenreich der Wirklichkeit, in jene Spanne zwischen den Jahren, in der die Uhren stehenzubleiben scheinen, in der die Zeit aufgehoben ist. Meyer zählt in einem fast die ganze erste Seite füllenden Satz scheinbar nur die Bahnstationen zwischen Biel und Trubschachen samt Ankunfts- und Abfahrtzeiten auf – und erreicht doch, daß der Leser, der bereit ist, sich auf den umständlich verlangsamten, auf den ersten Blick schwerfällig exponierenden Erzählstil einzulassen, in den Sog einer in den Tod treibenden Strudelbewegung des Berichtens gerät.

Mit einer aufs Detail versessenen Behäbigkeit, einem akribischen Wirklichkeitsfanatismus sammelt E. Y. Meyer alles in sein Buch: Namen und Daten, Ortsangaben, Wegeschilder, Firmenzeichen. Gerade solch wütende Genauigkeit der Beschreibung von Landschaft und Menschen führt jedoch dazu, geschaute und geschilderte Wirklichkeit nicht vertraut, sondern fremd erscheinen zu lassen. Je sorgfältiger der Erzähler Wege und Umwege seiner täglichen Spaziergänge nachzeichnet, desto gewisser schickt er den Leser in ein Labyrinth. Das lieblich hügelige Emmental der *»Küher und Käser«* wird zum Tal des Todes. Noch die scheinbar philologische Exaktheit, mit der die tägliche Speisekarte samt ihren Berner Dialektspezialitäten in den Text eines Romans übernommen wird, »*Berner Züpfe (Zweistrang-Zopf), Kartoffelwürfeli, Nierli, Randensalat, Gnagi (Eisbein), Bätzi (Kernobstschnaps)*«, dient dazu, dem Esser die Delikatessen zu entfremden, dem Leser das Alltägliche als etwas Fernes, Exotisches darzustellen.

Bewundernswert, wie E. Y. Meyer die wenigen wiederkehrenden Motive dem Hauptthema verbindet. Die zu üppigen Mahlzeiten, die täglichen Spaziergänge, die Lektüre einer Illustrierten-Story über den Herzog von Windsor und die Beschäftigung mit Kant – alles schießt zusammen zu einem Gedanken- und Bewußtseinsknäuel, dessen Teile zwar einander erhellen, das als Ganzes aber immer rätselhafter wird.

Am Anfang hat der Erzähler noch die Willenskraft, seinen Tag in einen bestimmten Rhythmus von Arbeit und Erholung, von Lektüre und Promenade zu gliedern. Doch verhindert gerade die fremde Ordnung des Gasthauses – morgendliche Stubenreinigung, Ritual der drei Mahlzeiten – jede individuelle Einteilung des Tages. In erschöpften, nach Räuschen todähnlichen Schlafzuständen verliert der Erzähler seine Ungeduld, übernimmt den urtümlichen Rhythmus der winterlichen Landschaft und ist am neunten, dem Abreisetag, nicht einmal unglücklich, daß er *»mit der Niederschrift der Arbeit nicht begonnen hat«*.

Was ist geschehen in den Tagen vom 27. Dezember bis zum 3. Januar? Dem Alltag entrissen, in eine fremde Landschaft versetzt, die im Schneegestöber ihr Aussehen ständig verändert und wie unter einem Leichentuch verschwindet, kommt der Erzähler auf langen Spaziergängen sich selbst abhanden. Ein abgelegenes, leerstehendes Haus, Erzählungen der Einheimischen, der Geruch einer Fabrik für »Knochenprodukte«, der Anblick einer von Krähen umschwirrten Abfallhalde mit Tierkadavern – von allen Seiten dringen Verwesung, Mord, Tod auf den Urlauber ein. Das Schneeidyll offenbart einen Untergrund von Fäulnis und Hinfälligkeit. Das barocke Daseinsgefühl dieses Romans, in dem Leben als »*das sich ständig vollziehende Sterben*« erfahren wird, äußert sich noch darin, daß der über Kants »*unmenschlichen, mörderischen, selbstzerstörerischen*« Begriff der Pflicht und das daraus folgende Leistungsprinzip nachdenkende Erzähler gestört wird durch die »*mehr oder weniger rhythmischen Bewegungen eines Bettes*« im Nachbarzimmer.

»*Der Tod als philosophisches Problem*«, das auf den ersten Seiten zitierte Thema einer Vorlesung, die der Erzähler als Student gehört hat, könnte auch Titel des Romans sein. Mit einer erzählerischen Gewandtheit, über die E.Y. Meyer in seinem Geschichtenband noch nicht verfügt hat, trägt er dieses Thema nicht als Essay, sondern als episch aufgefächerte Fabel vor. In zwei eingeschobenen, aber in die Erzählung eingebundenen Abschnitten, der »Emmentaler Rede«, in der ein ortsansässiger Lehrer die Landschaft geographisch, geologisch, volkskundlich, kulturhistorisch und gastronomisch vorstellt, und in der »Rede von der Pflicht«, in der E.Y. Meyer seine bedenkenswerte Kritik an Kants ethischem Rigorismus vorträgt und gesellschaftskritische Überlegungen anstellt, die auch außerhalb der Schweiz Gehör verdienen, hat ein Roman seine Höhepunkte, der sich – bewußt – in die Nachfolge von Thomas Bernhard und in der satirisch-kritischen Haltung in die von Dürrenmatt und Kurt Marti stellt.

»*Mit dem Leben nicht fertig werden*« – dies ist Antrieb für E.Y. Meyers Erzählen. Sein im Schnee einsinkender Erzähler, der mit äußerster Willensanstrengung der Versuchung widersteht, sich in weichen Schneewächten schlafenzulegen, der, gerade gerettet, von der »*langsamen Auflösung*« seines Körpers durch Öffnung der Schlagadern im warmen Wasser der Badewanne träumt, steht für eine ganze Generation skeptischer, kritischer, sensibler junger

Menschen. So ist zu verstehen, daß E. Y. Meyer seinen Erzähler nie
»Ich« sagen läßt. Ein »man«, ein Jedermann, erzählt, und er erzählt nicht im indikativischen Perfekt oder Präsens der Gewißheit, sondern im Konjunktiv. So wird die Beteiligung des Lesers
provoziert, indem geschildert wird: Leben als Möglichkeit.

(Die Zeit, 30. November 1973)

DONNERSTAG 1. 1. 70 Neujahr
MITTAG: FLÄDLISUPPE,
ROSENKOHL, BLUMENKOHL, ERBSLI, SPAR-
GELN, PFIRSICHE MIT PREISELBEERKONFI-
TURE, KALBS/SCHWEINSBRATEN, ENDIVE-
SALAT, CROQUETTES
NEUJAHRSCOUPE MIT KAMINFEGER
ABEND: (Schlecker)

FREITAG 2. 1. 70
MITTAG
BÄRZELISTAG!>

ABEND SUPPE
GESCHNETZELTES, RÖSTI, SALAT
WEIHNACHTSGUTZI
SAMSTAG 3. 1. 70
MITTAG SUPPE
COTELETTES, TEIGWAREN
COUPE MELBA (?)

Notierung der Menu-Folge während des Winteraufenthaltes 1969/70 im
Gasthof »Hirschen« in Trubschachen.

Klara Obermüller

Die Gefährlichkeit gewisser Zeiten

Bei Durchsicht der schweizerischen Neuerscheinungen dieses Herbstes fällt *ein* Thema auf: *Bedrohung*. In Jörg Steiners Erzählung *Schnee bis in die Niederungen* hat sie sich zu einer Gestalt verdichtet, die den Namen Reubell trägt; bei Jürg Federspiel heißt sie Paratuga, und von diesem ist zu erfahren, daß er »nur für Katastrophen Sinn habe«. Meyer hat für sein Gefühl des Bedroht-Seins keinen Namen, aber es ist gleichwohl überall gegenwärtig, in und um Trubschachen, diesem Emmentaler Dorf, das von seiner äußeren Beschaffenheit her der Idyllik außerordentlich verdächtig ist.

Der Hintergrund ist so alltäglich wie nur möglich: Man fährt – zwischen Weihnachten und Neujahr – für ein paar Tage ins Emmental, nach Trubschachen eben, wo man sich im »Hirschen« einquartiert, in der Hoffnung, sich bei guter Luft und gesunder Kost ein wenig zu erholen und nebenbei mit seiner Arbeit über Kant voranzukommen. Befremdlich ist zunächst nur die sprachliche Form: der Konditionalis anstelle des beschreibenden Präteritums und das unpersönliche »man«, das sich durch das ganze Buch hindurchzieht, ein Schutzschild, der einen vor direktem Zugriff bewahrt. (Auch ohne daß das Stichwort Thomas Bernhard fiele, verriete solche Sprache die geistige Verwandtschaft zwischen dem Berner und dem Österreicher.)

Aus dem anfänglichen Referieren bloßer Möglichkeiten wird mit der Ankunft in Trubschachen, dem Einzug im »Hirschen«, dem ersten Inspizieren der Umgebung nach und nach Wirklichkeit, die vom Erzähler Besitz ergreift, sein dem Alltag entzogenes Dasein in ihre Bahnen zwingt: Da sind die Mahlzeiten, zu üppig für einen, der nicht körperlich arbeitet, da sind, als Ausgleich, die Spaziergänge durch den Schnee – so spaziert auch der Maler Strauch in *Frost* –, die, immer ausgedehnter werdend, von Mal zu Mal tiefer ins Unberührte und Unbekannte vorstoßen. Durch das Ritual einer minuziösen Beschreibung versucht Meyer sich das Ungewohnte seiner Umgebung anzueignen, es sich verfügbar zu machen, und erreicht damit oft gerade das Gegenteil: daß Vertrautes sich entzieht und fremde Züge annimmt.

Erste Zeichen von Bedrohung stellen sich ein, Signale, die unsicher, wachsam und ängstlich machen. Das verschneite Emmentaler Dorf verliert allmählich seine Postkarten-Harmonie und damit seine Banalität, das Auge schärft sich im diffusen Winterlicht und lernt Konturen auch im Schatten unterscheiden. Der »Sinn für Katastrophen« wächst, und die Wirklichkeit bekommt eine neue Dimension: der Tod wird sichtbar, der hinter den Dingen steht.

Die Gefahr wird in diesem Buch nie beredet, sie ist einfach da. Sensible Nerven registrieren sie, überreizte Sinne nehmen sie wahr, Phantasie erfindet sie sich, bis sie sich schließlich in Bildern von mythischer Kraft konkretisiert: dem verlassenen Gasthaus, in dem vielleicht jemand tot liegt, dem Gefühl zu essen, um die Kälte – diejenige des Winters und jene andere des Todes – nicht einzulassen, den übernatürlich großen Krähen, die, dunkle Schatten auf den Schnee werfend, über der Abfallhalde einer Knochenfabrik kreisen, dem nächtlichen Spaziergang, dem Einsinken im Schnee, der zum Liegenbleiben verführt, oder, später in der Badewanne, der Verlockung, durch ein Öffnen der Pulsadern sein Leben im warmen Wasser zu verströmen.

Nur hin und wieder am Wirtshaustisch, in Gesprächen mit Lehrer, Pfarrer und Sektionschef, wird versucht, der Gefahr auch mit Worten beizukommen. Das geschieht vor allem in den zwei eingeschobenen Reden über das Emmental und über die Pflicht. In der »Emmentaler Rede« gleichsam die Diagnose: neben dem Altbewährten, Bodenständigen und Erhaltenswerten das Ungesunde, Verdorbene, Unterschwellig-Bedrohliche – Tierquälerei, Inzucht, Mord –, wie in Bernhards Tirol-Visionen Bilder der Fäulnis und des Zerfalls. In der »Rede von der Pflicht« das Suchen nach möglichen Ursachen:

». . . am meisten fehle es an einem *Gschpüri*, einem Gefühl dafür, was für einen ungefährlich und was für einen und für sein Leben direkt oder indirekt gefährlich sei, das seinen Niederschlag früher in alten, *scheinbar* nicht erklärbaren und deshalb heute für einen ungültig gewordenen, vorher jedoch immer wieder tradierten Lebensregeln . . . gefunden habe. Dabei sei diese, unsere heutige Lebensweise und Lebenshaltung noch gar nicht alt, die Glückseligkeit als das höchste Gut sei erst mit *Kant*, also im achtzehnten Jahrhundert, vollständig in den Hintergrund getreten.«

Hier fängt Meyers Beschäftigung mit Kant, die erst nur wie ein anekdotisches Detail erscheinen mochte, an, zentral zu werden. Ihm lastet er die Zwänge und Beengungen an, in denen wir leben, den Konflikt zwischen Neigung und Pflicht, die Verketzerung des Glücks zugunsten von Leistungsprinzip und sturer Pflichterfüllung, ihm stellt er schließlich als Alternative seine »Ethik der Güte« entgegen, in der er die einzig menschenwürdige und menschengerechte Haltung in einem Leben sieht, das den Tod in sich trägt:

»Wenn es doch schon schwierig genug sei, im menschlichen Leben einen Sinn zu sehen, warum müßte man denn aus diesem – schon von seiner Definition her unklaren und unklärbaren – *Traum* noch einen *Alptraum* machen, oder was denn alle unsere *Konventionen*, alle unsere *Sitten* und *Gebräuche*, ja unsere *sämtlichen Handlungen* anders seien als ein notdürftiger, immer wieder neu zu überprüfender *Schutz vor der Angst vor dem Tod* und als ein notdürftiger und immer wieder neu zu überprüfender *Schutz vor dem Verzweifeln und dem Wahnsinnigwerden an dieser Angst vor dem Tod*, ein für das menschliche Leben unumgänglicher und notwendiger Schutz, der jedoch nicht fälschlicherweise als etwas *anderes* angesehen werden dürfe. Man *müsse* menschlich, das heiße seiner lebenswerten Möglichkeiten *und* seiner schlußendlichen Nichtigkeit und Unbegreiflichkeit seiner selbst bewußt bleiben, weil sonst dieses ganze menschliche Leben oder Leben des Menschen WIRKLICH sinnlos würde oder wäre, und zu einem solchen *menschlichen* Leben gehöre – so wie eine mittelalterliche Rechtsquelle für die Rechtsprechung sage, daß Gnade besser als Recht sei – die *Güte*.«

Man mag in diesen philosophischen Erörterungen eine Schwäche des Buches sehen, einen Bruch im homogenen Fluß der Erzählung, und es ist denkbar, daß sie dem Mißtrauen in die suggestive Kraft des eigenen Erzählens entsprungen sind: dem Bedürfnis, durch fremdes Zeugnis zu belegen, was man selber fühlt. Meyer hat sich aber das, was zunächst vielleicht Leerform noch unselbständigen Denkens gewesen ist, so weitgehend einverleibt, daß nicht das Fremde, sondern das Eigene, nicht das Reden, sondern die Bilder im nachhinein den Eindruck des Romans bestimmen: das unter Schnee begraben liegende Land, das dem einsamen Spaziergänger den Spiegel seiner »Gott-Verlassenheit« vorhält.

Meyer führt seinen »man«-Erzähler nicht in den Tod, nicht in die Verstörung, wie sein Vorbild Thomas Bernhard dies wohl getan hätte. Er wird nach Hause entlassen, nur eben gestreift von dem Wissen um solche Möglichkeiten. Das Leben geht weiter wie bisher, nur die Erfahrung ist nicht mehr rückgängig zu machen.

(Neue Zürcher Zeitung, 25. September 1973)

Urs Widmer

Langsamer als anderswo

E.Y. Meyers zweites Buch – das erste war ein Erzählungsband und hieß *Ein Reisender in Sachen Umsturz* – ist mit größter methodischer Bewußtheit, mit Disziplin und Geduld geschrieben. Es verlangt wohl auch einige Disziplin und Geduld vom Leser. Bringt man sie auf, so merkt man, daß die Methode kaum je dominiert und quasi in sich selber rotiert, sondern daß *In Trubschachen* im Gegenteil verblüffend viel von dem, was man »sinnliche Substanz« nennen könnte, enthält.

Es ist ein Buch voller Details, voll von Provinziellem und Lokalem. Es wäre auch ohne die geographischen Angaben, die es enthält, sofort als ein Buch aus der Schweiz zu erkennen. Ich bin, außer im fahrenden Auto, nie in Trubschachen gewesen, aber ich glaube nun ein bißchen zu wissen, wie es dort ist – allerdings auch, wie Meyers Held denkt, daß es dort ist.

Trubschachen ist ein Ort im Emmental, im Kanton Bern. Der Held der Geschichte fährt, aus welchen Motiven auch immer, für einige Tage an diesen Ort, der kaum touristische Reize hat: keine Alpen, keinen See, keine Skipisten, nur einen Gasthof zum Hirschen, ein Restaurant, einen Bahnhof, eine Käserei, eine Handlung, und ringsum Hügel, auf denen im Winter schwerer Pappschnee liegt.

Der Held mietet sich im »Hirschen« ein. Sein Tageslauf besteht hauptsächlich aus Ausschlafen, Spazierengehen und Essen. Die gute Berner Küche ist im Emmental am bernischsten. Eigentlich will der namenlose Held im stillen Trubschachen eine Arbeit über Kant schreiben. Er arbeitet auch hin und wieder daran. Dabei scheint ihn an Kant hauptsächlich Anekdotisches zu interessieren: daß Kant immer allein spazierenging, weil er dabei nicht ins Schwitzen geraten wollte; daß er zu jeder Speise Senf aß, daß er es haßte, bei Tisch zu philosophieren. Auch Kafka las ja am liebsten biographische Darstellungen, aus denen zu ersehen war, daß die unsterblichen Geister von früher in ihrem täglichen Leben sehr sterblich waren.

Über den Philosophen Kant ärgert sich der Held eher: »Indem

er *den Menschen in Neigung und Pflicht zerstückelt* habe, habe Kant jedoch *menschlich* Furchtbares getan. Sogar einen Ausdruck aus der Sprache des *Boxens* habe der sonst so auf seine Sprache Bedachte in diesem Zusammenhang benutzt, als er davon gesprochen habe, daß dieses, das moralische Gesetz, den Eigendünkel, also die Neigungen in uns, nicht nur schwäche, sondern sogar *niederschlage*. Der *furchtbarste Satz*, den er jedoch geschrieben habe, sei der, in dem er sagte, daß es von größter Wichtigkeit sei, darauf zu achten, daß alle Moralität von Handlungen *aus Pflicht und aus Achtung fürs Gesetz, und nicht aus Liebe und Zuneigung* zu dem, was die Handlungen hervorbringen soll, gesetzt werde.«

Solche Überlegungen sind zu Anfang noch so etwas wie der Ärger eines Studierenden, daß das Objekt der kritischen Aufmerksamkeit Sätze schreibt, denen er nicht zustimmen kann. Sie schlagen dann bald einmal in eine Art soziale Wut um, den Zustand der heutigen Schweiz betreffend. Katalysatoren sind einige von Meyer eingeführte Wirtshausgäste, die, mit ihren sturen Argumenten, so etwas wie typische Schweizer sind und denen der Held dann eine, wie er sie nennt, »Emmentaler Rede« und eine »Rede von der Pflicht« hält.

In der Tat hat sich wohl die Schweiz von einem einstmals progressiven Staatswesen (1848) zu einem der vorsichtig-konservativsten Staaten Europas gewandelt – und Bern ist das Herzstück einer solchen Schweiz. Meyers Held erweist sich dabei selber als ein Berner: ein radikaler Faustkämpfer ist auch er nicht. Er braucht, in der realen Schweiz und in Meyers Buch, ja schon Nerven, sich mit den Norm-Argumenten gegen Kriegsdienstverweigerer, gegen jene, die mit dem Sozialismus sympathisieren und gegen Langhaarige auseinanderzusetzen.

Aber Meyer beschreibt dann dieses Trubschachen bei aller minutiösen Präzision auch so, daß der Fiktionscharakter seines Romans nie vergessen werden kann. Seine Methode tut nie so, als sei sein Roman die pralle Wirklichkeit selbst oder mindestens ihr Abbild. Meyer stellt sich, als Autor, den ganzen Handlungsablauf vor, alles spielt sich dann doch in seinem Kopf ab, nicht in Trubschachen:

»Nach dem ungewohnt üppigen Mittagessen würde man sich, obwohl man am Morgen lange geschlafen hätte, trotz des schönen Wetters zu einem längeren Mittagsschlaf auf das nun schon gemachte Bett in seinem Zimmer legen. Bei seinem Erwachen gegen vier Uhr würde sich der vorher klare Himmel bedeckt haben und ein kalter, eisiger Wind, der vereinzelte Schneeflocken vor sich hertreiben würde, wäre aufgezogen, was einen jedoch nicht daran hindern würde, nachdem man Mantel, Halstuch, Pelzmütze und Handschuhe angezogen hat, einen ersten Spaziergang aus dem Dorf hinaus zu machen.«

Meyers Buch hat immer etwas von dem Langsamen, das auch die Objekte seiner Beschreibung auszeichnet. Man braucht eine gewisse Geduld, sich mit dem Helden durch alle Essen durchzuessen und zu lesen, an welchen Fahrradgeschäften und Schlossereien er am Nachmittag des 29. Januar vorbeispaziert ist. In Meyers Buch geht es langsamer zu als anderswo. Es ist eine Qualität.

(Frankfurter Allgemeine Zeitung, 1. April 1974)

Hans-Joachim Sandberg

Besuch im Emmental oder:
Kant und die Folgen

>»Jede Existenz ist ein Milderungsgrund,
> geehrter Herr.«
> Thomas Bernhard, *Watten*

In den vergangenen Jahrzehnten ist wiederholt die These vertreten worden, der Bildungsroman herkömmlicher Prägung sei heutzutage nicht mehr möglich. An den kanonisierten Beispielen gemessen, mag diese Behauptung vielleicht zutreffen. Erkennt man jedoch dem Typus das Recht auf neue Fragestellungen, Ausdrucksformen und Erkenntnisweisen zu, wird man ihm nicht grundsätzlich und für immer eine Existenzberechtigung absprechen wollen. Mit dem 1973 erschienenen Roman *In Trubschachen* ist es m. E. dem 1946 geborenen Schweizer E.Y. Meyer gelungen, die Wandlungsfähigkeit und unverminderte Lebendigkeit des Bildungsromans auch in unseren Tagen zu demonstrieren.

In der Absicht, dem Alltag für ein paar Tage zu entrinnen, einmal, um sich zu erholen, aber auch, um eine in Angriff genommene Studie über Immanuel Kant voranzutreiben, faßt der Erzähler, ein junger Mann, der, anders als seine Vorfahren, nicht mehr mit körperlicher, sondern geistiger Arbeit, als Schriftsteller, den Lebensunterhalt zu verdienen sucht, den Entschluß zu einer Reise nach Trubschachen, dem letzten vor der Grenze zum Kanton Luzern im Bereich des oberen Emmentals gelegenen Dorf im Kanton Bern.

Obwohl die einleitenden Seiten des Romans die Reise des Erzählers aus dessen Perspektive als noch bevorstehend suggerieren, gehört der Aufenthalt dort im Augenblick der Eingebung des Vorsatzes bereits der Vergangenheit an. In Anbetracht der Preisgabe präziser Kenntnisse über die Dorfverhältnisse, über die Topographie des Tales und seiner Umgebung sowie über die Lebensbedingungen seiner Bewohner, ist der mit sprachlichen Mitteln als zukünftig vorgestellte Besuch realiter als schon vollzogen und intensiv erlebt vorauszusetzen. Die zu Beginn minutiöse Aufzählung der im Winterfahrplan des Amtlichen Kursbuches der Schweiz aufgeführten Abfahrts- und Ankunftszeiten eines geeignet erscheinenden Zuges an den Stationen zwischen Biel und Trubschachen, sodann der Kunstgriff des Autors, erfahrene Wirklichkeit durch Verwendung des Konjunktivs vorläufig als Wunsch, als hypothetische Vorwegnahme zukünftigen Lebensvollzuges zu präsentieren, erzeugt von Anfang an die dem Roman eigene, unvermittelte Spannung, welche den Leser als Zeugen einer zunächst unverfänglich anmutenden Reise bis zum Ende der Lektüre und darüber hinaus noch lange gefangenhält.

An- und Abfahrtstag nicht gerechnet, beträgt die Dauer des Aufenthaltes in Trubschachen genau eine Woche, nämlich vom Samstag, dem 27. Dezember, bis zum Freitag, dem 2. Januar. Der mit dem Roman vorliegende Rechenschaftsbericht orientiert sich offenkundig an einem mit erheblicher Umsicht geführten Tagebuch, in dem der Erzähler die Ereignisse eines jeden Tages dieser ungewöhnlichen Woche auf eine umständliche, aber sehr präzise Weise vermerkt. Vom Erwachen bis zum Einschlafen werden viele Belanglosigkeiten, aber auch weniger alltägliche Dinge festgehalten, durchzuführende, zumeist wieder fallengelassene Pläne, vor allem aber die nicht enden wollenden Überlegungen anläßlich des schwierigen Balanceganges zwischen der Arbeit, dem Nachdenken über Leben und Werk Kants und über die sogenannten Freuden, will sagen Leiden, der Pflicht sowie der Erholung. Wie aber Erholung finden bei solcher Arbeit und in Anbetracht der regelmäßigen Einnahme außergewöhnlich üppiger und schmackhaft zubereiteter Speisen, deren Zusammensetzung und Abfolge der im übrigen kräftig zechende, besonders dem Wein nicht abgeneigte Erzähler mit Fleiß und Hingabe und offensichtlichem Genuß registriert?

Um die leidigen Kalorien wieder abzubauen, bedarf es weitläufiger Spaziergänge im Dorf und dessen Umgebung, Exkursionen, die freilich ebenfalls weniger zur Erholung als zur Arbeit, oder doch Vorsätzen zur Arbeit, Anreiz bieten, ohne daß diese nun auch auf dem Papier voranschritte. Die Begegnungen und Gespräche mit den Bewohnern Trubschachens werden ebenso ausführlich referiert wie die Reflexionen des Erzählers über den von ihm zwischen den Mahlzeiten, im Bett und auf Wanderungen verarbeiteten Lesestoff. Zu ihm gehören außer einer Biographie über Kant und etlichen Abhandlungen des Philosophen eine auf der

Reise am Kiosk erstandene, im Zuge schon auszugsweise gelesene Paris Match-Reportage über den Herzog von Windsor und dessen de facto erlittenes Dilemma zwischen Pflicht und Neigung. Zur geistigen Nahrung zählen auch zwei Kriminalromane, Zeitschriften für die Landbevölkerung und eine Ausgabe des Amtsblattes des Kantons Bern. Außer weiteren philosophischen Publikationen, von Autoren wie Hegel, Marx, Moritz Schlick und Albert Camus, neben literarischen Reminiszenzen an frühere Gotthelf-Lektüre und an das Schicksal des Bauern Pachom in Tolstojs Erzählung *Wieviel Erde braucht der Mensch?*, beschäftigt den Besucher des Emmentals vornehmlich ein Buch, das er für den Abend des ersten Aufenthaltstages zu seiner Lektüre bestimmt. Nur an dieser Stelle wird im Roman beiläufig angedeutet, man würde nach Einnahme des reichhaltigen Abendessens, »ohne die Lektüre einmal zu unterbrechen, bis gegen ein Uhr in der Früh *Watten* von Thomas Bernhard lesen . . .« (33). Die elementaren Erfahrungen, denen sich der Erzähler während seines Besuches aussetzt: Arbeit, Hunger, Kälte, Durst, Raum, Zeit, Traum und Tod, sind nicht zuletzt als Nachwirkungen dieser Lektüre zu werten.

Soweit also Ausgangspunkt sowie einige Umstände und Fakten des Romans, der m. E. zu den faszinierendsten deutschsprachiger Literatur der letzten Jahrzehnte gehört, dem mit herkömmlichen Kategorien freilich nicht leicht beizukommen ist, weil er über das Exemplarische des Bildungsromans hinaus eine neuartige realistische Darstellungsweise verwirklicht.

Was nun die inneren Voraussetzungen und Bedingungen des Erzählers betrifft, wäre die ebenso bedächtig vorbereitete wie vehement durchgeführte Auseinandersetzung mit Symptomen und Indizien zu beachten, die das eigentliche Thema und Anliegen des Romans bilden: die Suche nach den Ursachen der stetig zunehmenden Entfremdung und Selbstentfremdung des Menschen heute unter den herrschenden individuellen und gesellschaftlichen Zwängen eines – ob zu Recht, sei dahingestellt – von Kant hergeleiteten, von seinen Auslegern und Nacheiferern allzu rigoros verstandenen Pflichtbegriffes.

Im Helden des Romans begegnet dem Leser ein mit Scharfsinn und Verstand ausgerüsteter, die eigenen Lebensbedingungen und die seiner Umwelt aufmerksam prüfender, auf dem Gebiete der Literatur und Philosophie beschlagener Bürger mit einer Passion für Fragestellungen, die die Grenzen seiner engeren Heimat, der sie ursprünglich gelten, nach und nach durchbrechen. Trubschachen, das Emmental und seine Bewohner werden stellvertretend Spiegelbild und Gleichnis für Zustände und Schicksale, die alles andere als provinziell sind und in ihren unheilverheißenden Aspekten allmählich weltweite Ausmaße annehmen.

Bekanntlich bedarf es zur Darstellung großer Ereignisse nicht auch großer Schauplätze. Dieser Einsicht folgt E.Y. Meyer, wenn er Maximen der Kantischen Philosophie mit der Lebenswirklichkeit des Emmentals sowie seiner Rand- und Einzugsgebiete konfrontiert, die Bewährung dieser Maximen in der Praxis prüft. Handelt Meyer, wenn er sich diese Erkenntnis zunutze macht, auch in Einklang mit einer literarischen Tradition, zwingt doch die unabhängige, souveräne Verfügung über die künstlerischen Mittel, die er einsetzt, um seiner Aufgabe gerecht zu werden, den Leser zu nachhaltiger Bewunderung.

Hingewiesen wurde bereits auf die ebenso eigenwillige wie wirkungsvolle Handhabung des Konjunktivs, eines Modus, der laut Duden dazu dient, »eine Aussage als Wunsch oder Begehren, als nur vorgestellt und irreal oder als eine ohne Gewähr vermittelte Aussage eines anderen hinzustellen«, eine Definition, die sich vortrefflich eignet zur Beschreibung des im Roman vorherrschenden Gestaltungsprinzips. Nicht zuletzt ist es diese gleichermaßen irritierende wie faszinierende Erzählhaltung, die dem Autor schon vor Jahren in einer Besprechung die zwar als Frage formulierte, dem Rezensenten jedoch offenbar angemessen erscheinende Benennung eines »Kafka im Emmental« eingetragen hat.

Durch das gewählte Verfahren, tatsächlich vollzogene engagierte Lebensbewältigung als hypothetische, erst noch zu leistende oder auch zu wiederholende Aufgabe zu fordern, liefert der Autor einen bedenkenswerten Beitrag zur Besinnung auf die soziale Verantwortung eines jeden Bürgers unserer Zeit. In der Verwendung des Konjunktivs drückt sich freilich auch die Beklemmung des Erzählers angesichts einer zuweilen schon irreal anmutenden Wirklichkeit aus, deren besorgniserregenden Zuständen er sich in seiner Ratlosigkeit, seiner Ohnmacht und Verzweiflung, in seinem Unbehagen, seinem Argwohn oder Zorn nur durch eine Art von Verbannung in fiktive Negation zu erwehren weiß. So ließe sich die Zuflucht zum Konjunktiv verstehen als Ausdruck des Zwanges, andererseits aber doch auch des Willens, der Wendung zum Besseren, sei sie im Augenblick auch noch so illusionär, eine

Chance zu geben. Worin bestünde diese erträumte Wendung? In der vorerst vagen Hoffnung auf Sinneswandel und Haltungsänderung einer den Zwängen des Pflichtbewußtseins im Dienste des Leistungsprinzips hörigen Menschheit.

Einsichten aus Literatur und Philosophie mit den Erfahrungen heutiger Lebenswirklichkeit verknüpfend, dabei auf seinen Exkursionen beständig Wanderbücher und Kartenblätter der Landestopographie in verschiedenen Maßstäben zu Rate ziehend und deren Auskünfte durch Befragung Ortskundiger ergänzend, kompetenten Ausführungen folgend wie z. B. der Emmentaler Rede des Lehrers, gewinnt der Held mit dem Wissen und Überblick über Land und Leute die Voraussetzung für die ihm erforderlich erscheinende Abrechnung. Vor dem Hintergrund geologischer, klimatologischer, morphologischer, hydrologischer, vegetationsmäßiger, siedlungsmäßiger, wirtschaftsmäßiger und gesamtbildmäßiger Studien, Begriffe, die Meyer größtenteils selbst verwendet in seiner programmatischen Erzählung *Ein Reisender in Sachen Umsturz* (1972), versucht er, nunmehr auch in Berücksichtigung psychologischer, moralischer und krimineller Aspekte, den Besucher im Emmental Existenzformen und Lebensbedingungen der Menschen in ihrer Entwicklung begreifen zu lassen. Neben Berichten über schreckliche Vorfälle im Tal, Sexualdelikte und Verzweiflungstaten, Amokläufer und Selbstmörder, ist freilich auch die Rede von geordneten Verhältnissen, von erheblichem Wohlstand, von einem gesunden Lebensrhythmus, einer sozusagen heilen Welt, wovon man sich z. B. anläßlich eines Besuches in der örtlichen Käserei überzeugen kann, in welcher einen der Käser (siehe Gotthelf) in die Geheimnisse der Herstellung des berühmten Emmentalers einweiht.

Doch gerade im Vergleich mit den Phänomenen einer offenbar noch intakten Welt tritt deren Gefährdung sowie die der in ihr lebenden Menschen um so deutlicher hervor. Am Ende erweist sich die Bestandsaufnahme als nicht allzu erfreulich. So entlädt sich denn schließlich im Emmental, in der Gaststube des »Hirschen«, in einer langen Rede die aufgespeicherte Energie des Gastes vor drei Zuhörern, Repräsentanten der im Dorf vertretenen staatstragenden Institutionen: dem Lehrer, dem Pfarrer und dem Sektionschef der Armee, drei Männern, von denen man kraft der ihren Stellungen verliehenen Vollmachten zu erwarten scheint, sie möchten sich dafür einsetzen, zu retten, was noch zu retten ist. Was der Held in Theorie und Praxis sich zu Gemüte geführt, zu Herzen genommen hat: unter fortwährendem Leeren des Glases, »das einem die anderen – vor allem der Lehrer – einschenkten« und, »wenn es nötig gewesen war«, wiederholten Bestellungen neuen Weines (185), was, versteht sich, oft nötig gewesen war, redet er sich alles von Leib und Seele. Die Philippika gegen »die immer häufiger anzutreffenden, *abstumpfenden, überfordernden, menschenfeindlichen Lebensbedingungen*« (158), steigert sich zu einer fulminanten Kant-Kritik, in der dem »Prinzip der Leistung, der Effizienz« (163), die Eudaimonía der Griechen, der Kantischen »Hymne an die Pflicht« (175 f.) eine ihr Wort für Wort nachgebildete Huldigung an die Güte (183 f.) als vorbildlicher entgegengehalten werden. Hier führt der Held nunmehr allein das Wort, bis er, nachdem der Sektionschef sich schon lange empfohlen hat, mit der Versicherung verstummt:

»Nein, man wolle mit all dem, was man da gesagt habe, *weder* sagen, daß man zu den Griechen, *noch* daß man zur Natur zurückkehren solle, denn zu den *Griechen* zurückzukehren sei einem nicht möglich, weil man noch gar nicht weiter als sie gekommen sei, sondern Rückschritte in eine andere Richtung getan habe, die zu einem großen Teil nicht mehr rückgängig zu machen seien, und zur *Natur* könne man erst wieder zurückkehren, wenn man *tot* sei . . .« (184)

Die am späten Vormittag des nächsten Tages unternommenen, im Zeichen der Ernüchterung stehenden Rekonstruktionsversuche bruchstückhafter Erinnerungen an die vorabendliche Begebenheit, führen, da sich selbst angesichts des »in Aufmachung und Zusammenstellung wieder sehr feiertäglich« ausnehmenden Menüs (187) durchaus kein Appetit einstellen will, dazu, daß man das Bett auf- und im Schlummer Zuflucht sucht. Aus einem trotz vieler Träume ruhigen und tiefen Schlaf erwacht, erinnert sich der Redner trotz allen Bemühens nur noch an den Traum von einem Flug, gewissermaßen einen »Flugtraum« über eine »Urwald- oder Dschungellandschaft«. In »dieser [. . .] *toten* und *leblosen*, urweltlichen, möglicherweise vormenschlichen oder von Menschen und Tieren verlassenen, vom Wasser verwüsteten Landschaft« hat der Träumende

»die [. . .] unbewegliche schwarze Silhouette eines riesenhaften, aber halb im Wasser versunkenen *Beckenstieres* auftauchen sehen, der einen archaisch anmutenden, aus dem Altertum der Menschheit stammenden

[. . .] *Streitwagen der Hethiter, Sumerer oder Assyrer,* allenfalls auch der *Römer* – zog . . . Während dieses Fluges ist man dann erwacht [. . .]. Nur langsam hat die sogenannte Wirklichkeit der Außenwelt – das Zimmer, der Gasthof und die winterliche Emmentalerlandschaft – die sogenannte Traumwirklichkeit – das Fliegenkönnen, die überflutete Urwaldlandschaft und der Stier mit dem Streitwagen, vor allem aber das Fliegenkönnen – verdrängt, und noch nachdem man [. . .] den Gasthof [. . .] verlassen hat, bereitet es einem Mühe, die alltägliche emmentalisch-schweizerische Wirklichkeit und die Flugtraum- und Traumwirklichkeit auseinanderzuhalten und sich überhaupt noch eine Vorstellung von dem, was man mit Wirklichkeit bezeichnet, zu machen.« (189 ff.)

Nach dieser Traumvision vom Ursprung und Ende dieser einstmals noch nicht, dereinst nicht mehr bewohnten, menschenleeren Erde gelingt es dem Besucher auf seinem letzten längeren Spaziergang vor der Abreise nur unter Aufbietung aller Kräfte, sich der wiederholten Versuchung zu entziehen, im Schnee, »in der weichen, sich dem Körper anpassenden weißen Masse – die einem die mit der letzten Kraft erworbene Wärme nicht zu nehmen, sondern im Gegenteil zu erhalten scheint – liegen zu bleiben . . .« (203). Schließlich doch noch im Gasthof angekommen, in der wohligen Wärme des Wassers einer Badewanne liegend,

»scheint es einem plötzlich, daß es nun ein leichtes für einen sein würde, sich, etwa mit der von einem Gast vergessenen, rostigen Rasierklinge, [. . .] wie es, wenn man sich recht erinnert, bei den Römern, wenn sie keinen anderen Ausweg mehr gesehen hätten, üblich gewesen sei, an den Handgelenken die Schlagadern aufzuschneiden [. . .]. Während man den wieder in einem aufsteigenden Wunsch, einzuschlafen, unterdrückt und einen weiteren Schluck aus der sich feucht und warm anfühlenden Flasche mit dem Zwetschgenwasser nimmt, erinnert man sich dann an Kants siebzehnhundertundvierundsechzig entstandene Abhandlung VERSUCH ÜBER DIE KRANKHEITEN DES KOPFES und seine Schrift VON DER MACHT DES GEMÜTS, DURCH DEN BLOSSEN VORSATZ SEINER KRANKHAFTEN GEFÜHLE MEISTER ZU WERDEN . . .« (207 f.)

Sieben Jahre währte der Aufenthalt Hans Castorps auf dem Zauberberg, sieben Tage der des Gastes in Trubschachen. Den Konflikt zwischen Pflicht und Neigung zu erleiden, bedarf es, im Roman, heute nur noch einer Woche. Der Besuch im Emmental ist zu Ende. Beendet ist freilich zum Zeitpunkt der Abreise noch nicht die in Angriff genommene Abhandlung über Kant. Die wäre, in Verarbeitung des Erlebten und Erlesenen, erst noch zu schreiben, wobei man an Thomas Bernhards *Watten* würde denken können, z. B. an den Satz: »Jede Existenz ist ein Milderungsgrund, geehrter Herr« (20). Inzwischen liegt sie vor, die Arbeit über Kant, seit sieben Jahren, nicht in der ursprünglich geplanten, wohl aber in der Form des hier vorgestellten Romans, eines in seiner Art einmaligen Bildungsromanes unserer Zeit.

(Wortlaut des im Rahmen des 6. Kongresses der Internationalen Vereinigung für germanische Sprach- und Literaturwissenschaft am 25. 8. 1980 in Basel gehaltenen Referates)

»... wenn man es genau nimmt, stand ganz am Anfang jedoch die Aufforderung des Verlags an einige seiner jungen Autoren, ihm für einen Werbeprospekt ein originelles Foto und einen autobiographischen Text zu schicken, welcher ich dadurch nachzukommen versuchte, daß ich nicht über *mich,* sondern über ein *Foto* von mir aus jener Zeit zu schreiben versuchte, das mich mit Pelzmütze und Winterkleidung in der verschneiten Landschaft zeigt ...« (*Eine entfernte Ähnlichkeit*, S. 66) – E.Y. Meyer in der Landschaft von Trubschachen, Winter 1969/70: Ausgangspunkt des Romans *In Trubschachen.*

1 Fahrplan
2 Bahnhof Bern
3 Fahrt (Auszug von Windsor); Foto Agenden
4 Ankunft in Hirschen
5 Abendessen
6 Sichschlafenlegen
7 Allgemein: Die Folgen eines solchen, emmentalischen Essens
8 Spazier-, Orientierungsgang durch das Dorf
9 Den Ilfis entlang; die Waldbesitzer; Th. Bernhard
10 Sonntagsmittagessen; Tageseinteilung
11 Der Lehrer
12 Das Kurhaus
13 Abendessen: Der Senf; Kant (Lektüre über Kant)
14 Morgenspaziergang Ilfis: Kant's Tisch- und Lehrgewohnheiten
15 ...Buchhandlung
16 Abendessen
17 Emmentaler Rede
18 Morgenspaziergang: Konsortium Grauenstein; Kant u. Kritiker
19 Nachmittagsspaziergang: Käserei
20 Abend: Lektüre PARIS MATCH ✗ !
21 Morgenspaziergang bis Oli: Custos-Kirchenprodukte
22 Nachmittagsspaziergang bis Abfallhalde/feld
23 Silvesterabend: Wein
24 Kantlektüre (seit früh morgens ...
25 ...
26 Nach Abendessen: Lehrer + Wirt: REDE VON DER PFLICHT → Erörterung ...
27 Katzenmorgen (Nacht?): Kleinheit + Unwichtigkeit seiner selbst
28 Mittagessen: Betrachtungen über das Essen; Gesprächen ...
29 Schlaf + Spaziergang gegen 16.30 (bis ca. 19.30/20.00) Bad, Schnaps
30 — lange schlafen: Spaziergang bis unterhalb Wald (=Kuhweide!): Trubschachen ...
31 — Mittagessen: Bezahlen der Rechnung. Koffer packen. Verabschieden. Gang zum Bahnhof — Der Bahnhof
32 — Rückreise (Fahrplan)
33 In Bern
      → Genau 8 Tage (volle) Aufenthalt in T.

Synoptische Übersicht für den Aufbau des Romans *In Trubschachen*.

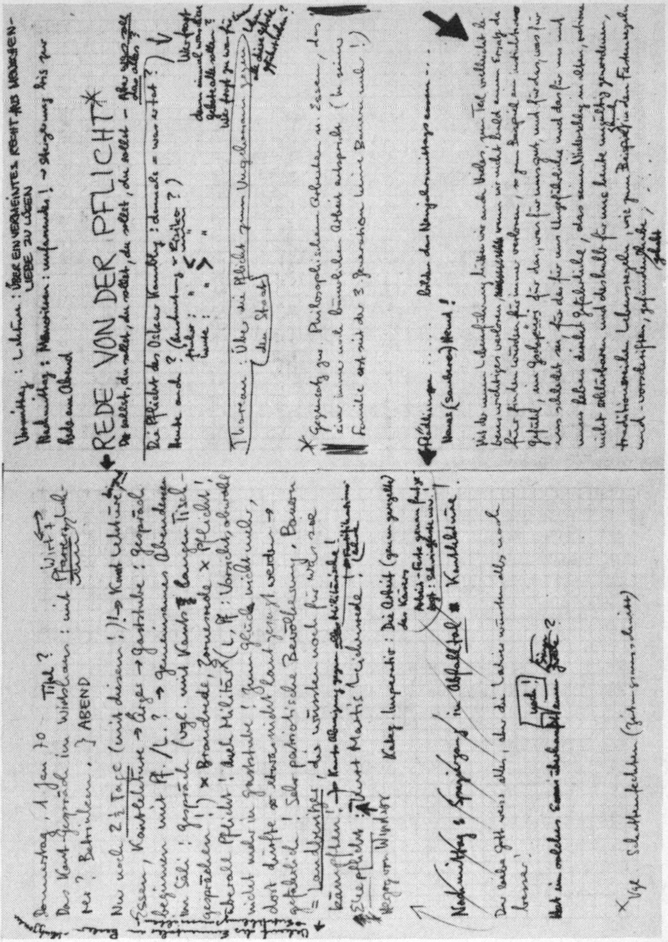

Aus einem Arbeitsheft für den Roman *In Trubschachen.*

EINE ENTFERNTE ÄHNLICHKEIT

Aus dem Arbeitsmaterial für *In Trubschachen*: Anzeiger für die Landge-
meinden des Amtes Bern und die Gemeinden Meikirch und Frauenkap-
pelen, 16. Dezember 1972.

Heinz F. Schafroth
Wohltuende Sturheit

Die drei Erzählungen von E.Y. Meyer *(Eine entfernte Ähnlichkeit)* zeigen einen Autor, der sich in erstaunlichem Ausmaß freigeschrieben hat. Nicht von Vorbildern (der strapazierte Vergleich mit Bernhard war schon im Zusammenhang mit dem erfolgreichen Roman *In Trubschachen* unergiebig), sondern von sich selbst. Genauer: von dem extrem schwierigen, monomanischen Stil, der durchaus eine eigenständige Qualität des Romans ist, aber kaum ohne Schaden hätte wiederholt und weitergetrieben werden können.

Im neuen Buch auf einmal: Leichtigkeit, Lockerheit, Offenheit: eine überraschende Selbstverständlichkeit. »Schließlich habe ich mich jedoch meiner Erschöpfung ergeben und mich mit einer, wie mir schien, wohltuenden Sturheit bemüht, an den Spiegelungen der Fensterscheiben vorbei ein Stück weit durch die Nacht in den Garten hinaus zu sehen, der vom Licht des Vollmondes ziemlich hell erleuchtet war und in den zudem noch das schwache Licht meiner Taschenlampe hinausfiel.«

Für die neue Transparenz von Meyers Sprache und Stil ist eine Stelle wie diese charakteristisch, und sie liefert auch gleich eine erhellende Formel dafür: »wohltuende Sturheit«. Bisher sollte sprachliche Sturheit in Meyers Prosa quälend sein: wenn diese nun, der Form nach ähnlich, den Leser freiläßt, wird sie deshalb nicht harmloser. Die Friedlichkeit, die von ihr ausgeht, verdeckt eine Bedrohung und eine Trauer, die sich leise und ohne Aufwand, aber unnachgiebig durchsetzen. *Entfernte Ähnlichkeit* – der Titel des Buches, zunächst unverpflichtend, erweist sich in allen drei Geschichten am Ende als täuschendes Understatement: denn das Ende ist jedesmal irritierende Nähe, gefährliche Identität.

In der Titelgeschichte wird Loser, Insasse eines Alters- und Pflegeheims (den der Autor seine Existenz erzählen läßt, weil er ihn entfernt an einen andern Anstaltsinsassen erinnert hat, den Dichter *Robert Walser*), bis in sein Sterben hinein identisch mit Robert

Walser. Die äußere, »entfernte« Ähnlichkeit ist zwar bedeutungslos geworden. Aber wenn Loser tot aufgefunden wird, an einem Januartag, im Schnee, ». . . den Kopf . . . leicht zur Seite geneigt und den Mund geöffnet . . ., als ob er die klare Winterluft habe einatmen wollen«, dann gleicht sein Sterben erschreckend demjenigen Walsers. Es ist schön und richtig, daß Meyer an dieser Stelle die Parallelität (die in Walser-Biographien nachzulesen ist) nicht mehr feststellt. Er hat »das ständige Ineinanderüberfließen der beiden Gesichter« längst tiefer begründet als im biographischen Bereich. Zum Beispiel in der »irritierenden, zu seinem Aussehen scheinbar in Diskrepanz stehenden, reichen und bildhaften Sprache« Losers. Und in seiner Existenz: mit all ihrer Einsamkeit und den Selbstgesprächen (»geng lafere und schnurre die ganze halbe Nacht. Darum sei er am Morgen aube müde . . .«), mit den Zwängen der Anstaltsgemeinschaft und der brutalen Verständnislosigkeit der Behörden, den lebenslangen Versuchen, sich mittels Aufsässigkeit einen Freiraum zu schaffen.

Das gilt auch für die andern Erzählungen. Beide sind über weite Strecken dokumentarisch, Reportagen eigentlich, und in beiden wird, soweit sie dies sind, Skepsis angemeldet, weil die Wirklichkeit von Dokument und Reportage fragmentarisch ist, die Personen und Vorgänge dort ihre realsten Dimensionen gewinnen, wo sie fiktiv werden.

Die Erhebung der Romanfiguren berichtet von den Folgen des Romans *In Trubschachen*. Die Fakten sind in Zeitungen nachzulesen: die Empörung und die Drohungen der Trubschachener, die Einladung des Militärrichters, die das Buch dem Autor einbrachte. Meyer erzählt aber nicht selber, sondern läßt einen Freund seine, also Meyers, Erfahrungen und die Reaktionen auf sein Buch darstellen. Die Distanzierung ist kein formaler Trick, sondern notwendig, um zuletzt als Illusion entlarvt zu werden. Nach dem mysteriösen Verschwinden und dem gespenstischen Wiederauftauchen des Schriftstellers (er ist einem Anschlag der Dorfbevölkerung zum Opfer gefallen oder hat sich abgesetzt) fühlt der Freund seinerseits sich einer schwer faßbaren Bedrohung ausgesetzt. Die Erzählung ist bei aller Witzigkeit und Brillanz eine ernste Parabel darüber, wie die Gesellschaft einen Schriftsteller unschädlich macht, der sie beschrieben hat.

»Leute, wie sie nur in Romanen vorzukommen scheinen«, beschreibt auch die Geschichte *Groß-Papa ist wieder da* – auch sie ein überzeugender Nachweis für die Intensität des literarischen Realitätsbezugs. Meyer erzählt die Lebensläufe seiner Vorfahren, »in der Hoffnung . . ., in den Reihen der Vorfahren eine Art Geborgenheit und ein besseres Verständnis für das eigene Wesen und das eigene Dasein zu finden«. Andere Ursachen der. Suche nach der Herkunft sind »die Angst vor dem eigenen Tod . . . und die Hoffnung . . ., in der Kenntnis der Leute, die einem im Tod vorangegangen sind – oder auch nur in der Tatsache, *daß* sie einem im Tod vorangegangen sind –, einen gewissen Trost und Mut zu finden . . .«. Bis zu den Urgroßeltern zurück verfolgt Meyer die Reihe, wiederum voller Aufmerksamkeit für die sozialen und psychologischen Bedingungen der dargestellten Existenzen. Eine Großtante ist seine wichtigste Quelle, ihr legt er die umständliche, komische Erzählweise in den Mund, die eine Unverwechselbarkeit des Textes ausmacht. Erst zuletzt erfindet der Autor dazu: das groteske Ausflippen seines Großvaters, das er geträumt (also eigentlich *nicht* erfunden) hat, das aber, ehe es als Traum deklariert wird, nahtlos an die reale Biographie des Großvaters anschloß und ihn wahrheitsgetreuer erfaßt als sein biographisches Ende. Das ihn vor allem da erfaßt, wo die Verbundenheit des Autors mit seiner Figur am stärksten wirksam wird, wo eine bewegende Übereinstimmung zwischen beiden hergestellt ist. Sie vermittelt eine Ahnung davon, wie stark die Identifizierung eines Autors mit seinem Stoff sein kann, auch wenn sie kunstvoll versteckt ist.

(Die Weltwoche, 25. Juni 1975)

Joseph Bättig

Eine entfernte Ähnlichkeit

Eine entfernte Ähnlichkeit, so der Titel einer Erzählsammlung des Liestaler Schriftstellers E.Y. Meyer, die in der Reihe des Suhrkamp-Taschenbuches herausgekommen ist. Es sind drei Geschichten, die jede, auf ihre ganz besondere Art, sich an die Erfahrungen der Wirklichkeit und jene der Sprache herantastet. Mit großer Wahrscheinlichkeit handelt es sich überhaupt um einen Rechenschaftsbericht, dem sich der Autor unterzieht und damit auch den Leser unwillkürlich mit hineinnimmt.

Eigentlich ist es eine alte Frage und eine alte Erfahrung. Sie beginnt nicht erst mit Hofmannsthals berühmtem Brief an Lord Chandos, sondern tauchte immer schon dort auf, wo die Grenzbereiche von Dichtung und Realität aufeinanderstießen. Das Ungewohnte dieser drei Erzählungen besteht darin, daß eine handfeste, durchaus schweizerische Wirklichkeit in dieses Spannungsfeld der Sprache gerät, weit entfernt von jeder Sprachphilosophie, sondern ganz auf das Konkrete, ja Praktische ausgerichtet.

So erfahren wir in der ersten, der Titelgeschichte, das Leben eines Insassen in einem Alters- und Pflegeheim. Der Akzent liegt dabei nicht in erster Linie bei den sozialkritischen Aussagen, Verpflegung, Unterkunft usw. – sondern darauf, wie es zu jenem Interesse kommen konnte, daß der Autor E.Y. Meyer dieser Geschichte überhaupt nachgeht. Am Anfang steht nämlich nicht ein Interesse für Loser, so der Name des Insassen, sondern die Vermutung, daß dieser Loser eine gewisse Ähnlichkeit mit Robert Walser habe, der sich ja freiwillig in eine Pflegeanstalt begab. Man kann das Problem dieser Geschichte auf den einen Nenner bringen, ob Walsers Existenz in irgendeiner Weise sich wiederholen ließe. Im besten Falle müßte eine Ähnlichkeit aufzuschimmern vermögen. Von solchen Ähnlichkeiten geht dieser Erzähler aus, um dann erstaunt festzustellen, daß die Unterschiede zwischen Ähnlichkeit und Gleichheit so groß sind, daß gerade in diesem Fall nur von Andersartigkeit gesprochen werden kann.

Trotz einer gewissen Walser-Renaissance in den Sechzigerjahren bleibt es fraglich, ob die Intention dieser Geschichte von den Lesern gleich verstanden werden kann, ob sie nicht zu viel voraussetzt. Denn es gibt hier die gleichen spürbaren, aber sehr feinen Schwankungen der Sprache, das Bodenlose gleichsam, in das die Gespräche einsinken und erst im Einsinken ihre Gewichte verraten. Gesprochen und gehandelt wird hier mit dem Alltäglichsten, das aber immer fremder, ja unheimlicher wird, je mehr der Autor erfährt, daß diese von ihm angespielte »gewisse Ähnlichkeit« keineswegs aufgeht. Die Frage wird nie eigens gestellt, aber sie liegt spürbar zwischen den Zeilen: Wer ist wem eigentlich ähnlich? Und Meyers Antwort steht über den Zeilen: eigentlich niemand. Ähnlichkeiten der Personen sind nur Hilfsmittel, mit denen wir das Ganz-anders-Geartetsein des Mitmenschen kaschieren, ihn zum Kumpanen, vielleicht sogar zum Freund machen, um der fast tödlichen Isolation zu entrinnen.

Die Erhebung der Romanfiguren

Ähnlich nun aber, nicht total verschieden, ist die zweite Geschichte, *Die Erhebung der Romanfiguren*. Auch hier wird in gewissem Sinne beim Leser die Kenntnis des Romans *In Trubschachen* vorausgesetzt. Also kein literarischer Name – wie Walser –, sondern ein Roman. Dennoch handelt es sich um eines der schwierigsten Kapitel der Sprachlogik wie des Sprachgebrauchs, oder einfacher ausgedrückt: Wie verhält sich die gestaltete Wirklichkeit des Romans oder einer sprachlich fixierten Äußerung überhaupt zur Wirklichkeit. Das sind die Erhebungen, die hier angestellt werden. Trubschachen nimmt hier durchaus Modellcharakter an. Denn nicht wahr, jede Gemeinde, jede Stadt muß es sich eines Tages gefallen lassen können, von einem Autor zum Schauplatz erwählt zu werden. Des Rühmens und Preisens im Sinne Georges oder Rilkes wird es bei einer realitätsbezogenen Schilderung wenig geben, aber gerade diesen neuen, erhebenden Gesang erwartet die Leserschaft von ihrem Dichter, von jedem Dichter. Trifft dieser nicht ein, so lauert das Verdikt hinter jeder Mistgabel, jedem Hydranten. Das gilt offenbar nicht nur für Meyers Trubschachen, das erfuhr auch Thomas Mann mit Lübeck, Frisch mit Zürich oder Inglin mit Schwyz.

Jeder dieser Dichter, und wir schließen hier E. Y. Meyer ein, wird nicht verlegen sein, wenn es gilt, Gründe für den nicht ganz sauberen Spiegel zu finden, den er hier einer scheinbar bloßgestellten Gemeinde vorhält. Je weiter aber die Distanz zum Ort des Geschehens wächst, um so objektiver kann eine Geschichte erfaßt werden, weil es keine erkennbaren Vergleiche mehr gibt und nur noch die »entfernte Ähnlichkeit« zählt. Meyer nimmt hier Partei für sein Werk, und indem er dies tut, weist er auf das Absolute, nicht mehr weiter zu Diskutierende hin, wie er dieses Werk konzipiert, verfaßt und in seiner Sicht, neu wie einmalig, geordnet hat.

Wir lesen an einer Stelle: »Zudem glaube ich, daß ich nach allem, was bisher geschehen ist, gar nicht mehr schweigen *darf*, sondern daß es – ich zögere nicht, es zu sagen – meine *menschliche Pflicht* ist, zu sprechen: eine unangenehme und vermutlich nicht ungefährliche Pflicht zwar, aber eben doch eine jener Pflichten, von denen ich glaube, daß man als Mensch nicht um sie herumkommt.« In diesem einen Satz wird nochmals die ganze Intention des Buches zusammengefaßt. Es ist die Bereitschaft eines Autors, den Leser mit erzählerischen Mitteln pädagogisch umzuerziehen, ihm zu zeigen, daß innerhalb der Dichtung nicht seine Wunschträume und Erwartungen zählen, sondern allein die Wahrheitssuche des Dichters oder des Schriftstellers.

Gerade diese zweite Erzählung eignet sich sehr gut, jenes alte, aber selten gestaltete Problem der Wirkung eines Buches darzustellen. Ein voreiliges Überlegen würde ja den Schluß nahe legen, daß es gerade jene Leser sein müssen, für die das Buch geschrieben wurde, die es auch am leichtesten verstehen und bejahen könnten. Das Gegenteil trifft aber ein. Indem diese Lesergruppe nur den eigenen Wunschbildern nachtastet, erschrickt sie vor der ganz anderen Wirklichkeit des Autors, und der Sucher nach Wahrheit wird sehr rasch zum Todfeind der Dorfgemeinschaft gestempelt.

Nicht daß der Autor Unwahres erzählt, sondern der Umstand, daß seine Schilderung mit den Wunschträumen des Lesers nicht identisch ist, macht ihn in den Augen derer zum Lügner, die es ausgerechnet am besten wissen sollten, wie wahr seine Geschichte ist. Und er bleibt tatsächlich von keiner Verdächtigung verschont. Sie erstrecken sich vom Politischen über das Weltanschauliche bis hin zum Militärischen. Auch hier sind es Abgründe, die das Ähnliche vom Wirklichen zu trennen vermögen.

Groß-Papa ist wieder da

Im gleichen Gefälle steht denn auch die dritte Erzählung *Groß-Papa ist wieder da*. Das »wieder« bezieht sich auf das Heimholen einer Person in den Sprachbereich. Für Meyer heißt dies auch hier in den Bereich der Wahrheit, soweit sie erfaßbar wird. Daraus ist in dieser Erzählung die besondere Sprachbehandlung begreiflich. Um den Spannungsbereich zwischen Ähnlichkeit und Wahrheit durchzuhalten, werden viele Worte in Kursivschrift hervorgehoben, oder weite Passagen im verwirrenden Konjunktivstil geschrieben. Hier ein Beispiel:

»Mein Großvater war der älteste von *neun* Geschwistern, das heißt: eigentlich war er nur der zweitälteste, aber der Bruder, der noch älter als er gewesen war und *Traugott* geheißen hatte, war schon jung, schon als Einundzwanzigjähriger, an *Tuberkulose* gestorben, was für meinen Großvater den Verlust seines Lieblingsbruders und überhaupt des Geschwisters, mit dem er am besten ausgekommen sei, bedeutet habe.«

Es spricht für die Qualität von E. Y. Meyers Erzählweise, daß sie nicht leicht in ein beliebiges Cliché einzuordnen ist. Sie ist verschnörkelt, weil genau, und gegenwartsbezogen, weil sie ihre Impulse aus der Vergangenheit nimmt. Das sind scheinbare Widersprüche, die aber von diesem Autor ausgeglichen werden, weil der Ausgleich zwischen Sprache und Wirklichkeit nun auch sein eigentliches Thema ist.

(Vaterland, Luzern, 19. Juli 1975)

Beatrice von Matt
Schreiben im Bodenlosen

Der Aufsatz *Das Zerbrechen der Welt* berichtet von der lang andauernden, ja anhaltenden und wohl existentiellen Verunsicherung, die seinem Verfasser, E.Y. Meyer, einst durch ein Buch zugefügt worden ist: durch Kants *Kritik der reinen Vernunft*. Seit den Erzählungen *Ein Reisender in Sachen Umsturz* (1972) und dem Roman *In Trubschachen* (1973) dürften nicht viele schweizerische Prosaisten so ernstzunehmen sein wie dieser jetzt gerade dreißigjährige Schriftsteller; der hier vorgelegte Beitrag gehört wohl zu seinen besonders aufschlußreichen Arbeiten.

Wichtige frühe, wenn auch nicht die frühesten Lesestoffe, Robert Walsers *Gehülfen* etwa, hat Meyer in der Erzählung *Groß-Papa ist wieder da* (in *Eine entfernte Ähnlichkeit*, 1975) genannt. Es scheint aber, als habe er mit dieser Kantlektüre-Schilderung ein schriftstellerisches Hindernis erst nach wiederholtem Anlauf zu seiner Zufriedenheit genommen. Ein früherer Versuch entstand bei der Aufforderung des Suhrkamp-Verlags an seine Autoren, zum 25jährigen Bestehen des Unternehmens erste und entscheidende Lese-Erlebnisse aufzuzeichnen. (Grundsätzlich scheint Meyer alles zu interessieren, was zum erstenmal gefühlt und erkannt wird, da dann der Fühlende und Erkennende noch in geringerem Maße von eingespurten Anschauungsweisen gelenkt wird.) Als Beitrag zu jenem kleinen Band (*Erste Lese-Erlebnisse*, Frankfurt a. M. 1975) erzählte der Autor unter dem Titel *Spotten Sie nicht über Kriminalromane* höchst gewissenhaft, aber letztlich vielleicht unentschieden von den Märchen, den Globi-Büchern und anderen Bildergeschichten seiner Jugend und legte das schwerste Gewicht am Schluß auf Friedrich Glausers *Tee der drei alten Damen*. Im kurz darauf geschriebenen Aufsatz vom *Zerbrechen der Welt* (erstmals abgedruckt in der Jubiläumsnummer der österreichischen Literaturzeitschrift *manuskripte*, Graz 1975) spricht er von jener Erinnerungsarbeit und ihren vagen Ergebnissen und läßt durchblicken, daß er nicht nachgeben konnte und wollte, bis er sein wirklich entscheidendes »Lese-Erlebnis« zu Papier gebracht hatte.

Man kann E.Y. Meyer bei sogenannten Selbstinterpretationen und Selbstdarstellungen wohl ebensowenig trauen wie andern Schriftstellern, auch liest sich *Das Zerbrechen der Welt* wie eine seiner Geschichten, ist genauso streng gearbeitet und unheimlich verstrebt in der Syntax. Aber seine großartige formale Kunst braucht nicht gegen das Bekenntnishafte zu sprechen. Abgesehen davon, daß das schmerzhafte und doch notwendige, die einzige Ordnung verbürgende umständliche Sichabsichern, die vorsichtige Ausführlichkeit im Schreiben ohnehin nicht in erster Linie auf artistischen Glanz zielt, sagt der Autor hier auf eine so geistige und zugleich zentrale Weise »ich«, wie man das nach dem Zerbrechen so vieler Welten und so vieler Ich- und Anschauungsformen in den vergangenen Jahrzehnten nicht mehr für möglich gehalten hätte. Und gerade bei diesem Schriftsteller wirkt das, wie es scheint, unverkleidete »Ich« in diesem todernsten Zusammenhang zumindest verblüffend, denkt man zurück an alle die als »man«, als Freund oder sonstwie bezeichneten Hauptfiguren früherer Werke. Hier nun äußert sich ein so kreatürliches Bedürfnis nach Wahrheit und nichts als Wahrheit, nach Erkennen im philosophischen Sinn, daß man plötzlich die schwierigen dichterischen Texte Meyers, das übergenaue, oft langsame Sagen und Wiedereinschränken des Gesagten, neu zu verstehen glaubt. Was Meyer hier eingesteht, ist ein offenbar angeborener philosophischer Trieb, dessen Befriedigung sich – wie der Autor wiederholt andeutet – nicht etwa nur auf das Wohlbefinden seines »*Geistes*lebens« (die typographischen Hervorhebungen in fast allen seinen Texten gehen wohl auch auf Kant zurück), sondern auf sein mögliches Weiterleben oder Nichtweiterleben überhaupt auswirkt. – In *Die Erhebung der Romanfiguren. Von Felsöloci András* (in *Eine entfernte Ähnlichkeit* 1975) tritt einer auf, der den mit ihm befreundeten Verfasser eines Buches, das man unschwer als den Roman *In Trubschachen* erkennt, so charakterisiert: »Das einzige, was man bei meinem Freund als eine Abweichung von der Normalität hätte bezeichnen können, war sein ausgeprägter, über das normale Maß hinausgehender und sehr umfassend zu verstehender Wahrheitssinn, der jedoch – wie ich glaube – auch das Außergewöhnliche und das Wesen seiner schriftstellerischen Arbeit ausmachte und ihn zu ihr zwang und der ihm schließlich möglicherweise auch zum Verhängnis geworden ist« (S. 72 f.).

Die Kritik der reinen Vernunft hat durch die Setzung und Begründung der synthetischen Urteile a priori dem Autor die Welt auseinandergerissen. Das erkennende Subjekt bezieht die Anschauungsformen aus dem Angeschauten, und zugleich zwingt es diesem seine eigenen Strukturen auf, ja es schafft das Angeschaute erst mit seinem Blick. Da gibt es keinen Ausweg und keine Freiheit mehr. Da löst sich alles, was bisher nach Substanz ausgesehen hatte, auf, ins Leere. »Das, was ich erlebte, als ich dann meinerseits die ›*Kritik der reinen Vernunft*‹ las, könnte man vielleicht mit dem Erschrecken vergleichen, das man erleben könnte, wenn man beim Verlassen des sich auflösenden Nebels plötzlich bemerken würde, daß die Landschaft, durch die man sich bewegt, eine *Moor*landschaft und der Weg, den man bisher mit einer unerklärlichen Sicherheit – wie man sie etwa Schlafwandlern zuschreibt – gegangen war, trotz des Auflösens des Nebels nicht besser als zuvor zu erkennen ist: überall kann fester Boden sein, mit jedem Schritt kann einem dieser aber auch entzogen werden.«

Ähnliche Anwandlungen von Unsicherheit, meistens aber eine eigentliche Angst vor dem plötzlichen Verlieren des festen Grundes, Angst vor dem Untergehen also, hat Meyer schon oft formuliert. »Man«, der Held von *Trubschachen,* zieht mit aller Vorsicht ins Emmentaler Dorf ein, weil er auf dem Trottoir, das mit einer dicken Schicht vereisten Schnees bedeckt ist, jederzeit hinzufallen droht. Das nimmt sich vorerst harmlos aus. Gegen Schluß des Romans aber möchte dasselbe »Man« einen nicht begehbaren Weg erzwingen und sinkt dabei in einer Schneewächte immer tiefer ein: »Sich wieder auf die Schneeoberfläche zu schaffen, gelingt einem nicht mehr, je mehr man sich darum bemüht, desto tiefer sinkt man in den Schnee ein, bis einem dieser schließlich bis zur Brust reicht. Auch daß man sich gegen vorne auf den Schnee hinauf wirft und die Beine nachzuziehen versucht, nützt einem nichts, man verbraucht nur weiterhin seine Kräfte für ein schlußendlich aussichtsloses Unternehmen und liegt schließlich zu erschöpft, um sich wieder zu erheben, in einer Schneemulde oder -grube, deren Ränder einen überragen und die man selber in den weichen und sofort nachgebenden Schnee gegraben und gepreßt hat« (S. 201 f.).

Das kindliche Ich von *Groß-Papa ist wieder da* spürt bezeichnenderweise bei folgendem Erlebnis in einer Kehrichtdeponie »zum erstenmal etwas von der Vergänglichkeit«: »Als ich nämlich auf einen kleinen grauen Hügel treten wollte, bin ich mit dem Fuß plötzlich in diesem versunken, da er nicht – wie ich geglaubt hatte – vollständig fest war, sondern nur an seiner Oberfläche eine graue, steinähnlich aussehende *Kruste* aufwies, darunter aber aus einem dampfend-warmen und übelriechenden gelben *Brei* bestand, der mich sogleich heftig an meinem Fuß zu kribbeln begann und sich – als ich näher hinschaute – überall dort, wo mein Fuß die graue Kruste zerbrochen hatte, in einer dauernden *Bewegung* befand, da er von einer Unzahl sich wild windender *Maden* durchsetzt war« (S. 141 f.). »Eigene Nichtigkeit und Unverständlichkeit« wird so den Hauptgestalten bewußt, »Verlorenheit im Weltall« oder eben, wie Meyer oft sagt, »Vergänglichkeit«.

Kant also hat das Ich von *Zerbrechen der Welt* auch in dessen geistiger Existenz dieser bodenlosen Sphäre des Todes preisgegeben. Seit der Lektüre der *Kritik der reinen Vernunft* ist er nicht mehr nur der emotionalen Angst des gewöhnlichen Sterblichen ausgeliefert, sondern auch als Denkender »einer auf einer Erkenntnis basierenden Angst«, die ihm zeigt, daß er in seinem Denken blind und wehrlos irgendwo treibt und nicht frei und souverän die Welt beurteilen kann, wie er bisher geglaubt hatte. Zum Suchen von Wahrheit fühlt er sich mehr als andere getrieben, eine Wahrheit aber gibt es nicht, »keine weitere Erkenntnis, die Allgemeingültigkeit beansprucht«. Dazu könne er nur sagen ». . . *so ist es*«, und das sei nicht viel, höchstens eine »Quelle des Nihilismus«.

Jenseitstrost nun empfinden Meyers Protagonisten als Heuchelei. Was ihnen bleiben könnte und was der Autor immer wieder betont, wären ruhiger, behaglicher Genuß und Güte; wiederum aber ist es Kant, der den Menschen die Fähigkeit dazu geraubt habe. In der Trubschachener *Rede von der Pflicht* prangert er den Verfasser der *Kritik der praktischen Vernunft* an als Zementierer bürgerlicher Leistungsmoral, welche blindwütiges Sichabschinden zum obersten Prinzip erhebe. Aus diesem unmenschlichen Geist, der Pflicht und nichts als Pflicht predige und Neigung ihr entgegensetze, seien unsere »verkrümmten Seelen« hervorgegangen, von da rühre unser »permanent schlechtes Gewissen« (*Erhebung der Romanfiguren*, S. 80 f.), von daher auch komme die scheußliche Verwüstung unserer Umwelt. Wenn man etwa wieder einmal nach Trubschachen komme, werde der ländliche Gasthof, der »Hirschen«, wohl umgebaut, vergrößert, automatisiert sein, und die Wirtsleute hätten dabei nichts als ihre »Pflicht« getan. Ja, der Held von *Trubschachen* selber – bei allem Grauen auch heimlich bezaubert vom Sichverlieren, vom Hinübergehen im richtigen Augenblick – wird von Kants Imperativ auf die Erde gezwungen. Der Blick auf den gestirnten Himmel über ihm (»das moralische Gesetz in mir« ist dabei gleichsam mitgenannt) zieht ihn aus dem weichen Schnee, in dem er einschlafen möchte; die Schrift *Von der Macht des Gemüts, durch den bloßen Vorsatz seiner krankhaften Gefühle Meister zu werden . . .* bindet sofort den Drang zurück, in der wohligen Wärme des Bads die Schlagadern zu öffnen und »die *langsame Auflösung* seines sogenannten körperlichen Daseins *selber* herbeizuführen«. Angesichts seiner genialen Beweise für die Nichterkennbarkeit der Welt (eben durch das Postulat der synthetischen Urteile a priori in der *Kritik der reinen Vernunft*) hätte Kant, dieser in seinem Leben so vollendete Kavalier des »ancien régime«, den Menschen nicht all diese Fesseln anlegen dürfen.

Was aber könnte überhaupt Annehmlichkeit und Glück bereiten? Für den geträumten Großpapa in jener Erzählung eine befristete Flucht aus einer jahrzehntealten Ehe und Behausung in das nahegelegene Basel zu Wirtshauseinkehr und leichten Frauen; einige Tage lang üppige Emmentaler Kost und ausgedehnte Schlaf-Nächte im »Hirschen« von Trubschachen für das »Man«; Rückzug aus fruchtlosem Geschwätz zur Pflege von »Literatur und Landwirtschaft« für das »Ich« in *Ach Egon, Egon, Egon. Briefwechsel mit Monsieur de Voltaire*; »Dichtung« statt Philosophie im Aufsatz *Das Zerbrechen der Welt.* – Doch auch die Genüsse sind zwiespältig. Die Befriedigung des Essers kann umschlagen in Ekel; überflüssige Körperschichten – auch diese sind philosophisch gedeutet – mögen zwar helfen, der unerträglichen Kälte des Nicht-Erkennbaren zu entgehen, anderseits führen sie den mit zu großer Leibesfülle Ausgestatteten näher zum Tod. Literatur schützt vor der letzten drohenden Konsequenz; doch so lieb (wohl das Liebste) sie sein mag, irgendwo bleibt auch sie verdächtig. Einerseits ist zurückgezogenes Schreiben angesichts dessen, was geschieht in der Welt, auf Anhieb kaum verantwortbar (vgl. *Ach Egon, Egon, Egon . . .*), anderseits ist dieses Schreiben auf das

Chaos, oder wie Meyer im Aufsatz es nennt, den »Tand« der Erscheinungen angewiesen. Wie nun schreibt einer in dieser Lage? Stil und Themen eines Werks wie *In Trubschachen* sind stark von den dargelegten, auf Kant basierenden Anschauungen geprägt. E. Y. Meyers schwierige schriftstellerische Verfahrensweisen dürften von daher einsichtiger werden.

Einige Hinweise also zu diesem Roman: Eines der auffälligsten und irritierendsten Merkmale ist die Verwendung des genannten im Mittelpunkt stehenden, bis zum Ende durchgehaltenen »Man«, das den Leser stets auf Distanz hält. Ein einigermaßen unverstelltes »Ich« – immer unter der Voraussetzung, daß auch dieses fiktional gemeint ist – scheint nur dann möglich zu sein, wenn geschildert wird, wie die einst sinnvoll zusammenhängende Kinderwelt sich ausgenommen hat (*Groß-Papa ist wieder da* oder *Spotten Sie nicht über Kriminalromane*) oder eben, wenn berichtet wird, wie jener der Boden entzogen worden ist. Das »Man« von *Trubschachen* bezeugt das Aufgeben eines von einem Ich regierten oder auch nur passiv erlebnismäßig bestimmten Kosmos mit gar noch symbolischen Verbindungen. So kategorien- und perspektivearm, wie das eben nach solch umstürzendem Kant-Studium möglich und zugleich gefordert ist, stellt sich der Verfasser im »Man« einer namenlosen – vorgestellte oder tatsächliche – Erfahrungen sammelnden Person, wobei eindeutige Erklärungen von vornherein ausgeschlossen sind. Daß totale Kategorienfreiheit zwar in keiner Weise erreicht werden kann, ist dem Autor deutlich genug bewußt, ihm bleibt aber, wenigstens einer vorgespurten Begrifflichkeit und einem zum Beispiel helvetisch vorgeprägten Erwartungssystem möglichst aus dem Wege zu gehen und so einer Wahrheit, wenn auch nicht einer allgemeingültigen, ein Stücklein näher zu rücken.

Daß das Ablehnen oder doch Überprüfen solcher Verbindlichkeit eine deutlich rebellische und für viele daher anstößige Komponente in sich schließt, hat der gehässige Unterton einiger Leserbriefe gezeigt, welche auf Meyers Artikel über *Biel/Bienne: 26. März bis 4. April 1976* im Tages Anzeiger Magazin erschienen sind. Da hatte der Verfasser ja jede Assoziation vermieden, die ein Schweizer mit dieser Stadt verbindet und hat wie mit neuen oder fremden Sinnen Erfahrungen in ihr gemacht und notiert.

Die Anfangsseiten von *In Trubschachen* geben zwar eine scheinbar bekannte schweizerische, leicht bernisch variierte Pauschalwirklichkeit wieder, die SBB-Fahrt Biel–Trubschachen, bei der aber die Unterschiede von »belanglosen« und »wesentlichen« Tatbeständen, ja deren grundsätzliche Unterscheidbarkeit aufgehoben sind. Das Bewußtsein der Scheinhaftigkeit zersetzt jeden bekannten Ablauf von Ereignissen, jede Norm, jede »Realität«. Es bleibt das genaue Festhalten der kleinsten Schritte mit allen Abfahrtszeiten und Umsteigemöglichkeiten und – nach wenigen Sätzen – der ausschließliche Gebrauch eines in solchen Berichten ungewohnten Konditionalis. Selbst die zufällige Illustrierten-Lektüre im Zug, die Story um den abdankenden und sich so aus seinen Bedingnissen lösenden König Eduard und Wallis Simpson, wird eingehend und mit Zitaten beschrieben, aber auch das im Konditionalis. »Man würde« diese Geschichte einer Befreiung lesen, und so bleibt der Leser im ungewissen, ob nur der Wunsch nach einer solchen besteht oder ob sie »wirklich« im (vielleicht) mitgebrachten »Heftli« steht.

Auch andere vermeintliche Tatsächlichkeiten werden oft ganz leicht verschoben: »Der« Koffer und die Reisetasche würden getragen, möglicherweise aber auch »die« Koffer und die Taschen. Im »Hirschen« beim Essen, das überraschenderweise nur »besteht aus . . .«, würde man, obwohl die unverkennbare Gegenwart schon längst eine diesbezügliche Entscheidung verlangt hätte, einen »Féchy oder einen Fendant«, ein andermal einen »weißen Lavaux, einen Epesses oder einen Saint-Saphorin« bestellen. Gegenwart wird geschildert, als ob sie zur Zeit, da sie stattfindet, mehrere Möglichkeiten zuließe, als ob sie während ihrer Verwirklichung in einem zukünftigen Bereich oder in der bloßen Vorstellung zurückgehalten werden könnte. Genau gleich werden ein Totschlag und die Reaktion der Bevölkerung darauf beschrieben, und erst nachher wird betont, daß jener nicht stattgefunden habe, in der gefährlichen Zwischenzeit einer Neujahrsnacht jedoch ebensogut hätte stattfinden können.

Keine Einzelheit geht bei einer solchen Schilderung verloren. »Man« läßt sich vielleicht auf unwesentliches Dasein ein; unrichtig aber wäre es, diese Unwesentlichkeit als bewiesen zu betrachten und außer acht zu lassen: »Die Seifenverpackung wirft man, ohne die *Silva*-Cheques, die *Avanti*-Punkte oder anderen Bons aus ihr herauszulösen, in den Papierkorb, der auf dem rechteckigen Linoleumstück steht, das unter dem Lavabo in den Holzboden eingelassen ist . . .«

Die indirekte Rede des Lehrers, der Geschichte, soziale Entwicklung und Geographie von Trubschachen erläutert, nimmt – als so gebrochene Wiedergabe – den Aussagewert der Ausführungen im gleichen wieder zurück. Zusammenfassungen jedweder wissenschaftlichen Art müssen der Wahrheit in den übersprungenen Einzeldingen sowieso Gewalt antun.

Es überrascht hingegen, daß E. Y. Meyer solche vom Leser erwarteten Aufschlüsse über das Emmental und Trubschachen mittels einer, wie es scheint, erfundenen Figur überhaupt hereinbringt. Der Lehrer ist vernünftig, klar denkend und sieht Schäden und Gefährdungen, aber er kann noch abstrahieren (drei für das »Man« unvergleichliche Bäume, eine Weißtanne, eine Lärche und eine Linde, nennt er »Einzelfälle« zum Beispiel). Der Lehrer handelt und spricht wie ein gescheiter Mensch, der zu seinem Glück nie Kant gelesen hat und deshalb – anders als dieses einsame »Man« – sein Leben beschaulich und geordnet mit Familie und Beruf absichtlich in einem touristisch noch wenig verdorbenen Gebiet einrichtet.

Das Zerbrechen der Welt würde noch in vielerlei Hinsichten die fürchterlichen, weil grundsätzlichen Verstörungen der Hauptfiguren und ihrer Begegnungen in E. Y. Meyers Geschichten erhellen. Der ständig erlittene, nie, außer vielleicht während des Schreibens, aufgehobene »Nihilismus« bewirkt, daß bei diesem Autor jeder Tagesverlauf, jeder Gebirgsmarsch, jede Velotour, jeder banal-angenehme Landaufenthalt (in welcher Zeit, an welchem Ort, in welcher Fiktion auch immer angesiedelt) sich zuletzt in der Weiße eines alles auffressenden Nebels verliert. Er erzeugt ein Grauen, das bodenloser scheint als etwa das Grauen des von Meyer geschätzten Thomas Bernhard, der sich (wenigstens noch) an reale Haßobjekte (Salzburg, Profit-Bürger, entmenschte Virtuosität ...) klammert oder solche doch deutlicher hervorhebt als dies Meyer tun mag.

Seine Aufrufe zu »Vergnügen« und »Güte« sind nicht zu überhören, bleiben aber immer neu zu erlistende und vielleicht nicht gangbare Auswege aus Verunsicherung und Erschütterung.

(Schweizer Monatshefte, 56. Jg., H. 10 [Januar 1977])

Die Rückfahrt

Hermann Burger
Die Wiederherstellung der Welt

In seinem philosophischen Aufsatz *Das Zerbrechen der Welt* in der Jubiläumsnummer der österreichischen Literaturzeitschrift manuskripte von 1975 hat der Schweizer Schriftsteller E.Y. Meyer mit bewußten Anspielungen auf Kleist seine persönliche Kant-Krise als Folge seines eindrücklichsten Leseerlebnisses beschrieben. Die Begründung der synthetischen Urteile a priori in der *Kritik der reinen Vernunft*, jener idealistischen Erkenntnistheorie, die besagt, daß erst durch unsere Anschauungsweise der Gegenstand der Erkenntnis konstruiert wird, führte beim jungen Philosophiestudenten Meyer zu einem Auseinanderbrechen der Welt. Er kommt sich vor wie einer, der zum erstenmal in seinem Leben aus dem Nebel tritt und dabei entdeckt, daß der Weg, den er bis anhin mit schlafwandlerischer Sicherheit gegangen ist, durch eine »Moorlandschaft« führt. Die Erschütterung wird sogar mit einem Erdbeben verglichen. Es spaltet die Welt in zwei Bereiche: in das »wahre Sein«, das wir niemals zu ergründen vermögen, und in die »Erscheinungen«, denen der Verstand die Gesetze vorschreibt. Die Folge des erkenntnistheoretischen Schocks ist eine totale Lähmung der Handlungs- und Entscheidungsfreiheit.

E.Y. Meyer schreibt in seiner typischen, sich gegen alle Eventualitäten versichernden Syntax: »Wenn ich mich in mich besinne, ist auf der einen Seite alles, was mich so umgibt, die ganze Natur, plötzlich nur noch *Schein,* ist alles in ihr plötzlich nur noch mit Scheinwerten versehen, ist alles nur noch *Tand,* und in diesem Bereich der Erscheinungen tue ich zwar alles aus bestimmten, aber von mir nur insofern bestimmten Gründen, als ich unter all den Möglichkeiten, die zu bestehen scheinen, ohnehin nur *diese* Möglichkeit haben würde und also auch habe, bin also in meiner Handlungsweise nicht frei und also nicht das, was man unter einem freien Menschen verstehen würde, sondern *eher* einer Marionette ähnlich.« Zwar schreckt ihn diese Unfreiheit ab; auf der andern Seite ist ihm die sogenannte Freiheit, die darin zu bestehen scheint, daß man im Namen des »kategorischen Imperativs« und der Kantschen »Pflicht« alles rechtfertigen kann, nicht ganz geheuer. Dieses Dilemma hat, verkürzt gesagt, für E.Y. Meyer zur Folge, daß er das Studium der Philosophie abbricht und sich der »Dichtung« zuwendet, daß er der Scheinhaftigkeit der Welt (dem »Tand«) mit bewußt und also künstlerisch erzeugtem »Schein« begegnet, mit »poiēsis«, mit poetischer Fiktionalität. Es wäre dies nach Kleist, der für viele junge Autoren auch in stilistischer Hinsicht zum Vorbild geworden ist, ein aktuelles Beispiel für die Geburt des Schriftstellers aus dem Erlebnis der Erkenntniskrise.

E.Y. Meyer, Jahrgang 1946, nach dem Studium der Philosophie und der Germanistik eine Zeitlang Primarlehrer, heute »freier« Schriftsteller – ich setze das Attribut nach der Einleitung in Anführungszeichen – hat bisher vier Werke veröffentlicht: 1972 die Prosatexte *Ein Reisender in Sachen Umsturz*; 1973 den Roman *In Trubschachen*; zwei Jahre später drei längere Erzählungen unter dem Titel *Eine entfernte Ähnlichkeit* (alle Frankfurt: Suhrkamp). Ich will zu zeigen versuchen, welche poetischen Konsequenzen die Kant-Krise in seinem letzten und bedeutendsten Buch zeitigte.[1]

Die Rückfahrt beginnt, ohne daß wir zunächst über Ort und Zeit der Handlung Genaueres erführen, mit einem Pavor, der »Das Zerbrechen der Welt« in die Traumsprache übersetzt. Der Erzähler steht mit seinem Freund, dem Denkmalpfleger, auf der obersten Galerie des Berner Münsterturms, schaut in der Dämmerung über Land und sieht plötzlich, wie einzelne Bauteile, Konsolenfiguren und groteske Wasserspeier, mit affenartiger Behendigkeit die Fassade erklettern. Schließlich bricht die Steinplatte des Galeriebodens und mit ihr der ganze Turm entzwei, der Denkmalpfleger, von ihm wegstürzend, ruft ihm durch das Krachen der berstenden Architektur die Worte zu: »Machs na!« Es handelt sich dabei um einen in Sandstein gemeißelten Spruch des Münsterbaumeisters, um eine spöttische Aufforderung zur Nachahmung seiner Leistung. Die Worte des Steinmetzen, durch jene Romanfigur aufgenommen, welche Baustile – oder sagen wir all-

1 E.Y. Meyer, *Die Rückfahrt*. Frankfurt a. M.: Suhrkamp 1977.

gemeiner: Kunstformen – zu lesen und zu deuten vermag, sind in Verbindung mit Meyers philosophischem Essay wohl nur so zu verstehen, daß das Auseinanderbrechen der Welt – die Turmgalerie ist sozusagen die Basis der äußersten Erkenntnismöglichkeit – die Notwendigkeit begründet, sie im Kunstwerk wiederherzustellen. Auf die Romanhandlung übertragen, heißt das: Der Erzähler hat irgendwo auf seinem Lebensweg eine falsche Abzweigung erwischt, eine Narrenspur, und nun versucht er in einer sorgfältigen Rekonstruktion, bildlich in einer »Rückfahrt«, den verlorenen Sinn des Daseins zurückzuerobern. Albin Berger, so der Name des Helden, schildert, wie der Entschluß in ihm gereift ist, den Lehrerberuf mit dem des Schriftstellers zu vertauschen. Dabei zeigt sich einmal mehr, daß autobiographisches Schreiben ohne Fiktionalität nicht möglich ist. Indem ich mein Leben überdenke, unter einem bestimmten Problemdruck, erfinde ich es gewissermaßen neu im Hinblick auf diesen kritischen Punkt und schreibe ihm, im Kantischen Sinn, seine Gesetzmäßigkeit vor.

Zu Beginn der Aufzeichnungen, als er von seinem Alptraum erwacht, befindet sich Berger im Kurhaus Sonnmatt bei Luzern, sinnigerweise in einem Rehabilitationszentrum; einerseits, um mittels Fangopackungen seine sogenannte »Fallhand« zu kurieren, andererseits, um mit Hilfe des Nervenarztes Dr. Santschi eine »retrograde Amnesie« zu beheben. Sowohl die Radialis-Lahmung der rechten, der Schreibhand, als auch der bei Gehirnerschütterungen typische, zeitlich begrenzte Erinnerungsausfall sind die Folgen eines schweren Autounfalls, bei dem der junge Lehrer davongekommen ist, der Denkmalpfleger dagegen den Tod fand. Das Behandlungsziel wäre somit die Wiederherstellung der Schreibfähigkeit, wozu die manuelle, will sagen: technische Fertigkeit wie ein intaktes Gedächtnis gehört. Darüber hinaus geht es aber um eine existentielle Rehabilitation: darum, sich in der helvetischen Realität zurechtzufinden und eine berufliche Identität zu erlangen. In den therapeutischen Gesprächen Bergers mit Dr. Santschi kommt der Autor auf sein Kant-Erlebnis zurück, indem er feststellt, daß sich die Tendenz zum Nihilismus verstärkt habe, obwohl die synthetischen Urteile a priori längst widerlegt worden seien, unter anderem durch Einsteins Relativitätstheorie.

Bei einem Besuch des Planetariums im Verkehrshaus kreisen die Gedanken des Patienten um das »im Grunde unverstehbare und rätselhafte Existieren des Menschen im Weltraum«. Die Spekulation, daß das Universum auf seiner Flucht vor sich selbst irgend einmal einer »intergalaktischen Leichenstarre« verfallen könnte, daß es für den Kosmos belanglos sei, ob unser Planet in die Luft fliege oder nicht, scheint alle humanen Bestrebungen um eine philosophisch oder religiös verankerte Existenz zunichte zu machen. An dieser Stelle muß man sich an die bedeutende »Rede von der Pflicht« im Roman *In Trubschachen* erinnern, wo, auch ausgehend von der Nichtigkeit des Menschen im Weltall, die Sinnfrage gestellt wird. In Opposition zu Kants Pflichtbegriff setzt dort der Erzähler dem Leistungsprinzip die »Eudaimonia« der Griechen, die Glückseligkeit entgegen, und er sagt, daß der moderne Mensch unbedingt wieder »zu Sinnen« kommen müsse, zu einer »vermehrt betrachtenden Lebensweise«. Wenn es schon so schwierig sei, sein Dasein zu legitimieren, solle man aus dem Traum nicht auch noch einen Alptraum machen durch das wahnwitzige Treiben einer sturen Pflichterfüllung – einen Alptraum analog zum Gipfelsturm des gotischen Zierats in der *Rückfahrt*.

In dieser Trubschachener Rede ist vorgeprägt, was Berger in den Unterhaltungen mit Dr. Santschi und im ganzen Roman anstrebt. »Wirkliche Kontemplation«, heißt es da, »verlangt eine ganz ungewöhnliche Intensität. Nicht nur und nicht vornehmlich intellektuelle Intensität, sondern intensive Bereitschaft des ganzen Menschen, wahrzunehmen und zu erfahren.« Ein ganzheitlicher Mensch zu werden, das wäre Bergers Ziel; einer, der zur »direkten persönlichen Lebenserhaltung oder Lebensgestaltung« fähig ist. Der Horror vacui, ausgelöst durch die Angst vor dem leeren Raum und fundiert in der Kant-Krise, bewirkt also gerade nicht nihilistische Weltverachtung, sondern, wenn auf das Bild der verpaßten Abzweigung zurückgegriffen werden darf: Der Retourfahrende achtet viel genauer auf seine Umgebung als derjenige, der seines Weges gewiß ist.

Von da her wird plausibel, daß Spaziergänge in diesem Roman eine so wichtige Rolle spielen, geistige wie landschaftliche, historische wie psychoanalytische: Exkurse und Exkursionen. Stilistisch ist die Intensität der Wahrnehmung an einer überpräzisen Inventarisierung des Gesehenen und Erlebten abzulesen. Der Autor beschreibt nicht nur das Schiff, das am Quai liegt, sondern notiert auch die Nummer »LU 19861« und die Aufschrift »Carpe diem«. Die Silberbronze der Dietschiberg-Bahn sticht ihm derart in die Augen, daß er sich in einen Science-fiction-Roman versetzt glaubt. Seine Optik ist eine permanente Föhn-Optik. Den städtischen Kleinbus, der wie ein futuristisches Fahrzeug aussieht, gibt er so wieder: »Die Tür der Fahrerkabine bestand fast nur aus Glas, so daß der Fahrer fast ganz zu sehen war, und unter den zwei weiteren, großen Glasflächen des Personentransportraumes, der mit den etwa zehn Personen, die sich darin befanden, schon fast gefüllt war, stand: City-Bus . . .« Das Paradoxe ist nun, daß einer, der so schreibt, sich zugleich ganz seinen Sinnen überläßt und ihnen ständig mißtraut. Ein Blinder, der mit dem Stock die Wand abtastet, ohne sie sehen zu können.

Auf Bergers Gängen im ersten Teil wird, und das hängt mit der erwähnten Optik zusammen, des »Schweizers Schweiz« besonders kritisch unter die Lupe genommen. Die Festspiel- und Touristenstadt Luzern erscheint als Modell eines musealen Landes, in mancher Hinsicht an Anatol Ludwig Stillers Kitsch-Refugium am Genfer See erinnernd, an sein »Schwyzerhüsli« *Mon Repos.*

Aus dem Unbehagen im Kleinstaat aber wird bei Meyer die akute Bedrohung durch Zeichen und Vorschriften in einer überzivilisierten »Kunst-Umwelt«: Die Berge sind überblickbar im »Alpineum«, die sozusagen domestizierte Urgeschichte ist begehbar im »Gletschergarten«. Es gehört zur kunstvollen Auffächerung des Verkleinerungs-Motivs, daß *Gullivers Reisen* zur begleitenden Lektüre dieser Erholungstage werden. Schließlich findet die putzige Schweiz ihr ironisches Ebenbild in der Dauerausstellung »Swissminiatur« in Melide, wo dem von Swift inspirierten »Menschenberg« Berger inmitten von Modellhäuschen aber auch klar wird, »wie sehr alles von der Wahrnehmungsart abhing, die man in sich hatte«. Sein Antrieb zur Deformation ist nicht ein Stillerscher Haß auf unser Land, sondern entspringt dem Bemühen, sich, wie Dr. Santschi sagt, »in einer neuen Weise ins Ganze zu fügen«. Modellhaftigkeit zwecks Anverwandlung. So entschieden sich Meyers Absage an eine pädagogisierte »Liliputanerschweiz« als Ausstellungsobjekt liest, so frei ist seine Kritik von ideologischen Vorurteilen a priori. Denn, wer so aufmerksam wie sein Held die Museen durchwandert, schärft auch sein Geschichtsbewußtsein.

In der Klinik Sonnmatt stößt Berger auf die Spuren des Dichters Hermann Haller, die er im zweiten Teil des Romans als Gast der Malerin Ebet Thormann und als Freund ihrer Tochter Anais im Tessin weiterverfolgt, im sogenannten »Papageienhaus« in

Aronca. Gemeint ist Hermann Hesse, der in den zwanziger Jahren in Carona seine zweite Frau kennenlernte. Meyers Anagramm »Aronca« verweist auf Hesses Technik, die Ortsnamen in der Novelle *Klingsors letzter Sommer* nur ironisch zu verschlüsseln, Lugano etwa wird zu Laguno. Während Berger aber Hallers Sprache eher abstößt, weil sie durchsetzt sei von »großen Wörtern« und eine zu idealistische Sicht der Wirklichkeit vermittle, fühlt er sich, je mehr er über dessen Alltagsprobleme und seine Art erfährt, Krisen zu meistern, desto mehr ermutigt, »sich selbst, wenn auch nicht als Dichter, so doch als Schriftsteller zu verstehen«. Hesse wird für E. Y. Meyer weniger in ästhetischer Hinsicht als in seinem radikalen Outsidertum zum Vorbild. Darum auch, wie beim frühen Peter Weiss, die Identifikation mit dem Steppenwolf Harry Haller. Auch Hesse hatte in den Jahren 1914 bis 18 das »Zerbrechen der Welt« erfahren: den Verlust seiner kulturellen wie seiner familiären Geborgenheit. Wie Haller, so sträubt sich auch Berger gegen eine umfassende Analyse, aus Rücksicht auf seine künstlerische Produktivität. Zusammen mit Anais und der Malerin durchstreift er an den Ostertagen die Umgebung Caronas, wobei Ebet Thormann die Rolle Dr. Santschis und des erst am Schluß in Erscheinung tretenden Denkmalpflegers zukommt. Die Gespräche mit ihr sind Gespräche über die ästhetische Erziehung des Menschen und zählen zu den Schlüsselpartien des Romans.

Die Überzeugung, daß die Kunst, also die bildhafte Umsetzung der Wirklichkeit, und nicht ihre analytische Erklärung zur Grundlage der Erziehung gemacht werden müsse, bestärkt Berger in seinem Entschluß, den Lehrerberuf aufzugeben. Sein Unbehagen als Pädagoge drückt er in einem zentralen Vergleich aus: »In Anbetracht des jetzigen Zustandes der Welt [...] ist es mir manchmal so vorgekommen, als sollte ich in einem dahinrasenden Auto Fahrunterricht erteilen, ohne selber richtig Autofahren zu können.« Die Auto-Metapher erhellt die tiefere Bedeutung von Bergers Unfall: Er mußte, um eine Wende herbeiführen zu können, von seiner Lebensstrecke abkommen, von einer Tätigkeit, die ihm zunehmend das Gefühl gab, »nicht er selber sein zu können, sondern sich selbst im Sinne einer lebensgefährlichen Beschneidung zensurieren zu müssen«. Gehen wir dieser Selbstzensur auf den Grund, läuft sie auf den Konflikt hinaus, daß das methodische Denken des Pädagogen und das »bildnerische Denken« des

Künstlers einander in die Quere kommen können.

Die Aronceser Rekonvaleszenztage bewirken, daß Berger seine »Geschichte« aufschreiben kann, die er sowohl als »Geschichte seiner Entwurzelung« als auch als Geschichte »seiner großen Erwartungen« bezeichnet, als Krisis und Katharsis. Das bedeutet für die Romananlage, daß erst der dritte und letzte Teil die Vergangenheit aufrollt, dem bezeichnenderweise ein Zitat aus Stifters *Nachsommer* vorangestellt wird. Berger schildert den Sonderkurs am Seminar, seine Schulmeisterjahre in der kleinen Emmentaler Gemeinde Leen, die beginnenden Depressionen – infolge seiner geistigen Stagnation – und vor allem die Bekanntschaft und die Dienstreisen mit dem Denkmalpfleger Effinger, der sich mehr und mehr zu seinem Spiritus rector entwickelt. Effinger rühmt Stifter als einen der hervorragendsten Ahnherren der Denkmalpflege, und er meint damit weniger die Ehrfurcht vor der Tradition als die Fähigkeit, Ausdrucksformen vergangener Epochen wahrzunehmen. Denkmalpflege, so erläutert er, sei eine Geschichte der Verhaltensweisen gegenüber dem Geschichtlichen. Architektur habe mit Macht zu tun, die Herrschaftsstrukturen einer Zeit ließen sich aus Grundrissen heraus- und an Fassaden ablesen. Als Chauffeur eines alten Citroën, »Onze Légère«, wird Berger auf den gemeinsamen Dienstreisen buchstäblich zum »fahrenden Schüler« Effingers, der sich vorlesungsreif über Soziolinguistik der bildenden Kunst verbreitet. Man muß diese, in der neueren Schweizer Literatur einmalige Autoritätsfigur aber auch sehen als Katalysator des angehenden Schriftstellers auf seinem Weg zur Versprachlichung der Welt. Er sagt, »daß man eigentlich erst das, was man erkennen, benennen, definieren, beziehungsweise in seiner Gestalt und Funktion erfassen könne«, wirklich sehe . . ., »daß die Naturvölker den Glauben gehabt hätten, daß man erst, wenn man den Namen eines Gegenstandes wußte, auch Macht über diesen hatte«. Nicht zufällig ist der Denkmalpfleger der erste Leser und Vermittler von Bergers Texten, in denen man einzelne Erzählungen aus dem Erstling *Ein Reisender in Sachen Umsturz* wiedererkennt. Er weiß die Bauteile zu benennen, die den Patienten im Münster-Traum überfallen, während es dem jungen Autor scheint, daß alles Geschriebene vorerst nur als »Fabrikation von Bausteinen« anzusehen sei, aus denen vielleicht einmal ein Haus entstehen könne. Die Freundschaft der beiden ist Ausdruck der notwendigen Verschmelzung von Kunstverstand und Kunsttrieb im schöpferischen Prozeß. Daß Effinger beim Unfall den Tod findet, kann als Überwindung des Lehrers durch den Schüler gedeutet werden zum Zeitpunkt, da sich Hesses Wort aus *Demian* an ihm erfüllt hat: »Wahrer Beruf für jeden war nur das eine: zu sich selbst zu kommen.«

Und da setzt auch, in gewisser Nachfolge Hesses, Meyers Gesellschaftskritik ein, mit der Frage, ob wir es denn tatsächlich »so herrlich weit gebracht« hätten mit unserem Glauben an die »Machbarkeit der Zukunft«. Wie, so zitiert Santschi einmal Ernst Jünger, »leben wir gleichzeitig in den Kollektiven und in den Wäldern«, nämlich wie wahren wir unsere Individualität, ohne die sozialen Pflichten zu vernachlässigen? Das Kernstück von Effingers Philosophie bilden die Gedanken über die »perpendikuläre« Zeit auf der letzten Dienstfahrt durch das düstere Simmental. Er ist auf einen ethnologischen Aufsatz gestoßen, worin behauptet wird, unsere Unfähigkeit, die Zeit zu wenden, hänge mit unserem linearen Zeitkonzept zusammen. Nach dem Ethnologen ist Zeit aber »nicht Linie und auch nicht Zyklus, sondern Oszillation, also ein Schaukeln oder eine Schwingung«. Die Menschheit, heißt es, würde mit dem perpendikulären Zeitbegriff zwar niemals so spektakulär Geschichte machen wie mit dem linearen, dafür wäre es möglich, Fehlentwicklungen zu korrigieren, bevor der »Urknall« dem Ganzen ein Ende setze.

In diesen Spekulationen, unterbrochen vom Besuch der Simmentaler Kirchen, offenbart sich die letzte Bedeutungsschicht von Meyers Titel *Die Rückfahrt*. Nicht nur die Exkursion in die eigene Vergangenheit ist gemeint, sondern es wird eine gesellschaftliche Umkehr gefordert, die aber letztlich jeder nur für sich selbst vollziehen kann, wenn möglich, bevor es zum »Unfall« kommt. Darin unterscheidet sich E.Y. Meyers Engagement beispielsweise von demjenigen Otto F. Walters in seinem jüngsten Roman *Die Verwilderung,* wo zur Überwindung des kapitalistischen Konkurrenzdenkens und Konsumverhaltens in einer stillgelegten Huppergrube eine Kommune, »Kooperative S«, gegründet wird, die mit zunehmender Mitgliederzahl freilich auch nicht um wirtschaftliche Überlegungen herumkommt; es deckt sich hingegen mit Gertrud Leuteneggers Forderung in *Ninive,* jeder einzelne müsse seine »innerste Kompetenz« wahrnehmen. In diesem Konsens äußert sich die Skepsis der jüngeren Autoren-Generation gegenüber weltanschaulichen Patentrezepten. Sie ist zur lapidaren

Einsicht gelangt: Man kann die gesellschaftlichen Systeme beliebig verändern: Wenn der Mensch derselbe bleibt, ist auch das Fazit immer dasselbe. Meyer gehört nicht zu jenen Schreibern, die Literatur als Vehikel zum Transport politischer Überzeugungen mißbrauchen und deren Engagement zum Alibi wird für mangelndes Kunstvermögen. Zu komplex sind die Gedanken über Leben und Tod, die Effinger in seinen großen Schlußmonolog kleidet, eine eigentliche Kapuzinerpredigt vor wechselnden Kanzeln, Emporen und Fresken.

Nun wird man sich fragen, wie die skizzierte Gedankenfülle vom Autor formal bewältigt werde. Es leuchtet gewiß ein, daß eine derart reflexionsgeladene Prosa nicht zugleich handlungsreich sein kann. Meyer begnügt sich weitgehend mit dem Herbeiführen von Gesprächssituationen. Um der Monotonie entgegenzuwirken, gliedert er den Schlußmonolog Effingers alternierend in Abschnitte direkter und indirekter Rede, ein Wechsel, der geeignet ist, die Theorie von der perpendikulären Zeit zu veranschaulichen. Haben im *Trubschachen*-Roman, wo sich der Erzähler hinter dem anonymisierenden Pronomen »man« verbirgt, die indirekte Rede und als ihr Modus der Konjunktiv dominiert, so wird die Vorherrschaft der Möglichkeitsform in der *Rückfahrt* durchbrochen, und das heißt zugleich, daß E. Y. Meyers Welt realer, faßbarer geworden ist. Es heißt freilich nicht, daß dieser Autor seine Eigenart aufgegeben hätte, jeden Sachverhalt so ausführlich und umständlich wie möglich zu beschreiben. Über sein Sprachverständnis gibt uns sein Hesse-Aufsatz *Die großen und die kleinen Wörter* Auskunft. Er kritisiert darin die Neigung Hesses zu »großen« – und das heißt: verabsolutierenden – Wörtern und erklärt, was ihn mißtrauisch gemacht habe, sei, »daß sie mir zu ungenau waren und zu viel umfaßten und zusammenfaßten und sich so meiner Kontrolle entzogen ...«, daß sie »zu leicht mißbraucht werden konnten«. Im Negativ-Verfahren ist das eine Eigendefinition von Meyers Stil, der an seinem Vorbild Kafka lobt, daß er mehr und dafür »kleinere« Wörter gebraucht habe und daß dadurch das Unwahrscheinliche etwa des *Prozeß*-Geschehens glaubwürdiger geworden sei. Meyers Konsequenz ist die Atomisierung summarischer Begriffe, ihre Auflösung in Wortfelder, ihre Transformation in Perioden mit Nebensätzen ersten, zweiten, dritten Grades, die einander gegenseitig relativieren, wie es die in sich paradoxen Konstruktionen Kafkas tun. Die einzelnen Zeichen werden als Bedeutungsträger so sehr entwertet, daß der Autor Wörter, von denen er will, daß man sie auf keinen Fall überliest, typographisch hervorheben muß, durch Kursivdruck. Dieser syntaktisch forcierte Stil – ich nenne ihn mal Restriktions-Stil – äußert sich in Satzgebilden wie: »Irgendwie schien ihm das Leben, das er führte, aber einfach nicht mehr direkt genug, oder, da er, wenn er von seiner Kindheit absah, nicht wußte, ob es früher einmal direkter gewesen war, zu wenig direkt oder noch nicht direkt genug zu sein.«

Ein solcher Satzbau ist, man könnte es bei Kleist, bei Kafka, bei Thomas Bernhard nachweisen, die logische Folge des »Zerbrechens der Welt«. Wer einmal den Boden unter den Füßen verloren hat, wird umständlich darauf bedacht sein, die Fugen seines fiktionalen Gehäuses doppelt und dreifach zu verpichen. Daher auch die Präzisionsmanie im Notieren der Sinneseindrücke. Er wird sich gegen die Wiederholung einer ähnlichen Erfahrung schützen wollen, wie Berger mit seinem symbolischen Kleidungsstück, dem Burberry-Regenmantel, den er gleich in zweifacher Ausführung kauft. Läßt sich das »wahre Sein« nicht ergründen, soll die Kunst-Wahrheit, die der Erzähler stiftet, um sich und andere geistig zu beheimaten, absolut »dicht« sein: Dichtung. Wahre Dichtung ist utopischer Weltentwurf, oder, wie E.Y. Meyers *Rückfahrt* bescheidener evoziert: Die Wiederherstellung der Welt. Einer Welt, in der der Sinn des Daseins nicht erst postum erfahren werden kann. Wiederherstellung in dreifacher Hinsicht: Einmal die gesundheitliche wie gesellschaftliche Rehabilitation des Individuums, das aus der Bahn geworfen wurde; zum zweiten die Erlangung der beruflichen Identität als Schriftsteller, die Berger im ontologischen Sinn erlaubt zu sagen: Das ist meine Welt, die ich inventarisiere und, indem ich sie beschreibe, neu definiere – somit die ästhetische Überwindung der Kant-Krise; und drittens die Erkenntnis, daß der Mensch, wenn er sich nicht ein Weltbild aufoktroyieren und sich in ein Existenzmuster pressen läßt, doch fähig ist, seinem Dasein einen Sinn zu geben, ein Leben anzustreben, von dem man, wie der Denkmalpfleger, im Idealfall sagen kann, es sei »ohne Rest« geführt worden.

(Merkur, Nr. 6, 1980)

Marianne Zelger-Vogt

E.Y.Meyers ästhetisches Weltbild

Leitfigur in E.Y.Meyers Roman *Die Rückfahrt* (Suhrkamp Verlag, 1977) ist ein junger Lehrer, der im Begriffe steht, seinen Beruf aufzugeben und sich ganz dem Schreiben zu widmen. Dort, wo von seinen Stoffen die Rede ist, steht der Satz: »Vielleicht war alles, was er schrieb, nur als Vorstudie oder als Fabrikation von Bausteinen anzusehen, aus denen, wenn die Zeit ausreichen würde, einmal so etwas wie ein Haus zu errichten wäre ...« – E.Y.Meyer hat vor der *Rückfahrt* zwei Erzählbände (*Ein Reisender in Sachen Umsturz*, 1972, und *Eine entfernte Ähnlichkeit*, 1975) sowie einen Roman (*In Trubschachen*, 1973) geschrieben, drei Bücher, die sich allesamt durch inhaltliches Gewicht und formalen Rang auszeichnen. Studienhaft-vorläufig wirkt darin nichts, vielmehr hat gerade die sprachliche und gedankliche Dichte seiner Texte den jungen Schweizer Schriftsteller in kurzer Zeit auch außerhalb seines Landes bekannt werden lassen. Und doch ist man versucht, von Bausteinen oder Vorstudien zu sprechen, wenn man diese früheren Werke in Kenntnis seines neuen Romans wiederliest – und von der *Rückfahrt* als einem Haus, in dem diese Bausteine zum Ganzen gefügt sind.

Lebensmuster

Noch vor den anderen Büchern, seit 1971, hat dieses Werk E. Y. Meyer beschäftigt; immer wieder griff er den Plan auf, »einen Roman zu schreiben, in dessen Mittelpunkt die Figur eines Denkmalpflegers stehen würde«. Teils schon bei der Konzeption, teils erst während des Schreibens weitete sich sein Projekt aus; wie ein barocker Architekt fügte er dem Kernbau immer neue Teile an, und in seinen Notizheften und Photoalben sammelte sich ein kaum mehr überblickbares Material. Der zentralen Gestalt des Denkmalpflegers traten eine Malerin und ein Psychiater zur Seite (die Tochter der Malerin bleibt eine sekundäre Figur, doch scheint bedeutsam, daß Meyer hier erstmals eine Beziehung zwischen einem jungen Mann und einer gleichaltrigen Frau skizziert – wobei diese Beziehung noch völlig offenbleibt). Alle drei sind Autoritäten, aber je in anderer Hinsicht und mit anderer Funktion. Vermittelt der Arzt seinem Patienten Berger eine Art Lebensphilosophie, so lebt ihm die Malerin ein kreatives, ganzheitliches Dasein vor, und der Denkmalpfleger lehrt ihn die Anschauung der Kunst.

Der wesentlich jüngere Berger verharrt zumeist in der Rolle des Zuhörers und Schülers. Dieses Wechselspiel von Lehren und Lernen erinnert daran, daß Meyer bis vor vier Jahren selbst Lehrer war – aber es ist darüber hinaus eine der vielen kunstvollen Fügungen dieses Romans. Der Lehrer und angehende Schriftsteller Berger ist zwar die am meisten autobiographisch gezeichnete Gestalt des Buches, doch Meyer legt seine Gedanken und Erkenntnisse nicht ihm in den Mund, sondern verteilt sie auf verschiedene Sprecher. Daraus resultiert einerseits eine Gruppierung nach Themenkreisen und Lebensbereichen; anderseits bewahrt eine solche Brechung der Aussagen den Autor davor, sich selbst ganz preisgeben zu müssen. Sosehr die Ansichten Santschis, Ebet Thormanns und des Denkmalpflegers letztlich Meyers Ansichten sind, so sehr hat er sie von seiner Person gelöst.

Man mag darin einen Ausdruck seiner Zurückhaltung, seiner auch in den anderen Werken spürbaren Scheu vor einer Gleichsetzung von Darsteller und Dargestelltem, allgemeiner: von realen und dichterischen Figuren, sehen. Er hat diesem Thema jene Erzählung mit dem doppeldeutigen Titel *Die Erhebung der Romanfiguren* gewidmet, in der er teils nach der Wirklichkeit, teils aus der Phantasie schildert, wie die Personen, die sich für die »Originale« der Figuren in *Trubschachen* hielten, auf diesen Roman reagierten oder reagiert haben könnten. Auch in der *Rückfahrt* sind viele persönliche Erlebnisse und authentische Beobachtungen festgehalten, die jedoch stets durch die dichterische Phantasie »verfremdet« sind. Daß solchem Vorgehen ebenso wie seiner Vorliebe für die unpersönliche Er- oder gar, in *Trubschachen*, für die Man-Form nicht nur eine literarische Technik, sondern eine persönliche Haltung zugrunde liegt, wird im Gespräch mit E. Y. Meyer deutlich. Erst nach langer Überlegung und nur zögernd, bedächtig antwortet er auf Fragen, und fast jede Aussage relativiert er durch ein »vielleicht« oder ein »ich weiß nicht«.

Wie in der geschriebenen, so mißtraut er auch in der gesprochenen Sprache den »großen Wörtern«, weil sie (wie er in seinem Hesse-Aufsatz *Die großen und die kleinen Wörter* sagt) zu ungenau sind, zu viel umfassen und zusammenfassen und sich so der Kontrolle entziehen oder, wie es in der *Rückfahrt* heißt, mißbraucht werden können.

Wahrheitssinn

Sein eigenes Bemühen, die Dinge exakt zu benennen, ist im Grunde ein Bemühen um Wahrheit, der stete Versuch, die Wirklichkeit einzufangen, und die Charakterisierung, die Felsöloci, der fiktive Autor der *Erhebung der Romanfiguren*, von seinem Schriftsteller-Freund gibt, kann durchaus als Selbstcharakterisierung Meyers gelten: »Das einzige, was man bei meinem Freund als eine Abweichung von der Normalität hätte bezeichnen können, war sein ausgeprägter, über das normale Maß hinausgehender und sehr umfassend zu verstehender Wahrheitssinn, der jedoch – wie ich glaube – auch das Außergewöhnliche und das Wesen seiner schriftstellerischen Arbeit ausmachte und ihn zu ihr zwang« – ein Satz, der schon in seiner Syntax solchen Wahrheitssinn spiegelt.

Meyers Mißtrauen gilt denn auch nicht allein der Sprache, sondern viel allgemeiner den Ideologien, den verabsolutierenden Theorien, die die Sprache in ihren Dienst zu nehmen versuchen. Die einzige Maxime, die sich nicht mißbrauchen lasse, heißt es in der *Rückfahrt*, sei, »daß man sich gegen alles, was zu einer Verhärtung der offenen Lebensformen führt oder einen Alleinanspruch erhebt, zur Wehr setzen muß«. Oder an anderer Stelle: »Jeder spürt, daß er mit seinem Weltbild letztlich allein dasteht, und jeder spürt, daß es außerhalb seines Weltbildes noch etwas anderes geben muß und gibt, an das er jedoch nie ganz herankommen kann.«

Daß E. Y. Meyer in seinem neuen Roman den Versuch unternommen hat, ein solches Weltbild zu entwerfen, steht zu diesem »Spüren« nicht im Widerspruch, läßt einen aber ermessen, wieviel Mut und Ausdauer er auf dieses Werk verwandt hat. »Weltbild« ist dabei ganz wörtlich zu verstehen, im Sinne eines Weltverständnisses, welches die Wirklichkeit als universales Kunstwerk versteht.

Hat E.Y. Meyer früher seine bernische Umgebung, das Emmental zumal, oder, in der Erzählung *Groß-Papa ist wieder da*, das Dorf seiner Vorfahren und seiner eigenen Kindheit erkundet, so bezieht er jetzt auch andere Landesteile ein: Luzern, das Tessin, und von da aus lenkt er seine Gedanken zurück in die Eiszeit und hinaus ins Weltall. Leicht könnte sich einer in solch gewaltigen räumlichen und zeitlichen Dimensionen verlieren. Für Meyer muß es mehr als eine künstlerische Herausforderung gewesen sein, die Orientierung zu behalten oder vielmehr zu finden.

»Das Zerbrechen der Welt«

Seit seinem »Kant-Erlebnis« während des Philosophie- und Germanistik-Studiums in Bern war das »Zerbrechen der Welt« eines seiner zentralen Themen. Die Formulierung, mit der er seinen 1975 in der österreichischen Literaturzeitschrift »manuskripte« veröffentlichten Kant-Essay überschrieb, bezieht sich auf Kants Unterscheidung zwischen dem »wahren Sein« und der Welt der Erscheinungen und auf die These, daß jenes dem menschlichen Verstand nicht erkennbar sei. Bei der Lektüre der »Kritik der reinen Vernunft« habe er sich gefühlt wie einer, der plötzlich aus dem Nebel herauskommt und merkt, daß er über ein Moor geht und mit jedem Schritt den festen Boden unter den Füßen verlieren kann.

In den Erzählungen des Bandes »Ein Reisender in Sachen Umsturz« hat er diese intellektuelle Erfahrung ins Bildliche übertragen; inmitten vertrauter, solider Umgebungen, in einem Bus, auf der Petersinsel im Bieler See oder in einem verschneiten Emmentaler Dorf, brechen seine Figuren plötzlich im Moor des Unbewußten, Unfaßbaren, Unheimlichen ein. In »Trubschachen«, vor allem in der »Rede von der Pflicht«, hat Meyer das Thema gleichsam kommentierend und mit direktem Bezug auf Kants Philosophie dargestellt. Es scheint, als habe er damit zu seinem »Kant-Erlebnis« Distanz gewonnen, und in Umrissen zeichnet sich ab, wie es sich überwinden ließe: »Man brauche wieder Zeit, sich zu überlegen, was etwas überhaupt soll, Zeit, etwas zuerst einmal zu betrachten, Zeit für eine, wenn man so wolle, wieder vermehrt betrachtende Lebensweise.«

Was dieser Satz meint, sagt allerdings erst die »Rückfahrt«. Auch da wird zwar, und gleich zu Beginn, das »Zerbrechen« dargestellt, als Berger träumt, er stehe mit dem Denkmalpfleger auf dem Münsterturm und dieser breche plötzlich auseinander – ein Traum, der die Situation jenes Autounfalls spiegelt, bei dem der Denkmalpfleger den Tod gefunden hat. Berger, der dabei verletzt worden ist, hat die bewußte Erinnerung an den Absturz verloren, und er wird nur genesen können, wenn er sie wiederfindet. Die Erinnerung wird damit zu einer existentiellen Notwendigkeit, zu einer Frage des Überlebens – und nicht nur für Berger, sondern, so lehrt dieses Buch, für die Menschheit insgesamt.

Kunst als Darstellung der Wirklichkeit

In der Trubschachener »Rede von der Pflicht« sind die beiden Bedingungen solcher Rückbesinnung genannt. Sie erfordert Zeit und eine »vermehrt betrachtende Lebensweise«. Zeit läßt sich nur gewinnen, wenn die Vorstellung von einer unaufhaltsam und irreversibel ablaufenden Zeit ersetzt wird durch einen »perpendikulären Zeitbegriff«, der die Möglichkeit zur Umkehr, zur Rückbesinnung offenläßt. Eine »betrachtende Lebensweise« aber kann nur dann sinnvoll sein, wenn es gelingt, die Skepsis gegenüber den Gegenständen der Betrachtung, der Welt der Erscheinungen zu überwinden. Berger erreicht dies mit Hilfe der Kunst, die er als Darstellung der Wirklichkeit verstehen lernt (während die *Erklärung* der Wirklichkeit der Wissenschaft vorbehalten bleibt). Entscheidend ist dabei die These der Malerin, »daß eine fortschreitende Wahrnehmung und ein Verstehen der Umwelt nur mittels ästhetischer Muster möglich ist, daß die Erfahrung nur in dem Maß, in dem sie künstlerische Gestalt annimmt, überhaupt Gestalt annehmen und somit verwertet und erinnert werden kann«.

So läßt sich die »Rückfahrt« auch als Rechtfertigung schriftstellerischer und künstlerischer Arbeit überhaupt verstehen: »Obwohl er sein Gedächtnis in bezug auf den Unfall immer noch nicht gefunden hatte und Schreiben für Berger so etwas war, wie sich den Erinnerungen stellen, würde er aber auch darüber schreiben – so wie er überhaupt so schreiben würde, wie er glaubte, daß sich die Dinge zugetragen hatten, so wie es gewesen sein könnte und so, daß sich daraus schließlich eine Geschichte ergab, wie sich aus allem, im besten Fall, schließlich so etwas wie Geschichten ergeben würden . . . Und möglicherweise würde er so, wenn er sich auf seine Einfallskraft und sein Unbewußtes verließ, dem *wirklichen* Geschehen, dem wirklichen Ablauf des Unfalls, sogar recht nahe kommen können . . .«

Nicht Mißtrauen, sondern Vertrauen also in das Unbewußte: das ist ein neues Element in Meyers Schaffen und leitet sich her von den Büchern des amerikanischen Anthropologen Carlos Castaneda, die von dessen Begegnung mit einem Yaqui-Zauberer berichten und so in eine Welt des Übernatürlichen führen. Wie Kant die Begrenztheit, so lehrt Castaneda die Unbegrenztheit der Erfahrung. (Die Malerin, die Berger von Castanedas Büchern erzählt, hält es für eine der wichtigsten Aufgaben des Künstlers, daß er den Zugang zum Unbewußten offenhalte.)

Aus der Verbindung von beidem, von Einfallskraft und Unbewußtem, von reflektiertem und intuitivem Schaffen, ist das Buch entstanden, das die »zerbrochene Welt« wieder zusammenfügt, der Roman »Die Rückfahrt«. – In der Erzählung »Groß-Papa ist wieder da« erinnert sich Meyer, wie er als Kind einst eine Kasperlitheateraufführung besuchen durfte: »Wie schon auf viele Leute (. . .) hat dieses Puppenspiel auch auf mich einen großen Eindruck gemacht und mir in seiner vereinfachenden, übertriebenen und grotesken Form zum erstenmal eine Möglichkeit vorgeführt, wie das Leben als *Ganzes* dargestellt werden kann und dargestellt wird.« In einer sehr viel ernsthafteren, kunstvolleren Form hat Meyer jetzt selbst ein Werk geschaffen, welches »das Leben als Ganzes« darstellt.

(Neue Zürcher Zeitung, 1. Dezember 1978)

Klaus Podak

Buch der Erinnerung

Hier ist ein Buch, das von der Erinnerung handelt und vom Vergessen, vom Denken und von der Sinnlichkeit, von der Geschichte und von der Zukunft. Und damit vom Leben, vom unmöglichen Leben, das heute das Wirkliche ist, von der Sehnsucht nach einem Dasein, das anders wäre. E. Y. Meyers Roman *Die Rückfahrt* ist ein gesellschaftskritisches Buch, aber keines, das mit groben soziologischen Kategorien daherkommt und in ihnen die abstrakte Gegenwart mit einem Gespinst von Abstraktionen zu überdecken versuchte.

Dieses vierte und umfangreichste Buch des jungen Schweizer Autors zeigt, daß Meyers formales Können stetig gewachsen ist, daß die Kunst seiner weit zurückgreifenden, weit vorausweisenden Analyse unserer Ängste und unserer Leiden die Schwelle der Meisterschaft erreicht hat. Seine Fähigkeit, eine Geschichte zugleich raffiniert und einfach zu bauen, so daß in ihrer Gesamtstruktur die Bewegung ihrer wesentlichen Gedanken noch einmal architektonisch verkörpert erscheint, verdoppelt die Beweiskraft seiner Beschreibungen.

Worum geht es? Der junge Schweizer Lehrer Albin Berger will im Hotel-Sanatorium Sonnmatt die Folgen eines Autounfalls auskurieren. Bergers Symptome: Retrograde Amnesie, das heißt Verlust der Erinnerung an den Hergang des Unglücks. Und er hat eine sogenannte »Fallhand«, also eine Hand, die empfindungslos geworden ist, mit der er nicht schreiben kann, deren Ausdrucksfähigkeit erst mühsam wieder geübt werden muß.

Für Berger bedeutet das Sich-Erinnern eine Schwierigkeit, die er hinwegschaffen muß, Bilder seiner frühen Geschichte tauchen bei dieser Arbeit auf, nie psychoanalytisch gedeutet. Sie verschmelzen mit dem Problem der Zeit. In einer der vielen Schichten dieses Buches kommt es zu einer Diskussion des Zeitbegriffs. Die europäische Vorstellung von der Zeit als einer linearen Bewegung wird als Übel diagnostiziert. Die Romanpartien, in denen das geschieht, bezeugen E. Y. Meyers philosophisches Niveau, zugleich eine Virtuosität, der es gelingt, theoretische Zusammenhänge überzeugend in Literatur zu verwandeln.

Bergers empfindungslose Hand bezeichnet eine Hemmung, den Verlust der Möglichkeit, sich schreibend zu äußern, schreibend zu leben. Sein vager Plan ist, sich später einmal als Schriftsteller mit sich selbst und der Wirklichkeit auseinanderzusetzen. Seine Frage heißt, »wie man als Dichter eigentlich *lebt*«.

Meyers Kursivschreibung des Wortes »lebt« ist wichtig. Denn dies ist kein weiterer Roman über den Wunsch, ein Schriftsteller zu werden, über die Schwierigkeit, ein Schriftsteller zu sein. *Die Rückfahrt* stellt mit der Geschichte des Albin Berger die Frage nach dem richtigen *Leben*. Es wird niemand verwundern, daß bei diesem Versuch keine positiven Antworten in Rezeptform herausgekommen sind. Aber die genaue Fragestellung, die bis ins Detail präzise Beschreibung einer Existenz und einer Gesellschaft, in der die Suche nach dem richtigen Leben für alle unabwendbar geworden ist, die konstruktive Eleganz, mit der die Geschichte des Lehrers Berger erzählt wird, überzeugen und bewegen mich.

Im dritten Teil des Romans, der wiederum den Titel *Die Rückfahrt* trägt, kann endlich der Autounfall erzählt werden. Es endet damit, daß der Wagen »auf dem Dach liegend – zum Stillstand kam«. So beschreibt die Erzählung einen Zirkel. Sie schließt mit einer Falle. Denn jetzt – ohne Losungen – muß es wieder von vorne beginnen: Berger, in Sonnmatt, unternimmt die Auseinandersetzung mit der Erinnerung, mit der Zeit. Das Raffinierte an Meyers Buch: eben das Kreisförmige der Struktur – gleichzeitig eine Umbedeutung des Zeitbegriffs – erlaubt es, auf positive Antworten zu verzichten. Und doch ist mit dem Erzählen der Unfallgeschichte, das heißt mit der Aufhebung der Amnesie, eine neue Stufe erreicht worden. Es ist die der beginnenden Bewußtheit.

Sprachlich vollzieht sich diese Bewegung in komplizierten, aber nicht schwierigen, sondern klaren, hypotaktischen Sätzen. Meyer schreibt überlegt – überlegen, in oft wie scheu formulierten Bildern. Ich kann mir gut vorstellen, wie er seine Prosa vorliest. Wahrscheinlich leise, gleichmütig, dabei so ernsthaft, wie es der Intensität des Buchs *Die Rückfahrt* angemessen ist.

(Süddeutsche Zeitung, 1. Dezember 1977)

Karl Wagner
Ästhetische Kompensation

Stifters »Nachsommer«
und E. Y. Meyers »Die Rückfahrt«

Während Germanisten und Literaturkritiker den *Nachsommer* eines langsamen Todes sterben lassen, auf ihre Weise die historische Kluft zuschütten, die – so scheint es – unüberbrückbar zwischen unserer Gegenwart und der »Nachsommer«-Welt sich auftut, feiert Stifter bei Autoren der Gegenwart – und zwar nicht nur bei den österreichischen – ein Comeback. Die Sensiblen und Kostbaren, die sich mit zeitgenössischer Realität nicht mehr beschmutzen wollen, feiern ihn als einen der Ihrigen, als den »reinen« Poeten, veredeln ihre günstige Marktlage mit dem Hinweis auf einen Unzeitgemäßen. Heißt das, daß Unzeitgemäßheit eine produktive Kategorie ist, daß insbesondere Stifters Unzeitgemäßheit eine produktive Kategorie ist, daß insbesondere Stifters Unzeitgemäßheit heute in Aktualität umschlägt – und warum könnte das so sein?

Als der *Nachsommer* erschien, wußten der damalige Literaturpapst Julian Schmidt und sein kongenialer Partner Gustav Freytag auch zugunsten ihres eigenen Soll und Habens Poesie und Geschäft programmatisch und literarisch zu vereinen. Diesen Arbeits- und Leistungsethikern war der gepflegte Müßiggang suspekt. Die »Spielereien« – wie der alte Risach die von Kunst, Zeremoniell und ästhetisiertem Landbau geprägten *Nachsommer*-Rituale nennt –, diese »Spielereien« sperrten sich gegen den Ernst bürgerlicher Geschäftigkeit, obgleich sie auf diesem basieren. Die Krise der ökonomischen Heilslehre vom Fortschritt um jeden Preis schärft heute das Bewußtsein für die Folgelasten: »Haben oder Sein« statt »Soll und Haben«?

»Man soll der Natur ihr Wort reden lassen« – diese Gerechtigkeit für die Dinge, pathetischer: diese »Ehrfurcht vor den Dingen« ist darauf aus, den Riß zwischen Natur und Geschichte ungeschehen zu machen. Stifters Sehnsucht nach dem »natürlichen Leben« insistiert auf einer »Ordnung der Dinge«, die soziale Ungleichheit als natürlich verewigt: die »Teilung der Welt in Herren und geduldig demütige Knechtlein« (Arno Schmidt). Kein heutiger Leser kommt am anachronistischen sozialen Harmoniemodell des *Nachsommers* vorbei. Der Befund ist vorerst negativ: keine Aktualitäten des *Nachsommers*.

»Die Geschichtsphilosophen haben die Welt nur verschieden verändert; es kommt darauf an, sie zu verschonen« (Odo Marquard). Und: »Bisher hat sich der Materialismus begnügt, die Welt zu verändern, jetzt kommt es darauf an, sie zu erhalten« (Carl Amery). »Verschonen« und »erhalten« sind Leitworte des *Nachsommers*. Er ist eben auch ein Plädoyer gegen die zerstörte Natur, gegen die »Architektur-Anthologien« (Böll) unserer Städte, eine Absage an eine auf unentwegten Fortschritt gerichtete Zweckrationalität. Der dunklen Seite der sozialen Normen, die der Roman propagiert, steht heute die dunkle Seite einer Fortschrittseuphorie entgegen, die noch dazu soziale Gerechtigkeit nicht unbedingt auf ihrer Haben-Seite verbuchen kann, wie weiland Marcuse noch träumte. Die Anstrengung, geschichtliches Unheil durch die Restauration des Schönen rückgängig zu machen, nötigt, wie jedes grandiose Scheitern, auch aus historischem Abstand Respekt ab. Restauration des Schönen ist mit Nostalgie nicht zu verwechseln. Ausdrücklich heißt es, man möge »nicht bloß das Alte wieder zu einer Mode machen, die den Geist nicht kennt, sondern nur die Veränderung liebt«.

Die Rettung des geschichtslos Naturschönen durch das Kunstschöne weiß zudem, daß die Herrschaft über menschliche und außermenschliche Natur durch bloße Süchtigkeit nach versöhntem Leben nicht abzustreifen ist. Die biographisch-private Seite: Stifter wollte nicht wahrhaben, daß ungelebtes Leben durch ein Buch nicht zu ersetzen ist.

Der junge Schweizer Schriftsteller E. Y. Meyer, unbeeindruckt vom habsburgischen Mythos der österreichischen Literatur, nimmt in seinem Roman *Die Rückfahrt* (1977) thematisch wie formal Bezug auf Stifters *Nachsommer*. Meyer weiß um die Widerstände, die heutiger Stifter-Lektüre sich auftun. Seinen Romanhelden Berger stört »die verklärte Schönheit und die überhöhte Genauigkeit der ganzen Schilderungsart«, sie kommt ihm »in ihrer Überschwenglichkeit, in dem Zuviel, das sie mit sich gebracht habe, plötzlich wieder zu ungenau und zu vereinfachend« vor. Der Nervenarzt Santschi, bei dem Berger in Behandlung ist, weiß eine Erklärung für dieses »Zuviel«: »Irgendwie spüre man einfach, daß (Stifters) Geschichten oft nicht nur Wunschvorstellungen entsprängen, sondern die Wunschvorstellungen *selber* seien, und daß die eigene Lebenserfahrung, die den Wunschvorstellungen widerspreche, zu einem großen Teil von letzteren verdrängt und durch diese ersetzt worden sei.«

Meyers *Rückfahrt* will Kunst nicht nur als individuelles Therapeutikum, sondern auch in einem emphatischen Sinn als Anwalt für eine humanere Sozietät legitimieren. Neben dem Denkmalpfleger tritt vor allem Anais' Mutter am entschiedensten für die ästhetische Erziehung ein: »ein einheitliches Bewußtsein könnten wir aber [. . .] bestenfalls in der Kunst wiederfinden, in der schöpferischen Tätigkeit . . .« Die Annahme, »daß eine fortschreitende Wahrnehmung und ein Verstehen der Umwelt nur mittels ästhetischer Muster möglich ist, daß die Erfahrung nur in dem Maß, in dem sie künstlerische Gestalt annimmt, überhaupt Gestalt annehmen und somit verwertet und erinnert werden kann«, bestimmt die Thematik von Meyers Roman, der die Einsicht, Entfremdung sei durch die Kunst aufzuheben, auch zweihundert Jahre nach Schillers Briefen über die ästhetische Erziehung nicht aufgeben will.

In dem Maße, in dem Klarheit über die Zeitverhältnisse die Kenntnis des eigenen Ich voraussetzt, liegt in der Aufarbeitung der eigenen Erinnerungen ein Moment von Zukunft beschlossen. Das Nachprüfen individueller Erinnerung stellt jene Kontinuität des Ich her, die es davon bewahren soll, fremder Verfügung anheimzufallen: »Er, Effinger, glaube, daß es überhaupt wichtig sei, daß immer wieder ein gleicher Mensch sich mit etwas befasse, daß, ganz gleichgültig, ob etwas gut oder schlecht sei, eine Kontinuität vorhanden sein müsse, so wie es für ein Kind wichtig sei, in einer Geborgenheit und einer eigenen Welt aufzuwachsen, und so wie für den Erwachsenen die Erinnerung an diese eigene Welt, die Erinnerung an eine glückliche Vergangenheit wichtig sei.« Schreibend sich den Erinnerungen zu stellen heißt aber auch, die Bedingungen des Erinnerns und des Erinnerten aufzuklären: Erinnerungen sind von den empirisch-historischen Bedingungen nicht ablösbar.

E. Y. Meyers *Die Rückfahrt* kennzeichnet eine Ausgangslage, in welcher sich der Zusammenhang von Erinnerungs- und Weltverlust zur existentiellen Krise zuspitzt. Die Hauptfigur Berger leidet unter den Folgen eines schweren Autounfalles. Um die Lähmung seiner Hand zu kurieren und seine Erinnerung wiederzufinden, hält er sich im Kurhaus Sonnmatt auf und läßt sich in Luzern von einem Doktor Santschi behandeln. Die Notate von seinen dunklen Träumen, aus wenigen Wörtern bestehend, sind klägliche Anzeichen einer beginnenden Rückbildung der retrograden Amnesie. Der medizinische Begriff ist Euphemismus für Bergers Depressionen, Angstgefühle und die ihn bedrohenden Todeszeichen, die durch seinen ererbten und anerzogenen »Hang zum Grüblerischen« nur noch verschärft werden. Allein die Gespräche über Philosophie und Astronomie, die Lektüre, besonders aber die beginnende Freundschaft mit der Krankenschwester Anais, bieten Halt.

Der zweite Teil des Romans – atmosphärisch dem ersten entgegengesetzt – exponiert die günstigen Bedingungen, unter denen der Wiedergewinn des Erinnerungsvermögens möglich wird. Die Kunst und Natur versöhnende Architektur des Papageienhauses, das Tessiner Klima, die Liebe zu Anais und die Kunstgespräche mit ihrer Mutter, einer Malerin, erzeugen in Berger jenes Gefühl »der Ruhe und Geborgenheit«, das ihm mehr Aufschluß über ihn selbst ermöglicht. Nach der Abreise der beiden Frauen bleibt Berger im Tessin zurück, und er beginnt »die Geschichte seiner Bekanntschaft mit dem Denkmalpfleger aufzuschreiben«, der er den Titel *Die Rückfahrt* (mit dem Zusatz *Vorläufige Fassung*) gibt.

Der dritte Teil erzählt in chronologischer Folge Bergers Biographie: seine Ausbildung zum Lehrer, seine Lehrtätigkeit im Emmental und seine Bekanntschaft mit dem Denkmalpfleger Effinger, der bei Bergers Autounfall getötet wird.

Die Skizze des dürftigen Handlungsgerüsts unterschlägt den hohen Anteil an Reflexionen und Gesprächen philosophischen und ästhetischen Inhalts, der die strukturelle Eigenheit des Romans entscheidend bestimmt. Das diskursiv-reflexive Element tritt an die Stelle der Handlung, die Beschreibung ersetzt weitgehend das Erzählen. Dieses Übergewicht der besprochenen Welt weckt den Verdacht, Handeln werde durch Abhandeln ersetzt, oder – formal gesprochen – daß der Roman in eine Unsumme mehr oder minder gelehrsamer Lektionen und kunstgeschichtlicher Exkurse mit kulturkritischem Anflug zerfalle. Eine solche Lesart, die auch auf Stifters *Nachsommer*, auf den der Roman bewußt anspielt, angewendet wurde, unterschlägt indes das Kunstkalkül der *Rückfahrt*.

Bereits die »Rede von der Pflicht«, gehaltliche Summa des Romans *In Trubschachen*, nennt ein Argument, das die präzis-umständliche Beschreibungstechnik und das bedächtige Räsonnement rechtfertigen könnte: »Man brauche (heute) wieder Zeit, sich zu überlegen, was etwas überhaupt soll, Zeit, etwas zuerst einmal zu betrachten, Zeit für eine, wenn man so wolle, wieder vermehrt betrachtende Lebensweise.«

Die Figuren der *Rückfahrt* nehmen diese Forderung ernst. Dies gilt besonders für die Hauptfigur, die den Erinnerungsverlust durch die Versenkung ins Detail aufzuheben trachtet. Berger sucht die Einzelheiten seiner verlorenen Zeit zu sammeln; er möchte bis zum kleinsten Nebenbei der Dinge vordringen, um die Kluft zwischen erinnerndem und erinnertem Ich zu überspringen, die der Unfall aufgerissen hat. Im mühsam-zusammengesetzten Mosaik seiner Erinnerungsbilder zeichnet sich im Verlauf des Romans umrißhaft die Kontur eines mit sich selbst identisch werdenden Ich ab, das in dem Maße, in dem es seine Vergangenheit erinnernd sich aneignet, seine Zukunft gewinnt.

Erst im dritten Teil wird der Sinn-Zusammenhang der ungeordnet bedrohlichen Anspielungen aus dem ersten Teil gestiftet: der Schlußteil ist die Antwort auf das, was im ersten offenbleiben muß. Die Entsprechungen reichen vom einfachen Charakterisierungsdetail bis zu lang ausgesponnenen Diskursen über kunstgeschichtliche und philosophische Fragen.

Der Suche nach den Indizien der eigenen Vergangenheit bleibt notwendig und immer ein vollkommenes Gelingen verwehrt: »Die vergangene und die zukünftige Zeit ist nur in unseren Köpfen vorhanden, und wir wissen nicht, ob sie in Wirklichkeit auch so vorhanden gewesen ist wie in unseren Köpfen, und ähnlich wie für die vergangene und zukünftige Zeit außerhalb unseres Lebens, unserer Lebenszeit, ist es auch für die vergangene und zukünftige Zeit innerhalb unseres Lebens, für die von uns erlebte und zu erlebende Zeit, von der wir zwar wissen, daß wir sie wirklich erlebt haben, deren Wirklichkeit wir aber nicht so festhalten können, wie wir sie im Moment des Erlebens erlebt haben.« Individuelle wie allgemeine Geschichte sind in ihrer Authentizität nicht wiederherstellbar. Dennoch ist Geschichte ein »notwendiger Mythos«: Sie bestimmt auch die individuellen Lebensentwürfe von Meyers Romanfiguren, welche ihr Gelingen und Scheitern mit dem Maß fremder Erfahrung zu messen trachten.

Selbstgewißheit entspringt bei Meyer nicht allein der tätigen Erinnerung des Subjekts. Sie stützt sich immer auch auf das Nachdenken über die Lebensweise bekannter Persönlichkeiten, die in den »offiziellen Bildern«, »die sich die Öffentlichkeit von sogenannten wichtigen Menschen macht«, nicht zum Vorschein kommt: »Ich glaube«, sagte Berger, »daß das, was mich an Haller (= Hesse) wie an anderen Schriftstellern oder Dichtern vor allem auch immer wieder interessiert, die Frage ist, wie man als Dichter, und auch als erfolgreicher Dichter, was Haller ja doch war, eigentlich lebt.« Während sich Berger immer mehr der Parallelen bewußt wird, »die sich in seinem Leben zum Leben Hallers abzuzeichnen« beginnen, gerät der anonym bleibende Gast von *In Trubschachen* in den Bann der Pedanterie von Kants Lebensführung.

Die Auseinandersetzung mit dem Leben und der Philosophie Kants bestimmt Thema und Struktur dieses Romans. Den acht Aufenthaltstagen in Trubschachen entsprechen acht Abschnitte des Romans. Die festgelegten Tagesabläufe und die penible Beschreibung der Mahlzeiten ergeben eine Ordnung, die zunehmend als hinfälliges Scheinritual durchsichtig wird, mit dem »man« sich vergebens gegen die eigene Verlassenheit zu wehren sucht. Die »Rede von der Pflicht« gibt der in Selbstmordgedanken gipfelnden Verlorenheit des Gastes die Gültigkeit eines generellen Befundes: ». . . oder was denn alle unsere Konventionen, alle unsere Sitten und Gebräuche, ja unsere sämtlichen Handlungen anderes seien als ein notdürftiger, immer wieder neu zu überprüfender Schutz vor der Angst vor dem Tod und als ein notdürftiger und immer wieder neu zu überprüfender Schutz vor dem Verzweifeln und dem Wahnsinnigwerden an dieser Angst vor dem Tod, ein für das menschliche Leben unumgänglicher und notwendiger Schutz, der jedoch nicht fälschlicherweise als etwas anderes angesehen werden dürfe.«

Der an Thomas Bernhard gemahnenden Todeskälte und dem Terror der Kopfarbeit von *In Trubschachen* sucht Meyer in der *Rückfahrt* zu entkommen, indem er – mit den Worten des Denkmalpflegers gesprochen – »eine Änderung unserer Denk- und Lebensweise im Sinne eines wieder vermehrt sinnlichen Lebens« vorschlägt. Hesses Biographie liefert hierfür ebenso Anhaltspunkte wie die prähistorischen Steinzeichnungen der Cammakünstler oder die fremden Mythologien anderer Naturvölker, welche die Differenz von Natur und Geschichte nicht kennen, die neuzeitliche Fortschrittsideologie zunehmend verschärft. Obwohl sich die Hauptfigur nicht scheut, die Verbindlichkeit solcher Reflexionen mit ihrem Entschluß einzulösen, dem eigenen Leben eine Wende zu geben (das heißt den Lehrerberuf aufzugeben), bleibt die grundsätzliche Frage bestehen, ob der Rekurs auf fremde, exotische Mythologien den westlichen Fortschrittsmythos nicht insgeheim bestätigt. Das mittlerweile modisch gewordene Insistieren auf dem »wilden Denken« ist bislang vom »Monomythos des Neuen« (Odo Marquard) ohne Schwierigkeiten in den Dienst genommen worden, welcher sich der propagierten Naturalisierung der Geschichte gern bedient.

(Die Presse, Literaricum, Wien, 19./20. Juli 1980)

André Holenstein

Thematik und Formprobleme
in E.Y. Meyers Roman *Die Rückfahrt*

Eine Fallstudie zum Roman *Die Rückfahrt*[1] bezieht ihre hauptsächliche Berechtigung aus dem Stellenwert dieses Werks im bisherigen Schaffen E.Y. Meyers. An diesem Beispiel läßt sich der geistige Horizont des Autors in einem Rahmen abstecken, den die übrigen Arbeiten[2] bis heute in dieser Weite und Ausführlichkeit nicht liefern. Sie sollen zum Vergleich herangezogen werden.[3] Überdies werden Überlegungen zur Montage des Romans angestellt, die von der Fragestellung geleitet sind, wie die vorgelegte Stoffmasse strukturell verarbeitet und zu einem einheitlichen Text komponiert worden ist.

1. Der unzulängliche und bedrohte Mensch

Die Breite und Disparität der von E.Y. Meyer in seinem Roman *Die Rückfahrt* diskutierten Themen konnten nur adäquat eingefangen werden, indem durch ein analytisches Verfahren versucht wurde, verschiedene Stellen des Buches zu thematischen Schwerpunkten zusammenzuziehen. Eine inhaltliche Auflösung dem Lauf der Geschichte nach hätte einerseits die Memorierfähigkeit des Lesers überfordert, andererseits einen äußerst zentralen Aspekt verwischt. Nur noch schwer wäre zu erkennen gewesen, wie sich durch den ganzen Text hindurch Themen und Motive wiederholen, ergänzen, sich zum Meyerschen Welt- und Menschenbild zusammenfügen.

  Es soll zunächst von den Bedrohungen, Ängsten und Kränkungen des Menschen die Rede sein. Die bei Meyer am einschneidendsten erfahrene Reduktion menschlicher Autonomie geht von der Erscheinung des Todes aus. Als unausweichlicher, abschließender Grenzwall bestimmt er den Menschen zur Endlichkeit, außerhalb welcher es für diesen keine Wirklichkeit gibt (R 420/421). Die Einsicht in die Macht des Todes über individuelle und kollektive Zeit (R 426) führt Berger, die Hauptfigur des Romans, zur Forderung nach einem menschlichen Verhältnis zum Sterben. Das »media vita in morte sumus« des Mönchs Notker Balbulus (R 33) wird für Berger zur lebenspraktischen Maxime. Der Verzicht darauf ließe den erfolglosen Kampf des Menschen gegen die Naturnotwendigkeit »Tod« hybride Züge annehmen.

»Ein fünfundvierzig Einzelbilder umfassender Totentanzzyklus, der Szenen aus allen Bereichen des damaligen Lebens und in irgendeiner Form in jeder Szene immer auch einmal den Tod als ein *lebendes Skelett* umfaßte [. . .] Am merkwürdigsten, und auf eine Art erschreckend und gleichzeitig befriedigend, empfand Berger, wie selbstverständlich der Tod in das Leben integriert war und sich gleich wie die um ihn herum gemalten Menschen benahm, und wie auch die Menschen mit dem Tod wie mit ihresgleichen umgingen, ohne anscheinend zu merken, daß derjenige, mit dem sie sich da einließen, eben der Tod war, *ihr* Tod vielleicht.« (R 135)

Die Hausinschrift »cernis qua vivis qua moriere latet« (R 243) steht für den Ursprung der metaphysischen Angst des Menschen vor dem alles auslöschenden Moment. Die Urangst vor der Einsicht in unser endliches, unzulängliches Leben erzeugt auch die individuelle, alltägliche Angst vor der eigenen Zukunft, vor dem nächsten Tag (R 289), vor der Schuld (R 88). Die fatalistische Verknüpfung von Angst und Tod verleitet Meyers Helden denn auch zur Nekrophilie, zum lustvollen Todesverlangen (T 202, 207). Eine äußerst fragile Rückbindung an das Leben verhindert jeweils den letzten Schritt, den Suizid. Die menschliche Selbstüberschätzung und Eigenliebe erfährt eine weitere Kränkung durch das Fragen nach der kosmischen Stellung humaner Existenz. Gleichsam als zweiter Kopernikus entdeckt Berger das heliozentrische System mit seinen die Position der Erde und ihrer Bewohner relativierenden Folgen (R 417). Vermehrtes Denken in kosmologischen Kategorien und der Einbezug der All-Dimension in menschliches Handeln könnten, so hofft Berger, den Menschen in angemessenere Proportionen zurückdrängen. Die literarische Figur des Gulliver, der an sich selbst die Verhältnismäßigkeit seiner Größe und seine Sicht der Dinge als bloß eine unter anderen, denkbaren erfährt, unterstreicht Bergers Ablehnung jeder sich absolut setzenden und gebärdenden Macht oder Person (R 247/248).

Im Alltag sieht sich der Romanheld durch das menschliche Zerstörungswerk mit einer weiteren Bedrohung seiner Existenz konfrontiert. Nicht nur die materiellen, sondern auch die geistigen und seelischen Grundlagen des Aufenthalts auf diesem Planeten sind durch Umweltzerstörung, Tendenz zur Mediokrität und Uniformität menschlichen Daseins gefährdet. Die Politik, nur noch um den reibungslosen Ablauf der Verwaltung bemüht und von Konkordanzdemokratie und allgemeiner Saturiertheit geprägt (R 213), bildet die geistige Stagnation ab, die der Maßlosigkeit, der Wunscheuphorie, der Ästhetik des Schocks und der Sensation in Kunst und Architektur hilflos gegenübersteht (R 386). Der Zornausbruch des Eisenplastikers Benedikt Jaberg (ein Porträt des Berner Künstlers Bernhard Luginbühl) dokumentiert die Ohnmacht des Einzelnen, der die entscheidenden Entwicklungen bloß noch leidend zur Kenntnis nehmen kann (R 399-403).

Die Fähigkeit des Menschen zum kollektiven Selbstmord in verschiedenen Varianten hat in Berger den Eindruck erweckt, an einem historischen Wendepunkt zu stehen. Die Vision des »Apocalypse Now« (HdE 195/196) läßt Meyer, wie die Millenaristen der ersten Jahrtausendwende oder Luther, mit eschatologischem Bewußtsein leben und schreiben. Für Berger wird dieser Endzustand denkbar, wenn er in depressiven Phasen die eigenen, apokalyptischen Vorstellungen schriftstellerisch formuliert (R 319 bis 322).

2. Rückfahrt als Programm

Dieses endzeitliche Gefühl trägt Meyer, wenn er versucht, in seinem Roman eine Rückfahrt, eine Umkehr als Gegenbewegung, als Korrektiv für die oben knapp skizzierten Bedrohungen menschlicher Existenz zu entwerfen. Der programmatische Aufruf zu mehr Bescheidenheit bringt Ansätze zu einer neuen Ethik hervor.

»Ethos bedeutet nämlich Aufenthalt, Ort des Wohnens, den offenen Bezirk, worin der Mensch lebt und sich aufhält. Ethik wäre demnach das umsichtige Bedenken des Aufenthalts des Menschen und des einem menschlichen Wohnen entsprechenden Verhaltens.«[4]

Diese neue Ethik zeichnet sich, im Vergleich zu ihren europäischen Vorläuferinnen, dadurch aus, daß sie nicht mehr dem zwischenmenschlichen und/oder individuellen Bereich allein gewidmet ist, sondern den Menschen als verantwortlichen Teil der Natur begreift. Diesem Konzept liegt die Auffassung zugrunde, daß auch der Mensch nur einen unter vielen anderen Tastversuchen der Evolution darstellt, daß er nicht über der Natur, sondern in ihr steht und sie noch heute, angesichts ihrer seit Jahrmillionen erprobten Lebensweise, dem Menschen die Lehrmeisterin sein muß.[5]

In Anbetracht der heute mehr denn je offenbaren »Dialektik der Aufklärung« redet Meyer einer neuen Aufklärung das Wort, »die uns das *Akzeptieren von Welt- und Naturgesetzen* beibringt, die auf eine unvorstellbare Weise mächtiger als der Mensch sind, und die der Mensch deshalb mit höchster Wahrscheinlichkeit auch nie wird ändern können« (HdE 193). Aus diesem Bestreben heraus erwächst ein großes Interesse an den sogenannten *»Völker[n] am Rand des Weltgeschehens«* (R 426), in deren magisch-totemistischen Vorstellungen viel ökologische Weisheit steckt und die mit ihrer eigenen Auffassung von der Beseeltheit der Natur intuitiv seit langem wissen, was wir heute erst über den mühsamen Umweg einer zerstörerischen Umweltausbeutung und kostspieliger Forschung ahnen können.

»Diese neue Zuwendung [zum Universum, A. H.] läßt sich nur verwirklichen, wenn die Kräfte der Wahrnehmung, die in uns lahm und blind geworden, zu neuem Leben erweckt werden.«[6]

Eine ausgeprägte, eingeübte Sinnlichkeit wird auch von E. Y. Meyer für den engeren, feinfühligeren Kontakt mit der Natur gefordert (R 422/423). Diese wäre weiter auch im Verkehr unter den Menschen ein Mittel umfassenderer Verständigung und größerer Toleranz. Meyers Ansätze zur Gegenbewegung verwirklichen im einstweiligen Rückschritt den Fortschritt. Der Umweg über die Bescheidenheit soll den Menschen vom sophistischen Anspruch lösen, sich als das »Maß aller Dinge« zu betrachten. Stoische Lebensformen, die »aurea mediocritas« und die Fähigkeit zur Muße haben die Leitlinie abzugeben, der entlang der Mensch *»anständig über die Runden* [zu] *kommen«* (R 33) hat. Nicht ein Idealzustand soll als Lebensziel verankert werden. Die verhaltene Hoffnung von Meyers Protagonisten reicht bloß zum Wunsch nach einem ruhigen, bescheidenen Leben. »Zeit haben« und »sich Zeit nehmen« sind konstitutive Elemente im Handeln von Meyers Figuren. Sie gingen sonst in Hektik, übertriebener

Geschäftigkeit und Aktionismus unter. Sie brauchen Zeit zur Sammlung, Selbstreflexion, zum inneren Dialog und zu Spaziergängen. Ein bedächtiger, von Hetze gelöster Lebenswandel schärft im Menschen den Sinn für das Kunstvolle, Einzigartige und Originäre in der Natur und in ihm selbst. So kann auch wieder Einmaligkeit und unverkennbare Authentizität erfahren werden.

Die kulturpessimistischen Passagen im Roman teilen das Los sämtlicher Niedergangsprognosen: sie hoffen auf ihre Nichterfüllung.

»Es gehört zur Eigentümlichkeit von Niedergangskonzeptionen, daß exakt in dieser Zeitspanne zwischen Situationsbestimmung und Untergangsprojektion immer die Möglichkeit angeboten wird, von einer Fehlentwicklung abzukehren.«[7]

Ob diesen öffentlichen Bezügen des Romans *Die Rückfahrt*, seiner nach außen gerichteten Dimension, darf nicht übersehen werden, wie stark er auch Abbild des Meyerschen Lebensgefühls, die seismographische Aufzeichnung persönlicher, innerer Schwankungen ist. Der Band ist gekennzeichnet durch das Bedürfnis nach Umschau, Überblick und Orientierung. Die Themen und Motive früherer Produktionen wurden erneut aufgenommen, in den Zusammenhang einer Geschichte gestellt. Der Autor wollte sich Klarheit darüber verschaffen, wo seine re-ligio, seine Rückbindung an das Leben liegt. Das oszillierende Lebensgefühl eines Menschen, der sucht, woran er sich halten kann (R 126), wird in seinen Schattierungen zwischen Depression und Nekrophilie einerseits und »Lebensfreude, die zwar nicht eine rauschende zu sein braucht« (R 68), andererseits ausgemalt.

»Und schließlich würde er wieder versuchen müssen, sich selbst zurechtzufinden, draußen, auf den Straßen und in den anderen Häusern, im Kontakt mit den anderen Menschen, er würde wieder versuchen müssen, sich die Lustgefühle, die er hier mit den Fango-Packungen und der Pflege durch die Therapeutin und das übrige Personal erlebte, selbst zu verschaffen, in welcher der wenigen Formen das auch sein mochte, die eine nicht von der Lust, sondern von der Unlust bestimmte Gesellschaft bereit hielt oder duldete.« (R 48)

Auch der bescheidene Lebenswandel erfordert Kraft und Anstrengung. Das selbständige Aufbrechen der einen umklammernden, verkrusteten Fangomasse und Hinaustreten aus der wohligen Isolation zum Umgang mit anderen Menschen (R 281) bedarf des Willensaktes, der letztlich in der Lebensbejahung seine Grundlage findet. Erst die Realisierung der sozialen Komponente im Menschen, sein Durchbruch zu vermehrtem Kontakt mit den Mitmenschen gestattet eine Lebenshaltung, die mit ruhigem Gewissen dem von Meyer auch zitierten Ausspruch Goethes frönen darf:

»Es gibt einen Satz von Goethe, der ausdrückt, worum es gehen sollte. Der Satz lautet: ›Man sollte alle Tage wenigstens ein kleines Lied hören, ein gutes Gedicht lesen, ein treffliches Gemälde sehen und, wenn es möglich zu machen wäre, einige vernünftige Worte sprechen.‹« (HdE 151)

Was es aber bei allen Ansätzen zur Gegenbewegung zu verhindern gilt, ist deren Verabsolutierung.

»Aber das einzige, was ich sehe, das sich nicht auch mißbrauchen lassen würde, wäre die Maxime, daß man sich gegen alles, was zu einer Verhärtung der offenen Lebensformen führt oder einen Alleinanspruch erhebt, zur Wehr setzen muß.« (R 417)

Rückfahrt schließt auch den Widerstand gegen absolut gesetzte Ideologien und Machtsysteme ein. So müßte, konsequenterweise, auch Meyers Vorstellung der allgemeinen Bescheidung und Rückbesinnung auf die Existenzgrundlagen des Menschen, als möglicher und denkbarer Lösungsvorschlag neben anderen, als Anreiz zur Auseinandersetzung auch mit abweichenden Alternativen begriffen werden.

3. »Durch Dichtung zur Realität kommen«[8]

Meyers Auseinandersetzung mit dem Philosophen Immanuel Kant (HdE 33-51) und dem Schriftsteller Hermann Hesse (HdE 101-115) bietet einen geeigneten Zugang zur Deutung und Erklärung seines Denkens, seines eigenen Stils auch, der bisher wohl in jedem Werk den Leser stutzen und ihn mehrere Anläufe in der Lektüre nehmen ließ, um den hypotaktischen und konjunktivischen Satzdschungel sinnvoll zu durchmessen. (Von E. Y. Meyers stilistischer Anlehnung an Thomas Bernhard war sehr früh in Rezensionen die Rede.[9])

Kant und Meyer[10]

Grob verkürzt erscheint Kant bei Meyer als Philosoph, der, getragen von einer unerschütterlichen Selbstüberzeugung, in der Erkenntnis- wie in der Moraltheorie für das menschliche Handeln abschließend gültige Fundamente legen wollte. Das Föhngleichnis (R 39/40) veranschaulicht metaphorisch die zentrale Problematik von Kants *Kritik der reinen Vernunft*. Die menschliche Erkenntnisfähigkeit reduziert sich in dieser Theorie auf den Bereich vordergründiger Erscheinungen, wobei die Wahrheit, das »Ding an sich«, als Objekt unseres Geistes ausgespart bleiben muß. Die unseren Sinnen auffallende Umwelt soll demnach nichts als Scheinwelt sein, die zu transzendieren außerhalb menschlichen Vermögens liegt.

In der Moraltheorie setzt Kant mit dem kategorischen Imperativ der menschlichen Freiheit eine weitere Schranke. Der Pflichtgedanke wird für legitimes Handeln grundlegend. Kants Hymnus an die Pflicht (T 175/176) diffamiert und disqualifiziert die Anstrengungen des aus Neigung, Lust oder Güte aktiven Menschen.

Meyers gedankliche Auseinandersetzung mit diesen stark zusammengefaßt skizzierten Resultaten Kantischer Philosophie findet im Stil ihren Niederschlag. Mit schriftstellerischer und stilistischer Arbeit wird den letzten Konsequenzen dieses bürgerlichen Denksystems und der damit verbundenen, persönlichen Erschütterung entgegengewirkt.

»Wir sollten, glaube ich, langsam versuchen, unsere romantische Illusion aufzugeben und erwachsen zu werden und von der Philosophie des *Unmöglichen* wieder zu einer Philosophie des *Möglichen* zurückzufinden versuchen.« (HdE 194)

Stilistisch wirksam wird dieses Postulat dort, wo Meyer unfreier Determiniertheit sein Möglichkeitsprinzip, den Konjunktiv, vorzieht. Ein Rest von Entscheidungsfreiheit, von freiem Willen, muß dem Einzelnen erhalten bleiben, soll er auf menschenwürdige Art überleben können.

Diese Überzeugung leitet das »Man« in Meyers erstem Roman *In Trubschachen,* als es versucht, im kleinen und beschränkten Privatraum sich Entscheidungsgrundlagen zu schaffen, die auf der prinzipiellen Pluralität von Möglichkeiten beruhen.

»Obwohl man vom Mittagessen her noch fast eine halbe Flasche Beaujo-
lais auf dem Tisch stehend vorgefunden hat, trinkt man zu den Käse-
schnitten einen Weißen, diesmal aber keinen Féchy oder Fendant, sondern
einen weißen Lavaux, einen Epesses oder einen Saint-Saphorin [...].«
(T 111)

Die Offenheit des Gedankengangs erlaubt hier, am scheinbar
marginalen Beispiel der Weinauswahl, das Ausprobieren verschiedener Varianten, eine gewisse Planung des Geschehens auch, die
jedoch immer im Hypothetischen bleiben muß. Voreilige
Schlüsse und überstürzter Dezisionismus können vermieden werden; dem Leben wird wieder etwas vom Reiz des Offenen, Un-
vorhergesehenen und Zufälligen vermittelt. Der Augenblick, der
schwebende Moment, erhält somit eine höhere Dignität als das
Resultat, der Endzustand.

Die vielen »oder« und »würden/könnten« bilden die stilistische
Abwehrreaktion auf den Kantischen Absolutheitsanspruch.
Meyer sucht einen Stil der Möglichkeiten. So verwundert es nicht,
daß Berger auch seine Schrift *Die Rückfahrt* als »Vorläufige Fassung« kennzeichnet (R 268).

»Als Antwort würde er dann geben können, daß ihn das Wetter depressiv
mache, und daran die Frage anschließen, was sie, als Baslerin, in dieses
Regenloch gezogen habe, als das die Stadt doch allgemein bekannt sei.
Darauf würde sie entweder antworten, daß sie aus beruflichen Gründen
hier sei, oder daß ihr die Stadt und die Landschaft trotz des Klimas gefalle
und sie sich deshalb hier eine Stelle gesucht habe. Sie würde ihm aber auch
eine Antwort geben können, die er nicht voraussehen konnte und die stark
mit ihrer Persönlichkeit zusammenhängen würde, oder sie würde ganz
einfach nur ausweichend antworten können, wie man das aus Höflichkeit
tat, wenn man nicht in ein Gespräch verwickelt werden mochte und den
anderen doch auch nicht brüskieren wollte. Sie würde irgend etwas anderes sagen oder tun können, was er überhaupt nicht erwarten würde.«
(R 57)

Das gedankliche Fortschreiten im Konjunktiv verhindert Verhär-
tungen und Versteifungen, die dem Verständnis anderer Möglichkeiten und Formen abträglich wären.

Dem Konjunktivischen, dem Betonen des Offenen und nicht
Fixierten gegenüber steht der Wille zu genauester Wirklichkeit.
Der Hinweis des Psychiaters Santschi, die Idee vom wahren Sein
müsse heute wohl wegen der neuen Erkenntnisse in der Physik
abgelehnt werden (R 92), hat für Berger Signalwirkung und löst

die Rückeroberung der nur vermeintlich wertlosen und verlorenen Welt der Erscheinungen aus. Kants Gedanke von der Realität hinter der vordergründigen Sinnenwirklichkeit wird nun unter Ausschaltung aller vermeidbaren Ungenauigkeiten zurückgedrängt. Der verunsicherte Berger, der nicht weiß, woran er sich halten kann und soll (R 126/127), sucht sich eine tragfähige Basis zu schaffen.

»Das einzige, was man bei meinem Freund als eine Abweichung von der Normalität hätte bezeichnen können, war sein ausgeprägter, über das normale Maß hinausgehender und sehr umfassend zu verstehender Wahrheitssinn, der jedoch – wie ich glaube – auch das Außergewöhnliche und das Wesen seiner schriftstellerischen Arbeit ausmachte und ihn zu ihr zwang [. . .].« (EÄ 72/73)

Die Ausführlichkeit einer wahrheitsgemäßen Bestandsaufnahme schützt vor Verkürzungen, Abweichungen vom Original und Zusammenfassungen, die den tatsächlichen Aussagen und ihren Personen Unrecht täten (EÄ 75).

»Immer mehr wurde ihm bewußt, wie wenig kontrollierbar das war, was die Zeitungen schrieben, wie viele scheinbar kleine Ungenauigkeiten, gegen die niemand etwas unternehmen zu müssen glaubte, schließlich zu einer großen Ungenauigkeit und zu einer Verfälschung des wirklichen Geschehens führten [. . .].« (R 306)

Inschriften, Namenszüge, Jahreszahlen an Häuserfassaden, Plakate und Markennamen werden bei Meyer in exaktem Wortlaut, häufig in Großbuchstaben oder kursiv gedruckt, wiedergegeben. Die Faszination beruht auf der Objektivität, auf der Überprüfbarkeit der Existenz des Vorhandenen. Der Gehalt der Namen liegt nicht in ihrem symbolischen oder metaphorischen Wert, sondern in ihrer Funktion als vom Autor unabhängig vorhandene Informations- und Bedeutungträger. Über sie dringt Meyer in den Bereich alltäglicher Realität ein, ohne eigenes Zutun scheinbar, und weckt durch die Chiffrehaftigkeit der Namen Assoziationen und Vorstellungen im Leser. Direkt zitierte Briefe (R 259-261, 282, 315-317), Zeitungsartikel (R 249/250), Broschüren (R 218-220), Formulare (R 283) und Passagen aus Büchern (R 102/103, 344/345) verstärken im Leser den Eindruck, daß im Roman *Die Rückfahrt* nicht der erfindende Autor, sondern der registrierende Reporter am Werk sei.

Schon die drei Erzählungen im Band *Entfernte Ähnlichkeit* sind mit dem Mittel des Reports gearbeitet, z. B. dann, wenn der Anstaltsinsasse Loser in direkter Rede und seinem Dialekt spricht (EÄ 7-56). In der Erzählung *Die Erhebung der Romanfiguren* (EÄ 57-103) schaltet sich Meyer aus und läßt einen Freund die verschiedenen Aussagen zu einer Geschichte verknüpfen. Die suggerierte Information aus erster Hand verleiht dem Erzählten einen höheren Wahrheitsgehalt, Authentizität. »Sich dieser Wirklichkeit möglichst kleinmaschig zu versichern«[11], wird zum Stilprinzip. Vor allem mit einem Blick auf den Roman *In Trubschachen* meint Gerda Zeltner:

»Gewisse banalste Handlungen werden so präzisiert, als gebe es keine Instanz, die zwischen Belanglosem und Bedeutsamem unterscheidet.«[12]

In einer Zeit der Orientierungslosigkeit und Verunsicherung wird für Meyer das Gesicherte, Festgemachte und Identifizierte wertvoll. Bei ihm hat sich der Maßstab von Belanglosigkeit und Bedeutsamkeit nur verschoben. Der überschaubare, private Lebensraum gewinnt eine neue Ästhetik des Details.

»Während sie danach im Bären *Tripes à la neuchâteloise* aßen, sprachen Berger und Effinger über das Phänomen, daß man eigentlich erst das, was man erkennen, benennen, definieren beziehungsweise in seiner Gestalt und Funktion erfassen könnte, wirklich sah, und der Denkmalpfleger erzählte, daß die Naturvölker den Glauben gehabt hätten, daß man erst, wenn man den Namen eines Gegenstandes wußte, auch Macht über diesen hatte.« (R 364)

Damit wird noch einmal die Bedeutung der Identifizierung der Realität durch Namengebung betont. Die eigentliche Funktion von Sprache, das Versehen der realen Objekte mit konventionellen Symbolen, wird bei Meyer noch bewußt begriffen und verarbeitet. Es ist, als ob er in der pedantischen Aufzählung von Namen aller Art für sich die große Welttaufe noch einmal vornehmen müsse, um sich so vor der Gefahr, sprachlos zu werden, zu schützen. »Das grimmige Verlangen nach unvertauschbarer Identität«[13] erreicht seinen Höhepunkt in den unzähligen Appositionen:

»Wie schon damals, fragte sich Berger auch jetzt, während er weiterging, wieder, ob *er*, Berger, denn eigentlich für sich an den freien Willen des Menschen und damit auch an seine Erziehbarkeit glaubte [. . .].« (R 68)

Trotz unzweifelhafter Bestimmung des Subjekts wird eine zweite Kennzeichnung des Individuums Berger, durch Kursivdruck unterstrichen, vorgenommen.

Hesse und Meyer

Das im Essay *Die kleinen und die großen Wörter* (HdE 101-115) aufgegriffene und besprochene Verhältnis E.Y.Meyers zu Hermann Hesse ist ein zwiespältiges. Auf der einen Seite macht die Figur des hageren, weisen Eremiten im Schweizer Südkanton Tessin großen Eindruck auf ihn. Hesses Außenseitertum und Nonkonformismus, seine Kraft zur Toleranz, die Art, wie er ein erfolgreiches Schriftstellerleben bescheiden bewältigte (R 175), markieren Werte und eine geistige Haltung, die der im Roman *Die Rückfahrt* geforderten Umkehr vorbildhafte Konturen verleihen. Hier soll von der anderen, mehr distanzierten Seite die Rede sein, die sich bei Meyer stilbildend ausgewirkt hat.

An *Demian* von Hermann Hesse kritisiert Meyer:

»Dies [die Tatsache, daß *Demian* Meyer nicht befriedigt, A. H.] lag einerseits vor allem wieder an einer gewissen Unwahrscheinlichkeit des Handlungsablaufes, die ich empfand und über die mir auch meine Einsicht nicht hinweghalf, daß es sich dabei mehr um eine symbolische Darstellung für das innere Geschehen im Menschen, für einen sich im Innern des Menschen abspielenden Prozeß, als um ein realistisch geschildertes äußeres Geschehen handelte.« (HdE 105/106)

Hesse begeht, nach Meyer, den Fehler, unwahrscheinliche oder doch zumindest nicht nachvollziehbare Handlungen zu beschreiben. Solches Geschehen wird zudem in einer Sprache behandelt, die sich durch »eine Vorliebe für eine Art ›großer Wörter‹« (HdE 106) charakterisiert. Der Ausdruck »große Wörter« zeigt bei Meyer ein ungutes Gefühl und Skepsis an, wenn in der Schriftstellerei Zusammenhänge, Prozesse oder Ereignisse ungenau, undifferenziert in allgemeinen Wendungen beschrieben werden. »Große Wörter« entgleiten der Kontrolle und können mißverstanden werden.

»Es störte mich, daß die großen Wörter den Platz von vielen kleinen Wörtern einnahmen, die mir mehr und Genaueres hätten sagen können [...].« (HdE 110/111)

Gesellschaftliche Wirklichkeit soll gemäß Meyer konkret und in die Details gehend dargestellt werden. Gesetzmäßigkeiten des Sozialen sollen aufgezeigt werden (HdE 113). Mittel dazu ist aber eine genaue Sprache, die dieser Realität möglichst mit viviseziererischer Genauigkeit auf den Leib rückt. Wenn also mit kritisch-emanzipatorischer Absicht geschrieben wird, muß die intersubjektive Überprüfbarkeit der Aussage gewährleistet sein. Der Autor muß sicher sein, daß der Leser unter einem Ausdruck dasselbe versteht, wie der Autor zu verstehen geben wollte.

Die Scheu vor großen Wörtern hat schließlich auch dazu geführt, daß Meyer im Roman *Die Rückfahrt* in breitem Umfang zu Biographien, Fachliteratur und eigenen Dokumentationen gegriffen hat. Dies soll an drei Beispielen verdeutlicht werden: 1. Anais' Ausführungen über ihre Vorfahren, deren Berufe, Sorgen und Vorlieben (R 177-180, 206), decken sich sogar in den Anekdoten mit Aufzeichnungen der Künstlerin Meret Oppenheim über ihre Großeltern und ihre Tante Ruth Wenger, die zweite Frau Hermann Hesses.[14] 2. Die Deutung der urgeschichtlichen Felszeichnungen im italienischen Val Camonica durch Ebet Thormann (R 220/221) ist die sinngemäße und z. T. wörtliche Übersetzung der Interpretation Emmanuel Anatis, des Neuentdeckers der Zeichnungen.[15] 3. Ein Großteil der kunst-, architektur-, kultur- und allgemeinhistorischen Beobachtungen des Denkmalpflegers Effinger (u. a. R 353-363) stellen die nachträgliche Bearbeitung von Bandaufnahmen dar.[16]

Diese Belege zeigen, wie Meyer für seine schriftstellerische Arbeit um reichhaltiges Material bemüht ist. Das im Roman entfaltete Weltbild erweist sich als das Resultat jahrelanger Recherchen, die die enzyklopädische Faktensammlung des Texts entstehen ließen. Nicht Tendenz zum Plagiat drückt sich in einer so beschaffenen Arbeitsweise aus, sondern der Wunsch, dem stilistischen Credo Genüge zu tun, wonach so wenig große Wörter als möglich in den Text eingebaut werden sollen. Wo unabhängig vom Autor Faktizität herrscht, wird sie auch berücksichtigt und integriert. Nur die akribische Feldforschung (der Autor hielt sich z. B. selbst im Kurhaus Sonnmatt auf[17]), der Wunsch, sich durch eigene Anschauung in der Welt umzusehen und zu orientieren, verschaffen der Dichtung die Funktion des Zugangs zur Realität (HdE 68).

4. Amnesie als Strukturprinzip des Romans

Trotz seiner 426 Seiten und 16 Kapitel, trotz der drei Haupthand-
lungsorte und einem Spielraum von mehr als viereinhalb Jahren
und trotz des fast lexikalisch-positivistischen Themenspektrums
hinterläßt der Roman dank wenigen, subtilen Kunstgriffen den
Eindruck einer kompakten Geschlossenheit, einer selbständig tra-
genden Einheit. Vordergründig mag dazu auch die wohlpropor-
tionierte Abfolge von zehn, dann sechs und wieder zehn Kapiteln
für die einzelnen, nicht stark von einer durchschnittlichen Länge
abweichenden Teile beigetragen haben. Der tiefere Grund liegt
aber wohl in dem die Abfolge der drei Teile und den Erzählfluß
bestimmenden Moment.

Die folgende Skizze unterlegt dem Handlungsablauf eine lineare
Chronologie auf der Ebene 1.

Ebene 1	Lehrerseminar, Lehrer in Leen, Bekanntschaft mit Effinger, Unfall.	Amnesie	Rekonvaleszenz, Bekanntschaft mit Santschi und Anais.	Reise ins Tessin, Bekanntschaft mit E. Thormann, Entschluß zu schreiben.
Zeit	viereinhalb Jahre	Unterbruch	wenige Wochen	wenige Wochen
Ebene 2 (Abfolge der drei Teile)	Sonnmatt		das Papageienhaus	die Rückfahrt

Wenn versucht wird, dem Buch die chronologisch erste Information zu entnehmen, beginnt der Roman zu dem Zeitpunkt, zu
dem Berger, nach dem Abbruch des Universitätsstudiums, sich
für die Ausbildung als Volksschullehrer entscheidet. Der im Roman an dritter Stelle eingefügte Teil führt den Leser dann über
einen Zeitraum von mehreren Jahren bis zum Unfall auf der
Rückfahrt von einer Exkursion ins Simmental nach Bern. Immer
noch auf der Basis dieses gedanklichen Konstrukts taucht Berger
einige Monate nach dem Unfall im Kurhaus Sonnmatt auf, wo er
sich zur Rekonvaleszenz aufhält. Die Begegnung mit der Kran-

kenschwester Anais leitet schließlich zum chronologisch geordnet letzten Abschnitt über, an dessen Ende der Leser Berger in der Gewißheit verläßt, dieser werde sich dem Beruf des freien Schriftstellers zuwenden. Die zweite Ebene der Graphik gibt die von Meyer getroffene Wahl der Abfolge der drei Teile wieder. Pfeile verbinden die einander entsprechenden Abschnitte der beiden Ebenen.

Meyer verzichtet auf die lineare Chronologie als ordnendes Prinzip des Texts. Er wendet die Zeit willkürlich, stellt sie auf den Kopf und folgt damit den durch die Amnesie Bergers vorgegebenen physiologischen Bedingungen. Der Erinnerungsausfall, der sich »zeitlich rückläufig über den Anfangspunkt der schädigenden Einwirkung hinaus« erstreckt (R 144), steckt für Berger im ersten Teil eine absolute Grenze des Erinnerungsvermögens ab, hinter welcher im Augenblick keine Erkenntnis und Rückbesinnung möglich ist. Seine Genesung erfolgt erst durch die Freundschaft mit Anais und ihrer Mutter, im Tessin. Eng damit verzahnt erscheint Bergers Entwicklung zum freien Schriftsteller, der Schreiben einmal explizit als so etwas »wie sich den Erinnerungen stellen« (R 267) bezeichnet. Im Kurhaus, in einer zunächst kommunikationsfeindlichen Isolation, kommt er kaum über ein durch freies Assoziieren entstandenes Aufzählen von Gedächtnissetzen hinaus (R 55). Begriffe werden geschaffen und gedanklich eingeübt, die später zur ganzen Geschichte verarbeitet werden können. Die langen, therapeutischen Gespräche mit Santschi, Anais und Ebet Thormann führen mittelbar zur eigenen literarischen Produktion, die unmißverständliches Zeichen dafür ist, daß Berger die Amnesie überwunden hat. Der dritte Teil erscheint gleichsam als Aufarbeitung der wiedergefundenen Vergangenheit, als erster Versuch einer Betätigung als freier Autor. Meyer führt die Umsetzung des medizinischen Motivs der Amnesie noch in einer weiteren Hinsicht aus. Am Schluß des ersten Teils referiert Berger Anais Einzelheiten über Symptome und Rückbildung von Amnesien. Diese hätten einen retrograden und anterograden Teil.

»Die Rückbildung erfolge dann, wie Santschi sage, von beiden Enden nach der *Mitte* zu, dem Zeitpunkt des Schädelbruchs in seinem Fall also.« (R 145)

Es ist oben schon ausgeführt worden, wie die Niederschrift des dritten Teils Berger gedanklich zum Unfall zurückführt. Sie trägt dadurch zur Rückbildung der Krankheit vom einen Ende her bei. Eine zweite Lektüre des Romans macht deutlich, daß alle Kerngedanken des Denkmalpflegers Effinger aus dem dritten Teil im ersten vorweggenommen werden. Beispielsweise korrelieren die Seiten 69/70 bzw. 59 mit den Seiten 413-415 und 422 ff. bzw. 355. Chronologisch gesehen erweisen sich diese Fragmente im Teil »Sonnmatt« jedoch nicht mehr als Antizipationen, sondern als Erinnerungen, Gedächtnisfetzen, die im genesenden Berger auftauchen. Sie bilden das andere Ende, von dem her er der Aufhebung der Amnesie in der Mitte zustrebt. Die Aufarbeitung der Vergangenheit im dritten Teil dient der Behebung der retrograden Amnesie, die scheinbaren Vorwegnahmen, tatsächlich aber Erinnerungen des ersten und zweiten Abschnittes beheben ihren anterograden Teil. Berger demonstriert, indem er den physiologischen Grenzen seines Körpers unterliegt, menschliche Unzulänglichkeit. Die Krankheit diktiert den Verlauf des Erzählens und weist den linear ordnenden Zeitgeist in die von der körperlichen Verfassung aufgerichteten Schranken.

Die oben aufgeworfene Frage nach der Geschlossenheit des Romans kann jetzt beantwortet werden. Das Motiv der Amnesie erlaubt dem Autor, dem Text eine formale Abrundung zu verleihen, die inhaltlich so nicht gegeben ist. Die Handlung endet, wo sie neu beginnt, um zyklisch die Geschichte vom sich zum freien Schriftsteller emanzipierenden Lehrer Berger aufzurollen.

Der Bezug von seelischem und körperlichem Empfinden des Protagonisten zur formalen Gestaltung des Stoffes erweist sich am gezeigten Beispiel als eine Stärke des Romans. Mit solch komplizierten Lösungsversuchen gelingt es Meyer, die inhaltlich unförmige Stoffmasse in sinnvolle und sinnstiftende Einheiten zu gliedern, seinem Werk die innere Stimmigkeit und Geschichtlichkeit zu vermitteln. Das Kompositorische steigt über die simple Funktion als Gliederungselement hinaus und wird selbst, als Abbild innerer, schwer beschreibbarer Vorgänge in Berger integraler Bestandteil des Romangeschehens.

Anmerkungen

1 E.Y.Meyer: *Die Rückfahrt. Roman*, Frankfurt a. M. 1977.

2 E.Y.Meyer: *Ein Reisender in Sachen Umsturz. Erzählungen*, Frankfurt a. M. 1972; E.Y.Meyer: *In Trubschachen. Roman*, Frankfurt a. M. 1973; E.Y.Meyer: *Entfernte Ähnlichkeit. Erzählungen*, Frankfurt a. M. 1975; E.Y.Meyer: *Die Hälfte der Erfahrung. Essays und Reden*, Frankfurt a. M. 1980.

3 Die Abkürzungen T, EÄ, R und HdE stehen für *In Trubschachen, Entfernte Ähnlichkeit, Die Rückfahrt* und *Die Hälfte der Erfahrung.*

4 Gerd-Klaus Kaltenbrunner (Hg.): *Überleben und Ethik. Die Notwendigkeit, bescheiden zu werden*, Freiburg i. Br. 1976, S. 10.

5 Hans Sachsse, in: Kaltenbrunner, a.a.O., S. 27-54.

6 G.-K. Kaltenbrunner, in: Kaltenbrunner, a.a.O., S. 25.

7 Paul Widmer: *Niedergang und Ideologien. Zur Infrastruktur des Themas »Niedergang«*, in: Schweizer Monatshefte, Februar 1981, S. 120.

8 HdE, S. 68.

9 Z. B. Werner Weber: *Einer im Kommen*, in: Neue Zürcher Zeitung, 23. 4. 1972, und Dieter Bachmann, *Von Angst zuwachsende Landschaft*, in: Weltwoche, 31. 10. 1973.

10 Vgl. ausführlicher zur Kant-Problematik bei E.Y.Meyer Beatrice von Matt: *Schreiben im Bodenlosen. »Das Zerbrechen der Welt« – ein Schlüsseltext*, in: Schweizer Monatshefte, Januar 1977, S. 925-931

11 Gerda Zeltner: *Das Ich ohne Gewähr. Gegenwartsautoren aus der Schweiz*, Zürich 1980, S. 148.

12 G. Zeltner, S. 131.

13 G. Zeltner, S. 148.

14 *Meret Oppenheim – Spuren zu einer Biographie, gesichert durch Hans Christoph von Tavel*, in: *Meret Oppenheim*, Ausstellungskatalog für Solothurn/Winterthur/Duisburg, Solothurn o. J.

15 Fulvio Roiter, Claude Roy, Emmanuel Anati: *Naquane. Découverte d'un pays et d'une civilisation*, Lausanne 1966, S. 24.

16 Diesen freundlichen Hinweis verdankt der Verfasser Herrn H. von Fischer, Denkmalpfleger des Kantons Bern.

17 E.Y.Meyer hielt sich vom 30. April bis 1. Mai 1974 im Kurhaus Sonnmatt auf. Recherchen des Verfassers.

9

(Naquane/Valcamonica)
»Am Fuße des größten Felsens war eine Person abgebildet, die offensicht-
lich dabei war, einen Wagen herzustellen, jedenfalls glaubten sie, eine
Deichsel und zwei Räder zu erkennen, während der Handwerker mit
einem großen Hammer auf einen Amboß zu schlagen schien.«
(*Die Rückfahrt*, S. 216)

Naquane/Valcamonica

»Und in einer Szene daneben wurde, wahrscheinlich mit einem Lasso, ein mit leiblicher Fülle, den vier Extremitäten und den beiden Geweihhalften dargestellter Hirsch eingefangen. Um den Hirsch herum gab es einige Vierecke mit einer Art Stiel, das Symbol der *Schaufel,* wie Anaïs' Mutter vermutete, ein geheimnisvolles Bild, über dessen Bedeutung man immer noch rätsle, ein magisches Zeichen, dem die prähistorischen Cammi große geheimnisvolle Kräfte zugeschrieben hätten.«

(*Die Rückfahrt,* S. 216)

Hans Wysling

E.Y. Meyers Roman *Die Rückfahrt*.
Eine Kant-Krise und ihre Überwindung

I

E.Y. Meyers Roman *Die Rückfahrt* beginnt mit einem Traum: Der
junge Lehrer Albin Berger steht mit seinem väterlichen Freund,
dem Denkmalpfleger, auf dem Berner Münsterturm. Plötzlich
werden die Figuren an den Konsolen und Bogenfeldern lebendig
und erklimmen panikartig die Turmspitze. Berger gewahrt die
Angst in ihren Sandsteinaugen, er sieht die »wahnsinnsgefüllten
Augen« des Freundes. Da tut sich der Galerieboden zwischen
ihnen auf, der Turm bricht auseinander, und während sie, jeder
mit seiner Turmhälfte, in die Tiefe stürzen, hört Berger das un-
menschlich-höhnische Gelächter des Freundes, und schließlich,
im Orgelsturm, den Donnerruf »MACHS NA!«[1]

  Der Roman ist ein Versuch zur Bewältigung dieses Traums. Bilder des Zerbrechens und Zerreißens, des Absturzes oder des Ein-
brechens ins Bodenlose begegnen wiederholt in Meyers Werk.
Sie deuten auf ein traumatisches Grunderlebnis und auf eine damit
gegebene existentielle Verunsicherung hin – Meyer hat sie als Erfahrung von »Nichtigkeit und Unbegreiflichkeit«[2], als »Verlorenheit im Weltall«[3] bezeichnet. Als Kind, erinnert er sich, sei er sich
beim Spiel in einer Kehrichtdeponie zum erstenmal der ›Vergänglichkeit‹ des Menschen und seiner selbst bewußt geworden[4]:

> »Als ich nämlich einmal auf einen kleinen grauen Hügel treten wollte, bin
> ich mit dem Fuß plötzlich in diesem versunken, da er nicht – wie ich
> geglaubt hatte – vollständig fest war, sondern nur an seiner Oberfläche
> eine graue, steinähnlich aussehende *Kruste* aufwies, darunter aber aus ei-
> nem dampfend-warmen und übelriechenden gelben *Brei* bestand, der
> mich sogleich heftig an meinem Fuß zu kribbeln begann und sich – als ich
> näher hinschaute – überall dort, wo mein Fuß die graue Kruste zerbrochen
> hatte, in einer dauernden *Bewegung* befand, da er von einer Unzahl sich
> wild windender *Maden* durchsetzt war.«

Auch im *Trubschachen*-Roman gelingt es dem Helden nie, festen
Grund unter die Füße zu bekommen. Auf dem mit Schneematsch

bedeckten Eis droht er jederzeit auszugleiten; die vom Dorf weg-
führenden Wege enden alle im weißen Nichts. Gegen den Schluß
des Romans sinkt er bei dem Versuch, einen ungangbaren Weg zu
erzwingen, in einer Schneewächte ein[5]:

»Sich wieder auf die Schneeoberfläche zu schaffen, gelingt einem nicht
mehr, je mehr man sich darum bemüht, desto tiefer sinkt man in den
Schnee ein, bis einem dieser schließlich bis zur Brust reicht. Auch daß man
sich gegen vorne auf den Schnee hinauf wirft und die Beine nachzuziehen
versucht, nützt einem nichts, man verbraucht nur weiterhin seine Kräfte
für ein schlußendlich aussichtsloses Unternehmen und liegt schließlich zu
erschöpft, um sich wieder zu erheben, in einer Schneemulde oder -grube,
deren Ränder einen überragen und die man selber in den weichen und
sofort nachgebenden Schnee gegraben und gepreßt hat.«

Während oben die Sterne blinken und die Erinnerung an Kants
bestirnten Himmel[6] wachrufen, gräbt sich dieses »Man« nur immer tiefer in den Abgrund ein.

Im *Briefwechsel mit Voltaire* ist die Rede von dem Schock, den
das Erdbeben von Lissabon »der damaligen auf den Fortschritt
vertrauenden« Menschheit eingejagt habe – Voltaire, Rousseau,
Kant und viele andere hätten über das »furchtbare Ereignis« geschrieben.[7]

Entschlüsselt werden alle diese Bilder in dem Aufsatz *Das Zerbrechen der Welt* (1975). Meyer berichtet hier von dem Erschrek-
ken, das die Lektüre von Kants *Kritik der reinen Vernunft* in ihm
ausgelöst habe[8]:

»Das, was die Erschütterung bei mir bewirkte, war aber, daß die Welt, die
ich bisher nur als etwas selbstverständlich Gegebenes erlebt hatte, mit
einem Mal in zwei Teile zerbrach – und für den Moment des Zerbrechens
könnte man sich das auch durchaus bildlich vorstellen, so wie wenn einem
in einem Moor bei einem Erdbeben der Boden und die Erde, auf denen
man steht, zwischen den Füßen auseinander zu brechen beginnen würden,
und man sich, um nicht in die Leere der sich auftuenden Spalte zu stürzen,
für eine der beiden Seiten oder der beiden durch das Beben nun entstehenden Hälften entscheiden müßte, es aber einfach nicht könnte, und
deshalb, wie die Erde selbst, auch in zwei Teile zerrissen würde. Nicht
bildlich gesprochen, zerbricht die Welt in zwei *Bereiche*: in das wahre Sein
und in jenes Sein, das man zwar erkennt und wissenschaftlich, und auch in
der Praxis durch die Technik, beherrscht, das aber nur Erscheinung und
also eigentlich *nichts* ist.

Da geht es, im Unterschied zu jener Kindheitserinnerung, nicht mehr um eine »gefühlsmäßige«, sondern um eine auf »Erkenntnis basierende Angst«[9]: Das wahre Sein, das Ding an sich, läßt sich nicht erkennen. Die Welt der Erscheinungen aber wird durch die Erkenntnis, d. h. durch die Anschauungs- und Denkformen konstruiert[10]: »Der Verstand schreibt der Natur die Gesetze vor.« Und da die »synthetischen Urteile a priori«[11] für die ganze Natur gelten, ist der Mensch in seiner »Handlungsweise nicht frei [. . .], sondern *eher* einer Marionette ähnlich.«[12]

Andererseits postuliert Kant in der *Praktischen Vernunft,* daß der Mensch durch seinen Geist frei sei. Diese Freiheit aber ist Meyer nicht ganz geheuer, weil »durch den kategorischen Imperativ und die Pflicht nichts festgelegt ist«, man vielmehr »alles in *ihn* hineinlegen oder in *ihrem* Namen rechtfertigen kann«.[13] In der Trubschachener »Rede von der Pflicht« wirft Meyer der *Kritik der praktischen Vernunft* vor, sie verlange vom Menschen nichts als Pflichterfüllung und Leistung, sei also schuld an der mit dem Bürgertum einsetzenden gesellschaftlichen Repression[14]: »Ein auf der Pflicht und nur auf der Pflicht aufgebautes Leistungsprinzip, wie es heute als *lebensbestimmend* angesehen werde, sei nicht nur *völlig unmenschlich,* sondern *mörderisch* und *selbstzerstörerisch.*« Der furchtbarste Satz, den Kant jedoch geschrieben habe, »sei der, in dem er sage, daß es von größter Wichtigkeit sei, darauf zu achten, daß alle Moralität von Handlungen *aus Pflicht und aus Achtung fürs Gesetz, und nicht aus Liebe und Zuneigung* zu dem, was die Handlungen hervorbringen soll, gesetzt werde. Man glaube einfach nicht, daß es ein solches *unbedingtes* Sollen, wie es im Kategorischen Imperativ verlangt werde, gebe, und zudem folge aus dem Kategorischen Imperativ, was sich aus seinem Wesen ergebe, ja nur *sehr* wenig.«

Einerseits sieht er keine Möglichkeit, die Welt der Erscheinungen zu durchbrechen und »wahres« Sein zu gewinnen; andererseits ist er nicht bereit, das Pflichtethos als alleinigen Wegweiser für sein Handeln anzunehmen. Das Zerbrechen der Welt im erkenntnistheoretischen wie im moralischen Sinne kann offenbar »nicht rückgängig gemacht, und der Bruch und die Kluft und der Dualismus, zu dem diese geführt haben, nicht aufgehoben« werden. Der Mensch scheint »in einer ständigen Zerrissenheit« leben zu müssen.[15]

Daß die »Möglichkeit einer Erkenntnis der Wahrheit«[16] offenbar ausgeschlossen ist, wirkt sich auf Meyer um so zerstörender aus, als ihn ein »über das normale Maß hinausgehender und sehr umfassend zu verstehender Wahrheitssinn« auszeichnet und zu schriftstellerischer Arbeit antreibt.[17]

II

Der Aufsatz *Das Zerbrechen der Welt* stellt im Rückblick auf diese zentrale Erschütterung die Frage nach den »Folgen für das weitere Leben, und das Weiterleben überhaupt«.[18] Das tut auch der Roman *Die Rückfahrt*. Albin Berger ist ein im eigentlichsten Sinn aus der Bahn Geworfener. Auf einer Autofahrt ist er vom Weg abgekommen und abgestürzt. Sein Freund, der Denkmalpfleger, hat dabei den Tod erlitten. Er selbst hat das Gedächtnis verloren. Es wiederzufinden und die gelähmte rechte Hand zu heilen ist der Zweck seines Aufenthalts im Kurhaus Sonnmatt in Luzern. Es geht dabei um die Überwindung seiner retrograden Amnesie und gleichzeitig um den Versuch, die Sprache zurückzugewinnen. Im zweiten Teil des Romans (er spielt in Aronca/Carona und ist »Das Papageienhaus« überschrieben) beginnt Berger auf den Spuren des Dichters Hermann Haller, auch unter dem Einfluß seiner Freundin Anaïs und deren Mutter Ebet Thormann, Ansätze zu neuen Lebensmöglichkeiten zu finden. Unter dem Eindruck dieser Begegnungen reift in ihm der Entschluß, aus dem Schuldienst auszutreten und Schriftsteller zu werden. Der dritte Teil (er trägt seinerseits den Titel *Die Rückfahrt*) ist ein Roman im Roman: Fragment von Bergers Lebensgeschichte, das kurz seine Herkunft berührt, mit dem Abbruch seines Philosophie- und Germanistikstudiums einsetzt, seine Ausbildung zum Lehrer, die zunehmende Beengung durch Beruf und Ämter, sein Ausweichen auf erste schriftstellerische Versuche, seine Fahrten mit dem Denkmalpfleger zeigt – bis zum Moment des Absturzes.

Die Anlage des ganzen Werks erinnert äußerlich an den Bildungs- und Entwicklungsroman – der *Grüne Heinrich* und vor allem Stifters *Nachsommer* werden zitiert.[19] Jeder Teil des Romans ist um zentrale Gespräche zentriert, mit dem Psychiater Santschi, der Künstlerin Ebet Thormann, dem Denkmalpfleger Effinger. Santschi weist ihn u. a. auf die »klassische Widerlegung Kants und der synthetischen Urteile a priori« durch Einstein hin

(93). Die Thormann führt ihn in die Zusammenhänge von Kunst und Mythos ein, der Denkmalpfleger spricht mit ihm über Geschichtlichkeit und Vergänglichkeit. Das pädagogische Element des Bildungsromans ist da: Berger verfügt wie Hans Castorp über eine unglaubliche Rezeptivität. Aber immer steht das pädagogische Element im Kampf mit einer Realität, die jeden Augenblick ins Absurde abzukippen droht. Als Berger bei seinem Erwachen den käferförmigen Wasserfleck am Zimmergewölbe sieht, kommt ihm unwillkürlich Gregor Samsa in den Sinn. Überhaupt ist der Ort seines Erwachens signifikant: Das Kurhaus läßt an all jene Spitäler, Irrenhäuser, Gefängniszellen denken (63), in denen bei Dostojewski und Strindberg, in neuester Zeit wieder bei Frisch, Dürrenmatt, Weiss, Thomas Bernhard und Hans Boesch lädierte und vereinsamte Menschen dem Wahnsinn verfallen. Auch Assoziationen an Robert Walser und Friedrich Glauser liegen in der *Rückfahrt* unverdeckt vor.[20] Am deutlichsten herausgestellt aber sind die Verbindungen zu Haller/Hesse, der ja selbst einmal im Kurhaus Sonnmatt Heilung gesucht hat und dessen Spur Berger mit steigendem Interesse verfolgt.[21]

Das »Papageienhaus«, zu dem sie ihn führt, spielt schon in Hesses »Klingsor«, dem Märchen vom ursprünglichen Dasein, eine Rolle: Hesse hat in der Casa Constanza in Carona seine zweite Frau, Ruth Wenger, kennengelernt.[22] Die Malerin Ebet Thormann erzählt Berger von Hallers Leben im Tessin. Zu Haller/Hesse fühlt er sich aus vielerlei Gründen hingezogen: Er hat in seiner Einsamkeit wie dieser einen Drang zur radikalen Selbsterfahrung, zur Konfession *(Steppenwolf)*. Schreiben wird auch bei ihm zur Selbstanalyse und damit zum therapeutischen Akt *(Demian)*. Er empfindet wie Hesse ein Ungenügen an der rationalen Welt mit ihrem Profitdenken, ihrer Geschäftigkeit, ihrem Leistungszwang *(Die Morgenlandfahrt, Das Glasperlenspiel)*. Auch er verspürt einen Hang und eine Verpflichtung zur Meditation, zum mönchischen Leben *(Siddharta)*. Durch Haller kommt Berger zum Schreiben. Er sieht dessen Leben »als Beispiel für die Selbstbehauptung eines Individuums«, als »einen Kampf um Freiheit und Selbstverwirklichung gegen die Zwänge der Gesellschaft«.[23] Dabei verfällt er Haller keineswegs, im Gegenteil, er empfindet bei der Lektüre von dessen Werken ein bestimmtes Unbehagen, weil dieser gerne »große Wörter« brauche. Meyer nimmt also an der Hesse-Renaissance teil – und nicht teil. Zu einer Identifikation mit dem Vorbild kommt es hier so wenig wie gegenüber Stifter oder Kafka.

Die Fahrten, die Berger im dritten Teil des Romans zusammen mit dem Denkmalpfleger unternimmt, sind Fahrten zurück in die kulturelle Tradition seiner Berner Heimat. Auf der letzten dieser Reisen besuchen die beiden die Kirchen des Simmentals. Das Gespräch zwischen den Stationen berührt letzte Fragen. Es wird zum geistigen Testament des Denkmalpflegers, das Tal zur *via sacra*.

Der Roman als Ganzes ist eine »Rückfahrt« in fünffachem Sinne:

1. Zunächst meint der Titel die Rückfahrt durch das Simmental, die mit dem Tod des Denkmalpflegers endet;

2. ist der Roman eine Rückfahrt in Bergers Leben und damit eine Erforschung seiner Jugend;

3. ist er eine Rückfahrt in die Geschichte der europäischen Kultur;

4. ist er eine Rückfahrt in die Vorgeschichte der Menschheit. Er faßt eine Wende, eine Umkehr des Denkens ins Auge, die zu einem ausgewogeneren Verhältnis zwischen rationalen und anderen, z. B. magischen Wahrnehmungs- und Denkweisen führen könnte;

5. meint der Roman die Rückfahrt hinter das Leben in den Tod.

Was Berger besonders fasziniert, ist die Erforschung kindlicher, geschichtlicher und vorgeschichtlicher Erfahrungsweisen. Bei der Beobachtung seiner Schulkinder kommt er zum Schluß, daß sie ein anderes, nicht-rationales Verhältnis zur Welt haben. Das gleiche beobachtet er an Dichtern und Malern verschiedener Epochen, insbesondere geht es ihm bei der Betrachtung der Steinbilder des Camunovolkes und bei der Lektüre von Castanedas Werken auf.[24] Wie der Denkmalpfleger und die Künstlerin Ebet Thormann stellt er fest, daß er selbst diese andern Möglichkeiten des Sehens noch nicht verloren hat, sondern in vielerlei Hinsicht ein kindliches, künstlerisches, ›primitives‹ Wesen geblieben ist. Diese Einsicht erfüllt ihn mit einem bestimmten Glücksgefühl. Sie schärft sein Ungenügen an der nur-rationalen Welt, ohne ihn indessen zu einem Renegaten der Vernunft zu machen.

Er entwickelt aus diesem Glücksgefühl ein pädagogisches Programm, in dessen Zentrum die »ästhetische Erziehung« (255) des

Menschen steht. Ziel dieser Erziehung ist der »unentfremdete Mensch der Zukunft«, von dem schon Hegel gesprochen hat (366). Die Vergegenwärtigung kindlicher Eindrücke, die Beschäftigung mit Kunstdenkmälern, die »Aufnahme archaischen Gutes« (387) soll zu einer Wiederbelebung, zu einer Erneuerung des Menschen führen. Das ist nicht als nostalgische Öffnung gegenüber der Vergangenheit zu verstehen, sondern als Aufarbeitung dieser Vergangenheit. Das Bewußtsein des modernen Menschen soll, vielleicht mit Hilfe der ästhetischen Erziehung, aus seiner Einseitigkeit herausgeführt werden. Statt »Übergeistigkeiten und Entgeistigkeiten« (387) soll wieder ein »ganzer«, aktiver, offener Mensch geschaffen werden (46).

Damit ist keine Rückkehr zu den alten Griechen gemeint[25], aber eine Umbesinnung, eine Neuorientierung des Menschen unter den gegenwärtigen Bedingungen. Berger setzt sich, gestützt auf einen ethnologischen Aufsatz, für die perpendikuläre Geschichtsauffassung anstelle der linearen oder zyklischen ein (424): »Zeit ist da nicht Linie und auch nicht Zyklus, sondern Oszillation, also ein Schaukeln oder eine Schwingung.« Mit Hilfe dieses perpendikulären Zeitkonzepts sei es dem Menschen vielleicht möglich, eine Wende herbeizuführen, die ihn aus der heutigen Zwangssituation herauslösen und ihm eine neue »Geborgenheit in der Natur« sichern könnte (45, 73).

Es geht bei alledem nicht um Evasion, sondern um die Gewinnung einer neuen, lebenstauglichen Grundhaltung. Eine solche Grundhaltung immer deutlicher herauszuarbeiten hat sich Meyer in seinem Werk Die Rückfahrt vorgenommen. Er tut es, das ist das Bestechende an dem Buch, mit einer Heiterkeit, die auf jeden vorlauten Utopismus verzichtet und im allgemeinen ohne messianische Verheißungen und Verstoßungen auskommt.

III

»MACHS NA!« hat der Denkmalpfleger seinem Freund Berger im Augenblick des Absturzes zugerufen. Was soll das bedeuten? Soll es eine Aufforderung sein, mit dem Denkmalpfleger in die Tiefe zu stürzen und zu sterben – die »Auflösung eines sogenannten körperlichen Daseins selber herbeizuführen«?[26] Oder soll er dem, was der Denkmalpfleger ihm vorgelebt hat, nachleben? Gegen Ende des Romans wird auf eine dritte Bedeutung des Zurufs hingewiesen: »Machs na« hat der Münsterbaumeister neben seiner Figur ins Gestein meißeln lassen (351). Berger soll also sein eigenes Münster bauen. Er soll durch Kunst den Wahnsinn und den Nihilismus überwinden. Nach dem Durchgang durch den Tod beginnt er, sein Ich zusammenzusuchen und seine Welt neu aufzurichten.

Das entspricht Meyers eigenem Verhalten angesichts des Zerbrechens der Welt: In der Angst, seine Kant-Krise mit philosophischen Hilfen nicht überwinden zu können, aus Angst insbesondere vor der »Gefahr, durch das Anstoßen an die Grenzen der philosophisch möglichen Erkenntnis schließlich *sprachlos* zu werden, und der Gefahr, die dadurch für den Kopf und so für das Leben entstehen würde«, entschließt er sich am Ende seines Aufsatzes, das Studium der Philosophie abzubrechen und sich »der *Dichtung* zuzuwenden«.[27]

Was aber bedeutet in seinem Falle Dichtung? In seinen ersten Geschichten hat Meyer die Erfahrung der Bodenlosigkeit dargestellt, und er tut es in Bildern und Sätzen, die auf den ersten Blick als Thomas Bernhard-Imitationen erscheinen. Aber während das Grauen bei Bernhard als mörderische Konstellation von Dummheit, Gemeinheit, Krankheit zu *erklären* ist, entsteht es bei Meyer aus der Auflösung des als Wirklichkeit bekannten Lebensraumes, und dieses Unvertrautwerden der Umgebung bewirkt die Verstörung der Hauptfiguren.

Im *Trubschachen*-Roman wird die Wirklichkeit von Anfang an in eine Reihe von Möglichkeiten aufgefächert und dadurch relativiert, ja entrealisiert. Der durchgehende Konjunktiv steigert das Bewußtsein der Scheinhaftigkeit alles Wahrgenommenen. Mit der Perspektive des »Man würde« sind gleichzeitig die festen Erzählerkonturen aufgehoben: Hier wird nicht mehr im Namen eines Subjekts erzählt, das bestimmte Ordnungen und Wertungen mit sich brächte. Dieses ›Man‹ ist ein Namenloses, das sich ohne feste Perspektiven auf eine sich als Realität gebärdende Umwelt einläßt und sie immer wieder als etwas Scheinhaftes entgleiten sieht.

Die *Rückfahrt* nun bringt einen neuen Ansatz. Zwar gibt es auch hier beklemmend ausführliche und hartnäckige Beschreibungen einer entfremdeten Umwelt. Aber diese Umwelt wird einem kindlich fragenden Blick ausgesetzt, der von Gullivers Art zu sehen nicht allzuweit entfernt ist. Dieser kindliche Blick erlebt z. B.

die helvetische Wirklichkeit als Enge, die Welt der Institutionen und Apparate als Verhärtung. Das Ergebnis ist Ablehnung. Aber diese Ablehnung geht nicht aus irgendeinem ideologisch gefestigten Erwartungssystem hervor, sondern aus dem unverfestigten kindlichen Blick selbst. Dieser Blick erlebt darüber hinaus die Natur, ja den ganzen Kosmos als etwas Ungeheuerliches und gleichzeitig Wunderbares. Das Ergebnis ist Angst und Staunen. Die Angst soll im magischen Akt des Benennens überwunden werden – Meyer ist sich des Freudschen Zusammenhangs durchaus bewußt.[28] Das kindliche Staunen gemahnt in seiner Intensität und Unvoreingenommenheit an den Blick Adams, der nicht nur in der Dichtung der Renaissance oder des 18. Jahrhunderts, sondern auch heute wieder auf die Dinge fallen kann.

Das ist zweifellos als Regression zu verstehen[29]:
– als zeitliche im Sinne der Rückfahrt in die Kindheit und zum kindlichen Sehen,
– als formale im Sinne der Rückkehr des Denkens zum Bild,
– als topische im Sinne der Hinwendung zum Unbewußten – Kunst habe, heißt es einmal, den Zugang zum Unbewußten offenzuhalten (195).

Der eigentlich freisetzende Akt aber besteht darin, daß Meyer nun die ästhetische Einstellung gegenüber dem Kunstwerk zur gewohnheitsmäßigen gegenüber der gesamten Wirklichkeit macht und die Wirklichkeit als »das größte existierende Kunstwerk« nimmt (255). Was heißt das?

Der kindliche Blick entdeckt in vielen scheinbaren Zufälligkeiten und Zusammenhanglosigkeiten Beziehungsgeflechte, in denen sich die Welt neu ordnet. Reales, Literarisches, Mythologisches kann zu solchen Strukturen zusammentreten und dem Ich die Orientierung ermöglichen. Drei Beispiele: Das Haus, in dem Berger mit Ebet Thormann zusammentrifft, ist gleichzeitig Hesses Papageienhaus und Stifters Rosenhaus – die Künstlerin übernimmt teilweise die Rolle Risachs, Anaïs die Nataliens. Das Haus hat für Berger etwas »Märchenhaftes«; als die Tischplatte golden aufleuchtet, muß er unwillkürlich an den Gral denken, »jenen geheimnisvollen, heiligen Gegenstand, der seinem Besitzer irdisches und himmlisches Glück verleihen sollte« (168). Ähnlich vielschichtig in ihrem Beziehungszauber sind die Liebesszenen mit Anaïs. Die überraschende Vereinigung im Belvedere erinnert in ihrer Exaktheit an Henry Miller und die Schriften der Anaïs

Nin[30]; im Traum der Anaïs finden Eros- und Thanatos-Motiv zusammen (192); auf dem San Salvatore fühlt sich Berger wie Noah auf dem Berge Ararat (418). Über Ebet Thormann[31] bildet sich der Komplex ›Castaneda – Camunovolk – Kunst – Mythos‹. Damit sind eine ganze Reihe vor- oder anti-rationaler Wahrnehmungs- und Darstellungsmöglichkeiten genannt, die nun gegen den Strukturkreis ›Ratio – Technik – Organisation – Leistung usw.‹ ausgespielt werden können. Die antinomische Struktur der gegenwärtigen Welt wird so in einem nie abbrechenden Apperzeptions-, Assoziations- und Vergleichsprozeß herausgearbeitet und beurteilt.

Ästhetische Erziehung hätte also die Regression auf vorintellektuelle Wahrnehmungsmöglichkeiten zur Voraussetzung. Sie fragt nach den Möglichkeiten kreativer Potenzen des Menschen in einer rational gesteuerten Welt und ihren Regelsystemen. Es geht dabei nicht um die Zerschlagung rationaler Strukturen, sondern um die Brechung ihrer absoluten Dominanz und damit um die Herstellung eines Ausgleichs – ein Problem, das sich schon Frischs *homo faber* gestellt hat. Meyers Werk kann also mit jenen Ansätzen in der schweizerischen Gegenwartsliteratur zusammengesehen werden, die man schon als ›Neuen Subjektivismus‹ oder ›Neue Innerlichkeit‹ bezeichnet hat, mit Gertrud Leuteneggers *Vorabend* (1975), Hermann Burgers *Schilten* (1976), Gerhard Meiers *Schnurgeradem Kanal* (1977) und Hans Boeschs *Kiosk* (1978).

Literatur

1. Werke

Ein Reisender in Sachen Umsturz, Frankfurt a. M. 1972.
In Trubschachen, Frankfurt a. M. 1973.
Eine entfernte Ähnlichkeit. Erzählungen, Frankfurt a. M. 1975.
Ach Egon, Egon, Egon. Ein Briefwechsel mit Monsieur de Voltaire anläßlich seines »Candide«, in: Schweizer Monatshefte 5 (1975), S. 127 bis 143.
Spotten Sie nicht über Kriminalromane, in: *Erste Lese-Erlebnisse*, hg. Siegfried Unseld, Frankfurt a. M. 1975.
Das Zerbrechen der Welt, in: manuskripte. Zeitschrift für Literatur 14 (1975), S. 100-104.

Biel/Bienne: 26. März bis 4. April 1976, in: Tages-Anzeiger-Magazin, Zürich, 19./26. 6. 1976.

Die großen und die kleinen Wörter. Kritische Bemerkungen des Schriftstellers E. Y. Meyer über Hermann Hesse und seine Sprache, in: Weltwoche, Zürich, 18. 5. 1977.

Sundaymorning. Theaterstück. Szenische Lesung am 9. 3. 1979 in Zürich. [Unpubliziert]

Jerusalem – Ein Fragment, in: *Pack deine Sachen in einen Container und komm. Sieben Schweizer Autoren begegnen Israel*, Bern 1979, S. 51 bis 63.

2. Sekundärliteratur

Anton Krättli: *Umkehr zur Wahrheit. Zum Roman »Die Rückfahrt« von E. Y. Meyer*, in: Schweizer Monatshefte 57 (1977/78), S. 128-136.

Beatrice von Matt: *Schreiben im Bodenlosen*, in: Schweizer Monatshefte 56 (1976/77), S. 925. 931.

Anmerkungen

1 *Die Rückfahrt*, S. 7. Meyer hat das Zerbrechen des Münsterturms auch auf einer Collage dargestellt (Prospekt des Suhrkamp Verlags).

2 *In Trubschachen*, S. 182; vgl. S. 198.

3 Ebd., S. 155.

4 *Eine entfernte Ähnlichkeit*, S. 141 f.

5 *In Trubschachen*, S. 201 f. Das Motiv des sich verlierenden Weges resp. der Weglosigkeit findet sich auch in den frühen Erzählungen (*Ein Reisender in Sachen Umsturz*, S. 25, 55, 94 ff.).

6 *In Trubschachen*, S. 198. Vgl. *Kritik der praktischen Vernunft*. In: Kants Werke. Akademie-Ausgabe, Bd. 6, Berlin 1788 [Nachdruck: Berlin 1968, S. 161].

7 *Ach Egon, Egon, Egon*, S. 141. Vgl. dazu: *Ein Reisender in Sachen Umsturz*, S. 19.

8 *Das Zerbrechen der Welt*, S. 104, vgl. auch S. 102.

9 Ebd., S. 102.

10 Ebd., S. 103.

11 *Kritik der reinen Vernunft*, in: *Kants Werke.* (Akademie-Ausgabe), Bd. 3, Berlin ²1787, [Nachdruck: Berlin 1968, S. 33 ff.). Vgl. *In Trubschachen*, S. 171; *Die Rückfahrt*, S. 40, 91-93.

12 *Das Zerbrechen der Welt*, S. 104. Meyer verweist selbst auf Kleist und dessen Aufsatz über das Marionettentheater.

13 Ebd., S. 104.

14 *In Trubschachen*, S. 181, S. 171 f.

15 *Das Zerbrechen der Welt*, S. 104.

16 Ebd., S. 103.

17 *Eine entfernte Ähnlichkeit*, S. 73.

18 *Das Zerbrechen der Welt*, S. 101.

19 Bei seiner Ankunft im Papageienhaus erlebt Berger ein Gewitter – Meyer zitiert Stifter geradezu (157): »Ab und zu war ein Donnerschlag [. . .].«

20 Beide fühlen sich Meyer besonders eng verbunden. Zu Walser vgl.: *Eine entfernte Ähnlichkeit*, S. 17, 23, 27 f., 148 f.; *Die Rückfahrt*, S. 370. Zu Glauser: *Eine entfernte Ähnlichkeit*, S. 7, 148; *Die Rückfahrt*, S. 5.

21 Hesse hielt sich im April/Mai 1916 im Kurhaus Sonnmatt auf und ließ sich anschließend weiterhin bei dem Psychiater Dr. Josef Bernhard Lang behandeln. Lang spielt unter dem Decknamen Pistorius im *Demian* eine ähnliche Rolle wie Dr. Santschi in der *Rückfahrt*.

22 Vgl. *Hermann Hesse. Sein Leben in Bildern und Texten*, hg. Volker Michels, Frankfurt: Suhrkamp 1979, S. 180 f., 206-211. – *Hermann Hesse. Eine Chronik in Bildern*, bearbeitet und mit einer Einführung versehen von Bernhard Zeller, Frankfurt: Suhrkamp 1960, S. 113.

23 Vgl. *Die großen und die kleinen Wörter. Kritische Bemerkungen des Schriftstellers E.Y. Meyer über Hermann Hesse und seine Sprache*, in: Weltwoche Nr. 20, Zürich, 18. 5. 77. In diesem Aufsatz weist Meyer darauf hin, daß er während der Arbeit an der *Rückfahrt* den *Demian*, Hugo Balls *Hermann Hesse* und Bernhard Zellers Monographie gelesen hat. Gerade dieses Buch breitet vor Meyer ein Leben aus, »das mich in seinem Verlauf und in der Art und Weise, wie es geführt worden ist, beeindruckte. Ich erfuhr von den vielen schweren Krisen, die es in Hesses Leben immer wieder gegeben hat, und davon, wie diese durch- und überstanden worden sind, wie ein Mensch, ohne falsche Rücksichten zu nehmen und indem er immer wieder alles aufs Spiel setzte, versucht hat, seinen eigenen, ihm angemessenen Weg zu gehen – oder zu sich selbst zu kommen, um es mit Hesses Worten, wie sie im *Demian* stehen, zu sagen: ›Wahrer Beruf für jeden war nur das eine: zu sich selbst zu kommen.‹«

24 Von Carlos Castaneda, dem amerikanischen Ethnologen und Mythiker, sind in deutscher Sprache bisher erschienen:
   – *Die Lehren des Don Juan: Ein Yaqui-Weg des Wissens* (1973),
   – *Eine andere Wirklichkeit. Neue Gespräche mit Don Juan* (1975)
   – *Reise nach Ixtlan. Die Lehre des Don Juan* (1976)
   – *Der zweite Ring der Kraft* (1977).
   Zur Beurteilung vgl. Iring Fetcher: *Carlos Castanedas Lehr- und Wanderjahre*, in: Neue Zürcher Zeitung, 29./30. 9. 1979. E.Y. Meyer über-

nimmt Castanedas Lehren sowenig wie irgendwelche anderen Heils-
botschaften. Aber sie sind ihm Zeugen dafür, daß es noch andere als
nur intellektgebundene Erkenntnismöglichkeiten geben könnte.

25 Vgl. *In Trubschachen*, S. 184.
26 *In Trubschachen*, S. 207.
27 *Das Zerbrechen der Welt*, S. 104.
28 *Die Rückfahrt*, S. 364. Vgl. Sigmund Freud: *Totem und Tabu*, in:
   Gesammelte Schriften, 12 Bände, Leipzig/Wien/Zürich 1924, Bd. 10,
   S. 69-72, 97 f., 101, 111.
29 Vgl. Paul Ricoeur: *Die Interpretation. Ein Versuch über Freud*, Frankfurt a. M. 1974, S. 107 ff.
30 Auf Anaïs Nin wird von Meyer selbst hingewiesen (*Die Rückfahrt*,
   S. 153).
31 Ebet Thormann trägt Züge der Künstlerin Meret Oppenheim. Meyer
   hat offensichtlich den Katalog der Oppenheim-Ausstellung 1974 im
   Museum der Stadt Solothurn benutzt. Dort ist zu lesen: »1866 machte
   der Großonkel, Alphons Oppenheim, Schlagzeilen. In der kleinen Fa-
   milienbibliothek werden Zeitungsausschnitte aufbewahrt, die von einem chemischen Experiment berichten, bei dem der Großonkel vom
   Stuhl geworfen und schwer verletzt wurde: ein Märtyrer für den wissenschaftlichen Fortschritt. Zur selben Zeit vergrub irgendwo im
   Bernbiet ein kleiner Bub eine Puppe im Feld und erklärte, er opfere sie
   den Feldteufeli. Dieser Bub wäre gerne Buchbinder geworden, aber
   sein Vater, der Pfarrer Rudolf Wenger, befahl das Studium der Theo-
   logie; der ältere Bruder, obzwar Gottlieb mit Namen, sei zu dumm
   dazu. Der junge Theologe, Theodor, verheiratete sich 1890 mit der
   schönen Lisa Ruutz, der Tochter eines in der Familie nicht gerade
   hochangesehenen Geschäftsmannes und der Berner Pfarrerstochter
   Elise Haller. Lisa Wenger, geborene Ruutz, ist die bekannte Schrift-
   stellerin und Illustratorin von Kinderbüchern, zum Beispiel des ›Jog-
   geli wott ga Birli schüttle‹, einer Hampelmanngeschichte mit personi-
   fizierten Bäumen, Birnen, einem Knüppelmannchen, einem Feuerko-
   bold, einer Wasserflasche mit Armen und Beinen – alle setzen sich über
   den Befehl des Meisters hinweg, bis dieser selber tätlich eingreift. Lisa
   Wenger ist die Großmutter von Meret Oppenheim. Ursprünglich war
   sie Malerin; sie hatte in Düsseldorf die Akademie besucht. Als frisch
   vermähltes Paar zogen Theodor und Lisa Wenger nach Billings near
   Kansas City, Missouri. Dort sollte der Großvater von Meret als Vikar
   walten, aber er verlor – ein Wink Gottes? – nach einigen Monaten die
   Stimme und verlegte sich auf die Fabrikation von Feueranzündern aus
   Paraffin und Sägemehl. Lisa Wenger trug durch Porträtieren das ihre
   zum Familienunterhalt bei. Ein Bauer der Schweizerkolonie brachte
   seinen Hund zum Konterfei. ›S'isch rächt, was choschtet's?‹ frägt er,
   als das Bildnis vollendet ist. ›5 Dollar‹, antwortet Lisa Wenger. ›Was,

so viel! Dir heit ja nume Bruun bruucht drzue!‹ Die Mutter von Meret,
Eva Wenger, erblickte das Licht der Welt in einer amerikanischen
Wellblechbaracke. Die Hebamme serviert der Wöchnerin die Mahlzeit
in einem Nachthafen. Als Lisa refüsiert, ist sie enttäuscht: der Hafen
sei doch ganz neu und ungebraucht! Aber die Großeltern fanden aus
Amerika zurück in die Schweiz, wie der Urgroßvater Oppenheim aus
dem Orient zurück nach Hamburg gefunden hatte. Wir finden die
Familie Wenger in der Villa ›Solitude‹, am Waldrand über Delsberg, im
Jura. Der Großvater ist jetzt Direktor der Coutellerie Wenger Delé-
mont. Er hat die Sprache wiedergefunden.
[. . .]
Besonders imponiert hat Meret die jüngere Schwester der Mutter,
Ruth. Tante Ruth war schon damals ein ›moderner Mensch‹, der kurze
Haare trug, der ›bis spät in den Morgen hineinschlief‹; Meret bewun-
derte sie ›ihrer Schönheit und eleganten Kleidung wegen‹. Ruth Wenger hatte sich zur Sängerin ausbilden lassen und malte bei Paul Basilius
Barth; während kurzer Zeit war sie mit Hermann Hesse verheiratet,
später mit dem Schauspieler Erich Hausmann.« – Auch der vogelfü-
ßige Tisch, den Berger im Papageienhaus sieht, ist in diesem Katalog
abgebildet.

(Vortrag, gehalten am 6. Kongreß der Internationalen Vereinigung für
german. Sprach- und Literaturwissenschaft, 24.-30. August 1980 in Basel.
Gedruckt in *Akten des VI. Internationalen Germanisten-Kongresses*, Basel 1980.)

E. Y. Meyer
Brief an Hans Wysling

Wabern, 8. Januar 1980

Lieber Herr Professor Wysling,
haben Sie vielen Dank für Ihren Brief sowie das Vortragsmanuskript über meine *Rückfahrt* und entschuldigen Sie, daß ich Ihnen erst jetzt darauf antworte. Teils ist dies durch Abwesenheit meinerseits, teils durch die Anwesenheit eines französischen Übersetzers zu erklären, mit dem zusammen ich eine französische Fassung meines im letzten Frühjahr fertiggestellten Theaterstücks *Sundaymorning* zu erarbeiten versuche.

Die Ankündigung der Vorträge von Ihnen und Prof. Sandberg, Ihr Wille, die *Rückfahrt* (die in diesen Tagen nun übrigens auch als Taschenbuch erschienen ist) im Ausland noch bekannter zu machen, hat mich sehr gefreut.

Der Text Ihres Vortrages gefällt mir gut. Ich finde es sehr schön, wie Sie als Hintergrund für meine Werke das ›Bodenlose‹ etc. aus ihnen herausgearbeitet haben: die ›Kant-Krise‹, die für die vermutlich *totale Krise* steht, in der wir uns heute befinden; die Krise eines zu Ende gehenden Zeitalters, möglicherweise sogar eine Krise der Evolution; eine Krise, die mit der *Aufklärung* einsetzt und deren Folge ist. Der von der Aufklärung betriebene Kult der Vernunft mit seiner Kündigung des oberen Stockwerkes der Metaphysik hat leider nicht zu der erhofften wirklichen Vervollkommnung des Menschen, sondern zu einer Verabsolutierung der Materie, zum Materialismus, zum blinden Wissenschaftsaberglauben, zu einem Allmachtswahn des Menschen, der heute auch als ›Gottes-Komplex‹ umschrieben wird, und damit zu einer zunehmenden Entzauberung und Entleerung der Welt geführt. Der sogenannte zivilisatorische Fortschritt wird immer mehr zu einem Vernichtungskrieg gegen die Natur, d. h. gegen unsere eigene Lebensgrundlage.

Dies als eine der *Mit*-Folgen (eine der negativen) der Aufklärung: »Eine auf Erkenntnis basierende Angst . . .«

Und der Allmachtswahn, die Perfektion des Machbaren, der Gottes-Komplex als ein Ausfluß des Kantschen Pflicht-Begriffes (des Pflicht-Begriffes Kants, des großen Aufklärers u. Zerschmetterers) im Dienste des technischen Fortschrittes, der in Zerstörung umgeschlagen ist: »Die Beengung, die Autofahrt, das Ausweichen, das Austreten, das Aus-der-Bahn-geworfen-Werden.«

Dagegen wird nun, wie Sie schreiben, in der *Rückfahrt* gesetzt: »Das Sprache-zurück-Gewinnen, das Neue-Lebensmöglichkeiten-Finden . . .« – und das alles »ohne« (was nicht genug betont werden kann!) »zu einem Renegaten der Vernunft zu werden«. Das Sehen vielmehr der *Zusammenhänge* zwischen Kunst und Naturwissenschaften und zwischen Glauben und Wissen gegenüber einer Realität, die letztlich unbegreiflich ist, »letztlich« hier im Sinne Einsteins gemeint, der einmal ungefähr so gesagt hat: das Unbegreiflichste an der Welt ist, daß man sie begreifen kann. Der Kampf um das Erkennen der Welt bzw. der Realität, so wie sie *wirklich* ist . . .

Eine *Neue Aufklärung*, die uns die Pervertierungen der ›Alten Aufklärung‹ überwinden hilft, wäre fällig, eine Aufklärung, welche die neuesten Erkenntnisse der Naturwissenschaften berücksichtigt, die nicht auf eine Entzauberung und Entleerung, sondern auf eine innere Einheit des Universums hinweisen. Und eine solche Neue Aufklärung – und nicht so sehr eine »ästhetische Erziehung« im Schillerschen Sinn – wäre denn auch mit der in der *Rückfahrt* von der Malerin Thormann (und nicht von Berger, der sich allerdings mit diesen Ideen anfreundet) vertretenen *ästhetischen Erziehung* gemeint.

Der Präzision halber (hier macht sich vielleicht ein Erbgut einiger meiner Vorfahren mütterlicherseits bemerkbar, die Uhrmacher aus dem Schwarzwald waren) muß ich nun einige Einwände zum zweitletzten Absatz auf S. 7 Ihres Vortrags formulieren: Auf S. 255 der *Rückfahrt* ist es nicht »er« (Berger), der »aus diesem Glücksgefühl« ein »pädagogisches Programm« entwickelt. Es ist die Malerin Thormann, welche die im oben erwähnten Sinn zu verstehende Theorie entwickelt hat; Berger reflektiert diese Gedanken allerdings und findet sie in seiner Situation sehr brauchbar. Dann weiß ich auch nicht, ob es statthaft ist, als »Ziel dieser Erziehung« den »unentfremdeten Menschen der Zukunft, von dem schon Hegel gesprochen hat (366)« hinzustellen: es ist da der Denkmalpfleger und nicht Berger, der von diesem spricht, und das in einem anderen Zusammenhang als in dem mit der »ästhetischen Erziehung«. Bergers Haltung ist ja nicht so sehr die eines

Menschen, der sich ein Programm mit einem bestimmten Ziel aneignet und dann für die Erfüllung dieses Programms und die Erreichung dieses Ziels arbeitet und lebt, sondern der sich um eine lebensfreundliche, das Überleben dessen, was wir als Menschheit verstehen, ermöglichende *offene*, also vieles offen lassende *Weltanschauung* bemüht; eine Weltanschauung, die mit den Naturgesetzen, den Gesetzen des Wachstums (des Wachsens und des Sterbens), die allerdings keineswegs einen paradiesischen Zustand garantieren, im Einklang steht – »mit Heiterkeit, Verzicht auf (vorlauten) Utopismus und auf messianische Verheißungen und Verstoßungen« . . . »sein eigenes Münster bauen« . . . (Wenn »unentfremdet« *so* verstanden würde, wären meine Einwände unbegründet – aber leider wird es wohl immer noch zu »paradiesisch verklärt« interpretiert.)

Schön finde ich, wie Sie im Teil III noch einmal rekapitulieren: »Unvertrautwerden der Umgebung«, »Relativierung der Wirklichkeit«, »Aufgeben fester Perspektiven« – was man alles einem modernen naturwissenschaftlichen Standpunkt zurechnen kann. *Trubschachen* fasse ich für mich übrigens oft so zusammen: Das, was man will, und die Realität . . .

Das für mich Erstaunlichste ist nun aber das *Zusammentreffen* Ihrer Schlußfolgerung mit der Arbeit, die mich zur Zeit hauptsächlich beschäftigt: Vom »kindlich fragenden Blick«, vom »Blick Adams«, gelangt Berger über den »freisetzenden Akt« der »ästhetischen Einstellung gegenüber der gesamten Wirklichkeit« zum Entdecken von »Beziehungsgeflechten, in denen sich die Welt in neuem Licht neu ordnet«, »die zerbrochene Welt erscheint plötzlich in neuen Zusammenhängen«, die sich »zu immer dichteren und bedeutungsreicheren Strukturen« fügen, schreiben Sie – und der Arbeitstitel des Buches, an dem ich seit einiger Zeit schaffe, lautet *Die großen Zusammenhänge. Versuch einer neuen Sicht der Welt*! Das Ganze soll eine Art Erzähl-Essay werden, über den ich Ihnen hier allerdings noch keine weiteren Ausführungen machen kann.

Sehr schön finde ich da auch die beiden Beispiele, vor allem Ihre Interpretation der Liebesszenen. Das »il faut cultiver« des Voltaire könnte man übrigens (als ein nebenbei bemerktes weiteres Beziehungsgeflecht) im Gegensatz zum dominum-terrae-Gebot von Genesis 1,27 mit Genesis 2,15 zusammensehen: »Und Gott, der Herr, nahm den Menschen und setzte ihn in den Garten Eden, daß er ihn bebaue und bewahre . . .«

Aus meinem weiter oben skizzierten Verständnis der »ästhetischen Erziehung« in der *Rückfahrt* fällt es mir danach hingegen wieder etwas schwer, Ihre zuletzt noch gegebene Interpretation von dieser als »Regression auf kindliche und magische Weltsicht« mit Ihren übrigen Ausführungen in Zusammenhang zu bringen, so wie ich, aus meiner Sicht, auch keinen engen Zusammenhang meiner Arbeit mit »Ansätzen zu einem neuen Subjektivismus« bei »Leutenegger, Burger und Meyer« sehen kann (Boeschs *Kiosk* kenne ich leider nicht). Sehr richtig ist, wie Sie schreiben, daß es »nicht um die Zerschlagung rationaler Strukturen, sondern um die Brechung ihrer absoluten Dominanz und die Herstellung eines Ausgleichs« geht. Aber gerade bei den neusten Werken der von Ihnen erwähnten Autoren glaube ich, von meinem ganz persönlichen Standpunkt aus, Ansätze zu einem Sich-Begnügen mit einer *reinen Poetisierung der Welt* zu erkennen, bei der es nun die *Vernunft* ist, die zu kurz kommt. (Zur Verdeutlichung dessen, was ich meine, lege ich Ihnen meinen Essay *Grazer ›Heimat-Rede‹* bei, der, wie ich hoffe, nächstens einmal von einer Zeitung oder Zeitschrift als ein persönlicher, aber, wie ich glaube, notwendiger Diskussionsbeitrag zur kulturellen und geistigen Situation der Zeit zur Veröffentlichung angenommen werden wird.) Bei dem zivilisatorischen Stand, den die Menschheit heute erreicht hat, wird uns wohl nur eine *Verbindung* von Vernunft und Intuition, um es einmal so zu sagen, ein aufeinander abgestimmtes Funktionieren der für diese Fähigkeiten zuständigen beiden Gehirnhemisphären, das heißt also auch der volle, kreative Gebrauch unserer menschlichen Intelligenz weiterhelfen. *Wissen* – eher *mehr* und nicht *weniger* – ist wohl unser Schicksal geworden . . .

Die Heiterkeit, lieber Herr Professor Wysling, die Sie an der *Rückfahrt* loben, wird einem heute – leider! – immer schwerer gemacht. Sie haben völlig recht, wenn Sie auf »eine Wiedervergegenwärtigung der *Kindheit* im vor-kantischen Gulliver-Blick« von mir warten. Ich führe in der Tat seit längerer Zeit Hefte mit den Arbeitstiteln »Kindheit 1«, »Kindheit 2« etc. Um daraus jedoch so etwas wie einen modernen *Grüner Heinrich* (was dessen Kindheit betrifft) zu machen, fehlt mir gegenwärtig, offen gesagt, der finanziell und klimatisch einigermaßen abgesicherte größere Zeitraum; wobei ich mit »klimatisch« die kulturelle und politische Situation meine, die einem die nötige Lust und Muße zu einer solchen Unternehmung gewährt.

Auch eine ästhetische Einstellung gegenüber der Wirklichkeit kann einen nicht von dem Einnehmen einer *Haltung,* um es einmal so zu sagen, entbinden, von einer Stellungnahme. Gerade beim ästhetischen Handeln geht es ja (wie es übrigens auch auf S. 255 der *Rückfahrt* heißt) um eine Einführung des *Wertbegriffes* in eine Welt der Fakten und nicht, wie man falscherweise meinen könnte, um reine artistische Schönheitsakte. Die Kosten meiner bisherigen Arbeit als Schriftsteller sind für mich sehr hoch gewesen, in jeder Beziehung höher als das, was sie mir eingebracht hat. Nichtsdestoweniger werde ich versuchen, auf meinem bisherigen Weg weiterzugehen, auch wenn sich mein Hauptaugenmerk nun zunächst auf den *Kampf* für ein besseres Klima im oben erwähnten Sinn richtet – vielleicht ist das ja gerade die direkte Fortsetzung des Weges. Auch wenn ich ihn wohl kaum als einen alleinigen Ausfluß meines freien Willens ansehen kann (oder vielleicht gerade deswegen), glaube ich (oder muß ich glauben), daß sich, der Einsichten wegen, zu denen er mich führte, der Weg bis jetzt trotz allem gelohnt hat.

Wie Sie aus dem oben Erwähnten entnehmen können, habe ich nun auch auf dem Gebiet des Theaters zu arbeiten begonnen. Mein erstes Stück *Sundaymorning* (ich lege Ihnen dazu einige *Notizen* bei, die zu einer Lesung in der Wohnung von Egon Ammann, dem Leiter von Suhrkamp Zürich, entstanden sind) ist eine Art moderner *Tasso,* wenn man das sagen kann, denn die Situation des Künstlers scheint zusammen mit der allgemeinen Situation der Welt heute doch eine grundsätzlich andere geworden zu sein: die heutigen Massendemokratien und -diktaturen lassen sich ja kaum noch mit einstigen feudalen Herrschaftsgebieten vergleichen. Ein Stück, das sich gegen die *totale Industrialisierung und Vermarktung* der *Kultur* und damit des *Geistes* richtet und das zur allgemeinen Bewußtmachung der totalen Krise, in der die Welt heute steckt, beitragen soll. Es ist primär auf Berndeutsch geschrieben, aber eigentlich etwa 10sprachig, und Werner Düggelin hat es nun – nachdem es zunächst das Stadttheater Bern für diese Saison angenommen hatte, ich es dann aber, da dieses die Bewahrung der künstlerischen Substanz nicht hat gewährleisten können, habe zurückziehen müssen – für die nächste Saison zur Uraufführung auf der großen Pfauenbühne angenommen. Weitere, schon recht konkrete Pläne für Theaterstücke sind ebenfalls vorhanden.

Da ich mich nicht getraut habe, die Vor-Notizen zu diesem nun recht lang gewordenen Brief auf Ihrem Manuskript festzuhalten, habe ich mir erlaubt, von diesem eine *Kopie* herzustellen – und diese sieht nun auch wirklich wie ein Schlachtfeld aus, das ich Ihnen nicht zumuten kann. So lege ich Ihnen denn also auch Ihr Original wieder »unberührt« bei – bis auf einige mit Bleistift korrigierte Tipp-Fehler. Interessieren würde mich allerdings noch, *wann* und *wo* der 6. Kongreß d. I. V. f. g. S. u. L. (entschuldigen Sie die Abkürzung) stattfinden wird.

Mit meinem nochmaligen Dank für Ihren Einsatz für meine Arbeit und mit freundlichen Grüßen verbleibe ich

Ihr
E.Y. Meyer

P. S. Meine persönliche Situation ist gegenwärtig so, daß ich meine jetzige Wohnung bald werde verlassen müssen. Da ich als neuen Wohnsitz ev. auch Zürich und Umgebung ins Auge fasse, wäre ich froh, wenn Sie, falls Sie zufällig etwas wüßten, mich davon in Kenntnis setzen würden. Was in Frage käme, dürfte allerdings nicht leicht zu finden sein: es darf nicht zu viel kosten und sollte doch eine große, ruhige Wohnung oder ein kleines Haus sein – ich brauche je länger, je mehr einfach *Platz* . . .

Arbeitsheft Nr. 1 für den Roman *Die Rückfahrt* aus den Jahren 1971/72.

Aus dem Arbeitsheft Nr. 1 für *Die Rückfahrt*.

157

Schema zu der „Rückfahrt":

```
 2        3        1    4
 |------>⊗<|-------|------->
```

1. Aufenthalt in Kurhaus: Rückerinnerung bis
   zum Zeitpunkt des Erwachens aus der Bewusst-
   losigkeit nach dem Unfall.
   Gegenwartszeit, in der erinnert wird.

2. Erinnerungen, zunächst spätere, dann immer
   frischere bis zum Unfall hin.
   Roter Faden: Die Bekanntschaft mit dem
   Denkmalpfleger, die einen aus dem naiven
   Dahinleben herausgerissen hat

3. Der Grund dafür, dass der rote Faden der
   Denkmalpflege ist: Der Unfall

4. Das weitere Leben danach ...

Aus dem Arbeitsheft Nr. 1 für *Die Rückfahrt*.

Massenkollision: 163 000 Fr. Schaden

Kerzers. SDA. Bei Fräschels (Fr), in der Nähe der Grenze zum Kanton Bern, kam es zu einer Massenkollision, in die neun Lastenzüge, ein Lastwagen, drei Lieferwagen und zwei Personenwagen verwickelt wurden. Zwei Personen erlitten leichte Verletzungen; sie konnten aber nach ambulanter Behandlung nach Hause entlassen werden.

Der Massenzusammenstoss ereignete sich, als ein Fahrzeug auf der vereisten Strasse ins Schleudern kam und von einem hinterher fahrenden Fahrzeug gerammt wurde. Wegen des dichten Nebels erkannten die nachfolgenden Automobilisten die Gefahr nicht rechtzeitig und prallten gegen die stillstehenden Autos. Der Sachschaden wird auf 140 000 Franken geschätzt.

Eine weitere Auffahrkollision ereignete sich auf der Strasse von Kerzers nach Münischemier. Zwei Lastwagen, drei Personenwagen und ein Traktor prallten gegeneinander. Ein Automobilist wurde leicht verletzt. Der Sachschaden wird auf 18 000 Franken geschätzt.

Ein dritter Zusammenstoss ereignete sich zwischen zwei Personenwagen, wobei weiterer Sachschaden von schätzungsweise 5000 Franken entstand. 19. 12. 71

Zaunstrebe durchschlug Scheibe

21. 12. 71

Altishausen (TG). SDA. Ein Verkehrsunfall hat in Altishausen (TG) das Leben des 58jährigen Mitfahrers Eugen Biselli aus Konstanz gefordert. In einer leichten Linkskurve machte der Fahrzeuglenker einen Schwenker, weil er einen Schatten gesehen zu haben glaubte. Dadurch geriet der Wagen mit dem rechten Vorderrad auf die Böschung. Der Lenker fuhr hierauf einen Strassenprall an und kollidierte anschliessend mit einem Holzraum. Eine Querstrebe dieses Zaunes durchschlug dabei die Frontscheibe des Wagens, verletzte den Mitfahrer auf dem vorderen Beisitz schwer und fügte dem im Fond sitzenden Biselli so schwere Verletzungen zu, dass er sofort tot war.

In Kurve ins Schleudern geraten

21. 12. 71

Langnau am Albis. SDA. Einen Toten und drei Schwerverletzte hat ein schwerer Verkehrsunfall auf der Sihltalstrasse bei Langnau am Albis gefordert. Ein Richtung Sihlbrugg fahrender Personenwagen kam in der Ragnaukurve ins Schleudern, geriet auf die linke Strassenseite und kollidierte mit einem korrekt entgegenkommenden Personenwagen. Ein nachfolgendes Auto stiess noch mit dem ersten Unfallauto zusammen, in dem zwei Personen verletzt wurden. Der 18jährige Walter Suter aus Ebikon (LU) starb kurze Zeit später. Die Lenker der beiden anderen Autos mussten ebenfalls in Spitalpflege verbracht werden.

Auto auf Bahntrasse gestürzt

17. 11. 71

Luzern. SDA. Bei Schönbühl (BE) ist am frühen Dienstagmorgen ein Personenwagen von der Autobahn abgekommen und auf das Bahntrasse gefallen. Der Lenker, der 53jährige Kaspar Gisler aus Zürich, erlitt den sofortigen Tod.

Nach Angaben der Kreisdirektion II der SBB wurde die Fahrleitung beschädigt, weshalb der Zugverkehr während vollen drei Stunden unterbrochen war. Die Schnellzüge mussten über Biel und Solothurn sowie über die Emmental—Burgdorf—Thun-Bahn umgeleitet werden und erlitten grössere Verspätungen.

Auto als «Reizsport»

19. 1. 72

Bern. SDA. Die schweizerische Beratungsstelle für Unfallverhütung hat errechnet, dass eine generelle Geschwindigkeitsbegrenzung, sofern sie respektiert wird, in der Schweiz jährlich 200 Menschen vor dem Strassentod bewahren könnte.

Prof. Dr. med. Th. Abelin, Direktor des Instituts für Sozial- und Präventivmedizin der Universität Bern, kommt in einer Stellungnahme zum Schluss, dass von den Gegnern nicht die lebensrettende Wirkung dieser Massnahmen angezweifelt wird, sofern der Grund für die Opposition im unglücklichen Zusammentreffen zweier Anwendungsarten des Automobils vermutet werden kann: als Transportmittel einerseits und anderseits als Objekt eines tiefliegende Gefühle anregenden «Reizsports».

«Wer hat nicht schon das Vergnügen verspürt, das einen packt, wenn man einen Wagen bei grosser Geschwindigkeit in Kurven, beim Ueberholen oder ganz einfach auf einer geraden Strecke beherrscht?» fragt Professor Abelin. Und: «Wer hat nicht schon selbst sein Selbstbewusstsein und sein Gefühl der Ueberlegenheit bestärkt, indem er sich selbst oder seinen Freunden zeigen konnte, dass er eine längere Strecke in kürzerer Zeit durchfahren konnte als andere?»

Für die Automobilverbände in der ganzen Welt sei das Auto nicht bloss Mittel zum Zweck, sondern oft selbst Gegenstand von Stolz und Vergnügen. Kein Wunder daher, folgert Professor Abelin, dass eine Massnahme, die den «Reizsport» aus dem Autofahren zu entfernen drohe, durch sie abgelehnt und unter Ausnützung eines in den meisten Automobilisten schlummernden Sportgefühls emotionell bekämpft werde. Er stellt diesen Automobil-«Reizsportlern» dann jene Hunderttausende von Familienvätern, Müttern, Leuten gesetzteren Alters gegenüber, die sich keiner besonderen Gefahr aussetzen möchten und glücklich wären, ihre Strecke ohne Aufregung und Ermüdung hinter sich bringen zu können. In diesem Alltag des Strassenverkehrs habe heute ein Reizsport ganz einfach keinen Platz mehr.

Wer einsehe, dass unsere Landstrassen vom Automobil als Verkehrsmittel voll ausgelastet seien, werde den Verzicht auf das Vergnügen des sportiven Fahrens auf sich nehmen und die vom Bundesrat beschlossenen Massnahmen der Basis-Geschwindigkeitsbeschränkung auf hundert Kilometer pro Stunde mit der Möglichkeit von Ausnahmen nach oben und unten unterstützen, schliesst die Stellungnahme Professor Abelins.

Aus dem Arbeitsheft Nr. 1 für *Die Rückfahrt*.

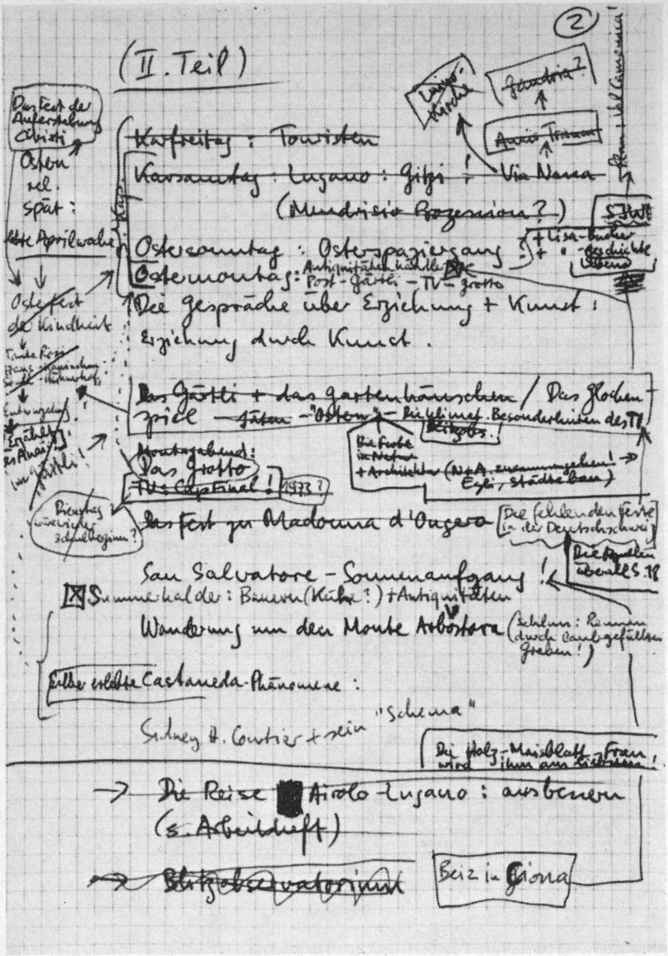

Arbeitsblatt für *Die Rückfahrt*.

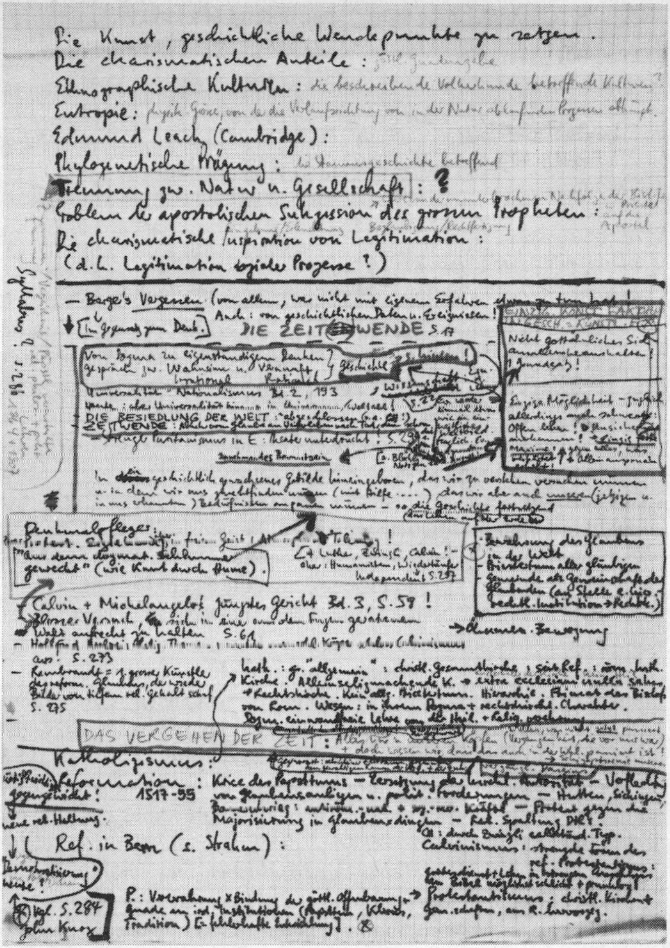

Arbeitsblatt für *Die Rückfahrt*.

DIE HÄLFTE DER ERFAHRUNG

Hugo Dittberner

Nachdrücklicher Zweifel

Ich könnte mir vorstellen, der Schriftsteller E.Y. Meyer hätte sich zu seinem trotzigen, verfremdenden, die Person in fast mythische Ferne hebenden Namensschild entschlossen, als er der Buchstabiererei beim Ansagen seines Namens (Meyer mit e-y) müde war. Jedes Nachfragen wäre um seinen Ernst gebracht, die Autorität und Singularität des Namensträgers gerade durch die Überbetonung der nivellierenden Namenshäufigkeit hergestellt. Und schließlich gibt es ja auch in der derzeitigen Schweizer Literatur einen verdienten und liebenswürdigen Namenskollegen: Gerhard Meier. Wie gesagt, dies nur eine Vorstellung, kein Wissen. Aber träfe sie zu, so ließe sich an ihr bequemst die eigenartige Mischung von Anspruch und Bescheidenheit, von analytischer Schärfe skurriler Vertracktheit und hergezeigtem (Verzweiflungs-)Witz veranschaulichen, die E.Y. Meyers Schreiben charakterisiert.

Nach Erzählungen, zwei Romanen, Hörspielen und einem Fernsehspiel ist nun ein erstes bilanzierendes Buch des 1946 geborenen Autors erschienen. Es enthält Essays und Reden seit 1972 (von denen zwei allerdings vorher schon als Erzählungen veröffentlicht worden sind) und heißt, nach dem Titel eines Essays und dem bekannten Goethewort, »daß die Erfahrung nur die Hälfte der Erfahrung ist«, *Die Hälfte der Erfahrung*. Der Titel ist glücklich gewählt. Denn der grundlegende Gedanke des Titelessays zieht einen produktiven Schluß aus dem Goethewort: Wenn die Erfahrung immer nur die Hälfte der Erfahrung ist, dann sind auch *neue* Erfahrungen möglich, ja sie sind die Konsequenz aus unserer Wirklichkeit.

Diese Erkenntnis Meyers habe ich wie eine Antwort auf seinen anderen, ihn existentiell erschütternden Grundgedanken aus dem Essay *Das Zerbrechen der Welt*, eine Beschreibung seiner Kantkrise, gelesen: nämlich daß, wenn es mit Kant synthetische (also:

die Erfahrung betreffende) Urteile a priori gibt, außerhalb der Menschen in der sogenannten Realität also kein wahres Sein (kein Ding an sich), sondern nur Erscheinungen gibt (»Der Verstand schreibt der Natur die Gesetze vor.«), die Welt unheilbar unvollständig, »zerbrochen« ist. Die Menschen wissen nicht, ob die Erscheinungen nicht nichts sind; ob es das Wahre (Ganze) gibt. Den Erscheinungen ist nicht zu trauen.

Zu diesen beiden Kerngedanken von Meyers intellektueller Selbstbestimmung wäre unendlich viel zu sagen (und ist ja auch bereits in der Philosophiegeschichte und Goethe-Forschung gesagt worden), etwa daß Kants Erkenntnis in den berühmten Satz eingebunden ist: »Was das Ding an sich ist, wissen wir nicht; aber wir brauchen es auch nicht zu wissen.« Und daß Goethes Satz aus einem anderen philosophischen, antinewtonschen Horizont gesprochen ist, der gerade den Erscheinungen traut. Doch wichtiger als das Diskutieren der Wissenschaftsgeschichte dieser beiden Gedanken, die für Erfahrungen stehen, scheint mir die Tatsache zu sein, daß ein Autor unserer Zeit sich damit ebenso ernsthaft auseinandersetzt wie um 1800 Kleist in seiner Kantkrise. Denn wie Kleist begründet auch Meyer den Wechsel vom Philosophiestudium zum Dichten mit der Erschütterung durch Kants Philosophie.

Das mutet altbacken und angesichts der heutigen, auch von Meyer in den Essays immer wieder konstatierten Weltkrise geradezu rührend an. Es ist aber ein Ernstnehmen der kulturellen Tradition, wie es im Getöse der Literaturbetriebsamkeit nicht gerade häufig ist: und so erhalten denn auch die klassischen Erkenntnisse bei Meyer eine erstaunliche Frische und Aktualität.

Methode bis in die formale Gestaltung ist dieses Verfahren in seinem Essay *Ach Egon, Egon, Egon* geworden, in dem er einen fiktiven Briefwechsel mit Voltaire über dessen *Candide,* also über Aufklärung und Rousseau, Pessimismus und Optimismus führt. Andere Essays haben Robert Walser, Friedrich Glauser, Hermann Hesse und Schweizer nationale Anlässe zum Gegenstand.

Je länger ich las, desto stärker fiel mir eine eigenartige Diskrepanz in Meyers Essays und Reden auf. Worüber auch immer er schreibt, er besteht stets darauf, seine Gegenstände persönlich zu vermitteln, zu beglaubigen, in Frage zu stellen. Das »Wie« seiner Essays übertönt mitunter beträchtlich das »Was«. Er rückt sich (und den Leser) erst energisch zurecht, erzählt aus seiner Jugend und was er so tut, bevor er zum Thema kommt. Das wirkt sich bis in die Wortfolgen aus, die oft gespickt sind mit Füllwörtern und Bekräftigungsfloskeln. Es entsteht dadurch das Kontinuum einer Redestimme, deren Eigenart ich mit »ernsthaft, sittlich, verantwortungsbewußt, bedächtig, würdevoll, nachdrücklich«, aber auch »witzig, schelmisch« beschreiben würde. Ein bißchen drängte sich mir mitunter die ironische Reaktion auf: »Gewiß, E.Y. Meyer ist ein ehrenwerter Mann, aber . . .« Bei dem »aber« wußte ich jedoch nicht weiter. Die Redeweise war sehr würdig für das Alter des Autors, mitunter leer, wenn ich die Essays etwa mit Nicolas Borns wirklichkeitsgesättigten Aufsätzen des Bandes *Die Welt der Maschine* verglich – oder einfach sehr schweizerisch: »Etwas, das einerseits als Kleinlichkeit, andererseits aber auch als ein Wunsch nach Genauigkeit angesehen werden könnte«, wie Meyer in dem m. E. schwächsten Essay über *Schweizerschriftsteller* schreibt. Doch zu mehr als zu einer Irritation, gar zu einem Tadel, wollte sich das »aber« nicht auswachsen. Es blieb in meinem Bewußtsein nur als Signal einer unüberwindbaren Distanz – und dabei will ich es belassen.

Kunst war immer, ist und wird, für absehbare Zeit (fügt Meyer, vorsichtig, ein) sein: elitär. Über den Begriff des Elitären wäre wahrscheinlich mit Meyer zu streiten, zumal Meyers eigene ausführlich vorgezeigte Geschichte der Sozialisation so gar nicht elitär anmutet. Immerhin ist ihm zuzustimmen, wenn er in seiner Grazer *Heimat-Rede*, für mich das überzeugendste Stück des Bandes, gegen das unerbittliche Eindringen der Strukturen von Wirtschaft und Kommerz in die Kultur protestiert. Auch hier spricht er in den ruhigen, sicheren Sätzen der Überzeugung und des Klugseins – und dahinter arbeitet ein radikaler Zweifel an den gegenwärtigen Gesellschaften, aber auch an der Natur und der Welt überhaupt, schließlich an sich selbst.

(Frankfurter Rundschau, 18. April 1981)

Ludwig Harig

Die eine und die andere Hälfte
E.Y. Meyers Essays und Reden

Meine Schwiegermutter, eine geborene Mayer, sagt bei jeder Gelegenheit: »Wer Mayer heißt, hat's schwer im Leben«, und damit hat sie recht. Wer nämlich Mayer heißt, heißt noch lange nicht Meyer; es gibt den Maier mit ai und den Meier mit ei, den Mayer mit ay und den Meyer mit ey, dazu kommen alle die anderen Varianten, bei denen das a oder das e vor dem r fehlt, von den angelsächsischen und den israelischen Myers und Meirs, den Literaturwissenschaftlern und den Kultusministern, wenn sie überdies auch noch den gleichen Vornamen haben, einmal ganz abgesehen. Meine Schwiegermutter ist eine Mayer mit ay, die Großmutter hieß in der Familie nur »die Mayern«, und der Großvater, der Braumeister gewesen und eines Nachts bei Eberbach in den Neckar gefallen und darauf nicht mehr aufgekommen war, ging nicht nur den Weg alles Irdischen, sondern den Weg aller Mayer: als er nicht mehr da war, redete kein Mensch mehr von ihm. Wer Mayer heißt, hat's schwer im Leben, entweder trottet er, ununterscheidbar, in der Herde mit, oder er legt sich quer.

Der Meyer, von dem ich sprechen will, ist ein Meyer mit ey, ja, er ist, seit er das ey zur endgültigen Unterscheidung von allen anderen Meyers dieser Welt als Versalien zweier imaginärer Vornamen gesetzt hat, nicht mehr nur ein ununterscheidbarer Meyer mit ey, sondern es ist E.Y. Meyer, ein Querkopf, der sich partout nicht in die Reihe stellen will.

Ich habe E.Y. Meyer beim Steirischen Herbst 1979 in Graz kennengelernt, wir beide waren ausersehen, in Leibnitz in einer Schule zu lesen, zuerst spazierten wir zwei Stunden lang durch eine obersteirische Auenlandschaft und erzählten uns unser Leben, dann, in der Schule, las E. Y. aus seinem Roman *Die Rückfahrt,* und so wie ich zuvor an seinem Leben, so hatten nun die Schüler etwas an seiner Literatur, woran sie sich die Zähne ausbeißen konnten. In Graz, auf dem »Heimat«-Symposion des Steirischen Herbstes, hatte Meyer sich, wie er selbst sagte, seinen »Austritt aus dem Paradies« verschafft, aus dem Paradies der schönen Kunst nämlich. Schier angewidert von »artistischen Zirkuskunst-Stücken«, von einer Poesie, die einen »Untergang in Schönheit« besinge, überhaupt von der »nichts sagenden schönen Literatur«, hatte er seinen ursprünglich vorgesehenen Vortrag umgeschrieben und präsentierte sich dem Auditorium als Advocatus diaboli, indem er selbst den Untergang beschwor. Diese Grazer *Heimat-Rede* und eine Reihe weiterer Reden und Essays kann man jetzt nachlesen in E.Y. Meyers Buch *Die Hälfte der Erfahrung,* das bei Suhrkamp erschienen ist und eine fulminante Sammlung aufklärerischer Schriften darstellt. In seiner Heimat-Rede teilt er nach allen Seiten aus: Blochs Heimat-Begriff ist ihm »zu romantisch und vielleicht doch ein bißchen zu sehr von Karl May (ja May, nicht Marx) beeinflußt«, und zu der poetischen Heimat-Bewegung sagt er: »Glauben Sie ja nicht, daß zwischen der gegenwärtigen Heimat-Welle in der Literatur und dem Hochkommen eines Franz Josef Strauß etwa überhaupt kein Zusammenhang besteht.« Meyer mißtraut der vielbesungenen Heilkraft der Heimat, im Munde harmloser Literaten verkomme das Wort zur Vokabel des Mißbrauchs, nur dort, wo es »auch mithelfen könnte, die globale, von uns Menschen herbeigeführte Katastrophe abzuwenden«, läßt er es gelten. Vor zehn Jahren habe das »Living Theatre« das *Paradise Now* verkündet, heute beschwöre ein Film die *Apocalypse Now,* der romantischen Verklärung folge die Lust am Untergang nach, nein, sagt E.Y. Meyer, »wir sollten, glaube ich, langsam versuchen, unsere romantischen Ideen aufzugeben und erwachsen zu werden und von der Philosophie des Unmöglichen wieder zu einer Philosophie des Möglichen zurückzufinden versuchen«.

Das hört sich nun eher an wie die Rüge aus dem Mund eines bundesrepublikanischen Unionspolitikers, eines Chefideologen des rechten Flügels, der den »Utopisten« und den »Traumtänzern« auf die Füße tritt, jenen Kindsköpfen und Spielhanseln, die nicht erwachsen werden und Verantwortung übernehmen wollen.

Aber was ist nun, wenn ich selbst zum Beispiel gar nicht erwachsen sein will, wenn ich das Erwachsensein im Gegenteil für meine Person als viel weniger erstrebenswert halte als das Kindbleiben, oder andersherum gesagt, wenn ich nicht das Erwachsenwerden, sondern das wieder Kindwerden für ein Ziel der Erziehung erkläre, ganz im Sinne von »Werdet wie die Kinder«, wie es bei

Matthäus heißt, nicht, um folgsame, brave, leichtgläubige Geschöpfe heranzubilden, denen man alles mögliche viel bequemer weismachen kann als etwa erwachsenen Vernunftwesen, o nein.

Es sind nicht die Kinder, es sind die Erwachsenen, die vernünftigen, die intelligenten, die spezialisierten Erwachsenen, die die Bombe erfinden, mit ihr spielen, darüber ein schlechtes Gewissen bekommen, aber nicht wie Kinder, sondern wie Erwachsene, wenn sie mit der Eisenbahn spielen oder neuerdings die »Crazy Crashers mit Super-Sound-Power« auffahren lassen. »Einfach den Zahnriemen bis zum Anschlag in eine der beiden Dachöffnungen einschieben und blitzschnell rausziehen«, heißt es in der Gebrauchsanweisung, und weiter: »Auf zum höllischen Rennen, bei dem jeder jeden rammt, auf daß die Fetzen fliegen.« So geht es nämlich nicht im Kindermärchen, so echt und realistisch geht es nur in der Erwachsenenwelt zu, wo es nicht nur schön laut kracht wie beim chinesischen Feuerwerk, sondern wo alles ringsum in Fetzen fliegt wie bei Berthold Schwarz in der Alchemistenstube. Ich plädiere fürs Kindbleiben, weil sich das Kind immer etwas zärtlich Anarchistisches bewahrt hat, etwas unvernünftig Spielerisches, das die Dinge dieser Welt nicht in die Hand nimmt, um etwas Nützliches daraus zu machen, sondern weil es sie nach allen Seiten wendet und in seinem spielerischen Verhalten viel näher an der Wahrheit ihrer paradoxen Erscheinungen ist als je wieder im Erwachsenenalter. Mit seiner »Philosophie des Möglichen« ist E. Y. Meyer im Handumdrehen bei den »Machern« angelangt, die ja auch die »artistischen Zirkuskunst-Stücke« verbiestert tadeln. Und gerade von ihnen wollte er sich so entschieden distanzieren.

Aber was sage ich, E.Y. Meyer hat ja recht und nicht irgend so ein Kindskopf, der lieber mit den Wörtern herumjongliert und nichts ernst nimmt, und doch: was heißt das, recht haben? Werden nicht eine Fülle kausaler Fähigkeiten, alle möglichen Argumente, sogar die ganze Dialektik aufgewendet, nur, um recht zu haben und etwas zu beweisen, wovon gesagt wird, es sei die Wahrheit oder, schlimmer noch, es sei das, wovon man, um die Welt zu retten, auszugehen habe. E.Y. Meyer hat am Ende so sehr recht, daß er schon wieder unrecht hat, wenn man zu der einen Hälfte der Erfahrung die andere Hälfte hinzunimmt.

E.Y. Meyer ist Schweizer, 1946 in Liestal geboren, studierte Germanistik und Philosophie in Bern, setzte seinen sympathischen Querkopf als Lehrer, im täglichen Leben und in der Armee tatkräftig ein und lebt heute, als freiberuflicher Schriftsteller, in einem Dorf bei Bern. In einem Aufsatz mit dem Titel *Schweizerschriftsteller* untersucht er ein brisantes Phänomen seiner eigenen Existenz als Schweizer: das Selbstverständnis des Schriftstellers im reichsten Land der Welt. Schon meint man fast, er mäkele und quengele an seiner Prämisse herum, ob es wohl eine Besonderheit des Schriftstellers gebe, Schweizer zu sein, also »Schweizerschriftsteller«, bis man schließlich seine Hartnäckigkeit als notwendige Voraussetzung erkennt, diesem Thema auf den Grund zu gehen. Meyer leidet daran, daß die übrige Welt, die sich natürlich mehr für den Reichtum des reichsten Landes der Welt als für seine Literatur interessiert, die Probleme des Schweizers nicht ernst nimmt. Keiner fragt nämlich, was der Preis dieses Reichtums ist.

Hier ist mir Meyer näher als irgendwo sonst, hier oder in seinem Aufsatz *Frei, freier, am freisten*, worin er die Freiheit als kapitalistische Ware beschreibt, als Obsession, sich von allen Abhängigkeiten und Zwängen loszusagen, ohne zu bedenken, daß Freiheit auch Einrichten, Miteinanderleben, Rücksichtnehmen impliziert. Oder in seinem Aufsatz *Ach Egon, Egon, Egon*, einem imaginären *Briefwechsel mit Monsieur de Voltaire*, worin E. Y. Meyer den in Widersprüchen verstrickten, in Paradoxien operierenden Menschen beobachtet, wie er, mit Verstand begabt, gleichviel ein irrational handelndes Wesen geblieben ist.

Aber schon sein am Schlußsatz des Voltaireschen *Candide* orientierter Imperativ »Arbeiten statt schwätzen« ist mir zu kategorisch, zumal er das »Geschwätz« als überflüssig ansieht, »wenn es zu nichts Vernünftigem führen kann«. E. Y. Meyer steht auf der Seite Voltaires und der Vernünftigen, ich stehe auf der Seite Rousseaus und der Unvernünftigen, und ich halte eine Aufklärung durch Unvernunft gar nicht für so dumm.

Aber das eine weiß ich, ich brauche E. Y. Meyer und seinesgleichen, wie ich hoffe, daß er mich und meinesgleichen hinfort nicht mehr so vernünftig schmäht. Zu der einen Hälfte der Erfahrung kommt nämlich die andere hinzu; schon Seneca sagte, Demokrit und Heraklit beschreibend, wie sie beide vor die Haustür treten und ihnen dasselbe Geschehen in die Augen fällt: »Dieser weinte, so oft er auf die Straße gegangen war, jener aber lachte; dem einen schien alles, was wir tun, ein Jammer, dem andern eine Posse.«

(Erweiterte Fassung der Rezension in Süddeutsche Zeitung, 14./15. März 1981)

E.Y.Meyer

Eine Art 100-Mark-Mißverständnis
um zwei Hälften

Lieber Ludwig –
»Rousseau (und Douanier?) des Saarlandes«,

daß Deine Schwiegermutter, wie Du in der Besprechung meines
Buches *Die Hälfte der Erfahrung* in der Süddeutschen Zeitung
vom 14./15. März schreibst, eine geborene Mayer ist, freut mich
zu hören. Der Satz, den sie bei jeder Gelegenheit zu sagen pflege:
»*Wer Mayer heißt, hat's schwer im Leben*«, scheint mir allerdings
etwas übertrieben zu sein – da könnten, glaube ich, alle Menschen
Mayer (oder Maier oder Meier oder Meyer usw.) heißen.

Daß ich Dir eine Antwort schreibe, hat jedoch einen anderen
Grund: einen, der demjenigen nicht unähnlich sein dürfte, der
Dich dazu bewogen hat, Deine eigentliche Domäne – das Gebiet
der »schönen Kunst«, und darin wiederum das der »reinen Poesie« oder »Luftkutscherei«, wie Du es auch zu nennen liebst – zu
verlassen, um eine Buchbesprechung zu schreiben. Ein Grund,
der vermutlich etwas mit einer Sympathie zu tun hat, die wir
damals, im Steirischen Herbst 79, auf dem Spaziergang vor unserer gemeinsamen Lesung in der Schule von Leibnitz zueinander
gefaßt haben.

Mit dem Titel meines neuen Buches ist es eine merkwürdige
Sache: daß es darin »nur« um die »Hälfte« der Erfahrung geht,
scheint bei etlichen Leuten eine Art Mangelerscheinung, etwas
wie ein »Loch im Magen«, eine »Leere« und sofort auch einen
Schrecken vor dieser, den bekannten *Horror vacui*, hervorzuru-
fen, so daß sie sich unverzüglich nach der fehlenden »anderen«
Hälfte umzusehen beginnen, um durch deren Hinzufügen wieder
ein befriedigendes, wie sie glauben, gefahrloses »Ganzes« herzustellen.

Auch Du, der Du Dich so sehr für die Phantasie, für ihre
»Emanzipation« und ihr »Recht auf Selbstverwirklichung« sozusagen einsetzt, scheinst das Alleinstehen einer Hälfte von einer

Sache als etwas nun doch beinahe *zu* Phantastisches anzusehen: *»Zu der einen Hälfte der Erfahrung kommt nämlich die andere hinzu«*, schreibst Du.

Dem scheint mir jedoch wiederum ein Mißverständnis zugrunde zu liegen, das man fast schon mit jenen der »One Hundred Dollars«-Sorte vergleichen könnte: von meiner Grazer *»Heimat-Rede«* ausgehend, scheinst *Du* zu meinen, *ich* meine mit *meiner* »Hälfte« so etwas wie die »reine Vernunft« (die »ratio« im Sinne der Aufklärung des 17. Jahrhunderts), zu der (wie Du, wenn dem so wäre, mit *Recht* meinen würdest) aber unbedingt noch *Deine* »Hälfte«, die »reine Unvernunft« im Sinne der »Poesie« oder »Phantasie« nämlich, hinzukommen müsse.

Im Essay, dessen Titel auch der Titel meines Buches geworden ist (und auf den Du in Deiner Besprechung leider nicht zu »sprechen« kommst), geht es aber gar nicht um *diese* Problematik, sondern eben um das merkwürdige, wie ich glaube, sowohl die »Vernunft« wie die »Unvernunft« bzw. »Phantasie« einschließende und also »umfassendere« Geschehen, für das wir das Wort »Erfahrung« erfunden haben: um etwas, das man auch mit »Erleben« im Sinne von dem, was man (sich) »er-lebt« hat, umschreiben könnte – und nicht nur um die empiristische, das Wort auf die Bedeutung von »Anschauung, Wahrnehmung« einschränkende Definition, die das »Denken« aus ihm ausschließen will.

Und da ist es dann ja in erster Linie ein Goethe-Wort, das ich zu bedenken versuche – und das, wie ich meine, auch den daraus abgeleiteten Titel erklärt: ». . . *sie bedenken nicht, daß die Erfahrung nur die Hälfte der Erfahrung ist.«*

Zwar meint Goethe hier mit der »Hälfte« wohl gerade die empiristische Bedeutung von Erfahrung, zu der als die andere »Hälfte«, damit sie begreiflich und für den Geist durchsichtig werde, noch die ideelle Ergänzung hinzugefügt werden muß – aber wenn man auf diese so hergestellte »ganze Erfahrung« seinen Satz dann noch einmal anwendet und sie also sozusagen auf einer höheren Ebene noch einmal »bedenkt«, dann ist sie plötzlich wieder nur noch »die Hälfte der Erfahrung«. Und so kann dieses Spiel dann weitergehen und sich auf immer höhere Ebenen hinaufschwingen.

Der Sinn, der sich für mich daraus ergibt, ist jedoch, daß »die Erfahrung« immer zur Hälfte *offen* bleiben muß, oder – um es ganz *vital* zu sagen – daß niemand je die »ganze« Erfahrung »gefressen« haben kann.

Demzufolge geht es mir in der Grazer »*Heimat-Rede*« (mit der Du Dich so eingehend auseinandersetzst) denn auch gar nicht darum, die eine »Hälfte« gegen die andere auszuspielen, also nur die eine, die der »Vernunft«, wie Du meinst, zu akzeptieren, und die andere, die der »Unvernunft« bzw. »Poesie« abzulehnen – wir müßten da nun ja ohnehin statt von »Hälften« nur noch von »Vierteln« zu sprechen beginnen!

Schon von meinem Sternzeichen her (das ich vermutlich mit Deiner Schwiegermutter nicht teile) tendiere ich wohl zum Ausgleich (ja, ich bin eine »Waage«) – aber, wie Du, glaube ich, auch noch aus »vernünftigeren« Gründen.

Die Art und Weise, wie Du in der Schule in Leibnitz vor den Kindern Deine Rolle als »freier Narr« (bzw. Schriftsteller) gespielt hast, der aus freiem Willen vor ihnen steht und deshalb auch jederzeit wieder weggehen kann, wenn das, was der »Narr« sagt, die Kinder nicht interessiert; wie Du ihnen von der Wichtigkeit der Phantasie gerade in der heutigen, durch »vernünftiges« Produzieren und Normieren immer mehr eingeengten Welt erzählt und wie Du ihnen Mut zu machen versucht hast, zu ihrer eigenen Phantasie zu stehen und von ihr Gebrauch zu machen – das hat mich sehr beeindruckt. Das nun schon jahrhundertelange, immer einseitiger gewordene »Vernunft«-Denken hat uns ja in der Tat in eine ganz schön beklemmend wirkende Sackgasse geführt – und wie Du weißt, bin auch ich der Meinung, daß wir da eine »Rückfahrt« antreten und eine andere Fortsetzung unseres Weges suchen müssen.

Als diesen anderen Weg hier nun aber wiederum einseitig die »reine« Poesie als Alternative zu propagieren, würde ich auch nicht für richtig halten – die Gefahr, daß es dabei statt zu einer »Rück*fahrt*« zu einem »Rück*fall*« kommen könnte, wäre, glaube ich, zu groß.

Wir können, wenn wir uns einseitig der »Unvernunft« anvertrauen, wieder sehr leicht in die dunkelste Seite des Mittelalters oder noch weiter zurückfallen, wo die okkulten Mächte wieder die Oberhand gewinnen, der einzelne seine Verantwortung wieder an zwielichtige Mystiker und »Zauberer« abtritt, wo der religiöse Fanatismus und andere Greuel lauern – und wo uns, wie mir scheint, die tödlichen Fallen des Wahnsinns genauso erwarten wie in den einseitig »vernünftigen«, von den »Machern«, unseren

»modernen« Zauberern, beherrschten falschen Paradiesen unserer Industriegesellschaften.

Ich lehne deshalb, wie Du es richtig siehst, in der Tat alle Utopien ab, denen, wie ich glaube, eben wirklich eine Philosophie des Unmöglichen zugrunde liegt, die aus der Welt etwas zu machen versucht, was sie nicht sein kann, und setze mich für eine Philosophie des Möglichen ein (oder versuche es jedenfalls immer wieder) – auch wenn sich das für Dich *wie aus dem Mund eines bundesrepublikanischen Unionspolitikers* anhören mag, gegen deren Äußerungen Du verständlicherweise allergisch geworden zu sein scheinst. Ich glaube, es hat sich bis heute deutlich genug gezeigt, daß sich hinter jedem utopischen Entwurf, der die mit Makeln behaftete Existenz zur Vollkommenheit »führen« will, ein Großinquisitor versteckt – daß wir die Erde, wenn wir sie unbedingt zum Paradies machen wollen, zur Hölle machen.

Was ich mir erhoffe, ist deshalb im Gegenteil vielmehr eine zunehmende Desillusionierung, die uns eine Zeit der Synthese bringen wird, in der wir die uns gesetzten Grenzen freiwillig akzeptieren werden – ohne daß dadurch das lebendige Leben jedoch je aufhören wird, zwischen Chaos und Ordnung, Abenteuer und Sicherheit zu pendeln. Was wir brauchen, ist, glaube ich, ein ungetrübtes Bild der menschlichen Daseinsverfassung, ohne falsche Tröstungen.

Wenn ich Dich hier als *»Rousseau des Saarlandes«* anspreche, lieber Ludwig, dann nicht nur, weil Du ein Buch über Rousseau geschrieben hast und viele Deiner Texte, wovon sie auch immer handeln mögen, zum Schluß stets noch auf eine Lobpreisung des Saarlandes als des schönsten Fleckens der Erde hinauslaufen. In der Passage Deiner Besprechung meines Buches, wo Du über den Text mit meinem imaginären *»Briefwechsel mit Monsieur de Voltaire«* schreibst, stellst Du Dich ja auch ganz eindeutig und ausdrücklich auf die *»Seite Rousseaus und der Unvernünftigen«*, während Du mich auf der *»Seite Voltaires und der Vernünftigen«* siehst.

Und ich habe gegen Rousseau ja tatsächlich einige Einwände, die ich auch Dir zu bedenken geben möchte.

Jean-Jacques Rousseau war gewiß ein genialer Mensch und vielleicht (leider) auch ein viel einflußreicherer Denker als Voltaire. Ein bewundernswerter Einzelgänger, der in vieler Hinsicht verblüffend modern war: der sah, daß der Mensch ein Teil der Natur ist, daß es zwischen dem Entwicklungsweg der Tiere und der Menschen einen Zusammenhang gibt, und der auf den Ursprung des Menschen zurückgehen wollte, um sein Geschick besser begreifen zu können. Leider standen ihm aber die Kenntnisse über die Natur und ihre Gesetze, die uns heute die Biologie vermittelt, noch nicht zur Verfügung – Kenntnisse, die seine Vision des asozialen, in Gleichheit und Güte lebenden Urmenschen, demgegenüber er und seine Zeitgenossen »gefallene Engel« waren, die nur durch die Unterwerfung unter die totale Ordnung des *»Contrat social«* gerettet werden konnten, nun als seinen fundamentalen Irrtum herausstellen müssen. Ein Irrtum, der für einen Mann, der die Tyrannei verdammte und für die Unabhängigkeit des Individuums kämpfte, als tragisch angesehen werden muß, zu dem dieser in seiner Zeit jedoch jedes Recht hatte – zu dem wir heute allerdings keines mehr haben sollten.

Wie Du, lieber Ludwig, bin auch ich durchaus der Meinung, daß wir uns unbedingt etwas *»zärtlich Anarchistisches«* und *»unvernünftig Spielerisches«* bewahren müssen. Dein Mythos von der ewigen Kindheit *(»Werdet wie die Kinder«)* scheint mir aber fragwürdig zu sein.

Wenn ich auch nur einen Bruchteil des Vermögens »meines« berühmten Vorgängers besäße, würde ich Dich zwar mit Freuden sofort an Kindes Statt adoptieren und Dir Deinen Traum zu ermöglichen versuchen. Ob Du Dich dabei auf die Dauer allerdings wohlfühlen würdest, bezweifle ich stark. Die Gesetze dieser Welt und ihrer Entwicklung (die der Natur, nicht die vom Menschen gemachten!) sind halt doch eben so, daß wir durch die von ihnen vorgesehenen Stadien hindurchgehen müssen – auch wenn man's dabei (um noch einmal Deine Schwiegermutter zu zitieren) *»schwer hat«.* Und wie der einzelne Mensch, wird wohl auch die Menschheit eines Tages versuchen müssen, erwachsen zu werden und sich damit abzufinden.

So, wie die Dinge sind, kann ich Dir Deinen Wunsch aber also leider nicht erfüllen – ich wohne auch gar nicht so dörflich, wie Du das anzunehmen scheinst, habe allerdings einen großen Garten zur Verfügung, in dem ich Dich gerne noch einmal empfangen möchte, bevor ich ihn verlassen muß, da das Haus, zu dem er gehört, verkauft worden ist. (Die Unsumme, die dafür verlangt wurde, konnte nur noch ein Mediziner aufbringen, ein »freier Schriftsteller«, der zudem noch seinen Austritt aus der »schönen«, nämlich der »reinen« Kunst – nicht aber der Kunst schlecht-hin! – erklärt hat, konnte da schon gar nicht mehr mithalten.)

Ansonsten werden wir denn also jeder seinen eigenen Weg weitergehen müssen, wobei ich mich auf weitere Kreuzungen des Deinen mit dem meinen freue – ganz im Sinne des Artus-Mythos, wo es, als sich die Ritter der Tafelrunde entschlossen haben, sich auf die Suche nach dem unverhüllten Gral zu begeben, heißt: *»Sie hielten es für eine Schande, in einer Gruppe loszuziehen.«*

Mit herzlichen Grüßen
Dein *E.Y. »Volteyre«*

(Schweizer Monatshefte, Januar 1982)

Ludwig Harig
Postkarte an E. Y. Meyer

Sulzbach, den 26.5.1982

Liebster E.Y.

Eben kamen wir, meine Frau und ich, aus Texas zurück, wo ich an der Universität von Austin ein Semester lang Poetik gelehrt habe, das Wesen und das geheime Wirken der schönen, der reinen Kunst!! Ich finde, lieber Volteyre, Deinen Brief an mich aus den Schweizer

Monatsheften vor und bin besorgt, Du könntest vergrämt sein, daß ich nicht gleich darauf geantwortet habe. Aber wie gesagt: Texas hielt mich fest, und jetzt erst kann ich Dir sagen, wie sehr ich Lust hatte, Dich wiederzusehen. Das hoffe ich im August tun zu können, denn ich werde in Biel aus meinem Rousseau-

Roman lese und die Gelegenheit ergreifen, Dich, wenn auch nicht mehr in diesem großen Café, zu besuchen. Alles Liebe Dir und Deinem Ludwig!

Anton Krättli
Mahnzeichen und Monster

Vorbemerkung

Sundaymorning, das erste Theaterstück von E.Y. Meyer, ist noch nicht uraufgeführt worden. Es gibt keine Theatererfahrung damit. Niemand kann mit Sicherheit wissen, ob es den Zuschauer fesselt und die Schauspieler bis in den schwierigen dritten Akt hinein zu der Intensität des Ausdrucks bewegt, die unerläßlich ist. Ich muß mich auf meine szenische Phantasie verlassen, wenn ich sage, daß die drei Akte von *Sundaymorning* drei Stufen der Verdichtung entsprechen, allerdings in einer Entwicklungslinie, die vom Schaubaren und Spektakulären zum gedankenschweren und grüblerischen Dialog führt, von der Bewegung zum Stillstand, von ausgelassenem Spiel und virtuosen Gauklernummern zu tiefem Ernst und schwer lastender Depression. Kunststücke wie das mit dem Fahrrad oder Clownerien wie die mit einem schadhaften Klappstuhl, auch die kleine Szene, wie man dem Pferd den Zucker gibt, werden mit fortschreitender Handlung seltener, und vor den Hintergründen, die der dritte Akt sichtbar macht, erscheinen sie im Rückblick als gedankenlose Spielereien. Sie haben anfänglich verdeckt, was im Stück als Wahrheit demaskiert wird. Wie das im Ablauf einer Inszenierung und eines Theaterabends wirke, muß ausprobiert werden, in klarer Einsicht in die Schwierigkeiten, die dabei zu überwinden sein werden. Thema und Aussage des Stücks *Sundaymorning* rechtfertigen die hier skizzierte Linie, den Wechsel vom Spielerischen zum Grüblerischen, von der aufgesetzten Heiterkeit zum Ernst der Wahrheit. Ich stelle mir eine Inszenierung vor, die genau diesen Kontrast betont. Mit allen Mitteln theatralischer Demonstration soll verdeutlicht werden, daß hier ein Weg von außen nach innen, von Äußerlichkeiten ins Zentrum der Existenz beschritten wird.

Die Dramatik der Gegenwart ist an sich durch keinerlei Normen

eingeschränkt. Die aristotelische Dramaturgie, Lessings Nutzan-
wendungen oder Goethes und Schillers Überlegungen dazu sind
zwar so wenig überholt wie das epische Theater Brechts; aber sie
sind auch nicht bindend. Selbstverständlich besteht auch für den
Dramatiker der Gegenwart die Grundbedingung, daß auf einer
Bühne oder in einem für Zuschauer zugänglichen Raum gespielt
werden kann, was er schreibt. Wie er diese Bedingung erfüllt, wie
er sein Publikum gewinnt und welche Abläufe das Geschehen auf
der Spielfläche zu nehmen habe, folgt keinen Regeln wie noch zu
Zeiten klassischer Dramaturgie. Anderseits besteht eine zweiein-
halbtausend Jahre umspannende Tradition, es gibt tausendfache
Erfahrungen mit Stücken und ihrer Inszenierung, es gibt Erfahrungen über die Reaktionen des Publikums und über die Möglichkeiten und Grenzen des darstellenden Spiels. Ob da noch wirkliche Revolutionen denkbar seien, ist fraglich. Häufiger sind Wie-
deraufnahmen, Erneuerungen, Variationen und Aktualisierungen
alter Stoffe und Formen.

Auch die aktuelle Kritik des Dramas kann ihre Urteile weder auf
den Vergleich mit allgemein anerkannten Mustern noch auf theoretische Grundlagen abstützen. Sind deswegen die Stücke zeitgenössischer Autoren Kritikerfallen, wie auch schon behauptet
wurde?[1] Die Theaterkritik ist in aller Regel keineswegs traditionell
ausgerichtet. Soweit sie zählt und wichtig ist, hat sie vermutlich
eher einen größeren Überblick über das vielgestaltige Angebot an
zeitgenössischer Dramatik und über ihre Möglichkeiten als der
einzelne Theaterautor. Sie verschließt sich keinem ernsthaften
Versuch, das Neue zu wagen und dabei bekannte Formen aufzubrechen. Sie fragt allein, aus welchen Gründen das im je vorliegenden Fall geschehe, und vor allem fragt sie nach der Wirkung,
die dabei zu beobachten ist. Es kommt für sie am Ende darauf an,
ob Theater funktioniere. Was für die öffentliche Vorstellung mit
Schauspielern geschrieben worden ist, vollendet sich erst am
Abend der Aufführung. Theater ist bei allem Wandel der Metho-
den und Formen eine Kunst geblieben, die der versammelten Gemeinschaft bedarf, – sonst bleibt es Probe, Übung im kleinen
Kreis, Selbsterfahrung, Gruppentherapie.

Sundaymorning bricht durchaus nicht mit überlieferten Formen
des Theaters: es kann auf der Guckkastenbühne gespielt werden,
es arbeitet mit realistischen Dekorationen und surrealistischen
Beleuchtungs- und Geräusch-Effekten. Morgenröte und Verdü-

sterung der Szene, vor allem aber – im ersten Akt – die unheimliche Präsenz der Menschenmasse, die durch Gemurmel und Schreie vermittelt wird, sind ein kritisch-ironischer Kommentar zur Postkartenfreundlichkeit des Wirtschaftsgartens. E.Y.Meyers Bühnenfiguren jedoch sind durchaus Personen aus einer lokalisierbaren Alltagsrealität, sie sprechen die ihnen eigene Umgangssprache, die sie mit englischen Floskeln und Zitaten aus nahezu sämtlichen Branchen der Bewußtseinsindustrie anreichern. Nur gerade in der Art, wie die spielerischen und komödiantischen Möglichkeiten des Textes von Akt zu Akt spärlicher werden und gegen Schluß fast erlahmen, läuft das Stück *Sundaymorning* gängigen Erwartungen zuwider.

Man darf annehmen, daß der erste Akt in höchstem Maße geeignet ist, die Zuschauer zu fesseln und zu unterhalten. Die Schwierigkeit besteht darin, daß das heiter-ausgelassene Spiel immer mehr erstarrt. Damit widerspricht das Stück der Vorstellung, Spektakuläres habe sich im Ablauf eines Theaterabends zu steigern. Die Chance besteht darin, daß die Inszenierung genau daraus ihre Konsequenzen zieht und darauf ausgeht, die Demaskierung einer unnatürlichen und bedrohlichen Situation sichtbar zu machen. Der Zuschauer soll der Enthüllung eines Zustandes folgen, der uns alle betrifft.

Mundart mit Einschüben

Im Aufsatz *Freddy, Elvis & Co und die Folgen*[2] erzählt E.Y. Meyer, wie er als Knabe zuerst Schlagersänger und dann Schauspieler habe werden wollen. Während Jahren spielte er mit Kasperl-Figuren, später übernahm er auch Rollen in Amateurtruppen und im Schultheater. Es waren finanzielle Überlegungen, die seinen Vater bewogen, dem Sohn das Lehramtsstudium, nicht – wie dieser gewünscht hätte – die Ausbildung zum Schauspieler zu ermöglichen. Als Student schrieb E.Y.Meyer Drehbücher, führte Regie, übernahm auch Hauptrollen in kleinen Filmen und kam sich dabei als »eine Art Mini-Orson-Welles« vor. Es gibt aus jener Zeit einen Streifen *(Inside-Outside)*, den der Autor auch heute noch für vorzeigbar hält.[3]

In seinen Romanen und Erzählungen ist die Hinneigung zum Szenischen und die von früher Jugend an starke Beziehung zum

Theater spürbar. Vor allem sind viele Dialoge im genauen Wortlaut – mit besonderer Erwähnung der charakteristischen mundartlichen Wendungen – so in den Erzähltext eingebaut, daß man
sie mit verteilten Rollen spielen oder doch sprechen könnte. So
sind etwa im Roman *Die Rückfahrt* die Gespräche mit dem Doktor Santschi oder mit dem Denkmalpfleger szenisch gesehen, als
Gespräche in genau festgelegter Umgebung wie in einem Bühnen-
bild. *In Trubschachen* enthält zwei große »Reden« über das Emmental und von der Pflicht, inszenierte Höhepunkte in der Selbstdarstellung einer Figur. Die Erzählung *Eine entfernte Ähnlichkeit*
rapportiert – auch hier in indirekter Rede –, was der Anstaltsinsasse Loser und mit welchen berndeutschen Ausdrücken genau
gesagt habe. Selbst über das Theaterspielen und Stückeschreiben
gibt es im erzählerischen Werk des Autors einschlägige Stellen.
Albin Berger, die Hauptfigur in *Die Rückfahrt*, entwirft einmal
gar für einen Berner Wettbewerb ein »Münster-Festspiel«, in welchem Figuren aus der ganzen Geschichte der Menschheit vorkommen, neben Johann Sebastian Bach beispielsweise auch Albert Einstein. Es scheint, Berger habe da eine Art »Welttheater«
im Sinn, wie E. Y. Meyer in *Sundaymorning* vom Sonntagsausflug
zweier Künstlerfreunde zu Erörterungen über den Zustand der
Welt und der Menschheit vorstößt. Albin Berger in *Die Rückfahrt*
plant übrigens mit seinen Schülern einmal auch ein Bühnenspiel
nach dem russischen Märchen *Der Zauberrubel.*

E. Y. Meyer hat verschiedene Hörspiele geschrieben oder für die
Ausstrahlung in Berner Mundart bearbeitet. Es gibt von ihm das
Fernsehspiel *Herabsetzung des Personalbestandes*, das 1976 ge-
sendet worden ist. Von den beiden Hörspielen *Spitzberg* und *Eine
entfernte Ähnlichkeit* ist das zweite aus Gründen seiner Sprachge-
stalt bemerkenswert. Es stützt sich auf die Erzählung gleichen
Titels, und was von Losers Äußerungen dort in indirekter Rede
wiedergegeben ist, wird im Hörspiel berndeutsch gesprochen:
Losers Rolle ist von einem Mundartsprecher zu spielen. Wer sich
nun wundern möchte, wie genau sich der vom Erzähler in indirekter Rede rapportierte Text in die Dialektform übertragen läßt,
wird kaum überrascht sein, wenn er erfährt, Mundart und direkte
Rede hätten der ursprünglichen Fassung auch in der Erzählung
entsprochen. Auf Wunsch und Drängen des Verlags hat der Autor
für die Buchausgabe der Erzählungen Losers Palaver in hochdeut-
sche indirekte Rede übertragen, wobei er allerdings die charakte-

ristischen Ausdrücke und Wendungen in der ursprünglichen Lautgestalt beließ.

Was bedeutet ihm die Mundart? Für ein Theaterstück ist sie zweifellos eher ein Handicap, weil doch die wenigen Berufsbühnen, die Mundart zu spielen in der Lage sind, zum vornherein die Zahl der Möglichkeiten einschränken, aufgeführt zu werden, und weil besonders die Chance eines dramatischen Textes in berndeutscher Mundart gar nur auf die deutsche Schweiz, genaugenommen auf eine Region eingegrenzt ist. Man versteht durchaus, warum der Verlag eine schwäbische Fassung (Übersetzung: Wolfgang Kunz) herstellen ließ und das Stück in dieser Sprachform den Bühnen als Theatertext anbietet. E. Y. Meyer hält daran fest, daß Mundart zu sprechen sei, die Sprache der lokalisierbaren Alltags-Realität, wie er im Nachwort zum Stück betont. Das hat nichts mit Heimatschutz zu tun, nichts mit Bestrebungen, wie sie gerade in der Schweiz im Gange sind, die Mundart gegen Erosion zu schützen, indem man sie so »rein« wie möglich eben auch zum Medium künstlerischer Darbietungen macht. Meyers Verwendung des Berndeutschen, einer Mundart statt der Schriftsprache, hat damit schon darum nichts zu tun, weil er die Mundart gerade nicht »rein« braucht, sondern in Kombination mit englischen und deutschen Einschüben. Aus den Redensarten, Zitaten, Scherzreden und Versen, die zum Teil wie improvisiert wirken, ergibt sich auf der umgangssprachlichen Grundlage der Berner Mundart insbesondere im Dialog der beiden Hauptfiguren des Stücks, Pablo und Edy, ein umgangssprachliches Mischmasch, eine Art Sprach-Collage, wie sie in Künstler- und Intellektuellenkreisen beispielsweise in Bern vorkommen mag. Es kommt dem Autor von *Sundaymorning* nicht darauf an, Mundartpflege zu betreiben; aber er erkennt im authentischen mimischen und sprachlichen Ausdruck die Alltags-Realität seiner Figuren, von der er ausgehen muß.

Immer schon fiel in Meyers Prosaarbeiten auf, daß er bestimmte Wendungen, besondere, für eine Situation oder eine Figur charakteristische Schlüsselwörter in der mundartlichen Lautung beläßt. Im gedruckten Text erscheinen diese Stellen kursiv. Zum Beispiel erwähnt der Lehrer im Roman *In Trubschachen* gleich in der Einleitung seiner Rede über das Emmental als typische Speisen des Landes den *Surchabis* und den *Hamme,* und wenn er einen Begriff davon geben möchte, wie steil und abschüssig die Hänge seien, auf denen hier die Bauern arbeiten müssen, greift er zu dem mundartlichen Bild »*wo sie d'Hüehner bschloh müesse*«. Loser in *Eine entfernte Ähnlichkeit* ist geradezu ein Gewährsmann für Mundartforscher: »*We de's maisch bchute*« (Wenn du es aushältst), »*im Gring obe*« krank sein für Irrsinn jeglicher Art, oder »*dä brchunnt wider dr Schnurrer, vom Augerier*« (als Beschreibung der zungenlösenden Wirkung des Algerierweins). Es sind nicht zuletzt diese mundartlichen, treffsicheren und einprägsamen Wendungen, die den Figuren in E.Y.Meyers Romanen und Erzählungen szenische Präsenz geben. Was einer sagt und wie genau er es sagt, ist für den Erzähler wichtig. Wenn er nun fürs Theater schreibt, besteht er aus künstlerischer Konsequenz auf authentischer Sprechweise. Während jedoch in seiner erzählerischen Prosa die Mundart als verdeutlichender oder präzisierender Einschub gegenwärtig ist, so erscheint im Text des Theaterstücks *Sundaymorning* nun jener Jargon als das »Kursive«, mit dem sich die Sprecher schmücken: englische Umgangssprache, Zitate aus Shakespeare, Werbespots, Reportersprache, spanische und italienische Sprachbruchstücke, Schlagertexte.

Mahnzeichen und Monster

Nur die beiden Hauptfiguren, Pablo und Edy, ein Schriftsteller und ein Kunstmaler, der eine dreißig, der andere zweiunddreißig Jahre alt, gehen durch alle drei Akte des Stücks. Sie werden nicht nur in wechselnder Umgebung und an drei verschiedenen Schauplätzen gezeigt, sondern im Kontakt mit wechselnden Nebenfiguren. Im dritten Akt endlich haben sie keine anderen Partner als drei oder vier Phantasie-Tiere, teils vollendete, teils unvollendete Plastiken aus Kunststoff oder Gips, anderthalb bis zwei Meter hoch, teils bemalt und teils weiß, »eine Mischung zwischen Dinosauriern, Fabelwesen, Hieronymus-Bosch-, Niki-de-Saint-Phalle- und Comics-Figuren«. (S. 87) Sie sollen eher beunruhigend als komisch wirken.

Was da befremdlich und klotzig im Raum steht, einem Atelier mit rückliegendem Fenster zum verwilderten Garten, hat in den vorangehenden Akten Vorgänger oder Entsprechungen, nicht zwar so, daß sie ebenfalls Bestandteil des Bühnenbildes wären, aber gegenwärtig dennoch in der Bedeutung für die Figuren des Stücks. Im ersten Akt wird mehrmals ein Denkmal in der Nähe erwähnt: das Gasthaus, in dessen Garten sich die Freunde erfrischen, ist das »Wirtshaus zum Denkmal«, und während Pablo und Edy hier einkehren, sieht man Gruppen von Menschen vorbeiziehen, feiertäglich gekleidet auf dem Weg zu einer Schlacht-Gedenkfeier. Nicht nur als Menschenstrom in der Richtung zur Gedenkstätte, auch akustisch ist die Menge gegenwärtig. Pablo spricht von »Völkerwanderong«, von »Kohorta« und »Heerschara«, auch vom »Triumph der Masse«, und Edy vergleicht die nicht abreißende Kette von Menschen mit einem Leichenzug. Etwas Befremdliches und Unheimliches verdüstert die *Sundaymorning*-Welt, Wolken ziehen vorüber, ein »heftiger Massenaufschrei« ist zu hören, und später gar sind es Geräusche des Urwalds, die fremd und unheimlich die Idylle und das komödiantische Spiel der zwei Freunde erstarren lassen: Affengeschrei und rhythmisches Tam-Tam. Von welcher Art das Denkmal sei, wohin die Masse zur Feldpredigt zieht, wird nicht weiter erklärt. Die Freunde fragen sich, ob es da wohl noch Steinaltäre gebe, an denen die Veteranen ihre Menschenopfer darbringen (»Wo keusche JONGFRAUE abgschlachtet ond ausbluatat werdad« [S. 14]). Pablo und Edy, auf ihren Fahrrädern der Stadt entflohen, sehen sich auch in ländlicher Umgebung von der Menge der Menschen bedroht. Bevor die Teilnehmer an der Gedenkfeier von Wirtschaft und Garten Besitz ergreifen, fliehen der Maler und der Schriftsteller zu ihren Freunden Vanessa und Bopp.

Von einem Denkmal ist auch im zweiten Akt die Rede, der vor dem alten Landhaus des Paares spielt. Vanessa, Bopps schöne Freundin, stammt aus Amesbury, Wiltshire County. Dort in der Nähe liegt Stonehenge, die geheimnisvolle Anlage mit den »hängenden Steinen«, deren Bau die Wissenschaft in die Zeit zwischen zweitausend und fünfzehnhundert vor Christus ansetzt. Noch hört man von ferne den Choral, der von der Feldpredigt draußen beim Denkmal am Schluß des ersten Aktes herüberklang: »Morgenglanz der Ewigkeit/Licht vom unerschaffnen Lichte«, da kommt die Rede auf Stonehenge. Man vermutet, daß es sich um ein Sonnenheiligtum handle, älter als das Christentum, viel weiter zurück in der Vergangenheit, älter als die Ereignisse, an die unsere Denkmäler erinnern. Edy erzählt Vanessa, woher er mit Pablo soeben komme, und weil er vergessen hat, wie die Gartenwirtschaft heißt, sagt Pablo: »Denk mol a bissle.« Vanessa versteht das anders und fragt zurück, was das sei, ein Denkmal. Vorerst bleibt

alles bei Partygeplauder, bei Shakespeare-Zitaten in der Original-
sprache, bei Anzüglichkeiten. Pablo liest von einem Blatt, das er
bei sich trägt, das Märchen von Frau Trude aus den Brüdern
Grimm, und dann kommt die Rede auf die Steine, die in der
Richtung des Sonnenaufgangs zur Sommersonnwende angeord-
net sind. Was in dieser Weise zufällig erwähnt wird, greift Pablo
wieder auf, wenn er mit Vanessa allein ist. Sie weiß über die Anlage nicht allzu viel. Vielleicht handle es sich um eine Begräbnis-
stätte oder um einen Sonnentempel, meint sie, und Pablo malt das
aus. Er spricht von Leichenbergen, von einem Hügel aus Toten,
der errichtet worden sei, um die Lebenskraft einer frühen Men-
schengemeinschaft besser zu erhalten. Vanessa deutet die Riesen-
steine als Zeichen und Manifest, »that somebody was here«. Pablo
greift das auf: er sieht in Stonehenge einen Beweis für die Existenz
des Menschen, ein Mahnmal, das nach Jahrtausenden noch davon
zeuge, wie hier Menschen aus Angst vor dem Alleinsein in der
übermächtigen Natur sich aufgebäumt haben, um dieser Natur
ihre Baukunst, ein Nicht-Natürliches entgegenzusetzen, sie also
zu vergewaltigen. Vanessa lacht und erwähnt beiläufig, daß Stonehenge auch als Phallus-Symbol gedeutet worden sei. Und Pablo
vergleicht die Situation der Hirten von Stonehenge mit derjenigen
der Menschen in der modernen Industrie- und Massengesellschaft: »Wenn ma heit *tot* isch, soll ma meglichscht schnell ver-
schwenda ond meglichscht wenig Schpura z'rücklau. Dia kentat
sonscht d'Nochfolgr *schtöra*! Heit send Beerdigonga eppa auf'm
gleicha Niveau wia *d'Schtrossareinigong*!« (S. 70)
  Das Denkmal, zu dem die Landleute zur Feldpredigt hinauszie-
hen, hat für die zwei Freunde keine Bedeutung und keinen erkennbaren Sinn. Es ist für sie Folklore oder Brauchtum. Was sie
ängstigt, ist die Menge, die sich dort draußen versammelt. Sie
fliehen vor der Masse der Menschen. Stonehenge dagegen, das
Mahnmal aus dem Neolithikum, beschäftigt Pablo und Vanessa
als ein Monument aus Zeiten, in denen der Mensch noch einsam
und ausgesetzt auf dieser Erde lebte. Schaudernd stand er, wie sie
sich vorstellen, einer übermächtigen und unbegreiflichen Natur-
macht gegenüber. Wenn er sich behaupten wollte, mußte er
kämpfen. Es bleibt ein Rätsel bis heute, wie die gewaltigen Fels-
brocken überhaupt auf die Anhöhe bei Amesbury geschafft werden konnten. Keine technischen Hilfsmittel sind bekannt, die den
Erbauern der zyklopischen Anlage zur Verfügung gestanden ha-

ben. Um so größer erscheinen die Kraft und der Wille, die – wahrscheinlich über eine Bauzeit von mehreren hundert Jahren – Generationen zu ihrem Werk angetrieben haben. Da überdies vermutet wird, daß Stonehenge aufgrund astronomischer Beobachtungen und Berechnungen konzipiert und errichtet worden ist, kann man auch über die geistige Leistung dieser Menschen der Frühzeit nur staunen.

Darf man, im Gegensatz zu Stonehenge, die überdimensionierten Fabeltiere in Pablos geräumigem Atelier als Mahnmale und Monster unserer Zeit verstehen? Beunruhigende, unheimliche Mißgeburten sind es, Fabelwesen einer Zeit, die aus den Fugen geraten ist. Längst haben die Menschen die Natur vergewaltigt. Wovor sie sich jetzt fürchten müssen, ist nicht mehr das Unbekannte und Numinose, sondern das Massenphänomen, die Industriewelt, die Welt der vielen Gleichen. Wir haben es im ersten Akt von *Sundaymorning* mit der patriotisch-emotionalen Gattung Denkmal zu tun, im zweiten mit einem über Jahrtausende hin sichtbaren Zeugen für die Selbstbehauptung und den Überlebenswillen des Menschen, im dritten Akt aber mit Figuren, die überlebensgroß eine Krise anzeigen. An Mahnzeichen und Monstern macht E.Y. Meyer das innere Thema seines Stücks sichtbar: die Flucht ins Folkloristische und Ländliche, auch die Flucht in die Geschichte, – die unübersehbare Mahnung, was der Mensch sein könnte und zu leisten vermag, – schließlich die Mißgeburt des »Massen-Monsters«.

Künstler als Helden

Edy und Pablo sind nach durchzechter Nacht mit ihren Rädern aufs Land hinausgefahren. In der Gartenwirtschaft blödeln sie, sprechen in Versen und in englischen Zitaten, parodieren Sportreportagen und lassen vom Musikautomaten Elvis und anderes erklingen. Es ist in diesem ersten Akt viel Bewegung, nicht nur wegen der Menschengruppen, die ständig vorbeiziehen, wegen des Joggers, der seine Runden zieht, sondern vor allem durch die zwei Freunde selbst, die mit dem Rad zirkusreife Kunststücklein vorführen, mit einem defekten Klappstuhl eine Clownnummer abziehen und mit dem Hund der Wirtin den Dompteur spielen. Wenn die hübsche junge Reiterin einkehrt, machen sie ihr den

Hof, umschwärmen die Diana im Reitkostüm und werden zu Rittern, die vor dem Burgfräulein schmachten. Sie schlüpfen nacheinander in mancherlei Rollen, sie sprechen mehrere Sprachen oder bedienen sich, Verwandlungskünstlern nicht unähnlich, verschiedener Sprechweisen. Und wenn sie vor der zu erwartenden Menge von Wirtshausgästen zu Bopp und Vanessa flüchten, geht dieses Spiel noch eine Weile weiter.

Jetzt spielen sie sich vor Bopp und vor allem vor seiner schönen Freundin als fröhliche Kumpane auf, die anders als Bopp sind, der Gymnasiallehrer, der mit Bauernmöbeln und Champagner handelt. Sie sind freie Künstler, keine »Krämrseel'« wie Bopp. In die locker geordnete Welt dieses cleveren Nutznießers verbreiteter Sehnsüchte bringen sie frischen Wind und die Abenteuerlichkeit nicht abgesicherter Existenz. Sie bringen Märchen und Geschichten, und sie auch sind es, die Vanessa als »nackte Maya« und als Venus von Botticelli sehen: es kommt zu der Szene, da Bopps Freundin ihren Gürtel löst und den Morgenrock zu Boden gleiten läßt.

Aber woran eigentlich, wenn nicht an ihrer spielerischen Art, an ihrer Ungebundenheit ist zu erkennen, daß Edy und Pablo Künstler sind? Wenn sie im dritten und letzten Akt des Stücks allein in Pablos Atelier in Gegenwart der halbfertigen Monster den Versuch machen, ihrer Lage auf den Grund zu gehen, entfallen die spielerischen Einlagen ohnehin fast ganz. Ein Gespräch hebt an, das zum Ziel hat, das verlorene Gleichgewicht des menschlichen Daseins wiederzufinden, »zwischa gnüegend Ordnung und ebenso genüegender Unordnung«. Aus Zerstreuung und Gedankenlosigkeit, aus Vermassung und Vermarktung suchen die Freunde den Weg zurück in die Welt des Wesentlichen. Das Leben im gestalterischen Angriff zu retten, steht als Aufgabe vor ihnen.

Im Nachwort, das E.Y. Meyer der Ausgabe im Suhrkamp Theaterverlag beigegeben hat, spricht er davon, man könne das Stück ein »Künstlerdrama« nennen, dies allerdings oberflächlich gesehen, unter Ausklammerung der Zeit-Situation. Der Autor möchte den Künstler als Prototyp des »modernen« Helden verstanden wissen, als den Einzelnen nämlich, »der immer, wenn das soziale Gefüge des Unbewußten aufgelöst wird, eine heroische Reise unternehmen muß, um neue Formen ausfindig zu machen«. Er verweist in diesem Zusammenhang auf den Mythenforscher Joseph

Campbell, der gesagt habe, in allen Abenteuermythen ziehe der Held los und halte unschuldig Ausschau nach etwas Verlorenem. Oder er verfolge ein Tier in den Wald hinein und befinde sich, ehe er sich's versehe, an einem Ort voller Ungeheuer und Dämonen, die ihn zu vernichten drohen. Schöpferische und künstlerische Arbeit sei Antwort auf das Bedürfnis, dieser Gefahr und diesem Chaos zu entrinnen und irgendwie eine neue Sicherheit zu finden. E. Y. Meyer spricht im Anschluß daran von den Aufgaben, die sich dem Künstler in der »Nachmoderne« stellen. Er müsse hinter die Entscheidung zurückgehen, die zur Industrie- und Massengesellschaft geführt hat. Aber das scheint nun nicht im schroffen Gegensatz zur »Moderne« denkbar, eher in einer Milderung, in einem Verzicht auf die Rigorosität der Ordnung und in der Toleranz gegenüber dem Ungewissen und Offenen. Die betreffende Stelle im Nachwort deklariert selbst den bewußten Gebrauch einer lokalen Mundart als Mittel, sich »der Standard-Schriftsprache als politischem Organisations- und Vereinheitlichungsinstrument zu entziehen«. Edy, der Maler, ist hierin seinem Freund vorangegangen, er macht sich zum Anwalt einer neu verstandenen Individualität. Im großen philosophischen Zwiegespräch des dritten Aktes sagt er: »Ds Individuum hot onser Zivilisation g'schaffa ond muass se jetz retta ond weiterentwickla! Mir miassat onser *Identität* suacha wia d'Sonn ond vor dr Anonymität dr Massa Angscht hau wia vor dr Nacht! Mir miassat probiera a Gleichgwicht z'fenda zwischa *gnüegend Ordnong* ond ebenso *gnüegender Unordnong*. Mir brauchat a paar Annahme ond Voraussetzonga, dia vo alle Menscha akzeptiert wearet, a neia Philosophie, an neia G'sellschaftsvertrag, a Art neie *Religio*, wenn willsch: aber oina, dia auf harte Fakte dr Wissenschaft basiert ond vo der it ag'riffa wera ka!« (S. 114)

In ihrer »Kunst-Oase«, im Atelier Pablos, in dem die beunruhigenden Tier-Monster stehen, findet dieses Gespräch statt. Was in freier Natur sichtbar geworden ist, in der Gartenwirtschaft auch die akustischen Manifestationen der Unterhaltungsindustrie und der Werbesprache, die Konservenwelt, in der sich selbst Gefühle in Songs und Schlagern zu Bestsellern gemacht haben und abrufbar geworden sind, kommt hier im Innenraum des dritten Aktes zur Sprache. Die abendländischen Überlieferungsfetzen und der Zivilisationsmüll, die zu Rollenspielen und Scherzreden gerade noch getaugt haben, sind einer Sprache gewichen, die es ernst meint. Und dieses Gespräch ist auch nicht mehr aufgelockert, nicht mehr durch Allotria mit Zitaten und Versen ins Unverbindliche abgelenkt. Edy greift zu Beginn nach einem Buch und liest daraus einen langen Satz. Es ist *Die Ästhetik des Widerstandes* von Peter Weiss, und darauf versuchen sie noch einmal einen lustigen Reim zu machen. Auch ist zu beobachten, daß Edy mehrmals den Versuch macht, seinen ins Grübeln versunkenen Freund durch rasche Wechsel des Themas von seiner Verdüsterung abzulenken. Aber Pablo kommt hartnäckig auf Lisa zu sprechen, die Frau, die ihn verlassen hat. Auch in diesem dritten Akt gibt es vereinzelt noch inszenatorisch und schauspielerisch dankbare »Nummern«, etwa wenn die Freunde in pathetischer Dichomythie die körperlichen Reize Vanessas preisen, indem sie sich auf die Entkleidungsszene bei Bopp beziehen. Aber diese spielerischen Elemente versickern sofort. Schwer lastet Pablos Depression über dem Dialog, der schließlich ganz zum Erliegen kommt. Pablo findet sich zuletzt mit den Monstern allein. Er ruft einen Freund an, einen Arzt, und schließlich holt er den Karabiner und setzt sich verzweifelt aufs Bett.

Aber über die Kunst der beiden Freunde, ihre Versuche also, das Chaos zu ordnen, erfährt man in dem Stück nicht allzuviel. Edy, der Maler, hat ein zentrales Motiv: er malt leere Räume. Die Stadt, in der er lebt, kommt ihm wie ein neues Pompeji vor, ein Vergleich übrigens, den auch Max Frisch in *Mein Name sei Gantenbein* verwendet: der Erzähler in seiner ausgeräumten Wohnung hat diese Assoziation, er stellt sich vor, wie hier einmal gelebt wurde, »bevor die heiße Asche sie verschüttet hat«. Edy bringt, indem er immer wieder leere Räume malt, das Unsichtbare ins Bild. Von Pablo erfahren wir, daß er damit beschäftigt ist, die Welt neu zu erbauen aus Wörtern. Die Dichtung sei die einzige Kunst, die es möglich mache, an die Vernunft im Menschen zu appellieren, – ein Gedanke, der wörtlich so auch im Roman *Die Rückfahrt* zu finden ist. Albin Bergers Entschluß, Schriftsteller zu werden, gründet auf der Feststellung, daß die zerbrochene Welt neu errichtet werden muß. Entscheidend wird dabei sein, daß weder zuviel Ordnung noch zuviel Unordnung das Gleichgewicht stört. Was die Künstler der »Nachmoderne« wie Edy im Stück *Sundaymorning* suchen, gleicht nicht der Utopie, deren Verwirklichung die Welt ein für allemal ins Lot zu bringen vermöchte. In seinem Brief an Ludwig Harig hat E.Y.Meyer seine

Meinung dazu wie folgt zusammengefaßt: »Ich glaube, es hat sich bis heute deutlich genug gezeigt, daß sich hinter jedem utopischen Entwurf, der die mit Makeln behaftete Existenz zur Vollkommenheit ›führen‹ will, ein Großinquisitor versteckt – daß wir die Erde, wenn wir sie unbedingt zum Paradies machen wollen, zur Hölle machen.«[4] Der Briefschreiber erhofft sich eine zunehmende Desillusionierung und dann eine Zeit der Synthese zwischen Chaos und Ordnung, zwischen Abenteuer und Sicherheit. Die Künstler, von denen er zwei in seinem Stück *Sundaymorning* auftreten läßt, hätten die Aufgabe, diese Synthese durch ihr Schaffen zu befördern. Es scheint indessen, daß besondere, persönliche Schwierigkeiten sie daran hindern oder ihnen doch die Arbeit erschweren.

Urmutter und Superfrau

In der Trümmerwelt der Moderne, die keinen Stil, keine Sprache, sondern Sprachcollagen als einigermaßen äquivalentes Ausdrucksgefüge hat, kommen antike Mythologie und germanische Götterwelt, abendländische Kultursplitter und Zitatfetzen aus großer Literatur ebenso vor wie der Werbeslogan, die Schlagzeile, der Schlagertext und die Redensarten vorwiegend englischer Herkunft.

Überlieferung erscheint verflüchtigt, als durcheinandergeratener Zettelkasten unterschiedlicher Ausdruckssysteme. Klassische Musik und bekannte Filmmusiken, Titel aus der Hit-Parade und Evergreens erklingen vom Plattenspielautomaten. Im ständigen Wechsel der Sprachmasken wird auch sichtbar, wie schwierig es geworden ist, zur Einsicht, zur wahren und einfachen, zur natürlichen Sprech- und Lebensweise zurückzufinden. Besonders deutlich aber wird das immer dann, wenn die männlichen Figuren des Stücks auf Frauen zu sprechen kommen oder wenn sie sich Frauen gegenüber erklären möchten. Edy, Pablo und Bopp waren alle drei entweder verheiratet oder in einer Zweierbeziehung gebunden. Die Ehen oder Freundschaften sind zerbrochen. Ihren gescheiterten Versuchen mit weiblichen Lebenspartnern entspricht das Vokabular, mit dessen Hilfe sie sich darüber verständigen. Sie sind auf Abenteuer aus, sie geben sich als Draufgänger und brauchen, wenn sie von den Objekten ihrer Wünsche sprechen, Wörter wie »Klassefrau« oder »Superfrau«, womit sie das erotische Erscheinungsbild und nicht den Menschen weiblichen Geschlechts bezeichnen. Denn die Frau ist für sie im Grunde ein unerreichbares Idealwesen oder dann ein unheimlicher Dämon. Die Wirtin im ersten Akt, von der es heißt, daß sie hundert Kilogramm auf die Waage bringe, erscheint ihnen als »Drachen«, als »Germania« (im berndeutschen Text als »Helvetia«), als ein »phänomenales Weib«, »La grande Mamma Roma«, »Magna mater«, »Urmuattr«. Sie haben Angst vor ihr. Die neunzehnjährige Reiterin in ihrer Rokokobluse wie aus einem Kostümfilm dagegen ist für die Freunde ein »Engel«, ein Burgfräulein oder eine Amazone. Auch für dieses Mädchen, dessen weibliche Schönheit noch verborgen ist, brauchen sie allerdings das Wort »Superfrau«, Ausdruck ihrer Hilflosigkeit. Vanessa wiederum, deren reife Schönheit sie fasziniert, ist ihnen »Helena«, das »erblühte Weib«, die »Verführerin«, »spirit of love«. Hinter der überspannten, zwischen Machismo-Jargon und mythischem oder dichterischem Wortschatz schwankenden Sprechweise verbergen sich Angst und Unsicherheit der Männer vor den Frauen, von denen sie ahnen, daß sie der »Ur-Mutter« Natur stärker verbunden sind. Pablo trägt das Märchen von Frau Trude aus der Sammlung der Brüder Grimm auf einem Blatt bei sich und liest es während des Besuchs der Freunde bei Bopp im zweiten Akt vor, eine unheimliche Hexengeschichte, die ihre Entsprechung hat in der Stelle aus Peter Weiss' *Ästhetik des Widerstandes* über die apokalyptische Erinnye, die mit starrem Blick und offenem Mund, das Schwert schwingend, über ein von Krieg und Pest verwüstetes Land dahinstürmt.

Die Monster in Pablos Atelier sind Werke der Frau, die ihn verlassen hat. Sie stehen da wie Mahnmale einer zerbrochenen Zweierbeziehung, aber eben auch wie Zeichen für das gestörte Verhältnis des Menschen zum Tier, für den Verlust von Lebensgrundlagen, die »lebenden Systemen« unverzichtbar sind. Pablo, im dritten Akt, spricht es aus, daß wir alle am Ende seien, »*Kapitalischta, Kommunischta, Sozialischta, Weisse, Schwaaze, Gelbe, Braune, Rote, Grüne, Blaue* – mir alle, ob mer des went oder it schaffat doch schon lang an onsrer oigana Abschaffong! An dem, dass mer nämlich eines schönen Tages nemme mir selber, du du ond i i, sondern dass du wia i ond i wia du, dass mer alle haargenau *gleich* send! Dass es bloss no a oinziga, *absoluta Ordnong* und a *totale Gleichheit* ge weard! Wo mer auf gleiche Reiz alle genau gleich reagierat! Wo mer auf *Glockaschlag* wia a Herde Schof sche brav auf d'Woid zom Grasa gangat! Mir hant koi Chance meh –«. (S. 110) Edy meint darauf, daß die einzige Chance darin bestehe, die eigene Individualität zu bewahren. Und er meint, an anderer Stelle, wir sollten versuchen, zu den Müttern aufzubrechen wie Faust. Das wahre Monster, das bedrohliche Unwesen ist die grenzenlose und amorphe Masse, die das Individuum verschlingt und keine anderen Monster mehr neben sich duldet. Weil dieser Zeit nichts mehr heilig sei, gebe es nämlich auch keine »monstres sacrées« mehr.

Es gibt bis jetzt noch keine Theatererfahrung mit *Sundaymorning*. Es ist ein Stück, das von vergnüglichen Angebereien und Rollenspielen zu Gesprächen führt, in denen das Schicksal der ganzen Menschheit verhandelt wird.

Anmerkungen

1 Vgl. Werner Brändle: *Das Theater als Falle. Zur Rezeption der dramatischen Stücke Martin Walsers*, in: *Martin Walser*, hg. Klaus Siblewski, Frankfurt am Main: suhrkamp taschenbuch materialien, 1981.
2 In: *Die Hälfte der Erfahrung*, Frankfurt am Main. Suhrkamp Verlag, 1980.
3 Mitteilung von E.Y.Meyer an den Verfasser.
4 In: Schweizer Monatshefte, Januar 1982, S. 53 ff.

Die Seitenangaben im Text beziehen sich auf E.Y. Meyer *Sundaymorning*. Aus dem Berndeutschen ins Schwäbische übertragen von Wolfgang Kunz. Frankfurt a. M. Suhrkamp Theaterverlag, 1981.

März 1982

E.Y.Meyer

Brief an Anton Krättli
(mit einem Anhang)

Wabern, 25. November 1981

Lieber Herr Krättli,

meine Schreibmaschine ist wieder instandgestellt: Schrift gerichtet, Zugstange »E«, Pullie und Antriebriemen ersetzt. Nun kann ich also versuchen, Ihre recht umfassenden und weitreichenden Fragen zu meiner Theaterarbeit zu beantworten.

Entschuldigen Sie, wenn ich manchmal etwas knapp bleiben muß, aber Ihre Fragen betreffen ja nicht nur den Zeitraum, seit dem ich hauptsächlich fürs Theater arbeite – die nun fast vier Jahre seit der »Rückfahrt« also –, sondern zielen darüber hinaus bis in meine Kindheit zurück.

Zu Frage 1, ob es schon immer mein Wunsch gewesen sei, fürs Theater zu schreiben: Ich habe meine Vorschul- und erste Schulzeit in Pratteln in einer großen, sehr anregenden und fruchtbaren »Kindergesellschaft« verbracht, in der in Kellern und selbstgebauten Zelten Kasperlitheater und Zirkus gespielt wurde. Seit meiner frühesten Kindheit habe ich eine Vorliebe fürs Verkleiden, Grimassenschneiden, Clownspielen, Leute- und Tiereimitieren gehabt und damit andere Leute auch erfolgreich zum Lachen oder zum Erschrecken gebracht. Ich war ein guter Schlagersängerimitator und habe mich dann auch zu einem guten Kasperlitheaterspieler entwickelt. Ich hatte mein eigenes ›Ensemble‹ (zunächst eingekaufte, dann auch selbst geschaffene Puppen), meine eigene Bühne, selbstgemalte Bühnenbilder und spielte aus dem Stegreif bzw. der Erinnerung heraus Stücke aus der reichhaltigen, aber nur in meinem Gedächtnis fixierten Märchenwelt, die mir meine Mutter in einer höchst intensiven Weise vermittelt hatte, oder ich entwickelte aus dieser Welt und der Welt der von mir gesehenen Kasperlivorstellungen an der Basler Herbstmesse zum Beispiel völlig eigenständige Stücke. Der Umweg über das Schreiben war damals, wie danach noch Jahre lang, nicht nötig, so daß also auch noch kein Wunsch und Wille zum Schreiben da war. Auch als ich in der Schule schreiben lernte – Lesen hatte ich schon vorher gelernt – und mit meinem »Theater« vor der ganzen Klasse aufspielen durfte, entstand alles direkt aus dem Zusammenwirken von Erinnerung und Phantasie heraus – nun auch stetig angereichert durch immer umfangreichere eigene Leseerfahrung.

Später organisierte ich in den Luftschutz- und Wäschetrocknungsräumen der Blöcke, in denen wir wohnten, an schulfreien Nachmittagen Kasperlivorstellungen für die Kinder des ganzen Quartiers. Der Berufswunsch, der sich in mir herauszukristallisieren begann, war, Schlagersänger oder Schauspieler zu werden. Vor und nach der Matur hatte ich dann in der Schule und in Amateurgruppen auch Gelegenheit, Theater zu spielen, und war darin, wie ich sagen darf, auch wieder erfolgreich. Die Vorstellungen meines Vaters und seine finanzielle Situation als Arbeiter erlaubten es mir jedoch nicht, eine Schauspielschule zu besuchen, so daß ich im Sinne einer Überbrückung ein Lehramtstudium begann. In dieser Zeit begann ich auch meine übrigen Begabungen auszuprobieren und zu testen: Drehbuch, Regie und Hauptdarsteller übernehmend, versuchte ich mich als eine Art Mini-Orson-Welles im Filmen (sogenannte »Heimkinos« hatten in meiner zum Glück noch fernsehlos gewesenen Kindheit auch schon eine Rolle gespielt, dann auch immer stärker das »richtige« Kino), es gelang mir, zwei der Bilder, die ich damals auch malte, in die Weihnachtsausstellung des Bieler Kunstvereins zu bringen (bei einer Jury, in der immerhin ein Pole Lehmann saß), und nicht zuletzt, um aus der Not der mir in den anderen Sparten nicht ausreichend zur Verfügung stehenden »Produktionsmittel« eine Tugend zu machen, begann ich damals auch zu schreiben. (Aus der damaligen Film-Zeit lege ich Ihnen ein kleines »Dokument« bei – neben dem darin erwähnten Film »Inside-Outside«, der noch existiert und, wie ich glaube, auch heute noch vorzeigbar ist, gibt es aus dieser Zeit auch noch zwei unrealisierte Drehbücher).*

Sie sehen, daß mich quasi schon von Anfang an alle Kunst-Arten, -Richtungen und deren ›Medien‹ nicht nur fasziniert und interessiert, sondern auch immer wieder mit Erfolgserlebnissen bestätigt haben. So ist es denn beim Theater wohl gerade das »Multi-Mediale«, der Anteil, den die verschiedensten kreativen

* [Siehe Anhang.]

Prozesse bei seinem Entstehen haben, das mich nach einer relativ langen, sozusagen »mönchisch« mit Bücherschreiben verbrachten ›Askesezeit‹ wieder mit starker Kraft anzieht.

Um mein erstes Theaterstück, »Sundaymorning«, so wie es heute vorliegt, zu schreiben, habe ich drei Jahre gebraucht. In dieser Zeit habe ich jedoch auch Theaterproduktionen in folgenden Städten mitverfolgt: Bern, Bremen, Konstanz, Düsseldorf, Darmstadt, Ulm, München, Maastricht, Basel, Genf und mehrere in Paris. Ich bin auch außerhalb dieser Produktionen mit den verschiedensten Theaterleuten in Kontakt gekommen und habe das Material für mindestens drei weitere Stücke zusammengetragen. Ich habe erlebt, wie erstarrt das Theatersystem im deutschsprachigen Raum heute ist, wie es in der Verwaltung und im Mittelmaß (es gibt da, glaub ich, einen engen Zusammenhang) zu ersticken droht und wie autorenfeindlich es deshalb auch ist – und trotzdem oder gerade deshalb will ich nicht nur versuchen, mich auch als Dramatiker durchzusetzen, sondern würde mir mit der Erfahrung, die ich heute habe, sogar auch ohne weiteres zutrauen, meine Stücke auch selber in Szene zu setzen. Ich bin da mit dem, was Urs Widmer kürzlich in einem Essay über Theater, Autoren und Schauspieler schrieb (DIE WOCHE, 2. Okt. 81), durchaus einverstanden: »Ein Stück ist das *und nur das,* was wir auf der Bühne sehen. Der Autor kann hinterher lange stammeln, er habe es ganz anders gemeint. Ich schreibe keine *Lese*stücke, und ich möchte gern selber schuld sein. [. . .] Ich habe halt *meine* Vision im Schädel, und die möchte ich gern auf die Bühne bringen. Ich bin überglücklich, wenn mir ein anderer eine andere Vision zeigt. Was ich aber nicht ausstehen kann, sind Regisseure, die ein Stück *retten.* Man kann ein Regie-Angebot ja auch gleich ablehnen. Und: Natürlich soll ein Regisseur autonom und kraftvoll sein; aber auch demütig.« Schon Frisch und Dürrenmatt hätten es heute, glaube ich, ganz erheblich schwerer als damals, als sie für das Theater zu schreiben begannen – von Erscheinungen wie Shakespeare, Molière oder Nestroy ganz zu schweigen. Ganz hoffnungslos ist die Lage aber noch nicht. Es gibt an den Theatern noch einige gute Leute und Möglichkeiten, und es beginnen sich auch neue Wege zu zeigen (sehen Sie dazu auch die beigelegte Kopie einer Notiz von Johannes Groß).*

* [Siehe Anhang.]

Zu Frage 2, den Boswiler Workshop betreffend: Von einer Teilnahme an diesem habe ich mir eigentlich wenig versprochen. Daß ich auch für das Theater schreiben wollte und würde, stand für mich, wie Sie dem oben Gesagten entnehmen können, schon lange fest. Daß ich, nachdem ich bereits zweimal eingeladen worden war, dann doch einmal für einige Tage nach Boswil gefahren bin, geschah in erster Linie, weil mein Freund Sam Jaun damals am Workshop teilnahm. Das war glaub ich 1977, und während der ersten Workshop-Tage war ich da noch in Frankfurt an der Buchmesse. Ich habe in Boswil die ersten drei Seiten von »Sundaymorning« geschrieben, und die Begegnungen und Erfahrungen, die ich dort gemacht habe, sind sicher nicht unwichtig, aber sicher auch nicht wesentlich oder gar unentbehrlich gewesen. Daß man sich, wenn man für das Theater schreiben will, aber mit der konkreten Theaterwelt und deren Denkweise auseinandersetzen und sich deshalb auch in sie *hinein*setzen muß, ist unvermeidlich. Erst dann merkt man nämlich auch, was sich da für komplexe Vorgänge abspielen. Man erkennt z. B. welches die relativ ›feste‹ Berufsvorstellung eines Regisseurs oder Schauspielers ist, welches die vorherrschenden ›festen‹ Denkweisen sind, in welchen ›festen‹ Formen das Leben in einem Theater abläuft – kurz, nach welchen Gesetzen diese ganze ›Maschine‹ funktioniert. Man sieht, daß diese Dinge alle ihre Berechtigung haben, daß da lange Erfahrungen dahinter und darin stecken und daß es z. B. auch wirklich bestimmte Kriterien für die Bühnenwirksamkeit eines Stücks und für dessen Machbarkeit gibt. Man sieht aber auch, daß all diese Dinge immer auch in Gefahr sind, statt Teile eines lebendigen, kreativen ›Organismus‹ zu sein und zu bleiben, zu Bestandteilen einer tatsächlichen, unkreativen und nur noch reproduzierenden Maschine zu werden. Das Nichtmachbare und Nichtbühnengerechte wird dann zur Ausrede für uneingestandene Impotenz, bei der so handlungslose Stücke wie die von Beckett etwa nie eine Chance gehabt hätten, wie unter dem Deckmantel der ›Avantgarde‹ daherkommende wirkliche Leerlauf-Stücke dieser Impotenz andererseits wieder als Alibi dienen können, um sich selbst und andere über den eigenen Zustand hinwegzutäuschen. Und bei all dem wird man – als wichtigstes Ergebnis, das dabei herauskommen kann – entweder in seinem »Instinkt« für das, was Theater ist, bestärkt, so daß man sich dem, was man als Leerlauf erkennt, widersetzt, oder man wird es eben nicht und macht beim

Leerlauf mit.

Zu Frage 3: Da kann ich zu Ihrer Feststellung, daß Sie ziemlich böse sind, wenn Sie an die sogenannte Förderung des Dramatikernachwuchses durch unsere großen Bühnen denken, nur sagen – ich auch! Nicht nur, was die großen Bühnen tun, sondern beinahe alles, was in der Schweiz unter »Dramatikerförderung« läuft, erweist sich – es ist paradox, aber es ist so – statt als Förderung immer wieder als regelrechte Schädigung. ›Goodwill‹-Verspielung und Klima-Versauung findet da auf eine so konsequente Weise statt, daß man sich schon fast zu fragen beginnen könnte, ob da wirklich nur Dilettantismus und Dummheit schuld daran sind, oder ob das nicht vielmehr schon mit Absicht betrieben wird. Merkwürdigerweise habe ich aber noch nicht bemerkt, daß ein Kritiker dies auch einmal deutlich geschrieben und aufgedeckt hätte. Um *ja* diese Pseudo-»Förderungsversuche« nicht zu gefährden, wird in den Medien im Gegenteil ja meist in bewußt oder unbewußt heuchlerischer Weise gute Miene zu diesem bösen Spiel der Autoren-Verheizung gemacht. Und wenn ein Autor einmal unvorsichtig genug ist, um selbst das Wort dazu zu ergreifen, wird er glücklicherweise flugs vor sich selbst in Schutz genommen, indem man eine Veröffentlichung seiner »Dummheit« verhindert. Ganz unschuldig daran, daß sich dieser Prozeß immer wieder von neuem abspielen kann, sind die Autoren allerdings auch nicht, lassen doch viele einfach alles mit sich machen, nur damit sie einmal gespielt worden sind.

Ich glaube, es gibt keine allgemeingültige Regel und kein Rezept für eine erfolgreiche Dramatikerförderung. Diese muß, glaube ich, vielmehr individuell verschieden und dem einzelnen Autor und Stück angepaßt sein. Studioaufführungen, szenische Lesungen etc. sind sicher in bestimmten Fällen Möglichkeiten (gegen das Wort ›Keller‹ bin ich immer allergischer!), in anderen jedoch nicht.

Ich hoffe, diese Auskünfte nützen Ihnen etwas.

Mit den besten Grüßen
Ihr E.Y.M.

»Anhang« zum »Theaterbrief« an Krättli vom 25. 11. 81

Junge Bieler Cineasten in der Galerie 57

Sylvia und Jörg Steiner liehen ihre Galerie jungen Bieler Filmmachern zur Präsentation ihrer 8-mm-Filme. Es gab einen sehr anregenden und der Diskussion werten Abend; einer Diskussion wert, die erst nach Mitternacht zu Ende ging, nachdem vorher die Filme wegen des großen Publikumsandrangs zweimal hatten gezeigt werden müssen.

Einige Bieler Gymnasiasten zeigten einleitend ihren Film *Inversion*. Es gab darin viele filmisch hervorragende Momente. Ich erinnere an das Wegrennen des sich seiner Rüstung entledigenden Ritters, an den Blick durch Buchs auf den Tod, an die drei militärisch gerichteten und reagierenden Männer mit Kränzen. Wenn der Film im ganzen trotzdem nicht recht zusammenhielt, dann mag es daher kommen, daß er noch zu fest an einer Story klebt, die viele konkrete Motive enthält, ohne ihre Notwendigkeit zu begründen. Gelegentlich waren Vorbilder zu übermächtig – so gab es eine princesse de la mort Cocteauscher Prägung. Trotz allen Einwänden interessiert *Inversion* durch manche gelungene Ansätze, und man wird besonders die imponierend durchgestandenen schauspielerischen Leistungen von Urs Ratschiller und Verena Biedermann in guter Erinnerung behalten.

Das Team Tobias Kästli (Regie), Peter Meyer (Hauptdarsteller, Regie, Drehbuch) und Jürg Spieß (Kamera) verdient für drei der vier gezeigten Kurzfilme Respekt und Interesse. Nur *Streets* kam mir fad vor, seine Bildabfolge war ohne Notwendigkeit und Rhythmus. Rhythmus zeichnete dafür den schönen und überraschenden Streifen *Buildings* aus, der immer wieder durch effektvolle Schnitte (Übergang vom Baustellentümpel zum Teich der Villa Adriana) und spannende Kameraeinstellungen bestach, der seine Motive je nach ihrem Gehalt verschieden ins Bild umsetzte – den modernen Häuserblock in hektischem Zeitraffer, das verträumte kleine Palais in fotografischer Statik.

He Jude (ich nenne den Film so nach seiner Musik, dem wunderschönen Beatles-Song) war vielleicht vor allem eine ästhetische Spielerei und verbreitete nicht selten eine nicht ganz einleuchtende Son-et-lumière-Stimmung. In vielen Augenblicken aber war er ein hochinteressantes Experiment: Durch chemische Ein-

196

wirkungen wurden seltsame Formen und Farben über die Leinwand gebreitet, verfärbten und verformten das Dargestellte, so daß Klosterhöfe und ganz realistische Plätze in eine faszinierende Bewegung gerieten und dabei auf eine gelungene Weise verfremdet wurden. *Inside-Outside* (ein guter Titel!) ist ein Film, der eine Vielzahl von Motiven und Absichten verarbeitet – manchmal nicht ganz nahtlos, im ganzen aber durchaus überzeugend. Ausgezeichnet und sehr musikalisch das Crescendo im ersten Teil (musikalisch einfallsreich unterstützt), schön gefunden auch das verfallende Haus und glänzend fotografiert die Augenblicke des Helldunkels der Innenräume. Treppen, rieselnder Sand und anderes brachten immer wieder eine vertikale Bewegung in den Ablauf, was wohl zu interpretieren wäre; aber darum geht es jetzt nicht. Der zweite Teil, extrovertierter in seiner Dramatik (die Dramatik des ersten war paradoxerweise lyrischer Natur), etwas zu aufdringlich gelegentlich, zu sehr ausgespielt auch (Schießerei), lebt trotzdem schon auf Grund der Kontrastwirkung zum ersten. Er dürfte etwas mehr Eigengewicht bekommen, so daß Outside nicht in erster Linie das Gegenteil von Inside wäre, Eigengewicht in der Art, wie die originell verwendeten parodistischen Motive (Kino) es ihm allerdings jetzt schon verleihen.

Die Equipe hat alles in allem sehr anregend begonnen, und sie kann sich auf ihrer Filmerei behaften lassen. Vielleicht wird der nächste Film eine stärkere Bewußtwerdung bringen. Jetzt ist vieles noch spontan und zufällig – Tugenden, die leider meist nur bei Erstlingsfilmen wirklich solche sind.

Heinz F. Schafroth

(Tagwacht, 14. November 1968)

Johannes Groß:
Auf dem Kanzlerfest im Bonner Theater sprach Altbundespräsident Scheel eindringlich mit einem bedeutenden Theatermann über die Sorgen der öffentlichen Haushalte und kündete, daß dieser in ein paar Jahren von der öffentlichen Hand keine Mark mehr oder nur noch wenige Pfennige an Zuschüssen erhalten werde. Darauf ganz gelassen der Theatermensch: Wenn mich die Behörde nicht mit absurden Personal- und Sachkosten belastet und jedem Druck aus der Kulisse nachgibt, kann ich mein Theater mit

zwanzig Mann Technik und fünf Mann Verwaltung führen; ich lasse vier Stücke pro Saison en suite spielen und brauche die einstmals ausgestreckte, jetzt drohende öffentliche Hand nicht mehr.

(ZEIT-Magazin, November 1981)

III

Aspekte des Gesamtwerks

Malcolm Pender

Der Tenor deutschschweizerischer Literatur in den 70er Jahren des 20. Jahrhunderts

In einer Rede am 1. August 1976[1], dem Schweizer Nationalfeiertag, erklärte E.Y. Meyer (geboren 1946), ohne die Einladung zu sprechen hätte er an den Feierlichkeiten nicht teilgenommen; tatsächlich habe er dies einige Jahre zuvor – als er einer Rede Peter Bichsels beiwohnte – zum letzten Mal getan. Meyer empfindet ein augenscheinlich abnehmendes Interesse an diesen Feiern und stellt auf eine unemotionale Weise eine der am meisten geheiligten Traditionen eines Landes in Frage, das er mehr und mehr von Interessengruppen der Wirtschaft beherrscht sieht. Er schließt seine Rede mit einem Aufruf an seine Zuhörer, die leicht zu gefährdenden Rechte der Rede- und Gedankenfreiheit zu schützen, auf die auch Max Frisch in seiner Nationalfeiertags-Rede von 1957 sich bezogen hatte. Frisch, der 1911 vor dem Ersten Weltkrieg geboren wurde und in den 30er Jahren zu publizieren begann, und Bichsel, geboren 1935 vor dem Zweiten Weltkrieg – erste Veröffentlichungen in den 60er Jahren –, liefern zudem Bezugspunkte für eine Einschätzung der Haltung gegenüber der Schweiz und ihrem Platz im Werk Meyers selbst, der, nach dem Zweiten Weltkrieg geboren, in den 70er Jahren mit Veröffentlichungen hervortrat.

In den 60er Jahren gab es mehrere Versuche, die Veränderungen in der deutschschweizerischen Literatur seit 1945 aufzuzeigen.

1961 beklagt Kurt Guggenheim, die Schweiz sei für ihre Schriftsteller der 70er Jahre von solcher Einengung verhältnismäßig frei. »Gegenstand der Bewunderung«.[2] Hugo Leber, der in seinem Vorwort feststellt, daß die deutschschweizerische Literatur keine »Merkmale des typisch Schweizerischen« mehr enthalte, erhebt gerade dies zur Tugend der Anthologie *Texte* (1964).[3] Leber unterscheidet zwei Wendemarken in der neueren Literaturgeschichte: Meinrad Inglins Roman *Schweizerspiegel* (1938) als letztes Beispiel für eine Betrachtungsweise und einen Erzählstil, der mit seinen Wurzeln ins 19. Jahrhundert zurückreicht, und nachfolgend das Werk Frischs und Dürrenmatts. Deren Mittlerstellung zwischen der älteren Generation, repräsentiert durch Inglin, und der jungen Generation, die in den 60er Jahren hervortritt, ist für Leber charakterisiert durch ihre Reaktion auf den Zweiten Weltkrieg. Der Krieg, der ihnen die Notwendigkeit aufzeigte, nach neuen Formen für die Schweizer Literatur zu suchen, befreite sie dennoch nicht von den alten. Genau dieses Bewußtsein, dadurch geprägt zu sein, daß man den Krieg in der neutralen, in den Krieg nicht verwickelten Schweiz erlebt hatte, wird offenbar, wenn Frisch 1965 – wiewohl ohne Guggenheims zensorischen Ton – die Aufmerksamkeit auf das Fehlen von Themen im Werk der jungen literarischen Generation lenkt wie etwa: »die Katastrophe, deren Folgen auch unsere Existenz bestimmen«.[4] 1966 definiert Kurt Marti, geboren 1921, im selben Jahr also wie Dürrenmatt, die Veränderungen in der Blickrichtung, indem er feststellt:

»In der Landschaft und Umwelt wird selten mehr ›die Schweiz‹ erlebt, sondern das Fluidum der konkreten Region und ihres Menschenschlags, beide als ›Welt‹ (primär nicht als ›Schweiz‹) erfahren.«[5]

In den beiden Bänden *Schweizer Schriftsteller im Gespräch* stand am Ende des Jahrzehnts schließlich eine Bestandsaufnahme der Einstellung von vierzehn deutschschweizerischen Schriftstellern. In der Einleitung des ersten Bandes erklären die Herausgeber Georges Ammann und Werner Bucher, daß die hier mitgeteilten Interviews letztlich keine Vorstellung eines einheitlichen, typisch schweizerischen Standpunkts der Autoren mehr zulassen; Hugo Loetscher verweist auf die unakzeptable Beschränkung, die durch ›Schweizer‹ Themen auferlegt werde:

»Es käme mir aber nie in den Sinn, einen Roman über die Italiener in der Schweiz zu schreiben, das wäre zu peripher, nicht zentral [...] In der Literatur geht es mir [...] um die totale Kritik.«[6]

Wenn die Literatur der 60er Jahre die Kluft sowohl im zeitlichen Abstand als auch in der Einstellung zu Inglins *Schweizerspiegel* von 1938 sehr deutlich macht, kennzeichnet sie doch auch Anfänge einer Bewegung fort von der Haltung, die Frischs *Stiller* noch 1954 einnahm: in der das Unvermögen des Helden, sich selbst anzunehmen, teilweise durch seine symbolische Gefangenschaft »im Bild ›Schweiz‹ und im Cliché ›Schweizer‹« bedingt war.[7]

Kritiker der 70er Jahre haben Blickrichtung und Tonart der neuen Literatur herausgestellt. In der Anthologie *Gut zum Druck* (1972), von Dieter Fringeli vorwiegend aus Werken der 60er Jahre zusammengestellt, beschreibt Hugo Leber die Folgen einer Veränderung in der Blickrichtung: Es gibt nun »eine Literatur aus Zuchwil, Olten, Solothurn, Bern oder Zürich; so vielleicht bewegen wir uns weg aus dem Bereich des schweizerischen Vorurteils«.[8] Drei Jahre später stellt Fringeli in seiner Sammlung moderner Deutschschweizer Literatur *Von Spitteler zu Muschg* mit großer Überzeugung fest, Leuten wie Bichsel, die in den 60er Jahren zu publizieren begannen, sei eine »Befreiung vom Provinz-Alptraum« gelungen, die Prosa der 70er Jahre sei »ausgesprochen ortsbezogen, ja ortsgebunden«[9]; in ihr sei – in einer an Robert Walser erinnernden Art – die genaue Betrachtung der engeren Umgebung in weitreichendere Bezüge überführt. Anton Krättli bemerkt für seinen Teil eine gewisse Schärfe der Tonart in den 60er Jahren, bedingt, wie er glaubt, durch die Frontstellung dieses Schreibens gegen überkommene Einstellungen. In ihrem Eifer, eine »Gegen-Heimatkultur«[10] zu schaffen, so argumentiert Krättli, waren diese Autoren – zumindest streckenweise – gerade diesen Einstellungen allzu verhaftet. Dagegen seien die Schriftsteller der 70er Jahre von solcher Einengung verhältnismäßig frei. Sicherlich zeigt ein Vergleich der Rede E.Y. Meyers von 1976 mit den Bemerkungen von Peter Bichsel am Schweizer Nationalfeiertag 1970[11] einen insgesamt nicht nur weniger kraftvollen, sondern nahezu unbeteiligten Ton. Diese Leidenschaftslosigkeit findet sich auch in der Darstellung bestimmter Gegenden der Schweiz in Meyers beiden Erzählbänden *Ein Reisender in Sachen Umsturz* (1972) und *Eine entfernte Ähnlichkeit* (1975) und vor allem in seinen zwei Romanen *In Trubschachen* (1973) und *Die Rückfahrt* (1977). In diesen letzteren beiden Arbeiten erscheint die Schweiz, entmythologisiert in einem seit 1945 bis dahin vielleicht nicht möglichen Ausmaß, »als der nächste Bereich, in dem Universalbegriffe, wie ›Welt‹ oder ›Mensch‹ konkret und beschreibbar werden«.[12] *In Trubschachen* ist der detaillierte, in der dritten Person (›man‹) erzählte Bericht eines einwöchigen Aufenthalts, vom zweiten Weihnachtsfeiertag bis zum 3. Januar des folgenden Jahres, im kleinen Dorf Trubschachen im Emmental. Der Erzähler kommt an in der Absicht, die Unterbrechung seines alltäglichen Lebens (über das nichts gesagt ist) in erster Linie darauf zu verwenden, sich zu erholen, aber auch, um eine wissenschaftliche Arbeit über den Philosophen Kant voranzubringen. Der erste Einfluß der neuen Umgebung, das wohlgeordnete Funktionieren des Hotels und seine reichhaltigen Mahlzeiten, erzeugen beim Erzähler anfangs ein Wohlgefühl. Der wohltuende Eindruck zeitlicher Weiträumigkeit und ein warmes Vertrauen in die Realisierbarkeit seiner Absichten durchdringen ihn. Langsam jedoch erfüllen ihn die Einzelheiten, die ihn zunächst denken ließen, er könne über sein Schicksal bestimmen – die exakte Geographie des Dorfs, die Namen und Bezeichnungen der Händler, die Begegnungen mit den Einwohnern, die Spaziergänge in der schneebedeckten Landschaft – mit einem zunehmend beklemmenden Gefühl der Enge und Erstarrung seiner Umwelt. Gleichzeitig wächst die Erkenntnis, daß die Arbeit voranzubringen – der eine Grund seines Aufenthalts – problematischer sein wird als erwartet: Am Sonntag, dem zweiten vollen Tag seines Aufenthalts, tadelt er sich selbst, mit der Arbeit noch nicht begonnen zu haben. Ein den anfänglichen Schwung hemmender dritter Faktor ist die zunehmende Kenntnis des Erzählers von Dorf und Umgebung. Fortwährende Beobachtung läßt seine ursprünglichen Eindrücke bei der Ankunft nunmehr als doppelbödig erscheinen. Während seiner Spaziergänge kommt er an einem seltsamen, verlassenen »Kurhaus« vorbei, an verfaulenden Kadavern nahe einer Leimfabrik und an einer Baustelle, die als höchst geheime militärische Einrichtung gilt. In seinen Gesprächen erfährt er auch von den Wirtschaftskräften, die rücksichtslos Besitz ergreifen von den Höfen der umliegenden Täler, von Alkoholismus und Inzest dort, von der unaufhaltsamen Landflucht und, in Trubschachen selbst, von dem sozialen Gefälle und den Spannungen innerhalb der Familien, die in einem Haushalt während des Aufenthalts des Erzählers mit Mord enden. So ist es in einer Hinsicht richtig zu sagen, der Roman sei die »Geschichte einer Verdüsterung«.[13] Ablauf und Ende des Romans kontrastieren jedoch auch in anderer Weise zu seinem Beginn. Denn, wenn auch *In Trubschachen* nicht die Geschichte eines Versagens ist, so ist es letzlich doch eine Folge von vereitelten Vorhaben: Wegen Schnee muß der Erzähler seinen Versuch, nach der nächsten Ortschaft, Langnau, zu wandern, aufgeben; Schnee und der Einbruch der Dunkelheit hindern ihn daran, das Dörfchen Trub zu erreichen, und, vor allem: er kommt mit seiner wissenschaftlichen Arbeit nicht voran. Noch am Sonntag hatte er versucht, sich mit ihr zu beschäftigen, indem er sich ins Bewußtsein rief, daß »man später [. . .] die Zeit auf jeden Fall nicht mehr so, vielleicht sogar überhaupt nicht mehr zur Verfügung haben wird« (S. 36). Als er am nächsten Samstag am Bahnsteig steht und auf den Zug wartet, der ihn von Trubschachen fortbringen wird, gibt er diese Einstellung auf: »Es stört einen nicht, daß man mit der Niederschrift der Arbeit nicht begonnen hat, obwohl man nicht so schnell wieder Zeit dafür finden würde« (S. 216). Der Erzähler entschuldigt nachträglich das Scheitern seines Vorhabens, indem er an die Hinweise auf Tod und Vergänglichkeit des menschlichen Lebens erinnert, wie sie ihm in den letzten acht Tagen ständig begegnet sind. Die augenfällige Entsprechung dieses Bewußtseins war der kleine Friedhof des Dorfes gewesen, sichtbar von allen Aussichtspunkten seiner verschiedenen Spaziergänge, wie die Nabe eines Rades sichtbar ist von allen Punkten seiner Peripherie.

Der Roman ist in Abschnitte unterteilt; jeder enthält den Bericht eines Tages. In diese Struktur eingebettet sind zwei Diskurse: Der erste, die »Emmentaler Rede« (S. 66-90), gehalten von einem Lehrer des Ortes, dessen Bekanntschaft der Erzähler gemacht hat, enthält einen kurzen Abriß der geographischen Eigenheiten des Emmentals und ihres bestimmenden Einflusses auf das Leben der Einwohner: indem diese Eigenheiten nämlich Traditionen und Gebräuche bedingen und formen, die nicht, wie gemeinhin und irrtümlich angenommen, von der Bevölkerung selbst hervorgebracht werden. Der zweite Diskurs, die »Rede von der Pflicht« (S. 160-184), gehalten von dem Erzähler am Neujahrstag in Gegenwart des Lehrers, des Pastors und des örtlichen Armeekommandanten, handelt von dem in gleicher Weise beherrschenden Einfluß einer Moraltradition. Sie führt die Beziehung aus zwischen den in der modernen »Leistungsgesellschaft« nicht integrierten Trieben und der Kants Philosophie inhärenten Trennung von »Neigung und Pflicht« (S. 171). Die Abdankung Edwards VII. wegen seiner Heirat wird beifällig zitiert, gerade weil sie nach Kantischer Auffassung »höchst unmoralisch« war (S. 171) und gegen das Gebot der Pflicht verstieß.

Überlegungen zu Aspekten von Kants Leben und Werk erscheinen im Roman in regelmäßigen Abständen, vermitteln so, in welcher Weise Kants Denken das moderne Bewußtsein durchdringt. So habe Kant seine private Moralität mit absolutem Anspruch

Aus dem Arbeitsmaterial für den Roman *In Trubschachen*: Zeitungsnotiz und PARIS MATCH-Illustrierte aus dem Jahr 1972.

geltend gemacht, dies aber stehe im Gegensatz zur Relativität allen Strebens und Verhaltens. Der Erzähler plädiert für die Abschaffung einer den Pflichtgedanken als Leitprinzip betrachtenden Geisteshaltung und für die Einsetzung eines eudämonistischen Prinzips des »Glücklichseins« (S. 164), das nicht, wie er betont, lediglich einer »überstrapazierten Paradiesvorstellung«

(S. 178) entspreche. Dieses Plädoyer wird indes zwiespältig dadurch, daß es der Erzähler unter wachsendem Alkoholeinfluß hält, daß er sich später auf einen anderen Aspekt Kants bezieht (S. 213-214) und daß seine eigene Leistung, in Trubschachen zumindest, nichtig ist. Man kann also den zweiten Diskurs deuten als Einsicht in das eigene Versagen des Erzählers, oder aber dessen Aufenthalt insgesamt verstehen als die Demonstration seines eudämonistischen Prinzips. Beide Diskurse, von gleicher Länge in jeweils gleichem Abstand von Anfang und Schluß des Romans, fungieren von ihrer Position her als Ankerpunkte der formalen Struktur und dienen inhaltlich als Hinweise auf den beherrschenden Einfluß von Umgebung und Ethos auf das menschliche Leben.

Die kleineren Versagen des Erzählers in Trubschachen ereignen sich parallel zu seinem größeren – und wachsenden – Bewußtsein der Traditionsverhaftung menschlichen Handelns. Ferner wird der willkürliche Einfluß der modernen Massenmedien ironisch durch das Exemplar der Wochenschrift Paris Match dargestellt, das der Erzähler zufällig als Reiselektüre kauft; es enthält, in dem an zwei Stellen des Romans wiedergegebenen leicht verdaulichen Illustriertenformat, den ›Roman der Windsors‹ (S. 111), der ein wichtiges Beispiel zur Unterstützung des Arguments des Erzählers im zweiten Diskurs liefert. Kurz nach seiner Ankunft hatte der Erzähler Schwierigkeiten, brauchbare Landkarten zur Orientierung in der Landschaft zu bekommen (S. 61-63). Nun, gegen Ende des Romans, könnte es aussehen, als ob die Kürze seines Aufenthalts, bedingt durch gedrängtes Erleben, Einsichten ermöglicht habe, die auf eine neue Form seines weiteren Verhaltens vorausweisen könnten. Ebensogut kann es sein, daß das Ende des Romans, die Abreise des Erzählers mit seiner detaillierten Aufzählung verschiedener Rückfahrtmöglichkeiten mit dem Zug nach Biel, den Blick weg von den Problemen des Aufenthalts bedeutet. Die Erfahrung in Trubschachen, zwiespältig und pessimistisch, hat den Anstoß zur Beschäftigung mit Problemen gegeben, die nicht nur nicht speziell durch diesen Ort und die Schweiz insgesamt bedingt sind, sondern zudem in einen weiteren existentiellen Rahmen hineingehören.

Meyers zweiter Roman, *Die Rückfahrt*, ist die Geschichte von Albin Berger, einem jungen Mann, der seine Studien an der Berner Universität hauptsächlich deswegen aufgibt, weil ihm immer deutlicher wird, daß sie seine Bedürfnisse als Mensch nicht betreffen. Bevor er sich selbst dem Schreiben widmet, beschließt er mit einer Geste, die er selbst als »gutschweizerischen Kompromiß« (S. 269) empfindet, einen letzten Versuch, sich mit der Gesellschaft zu verständigen: indem er sich zum Lehrer ausbilden läßt, wohl wissend, daß er damit das Risiko eingeht, die von ihm in Frage gestellten Wertvorstellungen doch zu verwirklichen. Nach Abschluß der Ausbildung unterrichtet Berger drei Jahre in einem Emmentaler Dorf, zunehmend desillusioniert durch die Kleinlichkeit der Gesellschaft und – indem er sich auf sie einläßt – durch das Schwinden seiner geistigen und gefühlsmäßigen Kräfte. An diesem Punkt macht er die Bekanntschaft Rudolf Effingers, des Denkmalspflegers des Kantons Bern. Während ihrer nahezu ein Jahr währenden Freundschaft fahren sie in Bergers Wagen zu mehreren Orten im Kanton, die einen Bezug haben zu Effingers Tätigkeit, alte Gebäude zu restaurieren und wieder nutzbar zu machen. Während dieser Reisen wird Berger von Effingers Darstellung seiner Lebensanschauungen – vor allem durch sein kohärentes Bild von Vergangenheit, Gegenwart und Zukunft – beeinflußt und in seinem Entschluß bestärkt, das Lehramt aufzugeben, bevor es ihn noch weiter schwächt. Gegen Ende des Romans, auf der Rückkehr von einem solchen Ausflug nach Bern im November, kommt der Wagen von der Straße ab und Effinger wird getötet. Der Roman beginnt nach diesem Unfall mit der chronologisch folgenden Station in Bergers Leben: Von den erlittenen Verletzungen genesen, ist Berger nun (im nächsten Frühjahr) in der Sonnmatt-Klinik bei Luzern zur Behandlung einer psychosomatischen Funktionsstörung der Hand, die einsetzte, als er gerade dabei war, die Einzelheiten des Unfalls in ein Versicherungsformblatt einzutragen. Die Therapie in der Klinik besteht zum Teil darin, das Schreiben neu zu lernen. Berger entdeckt, daß Hermann Haller – Bezeichnung für Hermann Hesse im Roman – einmal in Sonnmatt behandelt wurde und kurz mit der Großtante von Anaïs Thormann, einer der Krankenschwestern, die Berger pflegen, verheiratet war. Mit Anaïs besucht Berger Luzern und unternimmt seine erste Wagenfahrt nach dem Unfall. Anaïs lädt ihn ein, Ostern mit ihr und ihrer Mutter Ebet, einer Malerin, in dem Tessiner Dorf Arcona – Carona – zu verbringen, in einem Haus, das auch in einem von Hallers Büchern beschrieben ist.[14] Neben anderen gemeinsamen Aktivitäten machen die drei einen

Ausflug in die Lombardei, um dort Felsmalereien zu besichtigen. Unter dem Einfluß von Ebet und Anaïs – zur Tochter hat sich eine emotionale und körperliche Beziehung entwickelt – fühlt sich Berger zunehmend gekräftigt und beginnt damit, seinen Unfall zu verbalisieren. Nach den Osterferien, allein in Arcona, beschließt er, seine Erfahrungen als Lehrer, seine Beziehung zu Effinger und den Unfall zu Papier zu bringen. Somit bezieht sich der Titel des Romans – ebenso wie auf Effingers Tod – auch auf die Konfrontation Bergers mit seiner Vergangenheit, und er bezieht sich weiterhin auf das allgemeine Anliegen des Romans, die Gesellschaft solle sich mehr ihrer geschichtlichen Verhaftung bewußt werden, um der Entfremdung des modernen Lebens begegnen zu können.

Bergers Spannungsverhältnis zur Gesellschaft hat drei Aspekte: Erstens den Widerstreit zwischen seinem durch die Lektüre von *Gullivers Reisen* geprägten Bewußtsein der Relativität alles dessen, was menschliches Leben angeht, einerseits und seiner Kenntnis einer Gesellschaft andererseits, die dermaßen von der Absolutheit ihrer Werte überzeugt ist, daß sie nur noch konformes Verhalten ihrer Bürger dulden kann. Direkte Beispiele sind für Berger die Verleumdungskampagne gegen einen unangepaßten Lehrer in Kappwil (S. 307-310) und der Prozeß gegen junge Soldaten wegen Aufwiegelung (S. 390-392). Zweitens desorientiert die Konsumgesellschaft ihre Angehörigen, indem sie allein deren Wünsche befriedigt, nicht aber deren Bedürfnisse. Bergers Ansammlung technologischen Spielzeugs der modernen Gesellschaft – sie erreicht ihren Höhepunkt mit dem Kauf des Unglückswagens – vollzieht sich parallel zu seinem wachsenden persönlichen Dilemma. Drittens: Die technologische Gesellschaft ist in ihrer Überzeugung, daß die frühen, nicht-technologischen Erfahrungen der Menschheit keine Bedeutung mehr für sie haben, abgetrennt von ihrer Vergangenheit. Der Denkmalpfleger symbolisiert die Möglichkeit, sowohl auf einer persönlichen als auch auf einer öffentlichen Ebene, hier eine Synthese wiederherzustellen. Effinger, dessen Arbeitskonzeption es ist, »den kulturellen, baulichen Werten der Vergangenheit durch eine *sinnvolle Zweckgebung* in der Welt von morgen einen sicheren Platz zu verschaffen« (S. 349), ist öffentlicher Angestellter, der für eine besser integrierte Gesellschaft eintritt und der zudem einen wohltätigen Einfluß auf seinen Freund Berger hat.

Eine andere Form der Synthese vertritt Ebet Thormann, der er nach Effingers Tod begegnet ist: die zwischen dem Individuellen und seiner Erfahrung. Innerhalb dieser Synthese hat Kunst eine zentrale Funktion, da sie den Weg zum Unbewußten öffnet, aus dem heraus allein persönliche Erlösung möglich wäre. Kunst ist Form, und was den einzelnen trägt, ist seine Fähigkeit, dem Ursprünglichen Gestalt zu geben. Ebet glaubt, »daß eine fortschreitende Wahrnehmung und ein Verstehen der Umwelt nur mittels ästhetischer Muster möglich ist« (S. 224). Sowohl ihr Einfluß als auch Bergers Beziehung zu ihrer Tochter setzen die von Effinger begonnene wahre Erziehung fort, zu der seine formalen Studien an der Universität nichts beigetragen hatten und die den seiner Verantwortung anvertrauten Kindern zu vermitteln er sich zunehmend außerstande gesehen hatte. Berger zählt die Prinzipien auf, deren Bedeutung seine zwei Mentoren betont haben: »Naturgesetz«, »Glück« und »Ästhetik« (S. 254). Nach dem christlichen und heidnischen Symbolismus des Osterfests und nach dem ersten Mai fühlt sich Berger gedrängt, seinem Leben Gestalt zu geben, indem er eine »vorläufige Fassung« (S. 268) bis zum Zeitpunkt des Unfalls niederschreibt. Indem der Roman mit einem Todesfall abschließt, wird die Endgültigkeit des Todes, des einzig Absoluten im menschlichen Leben, noch einmal akzentuiert. Der Anfang mit dem apokalyptischen Traum vom Verschwinden des Denkmalpflegers aus Bergers Leben und der Aufforderung »Mach's na!« (S. 8), bedeutet so ein brutales Wiederbewußtwerden der Schuldhaftigkeit des einzelnen gegenüber seinen Mitmenschen – Berger ist der »fahrlässigen Tötung« (S. 256) für schuldig befunden worden – und der einsamen und schwierigen Pflicht des Individuums gegenüber sich selbst. Innerhalb dieses Rahmens, zwischen einer äußerst fragwürdigen Herausforderung einerseits und der Gewißheit des Todes andererseits, stellt sich – bedingt durch das »Akzeptieren der menschlichen Unzulänglichkeit« (S. 109) – unabweislich die Aufgabe, »das Leben [...] irgendwie sinnvoll hinter sich zu bringen« (Effinger, S. 69).

Obwohl nicht unähnlich im Thema, ist die Anlage der *Rückfahrt* ehrgeiziger als die von *In Trubschachen*. Unter anderem zeigt die *Rückfahrt* das Ausmaß, in dem das neuzeitliche Bewußtsein durchs Kino beeinflußt ist; der Erzähler von *In Trubschachen* ist vergleichbar dem unbekannten Helden eines Wildwestfilms, der plötzlich und geheimnisvoll in einer kleinen Stadt auftaucht und ebenso rätselhaft wieder verschwindet, ohne jedoch eine Lösung bewerkstelligt zu haben.[15] Dennoch: Indem sie auf eine noch unbeschriebene und auch weiterhin unbekannte Welt außerhalb des mit der Stadt gegebenen Anschauungsbildes hinweist, nimmt die Abreise des Erzählers von *In Trubschachen* dieses Bild in gewissem Maße seinen Anspruch auf universale Gültigkeit. Anders die Aussage der *Rückfahrt*. Gegen den Hintergrund einer breit angelegten Darstellung der modernen Schweizer Gesellschaft wird die anhaltende Wirkung sozialer Strukturen auf den einzelnen untersucht. Hinzu kommt, daß besagter einzelne – sich der Schwierigkeit seiner Aufgabe infolge früherer Erfahrungen bewußt – aktiv seine Rolle in dieser Gesellschaft sucht. Unter diesen Umständen läßt seine gelegentliche, wiewohl nur zeitweilige Absage an eine solche Rolle die aufreibende Interaktion von Individuum und moderner Gesellschaft in einem düsteren Licht erscheinen. Ferner bietet auch die Örtlichkeit keinerlei Stütze gegenüber dem unbarmherzigen Druck in entwickelten Gesellschaften. Tatsächlich wird – in Umkehrung der traditionellen Behauptung, die Schweiz sei wegen ihrer harmonischen politischen Verhältnisse beispielhaft – das Gespenst einer entwickelten Welt nach dem Muster der Schweiz beschworen: in der Materialismus alles öffentliche Leben zum Erliegen gebracht hat und sich auch zunehmend des Privatlebens bemächtigt. Sogar die Kunst, deren Bedeutung so betont worden ist, erscheint in veränderter Beleuchtung; ist es doch nicht so sehr Hallers Kunst, durch die Berger Bestätigung findet – er steht ihrem Wert ausgesprochen kritisch gegenüber (S. 203) –, als vielmehr die moralische Beispielhaftigkeit der Tatsache, daß Haller, in dessen Vita einige Stationen mit denen Bergers übereinstimmen, seinem eigenen Leben durch sein Schreiben Gestalt gab. Teil des Vermächtnisses des Denkmalpflegers war es, Bergers Aufmerksamkeit auf den jüngsten Zwiespalt in der Vorstellung des Menschen von seiner eigenen Souveränität zu lenken, zu der Erkenntnis nämlich, daß im Zeitalter der Technologie, das »die Kraft zum Mythos« verloren hat, eine Beziehung zu den angesammelten Erfahrungen der Vorfahren »einen für das Leben notwendigen Mythos« bedeutet (S. 418). Bergers Reise zurück, durch seine eigene Vergangenheit und seine Ursprünge, und deren Formulierung bedeuten für das Individuum den einzigen Weg, »die Entfremdung *aufzuheben*, nicht sie rückgängig machen zu wollen« (S. 134).

Die sehr sicher gezeichnete Schweiz, in der Meyers zwei Romane und seine Erzählungen spielen, ist mehr als nur Hintergrund für die Handlung; es wird gezeigt, wie diese besondere Umgebung die Protagonisten beeinflußt. Aber diese bewußte Verengung des Blickwinkels bildet gerade eine Voraussetzung für die Spannweite von Meyers Werk. Die Schweizer Landschaft ist nicht lediglich Behältnis für das »Schweizer Problem«, vielmehr wird sie zum notwendigen örtlich beschränkten Arbeitsfeld für eine Untersuchung menschlichen Verhaltens und menschlicher Reaktionen in westlichen entwickelten Gesellschaften gegen Ende des 20. Jahrhunderts. In einem Essay über Robert Walser bemerkt Meyer, daß das Medium Kino weniger Visualisierungsmöglichkeit biete als das Buch.[16] Durch ein ähnliches Paradox erzeugt die aufdringliche Gegenwärtigkeit der Schweiz in Meyers Werk zweierlei distanzierenden Effekt. Erstens fördert die nüchterne Darstellung der Schweiz und ihrer besonderen Probleme die Wahrnehmung, daß mit der Örtlichkeit an sich Schwierigkeiten verbunden sind. Die Einsicht, daß das Besondere das Allgemeine symbolisiert, kann zu einer Loslösung von unangemessener Beschäftigung mit dem Besonderen führen. Zweitens: Wie unabweislich auch Umwelteinflüsse auf das Individuum sein mögen, so sind sie doch nur *ein* konditionierender Faktor seines Bewußtseins. Auch die Erfahrungen aus Literatur, der ernsten wie der trivialen, und aus Film und Fernsehen gehören zu den kaleidoskopartigen Elementen, die das Individuum in der gegebenen Lokalität miteinander verbindet, und diese haben – so zeigt Meyer speziell in der *Rückfahrt* – einen wichtigen Anteil an der Herausbildung von Anschauungen und an der Begründung von Verhalten.

Insofern, als ihr weiter Blickwinkel das ›Schweizer Problem‹ relativiert, zeigt *Die Rückfahrt* vielleicht am deutlichsten, wie Meyers Werk sich von früheren Ansichten fortbewegt. An einer Stelle im Roman erwirbt Berger, symbolischerweise im »Brockenhaus« in Bern, beiläufig »einen alten Reiseführer der Schweiz« (S. 334). Die selbstzufriedene, engstirnige und arrogante Präsentation der Schweiz in diesem Reiseführer stößt bei Berger auf blankes Unverständnis:

»Von den Erfahrungen her, die Berger bisher *in* und *mit* diesem Land gemacht hatte, konnte er nicht verstehen, wie man so etwas über dieses schreiben konnte – oder wie man so etwas über irgendein Land hätte schreiben können.« (S. 334)

Dies ist etwas völlig anderes als Stillers angsterfüllte und schließlich entkräftende Verstrickung mit den negativen Wesensmerkmalen der Schweiz. Die Haltung des Helden in Meyers Roman entfernt sich auch von dem weniger emotionalen, aber nicht weniger ernsthaften Anliegen, wie es sich darstellt in Bichsels Essay aus den späten sechziger Jahren: *Des Schweizers Schweiz*.[17] Noch ist keine vollständige Lösung aus der Verbundenheit mit der Heimat möglich: In all seiner Bindungslosigkeit fragt Berger sich doch, ob er von der Schweiz nicht »zu stark geprägt« sei (S. 86). Und wie Frisch und Bichsel nahm auch sein Schöpfer Meyer – bei aller offensichtlichen Verschiedenheit in Blickrichtung und Ton seines Schreibens im Verhältnis zu *Stiller* und *Des Schweizers Schweiz* – die Einladung an, am Schweizer Nationalfeiertag zu reden.

(Originaltitel: *The tenor of German-Swiss writing in the nineteen-seventies: E.Y.Meyer*, aus: New German Studies, Frühjahr 1980. Aus dem Englischen übersetzt von Jutta Maurer.)

Anmerkungen

1 E.Y.Meyer: *1. August oder Von der Freiheit und vom Risiko*, in: *Fortschreiben. 98 Autoren der deutschen Schweiz*, hg. Dieter Bachmann, Zürich 1977, S. 345-50.
2 Kurt Guggenheim: *Heimat oder Domizil? Die Stellung des deutschschweizerischen Schriftstellers in der Gegenwart*, Zürich 1961, S. 32; die Vermutung, daß Guggenheims Ansichten mehr Reflex einer permanenten Haltung der Schweiz gegenüber sind als kritische Einschätzung einer zeitweiligen Phase ihrer Literatur, erhält Gewicht durch die Ähnlichkeit der Ansichten in Hans Jürg Lüthis späterer und virulenterer Sammlung *Schweizer Schriftsteller und die Schweiz*, Bern 1975.
3 *Texte. Prosa junger Schweizer Autoren*, hg. Hugo Leber, Einsiedeln 1964, S. 8.
4 Max Frisch: *Gesammelte Werke in zeitlicher Folge*, Bd. V, Frankfurt 1976, S. 372.
5 Kurt Marti: *Die Schweiz und ihre Schriftsteller – Die Schriftsteller und ihre Schweiz*, Zürich 1966, S. 71.

6 *Schweizer Schriftsteller im Gespräch*, hg. Georges Ammann, Werner Bucher, Bde 1-2, Basel 1970/71; hier Bd. 1, S. 106.

7 Marti, a.a.O., S. 76; Albert Hauser sieht *Stiller* als die große ›Abrechnung‹ mit dem Thema ›Heimat‹ in der deutschschweizer Literatur des 20. Jahrhunderts: *Unheilbare Krankheit Erinnerung*, in: Schweizer Monatshefte 59 (1979), S. 1003.

8 Hugo Leber: *Randnotizen zur jüngeren Literatur in der Schweiz*, in: *Gut zum Druck. Literatur der deutschen Schweiz seit 1964*, hg. Dieter Fringeli, Zürich 1972, S. 226.

9 Dieter Fringeli: *Von Spitteler zu Muschg. Literatur der deutschen Schweiz seit 1900*, Basel 1975, S. 81, S. 10.

10 Anton Krättli: *Ungenach in Emmental*, in: Schweizer Monatshefte 53 (1974), S. 722.

11 Peter Bichsel: *Und sie dürfen sagen, was sie wollen*, in: *Stockwerke. Prosa*, hg. Heinz Schafroth, Stuttgart 1974, S. 66-69.

12 Marti, a.a.O., S. 78.

13 Krättli, a.a.O., S. 717.

14 Hesses Novelle *Klingsors letzter Sommer* (1920).

15 Meyer liefert eine ironische und alarmierende Schilderung der Reaktionen der wirklichen Einwohner von Trubschachen auf die Veröffentlichung des Romans in der Erzählung *Die Erhebung der Romanfiguren* (1975).

16 E. Y. Meyer: *Sympathie für einen Versager. Gedanken eines Nachgeborenen über einen Dichter namens Robert Walser*, in: *Über Robert Walser*, hg. Katharina Kerr, Frankfurt 1978, Bd. 2, S. 57.

17 Obwohl 1969 in Buchform veröffentlicht, erschien Bichsels Essay in seiner endgültigen Fassung in *Du*, August 1967, S. 584-88.

Sverre Dahl

Die Schweiz als Ausgangspunkt einer Auseinandersetzung mit der heutigen Zeit

Eine Präsentation der Romane E.Y. Meyers

Kann denn irgend etwas Wichtiges und Interessantes aus der Schweiz kommen, werden viele aus reinem Unwissen fragen. Da die Schweiz keine eigene nationale Schriftsprache hat und da die großen Nachbarn Deutschland, Frankreich, Italien – und wir können wohl auch Österreich erwähnen – so leicht lange Schatten in das Alpenland hineinwerfen, ist es oft nicht einfach, die Schweiz als Kulturland zu beachten. Viele kommen daher mit ihren Assoziationen zur Schweiz nicht weiter als bis zu Alpen und Tourismus und müssen sich vielleicht der albernen Frage anschließen, ob die Schweiz zur Weltkultur etwas anderes beigetragen hat als die Erfindung der Kuckucksuhr. (Was im übrigen auch nicht stimmt. Der Schwarzwald soll dafür verantwortlich sein.) Oder wie die Person in einem der Romane, die hier besprochen werden sollen, Hamsun zitiert, der über die Schweizer geschrieben haben soll: ». . . das kleine Scheißvolk in den Alpen, das in seiner Geschichte niemals etwas bedeutet und niemals etwas hervorgebracht habe.« Allerdings denkt die Romanperson darüber weiter nach: »Irgendwie mag das stimmen, aber irgendwo ist es natürlich auch übertrieben und falsch. Denn immerhin hat es dieses kleine Scheißvolk dazu gebracht, [. . .], trotz seiner ausgesprochenen Rohstoffarmut gegenwärtig das reichste Land der Welt zu sein – wobei man sich natürlich fragen kann, ob es vielleicht nicht gerade deshalb ein kleines Scheißvolk ist.« (*Die Rückfahrt*, S. 86.)

Hier wird eine andere, weit verbreitete Klischeevorstellung von der Schweiz berührt: das reiche, feine und schmucke, prächtige, bestbürgerliche und erzlangweilige Land, in dem alle gepflegte Blumenkästen vor den Fenstern und genug Geld auf der Bank haben; das Musterland, in dem alle unverdrossen weiterarbeiten, in dem alles wie ein gut geöltes Uhrwerk perfekt funktioniert und nichts gefährlich Neues und Überraschendes geschehen kann.

Es bedarf keiner sonderlich gründlichen Untersuchung um auf- zuzeigen, daß die Schweiz nicht zuletzt aufgrund ihrer besonde- ren geographischen Lage als Knotenpunkt zwischen Nord und Süd, Ost und West und mit ihrer langen Geschichte in diesem Knotenpunkt eine derart umfassende Reihe bedeutender Perso- nen hervorgebracht hat, vielleicht besonders innerhalb der Litera- tur, Kunst und Geschichtsforschung, so daß es sinnlos wäre, sie aufzuzählen. Man weiß oft nur nicht, daß all diese Personen Schweizer waren oder sind. Und die schweizerische Gesellschaft heute? Kann sie nicht ein besonderes Interesse an einer Bestands- aufnahme für sich in Anspruch nehmen? Es findet sich wohl kaum irgendein anderes europäisches Industrieland, das in der Entwicklung, wie sie im Rahmen einer traditionellen, westlichen, demokratisch-kapitalistischen Gesellschaftsform für möglich er- achtet werden kann, so weit gekommen ist. Die Schweiz erscheint somit als Prototyp – selbstverständlich sowohl als guter und schlechter.

Viele der negativsten Erscheinungen einer derartigen Gesell- schaftsform kommen bestimmt nicht so stark zum Ausdruck in einem kleinen Land wie der Schweiz, aber es gibt sie ohne Zweifel auch dort. Jean Ziegler zum Beispiel hat viele lichtscheue Trans- aktionen, in die scheinbar unschuldige Schweizer Finanzinteres- sen überall auf der Welt verwickelt sein sollen, in sehr zugespitz- ter Form dargestellt. (*Eine Schweiz über jeden Verdacht erhaben*, Luchterhand Verlag, Darmstadt, 1976). Schweizer Jugendliche fühlen sich in vielerlei Zusammenhängen durch eine Gesellschaft in ihren Entwicklungsmöglichkeiten stark eingeengt, die bis ins kleinste Detail als fertig geformt erscheint. Die zum Teil umfas- senden Jugendunruhen, die Schweizer Großstädte in der letzten Zeit erlebten, zeigen dies deutlich. Auch Umweltprobleme in Verbindung mit Kernkraftwerken und anderen größeren Indu- strieanlagen haben erhebliche Gegensätze in der Gesellschaft auf- gedeckt. Im Roman *Die Rückfahrt* faßt die Hauptperson all dies folgendermaßen zusammen: »Im Grunde scheint sich die Schweiz überhaupt je länger je mehr zu einem Gebilde zu entwickeln, das als Prototyp dafür angesehen werden könnte, wie die ganze Welt einmal aussehen wird, wenn auf dieser einmal eine gleiche Bevöl- kerungsdichte, ein gleicher allgemeiner Wohlstand, gleiche Ar- beitsbedingungen, eine gleiche, jegliche Opposition aufhebende Konkordanzdemokratie und eine gleiche Situation allgemeiner

Saturiertheit und totaler Konsumgesellschaft herrschen wird, in der praktisch keine Chance mehr für irgendeine Veränderung besteht.« (S. 213)

Es sieht so aus, als ob die Schweiz mit E.Y. Meyer einen Schriftsteller bekommen hat, der beträchtliche Kapazität genug besitzt, um das vollständig auszunutzen, was in dem prototypischen Schweizer Ausgangspunkt für eine weitergehende Untersuchung der mehr grundlegenden Strukturen unserer westlichen Lebenshaltung liegt; Meyer will erforschen, welche Möglichkeiten das Individuum hat, »die Welt zu erkennen«, in ihr sinnvoll zu handeln und mit Veränderungen einzugreifen. Damit knüpft er bewußt und auch deutlich ausgesprochen die Verbindung zu bekannten Problemstellungen der klassischen Philosophie, in erster Linie zu Kant. Durch sein grundlegendes Interesse am Individuum könnte Meyer auch als Repräsentant einer »neuen Innerlichkeit« in die Literatur Mitte der siebziger Jahre eingeordnet werden – wenn man in diesen Ausdruck etwas mehr und Wichtigeres legt als eine zufällig privatisierende Subjektivität, etwas, das Meyers Absicht fern liegt. Er zieht aus seinen Untersuchungen eindeutige gesellschaftliche Konsequenzen.

E.Y. Meyer wurde 1946 in Liestal bei Basel geboren. (Seinen etwas eigentümlichen »Vornamen«, »E. Ypsilon«, hat er sich selbst gegeben, um zu unterstreichen, daß er Meyer mit ey heißt und nicht mit einem anderen Schriftsteller Meier mit ei verwechselt werden darf!) Er studierte Philosophie und Germanistik in Bern und war danach von 1971 bis 1974 Grundschullehrer auf dem Land, bevor er freier Schriftsteller wurde. Er wohnt in Wabern bei Bern. E.Y. Meyer ist selbstverständlich im Ausland noch nicht so bekannt wie seine großen Landsleute Max Frisch und Friedrich Dürrenmatt oder wie Peter Bichsel oder Adolf Muschg von der jüngeren Generation. Aber er hat alle seine Bücher im sehr angesehenen westdeutschen Suhrkamp Verlag in Frankfurt herausgebracht, der ständig mehr der bedeutendsten Schriftsteller der Gegenwart und jüngeren Vergangenheit versammelt, und Meyer kann also bereits behaupten, zu dem zu gehören, was preziös »die Suhrkamp-Kultur« genannt wird.

E.Y. Meyers Produktion umfaßt bisher zwei Sammlungen von Erzählungen, *Ein Reisender in Sachen Umsturz* (1972) und *Eine entfernte Ähnlichkeit* (1975), die zwei Romane *In Trubschachen* (1974) und *Die Rückfahrt* (1977) sowie die Essaysammlung

Die Hälfte der Erfahrung (1980). Im folgenden wollen wir die Romane ein wenig näher betrachten, die Verweise beziehen sich auf die Taschenausgaben 1978 bzw. 1980 in der Reihe der suhrkamp taschenbücher. (Sekundärliteratur über E.Y.Meyer liegt vorläufig kaum vor. Hier wurde benutzt: Hans Wysling: *E.Y. Meyers Roman ›Die Rückfahrt‹ (1977). Eine Kant-Krise und ihre Überwindung*, in: Akten des VI. Internationalen Germanisten-Kongresses, Basel 1980, Teil 4, Bern: Lang Verlag 1980, S. 219-228.)

Der Roman *In Trubschachen* (218 Seiten) könnte im ersten Augenblick aussehen wie eine durchaus detailreiche, aber ebenso sehr einfache Beschreibung der Reise eines verhältnismäßig jungen Mannes mit dem Zug von Biel in das verschneite Dorf Trubschachen im Emmental (Kanton Bern) und seines eine Woche dauernden Aufenthalts in einem ruhigen Hotel dort. Die Abfahrtszeiten der Züge, die man nehmen kann, um nach Trubschachen zu kommen, und die Beschreibung dessen, was man in den Stationen tun kann, in denen umgestiegen werden muß, füllen die ersten Seiten des Buches. Zum Beispiel kann man eine Ausgabe des Paris Match kaufen und im Anschlußzug einen längeren Artikel über Leben und Schicksal des Herzogs von Windsor lesen – ein Artikel, der im Roman zitiert wird. Am Ziel wird der Ort Trubschachen bis ins kleinste Detail beschrieben, ebenso alle Bewegungen der Hauptperson (von der die ganze Zeit nur als »man« gesprochen wird), bis diese ihr erstes Abendessen im Hotel einnimmt. (Meyer referiert die Speisefolge, jedesmal wenn gegessen wird, vollständig.)

Naturphänomene werden ebenso eingehend behandelt wie die Produkte der Bevölkerung, Schilder am Weg, die gesamte Einrichtung des Hotels usw., usw. Die darauffolgenden Tage unternimmt »man« einige kürzere und längere Spaziergänge und hat sehr viele, in der Regel eher kleine Erlebnisse in diesem ruhigen und friedlichen Ort. Eines Tages kommt »man« zum Beispiel an einer Käserei vorbei, geht hinein und bekommt eine zirka zwölf Seiten lange Einführung in die Herstellung des berühmten Emmentaler Käses. Man geht spazieren, ißt, schläft und lernt auf diese Weise einen Lehrer und ein paar andere Menschen, die im Ort wohnen, kennen. Die Lebensbedingungen der Lokalbevölkerung dieses schweizerischen Tals werden vorgeführt.

Was aber ist mit all diesen detaillierten Beschreibungen beabsichtigt, und wird es für den Leser nicht allzu langgezogen und langweilig? Zum Letzteren ist zu sagen: auf keinen Fall. Meyers gründliche Beschreibungen und sein ruhig fließender, durchaus nicht phlegmatischer Stil, der ein ungewöhnlich stark entwickeltes Empfinden für »Wahrheit« beweist, besitzt gleichzeitig eine eigentümliche Intensität und Antriebskraft – dazu leisen Charme – und zeigt klar, daß er mit dieser Art zu schreiben offensichtliche Absichten hat.

Man hat noch nicht lange gelesen, bis man entdeckt, daß der Roman durchgängig im Konjunktiv geschrieben ist. Es handelt sich also nicht um eine Beschreibung der Verhältnisse, wie sie ein für allemal *sind*, sondern eher, wie man sie sich denken könnte, hätten sie die Möglichkeit, so zu sein. Aber diese konjunktivische Form wurde nicht gewählt, um einen freien Spielraum für eine Reise in die verschwenderischen und grenzenlosen Möglichkeiten der Phantasie zu schaffen – der höchst nüchterne Inhalt des Romans widerlegt einen derartigen Verdacht sofort. Der Konjunktiv kann eher als Ausdruck einer entscheidenden Unsicherheit angesehen werden, um nicht zu sagen eines grundlegenden Zweifels an der ganzen Art, wie wir die »Realität«, von der wir umgeben sind, erkennen, auch bei den alleralltäglichsten Dingen. Das Wahrgenommene bekommt einen deutlichen »Scheincharakter«. Auch das namenlose Subjekt »man« vermittelt keine feste Erzählerperspektive und damit einen sichereren Ausgangspunkt für Orientierungen und Wertungen.

Ein Anzeichen, daß es sich um eine derart fundamentale Erkenntniskrise handelt, bekommt der Leser auch durch die Mitteilung, welche Lektüre die Hauptperson mitgebracht hat: eine Kant-Biographie. Er benötigt diese für eine Abhandlung, die er über den großen Philosophen aus Königsberg schreiben will, der so entscheidenden Einfluß auf die Gedanken der Folgezeit bekam – die Möglichkeiten des Menschen, sich selbst zu erkennen und sich moralisch zu dem zu verhalten, was wir Wirklichkeit nennen. Von diesem Standpunkt aus kann der ganze Roman als die Beschreibung einer ›Kant-Krise‹ angesehen werden – kein unbekanntes Thema in der deutschen Literatur, es genügt, an Kleist zu erinnern. Um dieser Krise, die Meyers Hauptperson vor dem Hintergrund kantscher Erkenntnistheorie erlebt, näher auf die Spur zu kommen, verlassen wir den Roman und machen einen Abstecher zu einem Essay des Autors. (Geht es hingegen um

Kants Ethik, liefert Meyer, wie wir sehen werden, eine klare und explizite Bestandsaufnahme im selben Roman *In Trubschachen*.)

Im Essay *Das Zerbrechen der Welt* aus dem Jahre 1975 (gedruckt in *Die Hälfte der Erfahrung*, 1980, S. 33-51) berichtet Meyer über seine starke Erschütterung, als er im Gymnasium Kants *Kritik der reinen Vernunft* las. Seine Angst, hervorgerufen durch die Möglichkeit, daß Grenzen der Erkenntnis existieren, beschreibt er folgendermaßen: »Das, was ich erlebte, als ich [...] die *Kritik der reinen Vernunft* las, könnte man vielleicht mit dem Erschrecken vergleichen, das man erleben könnte, wenn man beim Verlassen des sich auflösenden Nebels plötzlich bemerken würde, daß die Landschaft, durch die man sich bewegt, eine *Moor*landschaft und der Weg, den man bisher mit einer unerklärlichen Sicherheit – wie man sie etwa Schlafwandlern zuschreibt – gegangen war, trotz des Auflösens des Nebels nicht besser als zuvor zu erkennen ist: überall kann fester Boden sein, mit jedem Schritt kann einem dieser aber auch entzogen werden.« (S. 41)

Der Hintergrund für dieses Erlebnis des schwankenden Grundes unter den Füßen wird mit Hilfe eines konzentrierten Durchganges der Hauptgedanken Kants gezeigt: wie sein transzendentaler Idealismus dem Resultat des Beweises, daß es »synthetische Urteile a priori« gibt, entspringt; wie er davon ausgeht, daß die Erkenntnis eine gegebene Wirklichkeit nicht erfaßt, aber daß demgegenüber der Gegenstand der Erkenntnis durch die Erkenntnis selbst sich *konstituiert*, das heißt, durch die dem Menschen angeborenen Anschauungs- und Denkformen. Nach Kant ist es somit »der Verstand, der der Natur ihre Gesetze vorschreibt«, während »das Ding an sich« von der Erkenntnis nicht erfaßt werden kann. Und die Begegnung mit eben diesem Gedanken – daß es nicht möglich sein solle, zu einer eigentlich gegebenen Wahrheit und zu einer vorhandenen Bestimmung in unserer konkreten historischen Wirklichkeit vorzudringen, aber daß diese Bestimmung nur etwas ist, was wir selbst, in das, was wir tun, und in das, was geschieht, hineinlegen – ist es, was im jungen E. Y. Meyer eine Erschütterung auslöst, mit deren Folgen er später immer zu kämpfen hat.

Das Resultat war, sagt Meyer, daß eine vorher vorhandene Welt für ihn in zwei aufgesplittert wurde: »in das WAHRE SEIN und in jenes Sein, das man zwar erkennt und wissenschaftlich, und auch in der Praxis durch die Technik, beherrscht, das aber nur ERSCHEINUNG und also eigentlich *nichts* ist.« (S. 48) In dieser Situation fühlt er sich in seinen Handlungsweisen nicht frei, da Freiheit per definitionem aus der empirisch-historischen Wirklichkeit in eine unhistorische Sphäre verlegt wird, nämlich in das »wahre Sein«, zu dem man nur Zugang durch die Pflicht bekommen kann. In Anlehnung an Kleist fühlt er sich wie eine Marionette, die in dieser historischen »Scheinwelt« »zwar alles aus bestimmten, aber von mir nur insofern bestimmten Gründen [tut], als ich unter all den Möglichkeiten, die zu bestehen scheinen, ohnehin nur *diese* Möglichkeit haben würde« (ebd., S. 48). Er fühlt sich also in einem erkenntnistheoretisch geschlossenen Raum gefangen, in dem es ihm an der grundlegenden Freiheit fehlt, um auszubrechen. Der einzige Punkt, wo Kant ihm diese Freiheit gibt, sich dem »wahren Sein« zu nähern, ist die Pflicht, dem kategorischen Imperativ zu folgen. Wir kommen später noch einmal darauf zurück, daß Meyer mit dieser Form der Freiheit in der Ethik nicht sonderlich zufrieden ist.

In Meyers Kant-Essay und ebenso im Roman *In Trubschachen* finden wir einen für die Zeit nach Kant exemplarischen Ausdruck der Angst, Verzweiflung und Unsicherheit, die einen Menschen erfassen kann, der einen stark entwickelten Sinn dafür hat, die Welt um sich herum wahrzunehmen, und der den zwingenden Wunsch verspürt, in dem Wahrgenommenen die Wahrheit zu erkennen, dem aber durch die Begegnung mit Kants philosophischer Argumentation die Möglichkeit genommen wurde, »die Welt der Erscheinungen« theoretisch zu durchbrechen. Es besteht die naheliegende Gefahr, sagt Meyer, daß man »sprachlos« wird (*Die Hälfte der Erfahrung*, S. 50). In seinem Fall führte diese Krise zum Abbruch des begonnenen Philosophiestudiums. Rein theoretisch gab er es also auf, Erkenntnisprobleme zu lösen. Doch »sprachlos« wollte er nicht werden, er nahm sich dann lieber eines anderen sprachlichen Mediums an, der Belletristik. Auf die näheren Ursachen kommen wir zurück bei der Besprechung von Meyers nächstem Roman.

In Meyers erstem Roman aber glückt es der Hauptperson also niemals, festen Boden unter die Füße zu bekommen – eine seiner Wanderungen im tiefen Schnee abseits des Weges deutet es eher symbolisch an: ständig sinkt er ein und muß gegen die Versuchung ankämpfen, aufzugeben und liegenzubleiben –, und die konjunktivische Form des Buches ist als Ausdruck dessen anzusehen. Der Leser merkt ständig die Unsicherheit im Verhältnis zur Wirklichkeit. Aber Meyers Roman vermittelt gleichzeitig ein intensives Erlebnis von Wahrnehmungsfähigkeit, die Fähigkeit, die Umgebung und alles, was geschieht, wahrzunehmen. Durch die Reise der Hauptperson nach Trubschachen werden bekannte und vertraute Verhältnisse auf eine neue und bewußtere Art und Weise erlebt. Trotz der Unsicherheit, die Meyer durch Kant bekommen hat, ist es, als ob er mit seiner exakt registrierenden Wahrnehmungsfähigkeit eine Kraftanstrengung auf sich nimmt, um dennoch eine Art erkenntnismäßige Relation zur Wirklichkeit zu erreichen. Er läßt die Wirklichkeit »hineinschlüpfen«, so daß der Leser sie als die eigentlich existierende erleben muß. Dies kann als Versuch angesehen werden, mit künstlerischen Mitteln die Kant-Krise zu überwinden, die Meyer rein philosophisch zu meistern aufgegeben hat. Aber eine endgültige Auseinandersetzung mit der Erkenntnistheorie Kants ist dies selbstverständlich nicht.

Geht es hingegen um Kants Ethik, so stellt sich Meyer im selben Roman *In Trubschachen* ganz explizit einer heftigen Auseinandersetzung. Diese Auseinandersetzung vollzieht sich zu allererst in einer nahezu fünfundzwanzig Seiten langen Rede, die die Hauptperson des Buches unter gewissem Alkoholeinfluß dem Lehrer und einigen anderen, die er kennengelernt hat, im Wirtshaus der Stadt hält. Die Rede heißt charakteristisch genug »Rede von der Pflicht« (S. 160-184) und muß als Höhepunkt des Romans angesehen werden; nicht zuletzt auch darum, weil sie die Verbindung zwischen der persönlichen Krise der Hauptperson und wichtigen moralisch-politischen Problemen der Gegenwart schafft. In der Rede werden die Hauptgedanken von Kants berühmt-berüchtigter Pflicht-Ethik als wesentlicher Teil der Grundlage dessen bezeichnet, was Meyer das Unmenschliche in der Lebenshaltung unserer Zeit nennt.

Der junge Mann beginnt seine Rede mit einer wichtigen Einschränkung. Er will kritisieren, wehrt sich aber sehr bestimmt gegen die Forderung, die gewöhnlich an einen Kritiker gestellt wird, daß er auch eine fertige, positive Alternative zu dem, was er kritisiert, vorlegen können muß. Er sagt, es sei in der Zwangssituation, in der wir uns heutzutage befinden, zuerst einmal ausreichend, wenn man versuche, sich darüber klarzuwerden, wie die

Situation eigentlich ist. Seiner Erfahrung nach wird eine sehr plötzlich angebotene Alternative oft zur Übertreibung, die ebenso unglücklich sein kann wie die Situation, die man kritisieren will. Neben einigen anderen Beispielen erwähnt er die seiner Meinung nach richtige Forderung der Hippies nach »mehr Liebe«, sagt aber, diese Forderung sei so übertrieben und einseitig vorgebracht worden, daß sie wieder nur zur Absurdität ihrer selbst geworden sei. Meyers Hauptperson will zuerst einmal innehalten und »zu Sinnen« (S. 162) kommen, zu Sinnen und Sammlung: »Man brauche wieder Zeit, sich zu überlegen, was man überhaupt soll, Zeit, etwas zuerst einmal zu betrachten, Zeit für eine, wenn man so wolle, wieder vermehrt betrachtende Lebensweise.« (S. 162) Er geht dennoch weiter, um auf etwas hinzuweisen, auf das die Aufmerksamkeit gerichtet werden müßte, nämlich auf den zentralen ethischen Begriff der alten Griechen: »Eudaimonia«. In vielen Bereichen sind wir überhaupt nicht weiter gekommen als die Griechen, sagt er. »Glücklichsein« ist als Übersetzung des Begriffes Eudaimonia nicht umfassend genug. Es geht eher um den Zustand des Zufriedenseins, in dem ein Mensch sich befindet, wenn er ein »gutes Leben« geführt hat. Und selbst, wenn dies keineswegs eindeutig und klar definiert ist, darf es auf keinen Fall in dem moralischen Sinne der späteren Zeit verstanden werden. Meyer warnt besonders davor, »Glücklichsein« als ein Resultat von *Konsum* zu begreifen. Im Gegensatz zum gewöhnlichen, kommerziellen westlichen Denken versteht er »Glücklichsein« eher im Sinne einer Begrenzung des Konsums; »in einer Einschränkung, Bescheidung oder Bescheidenheit und in einer neuen Betrachtung der Lebensmöglichkeiten« (S. 164), oder des »Lebensstandards«, wie das Schlagwort bei uns heißt. Diese Abrechnung mit der »Konsumethik« läßt Meyer selbstverständlich nur für den »satten« Teil der Welt gelten.

Die Romanperson bemüht sich, eine Größe in Erinnerung zu rufen, die in der heutigen Zeit offensichtlich verlorengegangen ist: eine Art »Weisheit«, ein Gleichgewichts- und Gesundheitssinn, der den Menschen auf den richtigen Weg half. Eine derartige Größe gilt es auf einer neuen Grundlage wiederzugewinnen oder in jedem Fall eine Idee davon zu bekommen: »am meisten fehle es an einem *Gschpüri* (so Meyers lautmalerischer schweizerischer Ausdruck), einem Gefühl dafür, was für einen gut und was für einen schlecht, was für einen ungefährlich und was für einen und für sein Leben direkt oder indirekt gefährlich sei, das seinen Niederschlag früher in alten, rational *scheinbar* nicht erklärbaren und deshalb heute für einen ungültig gewordenen, vorher jedoch immer wieder tradierten Lebensregeln, wie zum Beispiel auch in den Fastenregeln und -vorschriften, gefunden gehabt habe.« (S. 167) Auf diese sehr vorsichtige Weise legt Meyer seine Generalabrechnung mit einer grundlegenden Denkart und Lebensweise unserer Zeit vor. Seine Andeutungen haben deutliche Berührungspunkte mit der »grünen Welle« in der westlichen Welt, die seit den sechziger Jahren zur Besonnenheit gemahnt hat, wenn es um den Verbrauch von Naturressourcen ging, und die vor einer weltweiten ökologischen Katastrophe gewarnt hat. Von der Schweiz aus die Konsumgesellschaft zu kritisieren ist sehr bequem, könnte ein politisch orientierter Kritiker einwenden, doch dem ist entgegenzuhalten, daß wohl gerade der schweizerische Hintergrund die intimsten Kenntnisse darüber liefern kann, was man kritisieren will. Außerdem ist es primär die Möglichkeit der Veränderung von Denkweisen und Haltungen des einzelnen Menschen, die klarzumachen Meyer als seine Aufgabe sieht – mehr als die politischen Konsequenzen. Und sein ureigenster Beitrag zur »grünen Welle« ist zuerst einmal sein Versuch, historisch zu ergründen, wo der entscheidende Bruch in der ethischen Denkweise geschehen ist; der Bruch, der die Grundlage für die herrschende Konsumhaltung bildet.

Hier setzt die eigentliche Abrechnung mit Kants Ethik ein. Durch und mit Kant, meint Meyers Hauptperson, ist die griechische Eudaimonia-Ethik ernsthaft in den Hintergrund gedrängt worden. Durch Kant sieht er einen ganz neuen Moralbegriff entstehen: Kant wollte die bürgerliche Moral seiner Zeit zementieren, als ob sie ewig bestehenbleiben sollte. Von der Pflicht abgesehen wollte er die Moral von allem anderen »säubern«. Als Ergebnis blieb zum Beispiel: »sein Leben zu erhalten, sei Pflicht, aber erst wenn man sein Leben nicht nur pflichtgemäß, sondern auch *aus Pflicht* bewahre, habe diese Maxime einen moralischen Gehalt. Erst wenn der Unglückliche, der den Tod wünsche, sein Leben, ohne es zu lieben, *nicht aus Neigung* oder Furcht, sondern aus Pflicht doch erhalte, habe seine Maxime einen moralischen Gehalt.« (S. 169) Die Abrechnung mit Kants verhängnisvoller Trennung zwischen »Pflicht und Neigung« kennen wir zur Genüge von Goethe und Schiller, doch Meyer legt neue, moderne

Beispiele vor (unter anderem den Militärdienst), wie absurd und zerstörend eine derartige Trennung sein kann, und folgert: »Der *furchtbarste* Satz, den er [Kant] jedoch geschrieben habe, sei der, in dem er sage, daß es von größter Wichtigkeit sei, darauf zu achten, daß alle Moralität von Handlungen *aus Pflicht und aus Achtung für Gesetz, und nicht aus Liebe und Zuneigung* zu dem, was die Handlungen hervorbringen soll, gesetzt werde.« (S. 171 f.)

Vor dem Hintergrund dieser Moral sieht Meyers Hauptperson die Entwicklung entscheidender Lebenshaltungen seit ungefähr 1800. Man wird in ein Untertanenideal gepreßt, in eine autoritätsfürchtige und pflichtgemäße Arbeitsmoral, in der die Arbeit zum Selbstzweck geworden ist und wo man vergessen hat zu fragen, was es heißt zu leben, ganz zu schweigen vom griechischen Begriff »gut zu leben«. Ein Leistungsprinzip nur auf Pflicht aufgebaut – wo die Antriebskraft immer außerhalb des Menschen selbst liegt – wird auf lange Sicht nicht nur vollkommen unmenschlich, sondern »mörderisch und selbstzerstörerisch« (S. 181). Und man sitzt immer wieder mit einem schlechten Gewissen da. Es ist schon schwierig genug, im menschlichen Leben einen Sinn zu sehen, sagt er, aber wir müssen aus diesem Suchen nicht auch noch eine *Pflicht* machen. »Man *müsse* menschlich, das heiße seiner lebenswerten Möglichkeiten *und* seiner schlußendlichen Nichtigkeit und Unbegreiflichkeit seiner selbst bewußt bleiben, weil sonst dieses ganze menschliche Leben oder Leben der Menschen WIRKLICH sinnlos würde und wäre, und zu einem solchen *menschlichen* Leben gehöre – so wie eine mittelalterliche Rechtsquelle für die Rechtsprechung sage, daß Gnade besser als Recht sei – die *Güte*.« (S. 182f.) Mit dieser Hymne an die Güte – als Gegensatz zu Kants bekannter Hymne an die Pflicht – schließt die Hauptperson ihre lange Rede.

Gegen Schluß des Romans referiert der Protagonist einige Passagen aus seiner mitgebrachten Kant-Biographie, die das Begräbnis und die verschiedenen Grabstätten des Philosophen behandeln. Kann dies als Zeichen dafür gewertet werden, daß Kant wirklich tot und begraben ist – auch für die Hauptperson? So einfach ist es kaum. Er hat, wie erwähnt, keinen sicheren theoretischen, erkenntnismäßigen Boden unter den Füßen gewonnen, und er hat es nicht geschafft, an seiner Abhandlung über Kant weiterzuschreiben. Aber er hat dennoch für sich selbst eine *ge-*

wisse Klärung erreicht. Eine Besinnung als Ausgangspunkt für eine Auseinandersetzung mit den Denkformen, die er als Ursache für die elementaren Lebenshaltungen unserer Gegenwart erlebt; Denkformen, die er also auf die Pflicht- und Leistungsethik Kants zurückführt. Und das weist darauf hin, daß es andere Wege als den theoretisch-philosophischen geben muß, um bei der Erkenntnisproblematik weiterzukommen.

E.Y. Meyers nächster und wesentlich umfangreicherer, aber in der Form einfacherer Roman, *Die Rückfahrt*, (427 Seiten), beschäftigt sich auf vielfältige Art mit der gleichen Problematik weiter. Er zeigt den Versuch, innerhalb der heutigen schweizerischen Gesellschaft ein sinnvolles Leben zu führen, die Entwicklung eines jungen Mannes zum Schriftsteller. Doch die Perspektive wird gleichzeitig zu einer breiteren Untersuchung der zur Zeit vorhandenen Denk- und Lebensweisen und der Möglichkeiten, sie zu ändern, erweitert. Wieder trifft der Leser auf Meyers undramatischen, ruhig fließenden, gründlich beschreibenden Stil, diesmal jedoch ohne den durchgängigen Konjunktiv. Dies und die realistischeren Lebensbeschreibungen könnten bedeuten, daß ein etwas sichereres erkenntnismäßiges Fundament gefunden ist. Ein anderes, sehr auffälliges Moment dieses Romans sind all die bekannten und weniger bekannten Autorennamen und Bücher, über die ständig gesprochen wird. Dem Leser wird eine reichhaltige Auswahl von Möglichkeiten präsentiert und angeboten, sich in der Welt von heute zu orientieren. Eine umfassende Untersuchung wäre notwendig, um die volle Bedeutung all dieser Hinweise zu analysieren.

Der Protagonist, der junge Student, Lehrer und zukünftige Schriftsteller Albin Berger steht nach einem schweren Autounfall unter einem Schock, außerdem leidet er an Erinnerungsverlust und einer gelähmten Hand – dazu an einer ziemlichen, mehr allgemeinen Lebensangst: nicht unähnlich dem, was wir aus Meyers erstem Roman kennen. Aber selbst wenn Berger nicht mehr ›klarkommt‹ und sich in einer Krise befindet, ist er eigentlich keine geschädigte oder resignierte Gestalt. Hier stehen wir etwas bei Meyers Helden sehr Charakteristischem gegenüber. Ganz besonders in *Die Rückfahrt* ist der Held trotz seiner Angst und seiner quälenden Einsicht in die schwierigsten Zeitprobleme psychisch offen geblieben, zu sehen und weiterzulernen. Er gehört nicht zu denen, die durch die Krisen und Konflikte unserer Zeit völlig zerstört werden, sondern zeigt eine oft kindliche Offenheit und vermittelt dadurch einen gewissen, aber keinesfalls billigen Optimismus.

Während einer Autofahrt mit seinem guten, etwas älteren Freund, dem Denkmalpfleger des Kantons Bern, verliert Berger die Kontrolle über den Wagen und kommt von der Straße ab. Sein Freund stirbt, er selbst ist schwer verletzt. Im ersten Teil des Romans befindet er sich im Sanatorium Sonnmatt in Luzern, das Buch beginnt mit einem Traum: Berger steht mit seinem Freund, dem Denkmalpfleger, auf dem Turm des Berner Münsters. Plötzlich werden die Skulpturen des Turmes lebendig und klettern in Panik wie Affen zur Spitze hinauf. Berger sieht die Angst in den Augen des Freundes, bevor der Turm auseinanderzubrechen beginnt und sie jeder mit ihrem Teil in die Tiefe stürzen. Währenddessen hört Berger den Freund unmenschlich lachen und ihn zum Schluß rufen: »Machs na!« (S. 8) Was kann das bedeuten? Ist alles hoffnungslos und nur ein höhnisches Lachen wert? Soll Berger ihm in den Tod folgen und selbst den Untergang suchen? Oder soll er dem Beispiel des Denkmalpflegers folgen und sich eine bewußte und lebendige Ansicht über die Vergangenheit und ihre Verbindung zur Gegenwart schaffen? Eine dritte Möglichkeit wird gegen Schluß des Romans angedeutet: Auf der Sandsteinfigur des Kirchenerbauers kann man auch die Inschrift »Machs na!« lesen. Das könnte vielleicht bedeuten: Versuche, das, was ich getan habe, nachzumachen (S. 351). Damit könnte gemeint sein, daß Berger »sein eigenes Münster bauen soll«, daß er seine Angst und seinen Nihilismus überwinden soll, indem er schaffender Künstler wird. Irgendwo spielen alle drei Möglichkeiten während Bergers Versuch, sich zu orientieren und nach dem Unfall »zu sich selbst« zu finden, im Roman eine Rolle, auch, wenn die letzte Möglichkeit nach und nach doch die entscheidende wird.

Der Roman *Die Rückfahrt* erinnert zum Teil sowohl in der Thematik (»Das Werden des Künstlers«) als auch im formalen Aufbau an klassische Entwicklungsromane, doch eine gleichmäßige und »natürliche« Entwicklung findet sich bei Meyer wohlgemerkt nicht. Krisen und Bedrohungen an der Grenze zum Absurden sind ständig gegenwärtig. Berger hat, wie gesagt, eine ungewöhnliche Aufnahmefähigkeit, er tritt nicht nur der Welt mit offenem Blick gegenüber, sondern auch bestimmten Menschen, denen er zuhört und von denen er entscheidende Dinge lernt. Das Buch ist um die drei wichtigsten Treffen mit diesen Menschen komponiert. Berger trifft im ersten Teil des Romans, der nach dem Sanatorium in Luzern die Überschrift »Sonnmatt« trägt, den Psychiater Dr. Santschi. Durch ihn wird das Verhältnis der Hauptperson zum naturwissenschaftlichen Weltbild des 20. Jahrhunderts intensiviert. Im zweiten Teil, »Das Papageienhaus«, zieht er ins südlich gelegene Tessin, wo er der Künstlerin Ebet Thormann begegnet. Dieses Zusammentreffen verschafft ihm ein ausgeprägteres Verständnis dafür, was künstlerisches und mythisches Bewußtsein enthalten kann. Im dritten Teil, »Die Rückfahrt«, schließlich wird retrospektiv Bergers Zusammensein mit dem Denkmalpfleger Effinger, und was er dadurch über das Historische im weitesten Sinne lernt, beschrieben.

Mit Dr. Santschi diskutiert Berger die philosophischen Konsequenzen, die man aus den naturwissenschaftlichen Standpunkten unserer Zeit ziehen kann. In erster Linie dreht sich die Diskussion um den Nihilismus als mögliche Konsequenz. Dr. Santschi meint, der Nihilismus beginne bereits mit Kant. Er wiederholt beinahe wörtlich die Argumentation, die wir schon aus *In Trubschachen* kennen. Kants Frage nach den »synthetischen Urteilen a priori« und seine darauffolgende Teilung der Welt in »Erscheinungen« und das »wahre Sein« liefert nach Dr. Santschis Meinung kein festes Fundament für die Erkenntnis, sondern eher ihre Aushöhlung: »Denn wenn unsere Erkenntnis im Sinne der Naturwissenschaften, und für Kant sei das die *einzig mögliche* Erkenntnis gewesen, auf den Bereich der Erscheinungen beschränkt sei, dann könne es im wahren Sein, in das wir durch die Pflicht hinein sollten, keine Zwecke und keine richtige Entwicklung geben, dann könne man aber auch alles in dieses hineinlegen und damit rechtfertigen: den Nationalsozialismus und alles. Das sei die nihilistische Konsequenz, die in Kant liege [. . .]« (S. 91)

Dr. Santschis Hauptargument ist indes, daß Kants Teilung nicht länger aktuell sein kann, nachdem Einstein mit seiner Relativitätstheorie der klassischen Newtonschen Physik, die Kants Ausgangspunkt war, den Boden entzogen hat. Der Verlust der Vorstellung, es gäbe eine absolute Zeit, einen absoluten Raum und absolute physikalische Gesetze und damit Kants synthetische Urteile a priori, haben für Dr. Santschi auch den Nihilismus in ein anderes Licht gerückt. Er wird ebenso relativ wie alles andere. Aber er behauptet keinesfalls, damit das Nihilismusproblem gelöst zu haben. Es wird zum Beispiel in Zukunft genauso schwierig sein, mit der Teilung zwischen dem, was man eigentlich will, und dem, was man in der Gesellschaft muß, zu leben, sagt er, aber irgendein dogmatischer Nihilismus sollte dafür nicht länger die Grundlage sein. Diese weiterhin unsichere, aber überhaupt nicht lebensverneinende Haltung scheint Berger mit sich zu nehmen, als er das Sanatorium verläßt.

Er lernt die Krankenpflegerin Anaïs kennen, die ihn in das Haus ihrer Mutter, »das Papageienhaus«, einlädt, das in südlicheren Gegenden, im Tessin, liegt. Der zweite Teil des Romans erzählt von ihrem Aufenthalt in dieser freundlichen Umgebung, durchsetzt von Kunst und Geschichte, wo »das Irrationale [. . .] viel stärker im normalen Leben [. . .] integriert zu sein schien« (S. 231). Auch hier hat Berger Gelegenheit zu einer Reihe von Gesprächen mit Anaïs' Mutter, der Malerin Ebet Thormann. Durch dieses Zusammentreffen und durch einen gemeinsamen Ausflug zu den mythischen Höhlenmalereien des prähistorischen Camma-Volkes in Norditalien reift in Berger der Entschluß, seine Arbeit als Lehrer aufzugeben und eine neue Lebensform als Künstler, als Schriftsteller zu finden.

Berger spürt die Notwendigkeit, die übliche moderne, total rationale Bewußtseinsform auf die eine oder andere Art und Weise zu erweitern oder zu verändern, weil man aus den vielen Einbahnstraßen unserer Gegenwart herauskommen muß. Faszinierende Beispiele findet er in der nicht-rationalen Haltung zur Welt bei Kindern, prähistorischen Kulturen und ›Naturvölkern‹. Und er ist daran interessiert zu erfahren, wie Künstler als erwachsene Gegenwartsmenschen daran weiterarbeiten, diese Bewußtheitsformen in unserer Zeit möglich zu machen, ohne dabei einen totalen Bruch mit dem Rationalen zu vollziehen.

Bei seiner Ankunft im Papageienhaus liest Ebet Thormann charakteristischerweise ein Buch Carlos Castañedas und ihm werden die Erfahrungen des amerikanischen Anthropologen, der durch einen alten Indianer zu »Zuständen nicht alltäglicher Wirklichkeit« gekommen ist, erläutert (S. 173). Typisch für Bergers große, aber undramatische Aufnahmefähigkeit ist seine Reaktion: »Berger hatte noch nie von diesen [Castañedas] Büchern gehört, aber was ihm Anaïs' Mutter erzählt hatte, machte ihn neugierig. Er sagte, daß er gerade dabei sei, *Gullivers Reisen* zu lesen, aber daß er sich danach, wenn er damit fertig sei, die Bücher von Castañeda wahrscheinlich auch kaufen werde.« (S. 173)

Im Papageienhaus erfährt Berger auch Näheres über den Schriftsteller Hermann Haller, der früher in diesem Haus wohnte. Haller ist leicht als Hermann Hesse zu identifizieren. Berger hat – wie viele seiner Generation – Hallers/Hesses Auseinandersetzung mit einer allzu rationalistischen, modernen Welt, die von einseitigem Leistungs- und Profitinteresse geprägt ist, und sein angestrengtes Suchen nach Alternativen intensiv miterlebt. Aber Berger ist nicht jemand, der sich unkritisch und ohne Vorbehalte der derzeitigen Hesse-Welle anschließt. Mit seiner nüchternen erkenntnistheoretischen Haltung fühlt er trotz aller Sympathie ständig eine Distanz und ein gewisses Unbehagen gegenüber dem eher romantisierenden und häufig auch sentimentalen Haller/Hesse. Sein Verhältnis zu Hesse hat E. Y. Meyer in seinem Essay *Die großen und die kleinen Wörter* (in: *Die Hälfte der Erfahrung*, S. 101-115) eingehend beschrieben, in dem er Hesses seiner Meinung nach entstellenden und oft kaum vertrauenerweckenden Gebrauch von »großen Wörtern« kritisiert. Dort heißt es sehr charakteristisch für Meyer: »Das, was mich an diesen großen Wörtern störte und ihnen gegenüber mißtrauisch machte, war, daß sie mir zu ungenau waren und zu viel umfaßten und *zusammenfaßten* und sich meiner Kontrolle entzogen.« (S. 110) Aber dennoch ist er davon überzeugt, daß Hesses Leben und Werk *zusammen* als ein sehr wichtiges Beispiel für den Kampf des Individuums für Freiheit und Selbstverwirklichung in einer Gesellschaft voller Zwang bestehenbleiben wird.

Im Roman jedoch ist es die Malerin Ebet Thormann, die mit ihrem Leben deutlich repräsentiert und es verbal ausdrückt, wie ein eher mythisch-künstlerisches Bewußtsein auch in der Gegenwart wirken kann. Von C. G. Jungs Theorien einer gewissen Übereinstimmung zwischen den tiefsten Schichten unseres Unbewußten und organischen Gesetzen der Natur zum Teil beeinflußt, meint sie, daß eine Wahrnehmung und Erkenntnis der Verhältnisse nicht ausschließlich mit Hilfe rationaler Mittel geschehen könne. Um Verständnis für dieses »Gleichgewicht zwischen Geist und Materie« zu bekommen (S. 224) – etwas, was sie für die ganz entscheidende Erkenntnis in unserer jetzigen Situation überhaupt hält –, glaubt sie, daß dafür nur ästhetische Mittel in Frage kommen können. Denn »die Erfahrung [kann] nur in dem Maß, in dem sie künstlerische Gestalt annimmt, überhaupt Gestalt annehmen und somit verwertet und erinnert werden« (S. 224). Die rationale Beurteilung wird also nicht ausgeschaltet. An anderer Stelle sagt die Malerin: »Der größte Fehler unseres gegenwärtigen Erziehungssystems besteht, wie ich glaube, darin, daß in ihm die Wissenschaft und die Kunst als zwei völlig getrennte Bereiche angesehen werden, und daß dadurch eine einseitige Förderung des logischen Denkens ein Menschentyp herangezüchtet wird, bei dem die Phantasie und die Fähigkeit zu sinnhaftem Erleben verkümmert sind.« (S. 237) Nur die Kunst als Erziehungsmittel kann das Tiefste im Menschen mit »den Grundformen des Universums und den organischen Lebensrhythmen« in Einklang bringen (S. 237).

Mit solchen Überlegungen schafft Ebet Thormann Verbindungen zu einigen identifizierbaren Strömungen der Vergangenheit und der Gegenwart, nicht zuletzt zu wichtigen Grundgedanken der deutschen Romantik. Aber vor diesem Hintergrund ist es wichtig, sich darüber im klaren zu sein, daß sie Kunst nicht zu etwas rein Metaphysischem machen will, sondern daß es für sie eine äußerst konkrete Möglichkeit ist, die wir gebrauchen sollen: »Ich denke, die Kunst ist nichts Metaphysisches, das jenseits der Erfahrung liegt, sondern eine organische, meßbare Erscheinung, die im Prozeß von Wahrnehmungen, Denken und Handeln eine wesentliche Rolle spielt. Weniger ein beherrschendes Prinzip, das wir auf das Leben anwenden sollten, als ein beherrschender Mechanismus, den wir nicht außer acht lassen können, ohne uns selbst zu schaden: ein Teil des organischen Entwicklungsprozesses des Menschen.« (S. 238) Damit ein Mensch in unserer Zeit innerlich weiterwachsen kann, muß er »die Vorstellungskraft, die Gabe, visuelle Bilder zu sehen« (S. 241) viel stärker, als es gewöhnlich der Fall ist, entwickeln und ausnutzen. Und um das möglich zu machen, bedarf es einer »Erziehung der *Sinne*« (S. 242).

In Übereinstimmung mit Schillers berühmtem Brief über »Die ästhetische Erziehung des Menschen« aus dem Jahre 1795 formuliert Ebet Thormann ihre moderne Variante einer ästhetischen Erziehung, die der künstlerischen Tätigkeit eine sehr viel weitergehende Aufgabe in der Gegenwart zumißt als irgendein l'art pour l'art. Das Ästhetische wird hier zu einem wichtigen Mittel, eine ethische und gesellschaftliche Entwicklung zu fördern, in letzter Instanz also eine politische Kraft. Folgendermaßen erinnert sich Berger an das, was sie darüber gesagt hat: »Die ästhetische Erziehung [wäre] eine natürliche Methode zur Verbindung einzelner Personen oder Gruppen zu einer gesellschaftlichen Einheit ... Und von der Phantasie: sie sei die Kraft, die einen Ausgleich oder eine Versöhnung entgegengesetzter oder nicht übereinstimmender Eigenschaften herbeiführen könne ... Das ästhetische Handeln hatte sie als die Einführung des Wertbegriffs in eine Welt der Fakten bezeichnet, und von der ästhetischen Einstellung gegenüber dem Kunstwerk hatte sie gemeint, diese müsse zur gewohnheitsmäßigen Einstellung gegenüber der gesamten Wirklichkeit werden, die ja auch, wenn man so wolle, das größte existierende Kunstwerk sei ...« (S. 255)

Nicht nur durch diese, oft ein wenig schlagwortgeprägten Äußerungen, sondern auch durch eine Reihe kleinerer Bemerkungen und Erlebnisse, an denen die äußerst menschliche und sympathische Repräsentantin der Kunst, Ebet Thormann, ihn teilnehmen läßt, werden Berger die Augen immer mehr zu einer künstlerischen Haltung zum Leben geöffnet. Aber ebenso wie im Gespräch mit Dr. Santschi akzeptiert Berger auch nicht im entferntesten alles unkritisch. Ständig ist er voller Zweifel, Unsicherheit und Lebensangst, bewahrt jedoch eine Art Konzentrat von dem, was er gehört hat, und faßt im Laufe des Besuchs im Tessin den endgültigen Beschluß, Schriftsteller zu werden.

Im letzten Teil, der ebenso wie der ganze Roman den Titel »Die Rückfahrt« trägt, wird die Entwicklung des Schriftstellers Berger beschrieben: Schule, abgebrochenes Philosophie- und Germanistikstudium, seine Zeit als Lehrer auf dem Land, bis hin zu seinen ersten Versuchen als Schriftsteller. Der Schwerpunkt liegt indes auf seinen Gesprächen mit dem Denkmalpfleger Effinger in Bern, bis dieser bei dem Autounfall ums Leben kommt. Diese Gespräche finden zum Großteil bei Fahrten im Kanton Bern statt, auf die Berger mitgenommen wird, damit er erhaltenswerte Bauten und andere historische Objekte besichtigen könne, und drehen sich hauptsächlich um die kulturelle Tradition und ihre Bedeutung für die Gegenwart.

Auch Effinger wird sehr sympathisch dargestellt. Er ist voller Innenleben und Verständnis, dazu geprägt von einer kritischen Haltung gegenüber allen Äußerlichkeiten der modernen Industriegesellschaft. Er ist Denkmalpfleger in einem ganz anderen Verständnis, es geht ihm nicht um ein Bewahren um des Bewahrens willen: »Bei der Denkmalpflege geht es darum, den kulturellen baulichen Werten der Vergangenheit durch eine *sinnvolle Zweckgebung* in der Welt von morgen einen sicheren Platz zu verschaffen«, erklärt er (S. 349). Um eine menschenfreundliche Umwelt zu schaffen, muß Altes und Neues eine durchdachte Ganzheit eingehen.

Daß er in einer Zeit politischer und kultureller Umwälzungen lebt, beschäftigt Effinger sehr. Besonders interessiert ist er an den Hinweisen, die er in der Geschichte finden kann und die ein tieferes Verständnis für ein »ideales Gleichgewicht zwischen Mensch und Gesellschaft, Kunst und Alltag«, dafür also, was seit Hegel »der unentfremdete Mensch der Zukunft« (S. 366) genannt wird, aufzeigen.

Wie in Meyers erstem Roman ahnt man im Hintergrund auch hier das Mäßigungs- und Gleichgewichtsideal der alten Griechen, die Voraussetzung für die »Eudaimonia« als Gegensatz zur Hybris unserer Zeit auf nahezu allen Gebieten, nicht zuletzt bei Technologie und Konsum. Effinger könnte vielleicht als eine Mischung aus Wertkonservativem und »Sozialist mit menschlichem Gesicht« charakterisiert werden. Er glaubt an »Kontinuität«, und zu den griechischen Idealen, die man ahnt, kommen bei ihm gleichsam britisches Phlegma, Humor, Qualitätsbewußtsein und die maßvolle Lebensweise seiner Vorbilder. Daß er weder einen Fernseher noch ein Auto hat und große Skepsis vor dem schnellen geographischen Wechsel bei einer Flugreise zeigt (S. 385), sind Kleinigkeiten, die ihn charakterisieren. Aber dies darf nicht als Ausdruck eines rückwärtsgerichteten Konservativismus gewertet werden, sondern eher als Einsicht in das, was »für den Menschen gut« sei.

Der Denkmalpfleger ist trotz seiner Skepsis der modernen technologischen Gesellschaft gegenüber dennoch kein Anti-Rationalist: »Was mich hier im Westen, in den westlichen Industriegesellschaften etwas beunruhigt, das sind gewisse Tendenzen zu einer erkenntnis- und verstandesfeindlichen Stimmungslage. Die Wirtschaft arbeitet nicht mehr für Bedürfnisse, sondern für Wünsche, und Wünsche sind natürlich grenzenlos. Die Religion, die die Pforten des Dämonischen bewachte und die Kontinuität zur Vergangenheit herstellte, befindet sich in einer tiefen Krise, die sozialen Bindungen sind zerrissen, an die Stelle des Ordnungsprinzips der ästhetischen Form ist eine Ästhetik des Schocks und der

Sensation getreten, die immer rascher ermüdet und trivial und öde wird, die Porno- und Popkultur ist jenseits des Bewußtseins angesiedelt, und im Gewande einer Attacke gegen die technokratische Gesellschaft könnte sich, wie ich befürchte, ein Angriff auf die *Vernunft* verbergen.« (S. 386) Und selbst wenn er nicht an den Sozialismus in einer der existierenden Formen glaubt, sieht er die größte Gefahr aus einer anderen Richtung kommen: »Die größere Gefahr [. . .] liege wahrscheinlich in einer konservativen und moralischen Reaktion auf die unsinnige Zeit, ihren Nihilismus und das unberechenbare Sichsträuben ihrer Jugend.« (S. 387) Effinger empfiehlt, mehr über den Sinn der Arbeit nachzudenken, das Ziel muß *Aktivität* sein und nicht nur Konsum. Er befürchtet, daß sich eine derartige neue Haltung erst nach einer unübersehbaren Weltkrise, die unendliches Leid mit sich bringt, durchsetzen läßt, er hofft aber zumindest, daß die Veränderung in Form einer eher friedlichen Evolution geschehen kann (S. 388).

Die Gespräche über diese Themen und unzählige Kulturdenkmäler, insbesondere Kirchen, die sie auf den Fahrten sehen, gipfeln in Effingers Erklärungen über historische Veränderungen. Es beginnt mit seiner Sicht der Reformation. Er beklagt den dadurch entstandenen Verlust an Sinnlichkeit, sieht die Reformation aber als einen ungeheuer wichtigen Schritt auf dem Weg des Menschen zum »Aufsichselbstgestelltsein« (S. 410). Das 20. Jahrhundert erscheint Effinger als eine ähnliche Übergangszeit. Seine Erläuterung der paradoxen erkenntnismäßigen Situation, in der sich der Mensch heute befindet, hat noch einmal deutliche Ähnlichkeit mit der ›Kant-Krise‹, die wir aus Meyers erstem Roman kennen. Auch Effinger betont die erkenntnistheoretische Diskrepanz – und die darauffolgende Schizophrenie – Kants zwischem dem, was »nur in unseren Köpfen passiert«, und unserer gleichzeitigen Überzeugung, daß das auch in der »Wirklichkeit« passieren muß (S. 419). Das heißt, jeder Mensch geht mit seinem eigenen persönlichen Weltbild umher, das sich bei keinem anderen findet. Durch die Kantsche Tradition kann er auch *wissen*, daß dieses Weltbild nur für ihn gültig ist, gleichzeitig hat er aber ein starkes *Empfinden* dafür, daß ein entsprechendes Weltbild allen Menschen der Gegenwart zugeschrieben werden muß. »Jeder spürt, daß er mit seinem Weltbild letztlich allein dasteht, und jeder spürt, daß es außerhalb seines Weltbildes noch etwas *anderes* geben muß und gibt, an das er jedoch nie ganz herankommen kann.« (S. 419)

Die Frage ist also, ob es aus diesem im eigentlichen Verständnis des Wortes fundamentalen Dilemma, »in der Wirklichkeit gefangen zu sein« (S. 421), ohne sie erfassen zu können, einen anderen Ausweg als den Tod gibt. Die Menschen versuchen trotz dieses Dilemmas ständig Formen zu finden, sich der Wirklichkeit zu nähern, und dies scheint ein Kampf gegen unseren eigenen Tod zu sein. Die Geschichte hat die Menschen der Gegenwart an einen Punkt geführt, wo sie, ohne Unterstützung irgendwelcher Dogmen oder äußerer Macht, in selbständigem Denken mit dieser Spannung leben müssen. Ebet Thormann nicht unähnlich, betrachtet Effinger die künstlerischen Faktoren der Geschichte als die einzigen, die wirklich etwas ausdrücken und dem Menschen im Verständnis für den Sinn dieses Kampfes weiterhelfen können (S. 422).

Die letzte, entscheidende Frage, die Effinger mit Berger vor dem Unfall diskutiert, dreht sich um die Möglichkeiten, selbst aktiv zu werden, um einen geschichtlichen Wendepunkt zu setzen. Der Denkmalpfleger weist hier auf einen nicht näher genannten ethnologischen Artikel über die berühmte »Basler Fasnacht« hin, den er gelesen hat, ein Ereignis, das völlig von dem Wunsch nach einer »Umkehrung der Zeit« geprägt ist. Das Wesentliche daran ist, daß die Menschen kollektiv alles genau entgegengesetzt zu dem machen, was sie sonst gewohnt sind. Derartige Rituale lassen sich »von Babylon und Griechenland bis hin zum Mai achtundsechzig in Paris« (S. 424) wiederfinden. »Das Gemeinsame an all diesen Erscheinungen quer durch die Geschichte und in allen Kontinenten sei, daß sie eine besondere Form von abweichendem Verhalten darstellten, die man als *nichtkonforme Konformität* bezeichnen könnte, das heiße: die abweichenden Normen würden von der Gesamtgesellschaft als gültig anerkannt.« (S. 424) Weiterhin schrieb der Ethnologe, daß unsere Zeit schlechte Voraussetzungen für eine »Umkehrung der Zeit« biete, da die *lineare Zeitauffassung* so dominierend ist. Die Kunst, die Zeit zurückzudrehen, beruht dagegen auf einer ganz anderen Zeitkonzeption, einer pendelnden, perpendikulären (S. 424), die, so der Ethnologe, die ursprüngliche des Menschen und möglicherweise angeborene Zeitauffassung gewesen sein soll. Erst in späterer Zeit begann man zu verstehen, was wir mit der dominierenden linearen Zeitauffassung verloren haben, da wir dadurch notwendige Korrekturen historischer »Fehlentwicklungen« nicht mehr durch ein »Umkehren der

Zeit« vornehmen können. Ein anderes Hindernis verkörpern die »Mächtigen der Zeit«, die nicht daran interessiert sind, die »ständig fortschreitende Entwicklung« aufzuhalten. Auf lange Sicht aber, meint Effinger, wird sich die verdrängte perpendikuläre Zeitauffassung hoffentlich nicht unterdrücken lassen, die Alternative könnte sein, daß die lineare Zeitauffassung durch den Urknall, den »Big Bang« (S. 426), beendet wird. Auf jeden Fall hofft er, daß noch Zeit ist, eine Umkehr zu versuchen. Weiter kommt Effinger jedoch nicht, da Berger die Kontrolle über den Wagen verliert und sie verunglücken. Hoffnung, Tod und Zunichtemachen liegen bei E.Y. Meyer eng beieinander.

Effingers Erläuterungen sind das Ergebnis von Gedanken, die ihre Wurzeln in den unterschiedlichsten Systemen haben und eine nähere ideen-historische Analyse verdient hätten. (Interessant wäre es zum Beispiel, das Verhältnis zu einer an Hegel orientierten Dialektik darzustellen; ebenso interessant wäre ein Vergleich zu Hermann Brochs Theorie in *Die Schlafwandler* über historische Wendepunkte, die eintreten, wenn das dominierende Gedankensystem einer Zeit seinen »Unendlichkeitspunkt« erreicht.) All diese Gedanken gehen bei Berger ein in den »Diagnosekatalog« unserer heutigen Krise und in den Katalog von möglichen Lösungen, als der der Roman gelesen werden kann. Für ihn führen sie alle zu den Einschätzungen, die ihm in *seinem Leben* einen Wendepunkt setzen und ihn Schriftsteller werden lassen.

Selbst wenn das Schwergewicht dieses Artikels auf die mehr philosophischen Aspekte des Romans gelegt ist, ist es trotz seines Gedankenreichtums kein ausgesprochen theoretisch-philosophisches Buch.

Und das, was theoretisch *ist*, wird von Meyer auf eine sehr pädagogische Weise popularisiert. Der Roman ist ein Bericht über unsere moderne westliche Welt, dargestellt an der Schweiz von heute – und ergänzt durch Natur, Geschichte und Kosmos –, die dem offenen und fragenden Blick des künftigen Schriftstellers Berger ausgesetzt wird. Das Resultat ist Distanz, Abstand und Angst, gleichzeitig aber auch Faszination und Verwunderung über die Möglichkeiten, die sich trotz allem noch in der Welt finden. Das liegt zuallererst an der ausgeprägten »seelischen Gesundheit« Bergers und daran, daß er an keinerlei dogmatische Lebensauffassung gebunden ist. Kants Philosophie lastet sicherlich schwer auf ihm, blockiert ihn aber nicht völlig. Als das am besten geeignete Mittel, sich der Wirklichkeit anzunähern, sieht er also die ästhetisch-künstlerische Haltung, die man gewöhnlich nur für Kunstwerke im engeren Sinn gebraucht. Indem er diesen »ästhetischen Blick« auf die ganze Welt richtet, hofft er größere Möglichkeiten zu finden, um die Wirklichkeit auf eine andere Art und Weise zu ordnen und zu strukturieren. Mit dem Begriff »Die Rückfahrt« will Meyer eine ästhetische Zusammenfassung vieler Absichten erreichen: die konkrete Rückfahrt auf Bergers letzter Tour mit Effinger, die Fahrt zurück zu Jugend und Kindheit und der Erlebensweise des Kindes, die Fahrt zurück in die Geschichte der europäischen Kultur – bis hinein in ihre prähistorische Zeit – und schließlich ein Zurück zu einem mehr bildmäßigen, mythisch-künstlerischen Bewußtsein. Auch die Fahrt vom Tod zurück ins Leben könnte man noch dazunehmen.

Meyer erhält sich eine künstlerische Beweglichkeit, so daß dies nicht programmatisch wird. Er bleibt in einer dynamischen Ungelöstheit. Und trotz ähnlicher Betrachtungsweisen, wie wir sie mit dem Hinweis auf Schillers »ästhetische Erziehung« angedeutet haben, ist Meyer mit seinem distanzierten, ruhigen Stil und seiner beständigen Angst und Unsicherheit, wie wir sie ähnlich von einem Kafka oder einem Thomas Bernhard kennen, selbstverständlich in einer ganz anderen Zeit als der große Bannerträger des Idealismus angesiedelt. E.Y. Meyer versucht mit all seinem Ernst die schwierigsten Probleme dieser Zeit in künstlerischer Form zu erfassen. Aber er ist immer konkret und verfällt weder in lähmenden Pessimismus noch in billigen ideologischen Optimismus. Diese in Thematik und einer nüchternen und bescheidenen Ausdrucksweise so charakteristische Kombination von zwei großen Anliegen wird in folgender Programmatik deutlich: »Das, was *mich* interessiert, ist einerseits das konkrete äußere Geschehen in einer konkreten gesellschaftlichen Wirklichkeit, andererseits das *gleichzeitige* innere Geschehen im Menschen, der in dieser gesellschaftlichen Wirklichkeit lebt, und sind drittens die *Wechselbeziehungen*, die zwischen diesen beiden Geschehen liegen.« (*Die Hälfte der Erfahrung*, S. 113)

(Originaltitel: *Tidsoppgjor med Sveits som utgangspunkt*, aus: Ergo, 12. Jg., Lysaker [Norwegen]. Aus dem Norwegischen übersetzt von Ulrich Sonnenberg.)

Georg Jánoska

Philosophie und Dichtung am Beispiel von ey

> Ich glaube meine Stellung zur Philosophie dadurch zu-
> sammengefaßt zu haben, indem ich sagte: Philosophie
> dürfte man eigentlich nur *dichten* ...
>
> *L. Wittgenstein*

1. Der Titel läßt erkennen, daß mein Beitrag sich in zwei Themen
gliedert: in ein kaum überschaubares »Philosophie und Dichtung« und den ey. Die Themenstellung wäre mißverstanden,
wollte man in dem zweiten eine *Anwendung* sehen, weil ich mich
am Beispiel des ey mit in das erste Thema eingearbeitet habe.
Dazu gleich eine Vorbemerkung. Die intime Kenntnis – sein ehe-
maliger Lehrer, später und bis heute Freund –, zudem das Ver-
flochtensein in die literarische Produktion erleichtern natürlich
den Zugang, erschweren freilich auch das Schreiben, weil das Ge-
schiedene in Gefahr läuft, zu *Einem* zu werden. Das trifft vor
allem für unser Kantverständnis zu. Jene Kenntnis macht in vielen
Fällen aber auch die Bewertung allzu subjektiv, da das Autobiographische meines Freundes mir zu deutlich vor Augen steht und
schon so die Aufmerksamkeit fesselt. Das hinwiederum gilt vor
allem für sein Theaterstück *Sundaymorning*.

2. Philosophie läßt sich kaum belangvoll definieren, das ist bekannt. Für Dichtung gilt Ähnliches, also was soll »Philosophie
und Dichtung«? *Nach* Wittgenstein dürfte man *so* nicht mehr fragen.

Für die Philosophie ist da einmal das Hindernis der vielen möglichen Standpunkte, die sich wechselweise als zugleich nötig und
unmöglich voraussetzen. Von jeweilen einer Position aus pflegt
man gewöhnlich *die* Philosophie zu bestimmen – ein nicht einmal
unterhaltsames Unterfangen. Philosophie, von der standpunktli-
chen Konstitution her betrachtet, ist Gegenstand der *systematolo-
gischen* Betrachtungsweise.[1] Die Ismen sind aber jetzt nicht das
Wichtige. Der intendierte Vergleich rückt den *Stil* des Philoso-
phierens in den Vordergrund, und zum zweiten den Zweck – den
Nutzen wollen wir heute lieber vergessen.

In Ansehung des Stils läßt sich eine (nicht gerade wohlgeordnete) Reihe aufstellen, an deren einem Ende die *Kritik der reinen Vernunft* liegen könnte und an deren anderem Ende die *Maulwürfe*; dazwischen die vielfältigsten Varianten. Allgemeiner: Von der Schulphilosophie oder, wie ich lieber sagen möchte, von den Berufsphilosophen (wenn sie es sehr ausgeprägt sind, bezeichnen sie sich selber oder ihr Tun, mit dem vorgeblich positiven Werturteil, als professionell) – von den Berufsphilosophen also sind die Dichter abzuheben, idealtypisch zwar nur, weil es ja die vielen Grenzfälle gibt, Hamann und Nietzsche zum Beispiel.

Und der Zweck? Philosophie hat zwar immer noch mit Wahrheit zu tun, mehr indessen mit Wahrhaftigkeit als mit Wahrheitsfindung. An deren Stelle tritt die *Orientierung*[2] oder, abgeschwächt, die Beihilfe zur Orientierung im je eigenen Leben, das durch Natur und Gesellschaft umschlossen wird. Beides gilt aber auch für die Dichtung. In der berühmten Rede *Der Schriftsteller vor der Realität* (1956) sagte Günter Eich: »Ich schreibe Gedichte, um mich in der Wirklichkeit zu orientieren.« Eich führt eine philosophische Rede, die um die Welt als Sprache kreist, nur daß der Urtext, der dem Magus im Norden noch gegeben war, dem Absurden gewichen ist, und ey wird dann den Pablo, einen seiner Künstlertypen in *Sundaymorning* (Suhrkamp Theatertext, 1981), vor dem psychosomatischen Zusammenbruch in existentieller Klage den Mangel an Orientierung herausschreien lassen (S. 113). Edy, der Hoffende, entgeht ihm mit der Forderung nach einer neuen Philosophie.

3. Wodurch unterscheiden sich Philosophie und Dichtung? Es sind keine Kleinigkeiten; der Stil durchzieht Sprache und Denken; beide bilden eine untrennbare Einheit. Da wäre in erster Linie die Ausrichtung der Berufsphilosophen, in verschiedener Art natürlich, auf eine *begriffliche* Sprache, im Extremfall auf Eindeutigkeit (Wittgenstein I, der so schnell zum Schweigen kommt), im Gegensatz zur *symbolischen* Sprache der Dichter, die am anderen Ende der Skala schlicht unübersetzbar bleibt. Der Zug zum Mystischen verbindet die beiden Extreme.

Mit der begrifflichen Sprache geht die Begriffsanalyse einher, ein, wie ich sagen möchte, *direktes* Philosophieren, das zwar definiert, für Nuancen jedoch keinen Platz läßt. Im Sinne Heideggers ist es exakt, aber nicht genau (»streng«).

In der Eindeutigkeit wirkt es leicht brutal; freilich auch grotesk, sobald nämlich ein zum Jargon verdinglichtes Sprachspiel bis zur

Übersättigung in identischer Weise zur Anwendung kommt (heute sind es manche semiotische Untersuchungen).

Statt hin zur Orientierung kann der eigene Standpunkt leicht ins »Fliegenglas« führen (Wittgenstein II), die Zusammenhänge mehr verstellen als erhellen. Überdies ist der Berufsphilosoph kraft seiner Stellung in besonderem Maße der Gefahr ausgesetzt, das Bestehende um den hohen Preis der Botmäßigkeit zu akzeptieren. Seine Vorzüge liegen ebenso auf der Hand: der gekonnte Umgang mit Begriffen, das historische Wissen, die solide Kenntnis anderer Philosophien und Denkweisen.

Um es selber grobschlächtig zu sagen: der Dichter – allgemeiner und richtiger: der Künstler – ist der Freiere, und er philosophiert schlecht, wenn er zu direkt philosophiert. Durch die Dominanz der Einbildungskraft sind es vermutlich auch so oft die Dichter, die den Berufsphilosophen den Weg weisen, das Material für die Systematisierung liefern. (Hölderlin als großes Beispiel, und schon wieder Kant als Gegeninstanz: der ganz seltene Fall einer Entdeckung in der Philosophie, der synthetischen Urteile a priori.)

Der größte Vorzug der Dichtung gegenüber der Philosophie und den Wissenschaften (nur die vom Menschen sind hier belangvoll), die schon wegen ihrer begrifflichen Sprache grundsätzlich nur Allgemeines auszusagen vermögen, liegt aber in der Veranschaulichung des *Individuellen*, der konkreten Geschicke (*Die Brüder Karamasow* etwa). Auch dieser Vorzug geht durch das direkte Philosophieren naturgemäß verloren.

4. Das Kant-Erlebnis des ey, gefördert durch seine Selbstdarstellung in *Das Zerbrechen der Welt* (erstmals 1975 in der Jubiläumsnummer 50 der manuskripte erschienen), hat bereits in die Sekundärliteratur Eingang gefunden. Wenn ich nichts übersehen habe, liegt der bedeutendste Kontext bei Samuel Moser vor[3]:

Poesie contra Philosophie
Alt ist der Streit zwischen Dichtung und Philosophie. In seiner langen Geschichte gibt es Momente der Synthese: Horaz gehört dazu, die Goethezeit im allgemeinen. Mit eben diesen Ausnahmen: Heine, Büchner, Kleist. Und neulich hat E. Y. Meyer geschrieben: »Für mich war diese Erfahrung und Erkenntnis – neben der damit ebenfalls erkannten Gefahr, durch das Anstoßen an die Grenzen der philosophisch möglichen Erkenntnis schließlich *sprachlos* zu werden, und der Gefahr, die auf diese Weise für den Kopf und so für das Leben entstehen würde – jedenfalls *mit*

ein Grund, das begonnene Studium der Philosophie abzubrechen und mich der *Dichtung* zuzuwenden.«

ey hat natürlich nicht das Philosophieren aufgegeben, nicht einmal das Studium des haßgeliebten Kant, sondern die Berufsphilosophie, und später auch den Lehrerberuf. Freilich schlägt sogar das *direkte* Philosophieren manchmal noch durch, so in der *Grazer ›Heimat-Rede‹* von 1979.

Kant gilt in weiten Kreisen bis heute und unproblematisiert als der Gründer des Deutschen Idealismus. Dabei paßt er so schlecht in die Weltfrömmigkeit der Goethezeit und zu dem Gott Hegels, systematischer Höhepunkt der Zeit, zu einem Gott also, der mit seiner Schöpfung, in erster Instanz durch den Gottessohn mit den Menschen, dialektisch eins ist. Gegenwärtig tritt (wieder) ein ganz anderer Aspekt des transzendentalen Idealismus zutage: der *nihilistische* Schock, welchen jener ausgelöst hat. Die ersten diesbezüglichen Hinweise werden immer näher an das Erscheinungsjahr der *Kritik der reinen Vernunft* gerückt. In diesen großen Zusammenhang ist auch das Kanterlebnis des ey einzuordnen.

Recht bekannt ist das Sendschreiben Fr. H. Jacobis an Fichte (März 1799) – der Messias gegenüber Kant dem Täufer –, in welchem er dessen Idealismus als Nihilismus schilt. Begrifflich noch schärfer ist Jean Paul in seinem *Anhang zum ersten komischen Anhang des Titans (Clavis Fichtiana)*: »... so daß zuletzt nicht sowohl *Nichts* übrig bliebe – das wäre zu viel und schon *bestimmt*, weil Nichts schon das *Alles* ausschließt – als *unendlich* weniger als Nichts und *unendlich* mehr als Alles, kurz die Grundlosigkeit der Grundlosigkeit.«

Die erkenntnistheoretische Seite des Nihilismus – also jetzt nicht die Entwertung der Werte – zeigt sich am deutlichsten in der Erörterung des transzendentalen Gegenstandes, eine Passage, die Kant in der zweiten Auflage der *Kritik der reinen Vernunft* gestrichen hat, vermutlich ihres extrem idealistischen Charakters wegen. Der Beweis des transzendentalen Idealismus verliert dadurch sicher an Schlüssigkeit (was Schopenhauer der zweiten Auflage überhaupt vorgeworfen hat). Gemäß dem idealistischen Erkenntnisbegriff bedeutet »erkennen« erzeugen oder konstruieren. Für Kant, den Täufer, ist allerdings dem schöpferischen Akt noch ein Material vorgegeben, das, bar jeder Form, nicht einmal als Einheit sich denken läßt, ein »Chaos (!) des Mannigfaltigen«.

Worauf kann sich dann aber die Erkenntnis beziehen? Was ist der *notwendige* Bezugspunkt? Eben der transzendentale Gegenstand – als Nichts.

»Es ist aber klar, daß, da wir es nur mit dem Mannichfaltigen unserer Vorstellungen zu thun haben, und jenes X, was ihnen correspondirt (der Gegenstand), weil er etwas von allen unsern Vorstellungen Unterschiedenes sein soll, für uns nichts ist, die Einheit, welche der Gegenstand nothwendig macht, nichts anders sein könne, als die formale Einheit des Bewußtseins in der Synthesis des Mannichfaltigen der Vorstellungen.« (A 105)

Vom Ding an sich, das nicht bedeutungsidentisch ist mit dem transzendentalen Gegenstand, dürfte die Existenz erst in der *praktischen* Vernunft ausgesagt werden: aufgrund des kategorischen Imperativs, der mit der Freiheit gekoppelt ist. Da nämlich Kant die Freiheit der Notwendigkeit dualistisch entgegensetzt – und nicht wie Hegel, Marx und deren Epigonen als Einsicht in die Notwendigkeit, als Realitätsprinzip (Freud) versteht –, da ferner die Notwendigkeit das Wesen der Natur ausmacht, muß dieser als Inbegriff der Erscheinungen auch das Ansichsein entgegengesetzt werden.

5. Erst jetzt kommt das *Zerbrechen* der Welt zur Perfektion. Das schildert ey eindrücklich bereits in seinem ersten Roman (*In Trubschachen*, 1973). Durch die »Emmentaler Rede« gut vorbereitet, setzt er zu einer Auseinandersetzung mit Kant an (S. 140), welche sich steigert in die »Rede von der Pflicht« (S. 160ff.). Die Betroffenheit zeigt sich deutlich: der Widerwille (S. 146 unten), der sich schließlich gegen »*diesen* Kant-Text« (*Über ein vermeintes Recht aus Menschenliebe zu lügen*, 1797) überhaupt richtet, weil die Menschenliebe so gründlich verdrängt wird zugunsten der eigenen Schuldlosigkeit, zumal –, und das *gegen* den vorgeblich nicht-empirischen Charakter der Pflicht – durch ein »erschreckend kaltblütiges [. . .] Vorausberechnen« (S. 148f.). In der Rede selbst die »Zwänge und Beengungen« als Folge der Selbstunterdrückung, das grausame Säubern alles Unreinen, »Säubern«, das so häufig den Text durchsetzt – »ein Computer müßte das einmal zählen –« (S. 169). Das Leistungsprinzip, das schon bei Kant die Moral tragen soll, das Glück, die Glückseligkeit bei »den Griechen« der selbstverständliche Leitfaden, kann nur mehr schielend aufgenommen werden, vermittelt durch absonderliche

Postulate von Unsterblichkeit und vom Dasein Gottes. – – Danke, möchte man da mit Iwan Karamasow sagen, der Eintrittspreis ist zu hoch, und man versteht den ey nur zu gut, wenn er nach anderen Lebensformen Ausschau hält.

Das Thema des radikalen Dualismus, der den Menschen ganz zerlegt, der keinen Mittler kennt, keinen platonischen Eros, und so in der sinnlichen Welt keinen Halt geben kann, wird in den nachfolgenden Veröffentlichungen noch radikalisiert, schon durch die Wortwahl, im Ausdruck. *Die Erhebung der Romanfiguren* (1975), bedingt durch den Zusammenhang der Verteidigung, in welcher Kant und der Vorwurf des Verrats von militärischen Geheimnissen in eines verfließen, schlägt bereits stärkere Töne an (bes. S. 80f.). Im Nachwort zu *Der Rabe* von Edgar Allan Poe (*Das sprechende Tier oder der nicht rationalisierbare Rest*, 1981), zu welchem sich ey ganz offenkundig gerade durch den existentiellen Aspekt des Dualismus überaus hingezogen fühlt, fällt das Wort »Zerrissenheit« auch durch seine Häufigkeit auf. Gleich auf der ersten Seite (S. 53) ist die Rede von einer »tiefen, ja extremen Zerrissenheit«; dann S. 54 oben und Mitte, S. 56 oben: ein ganzer Komplex an »Zerrissenheiten«; S. 56 Mitte: von der Mutter »weggerissen«; auf S. 65 ist gleich viermal von Zerrissenheit die Rede, ebenso auf S. 83. Genug. Dazu kommt noch die Entzweiung als Merkmal der Zeit und S. 84 »die Schwärze und Finsternis des Nihilismus-Loches«.

Der stärkste Ausdruck findet sich aber im Nachwort zu *Sundaymorning* (1. Oktober 1981), in der Selbstinterpretation: ». . . und er muß antworten oder *zerbersten*« (Kursiv von G. J.), ein Motiv, das schon im Traumbild zu Beginn der *Rückfahrt* (1977) deutlich und wuchtig anklingt.

6. In der Philosophie Kants findet eine Entwicklung ihren Höhepunkt – gleichzeitig mit der Französischen Revolution, allerdings in Preußen unter anderen gesellschaftlichen Bedingungen –, die mit dem spätmittelalterlichen Nominalismus eingesetzt hat und heute, so scheint es, zu ihrem Ende kommt. Es ist dies zwar *ein* großer Prozeß, nämlich die Heraufkunft des Bürgertums, der jedoch in diverse Aspekte gefaßt werden kann und muß.

Im Nominalismus, der durch den ontologischen Primat des Einzelnen vor dem obskuren Allgemeinen der neuen, quantifizierenden Wissenschaft den Weg bereitet, ändert sich auch der Gottesbegriff und mit ihm das gesamte Weltbild: das Wesen Gottes verlagert sich von der *Vernunft* auf den *Willen*. Die Betonung des Willens bedeutet in einem die Betonung der Macht, auf das Absolute bezogen: der Allmacht. Entsprechend wird auch das Wissen als Macht verstanden (das reicht, in anderer Sicht, bis hin zu Michel Foucault). Erst Nietzsche hat die einprägsame Formel für das neue Seinsverständnis gefunden: *Wille zur Macht*.

Der neuzeitliche Mensch tritt als Herr der Erde auf, am Ende als der Übermensch, er will sich die Erde wirklich untertan machen. Er setzt sich der Natur gegenüber, wenn er sie nicht überhaupt konstituiert: die Entzweiung wird zur Spaltung des Menschen, der Leib im Extremfall zu einer Projektion des reinen Subjekts. Der Mensch zerfällt – das ist das Grundlegende am »Zerbrechen« – in den reellen Bourgeois und den intelligiblen Citoyen; jener hat die Macht, dieser den Schein, den gesellschaftlich notwendigen Schein einer allgemeinen verbindlichen Pflicht. Das hat schon Rousseau klar gesehen und Kant durch den Primat der *reinen* praktischen Vernunft noch einmal verbrämt.

Mit dem Prozeß der Loslösung des Einzelnen vom Ganzen geht der andere der *Verinnerlichung* einher: die Roheit der gesellschaftlichen Sitten weicht der eigenen Unterdrückung, bis sie eben im kategorischen Imperativ ihren höchsten Gipfel erreicht – dies auch eine *Leistung* Kants.

7. Mit der Goethezeit, Spinoza im Hintergrund, beginnt eine gegenläufige Entwicklung, deren erste Kulminationspunkte in Marx und der anarchischen Solidarität zum Ausdruck kommen. »Das Wahre ist das Ganze« (Hegel) kann gut als Leitspruch dienen und Goethe selbst als Leitfaden. Aber Goethe ist nicht Goethe – wie sich in besonderer Deutlichkeit jüngst wieder gezeigt hat.[4] Ich möchte jetzt nur *zwei* Möglichkeiten auseinanderhalten. Einmal den Versuch, den *wahren* Goethe aufzuzeichnen – eine Aufgabe ohne Grenzen, sie kann folglich ohne Gefahr fortgesetzt werden. Zum zweiten die Möglichkeit, in Goethe den Idealtypus eines philosophischen Standpunkts zu sehen, der als solcher allerdings erst konstruiert werden muß, aufgrund der bekannten Züge seiner Denkeinstellung.

Der gebotenen Kürze wird es dienlich sein, mit einer Negation zu beginnen. Für Goethe ist eine *Trennung* des Menschen von der Natur weder notwendig noch gut, ja sie ist nicht einmal *real* möglich, insofern eine unheilvolle Fiktion. Die Natur darf in dieser Sicht nicht als Materie gedeutet werden, etwa im Sinne des dialektischen Materialismus, sie ist von göttlichem Nimbus, der sich nur annähernd und vorzüglich in einer symbolischen Sprache vernehmen läßt.

Aus dieser metaphysischen Position folgt alles andere: gnoseologisch ein Realismus, demzufolge die qualitative Welt, die farbige zumal, »wirklicher« ist als die bloß quantitativ gedachte Natur. Wer Paradoxes schätzt, könnte sagen: ein naiv-theoretischer Realismus; wissenschaftstheoretisch die Ablehnung jeder strukturellen oder offenen Gewalt in der Forschung (damit der Kampf gegen die herrschende Wissenschaft). In der Ethik die Bejahung der Natürlichkeit, somit das Verwerfen jeder unbedingten, d. h. glücklosen Pflicht. Das ergibt weiterhin eine Auffassung von Freiheit, von der schon im Gegensatz zu Kant die Rede war (Abschnitt 4). Sie schließt die Tendenz ein – für mich die Gefahr –, in dem Streben nach Harmonie auch die vorgegebene gesellschaftliche Wirklichkeit zu bejahen.

8. Philosophisch läßt sich das literarische Schaffen des ey unter das Motto stellen: Mit Goethe gegen Kant, wobei der Idealtypus Goethe mehr und mehr dominiert – bis auf die große Ausnahme des Todes, der bei ey, auch anthropologisch, zum Tragen kommt. Davon gleich.

Ohne Namensnennung kommt der Meister schon in der ersten Suhrkamp-Veröffentlichung *Ein Reisender in Sachen Umsturz* 1972 vor. Mindestens den Schweizerkennern hätten die besuchten Orte, trotz Radioapparat und tragbarem Funkgerät, den Reisenden erkennen lassen müssen, zumal er gleich anfangs zur Wirtin bemerkt, »es sei dies nicht seine erste Italienreise . . .«.

Die Silvesterrede 1973 *Echo der Zeit* endet bereits, nach einer auf die Gegenwart bezogenen Kantkritik, mit einem Goethezitat »Man sollte alle Tage wenigstens ein kleines Lied hören, ein gutes Gedicht lesen, ein treffliches Gemälde sehen und, wenn es möglich zu machen wäre, einige vernünftige Worte sprechen« (in *Die Hälfte der Erfahrung*, 1980, S. 151). *Die Hälfte der Erfahrung* stellt nicht nur die Erkenntnistheorie Goethes vor, die verschlungene Kriminalgeschichte folgt ihm auch darin, daß in ihr wiederholt vor den »philosophischen Anwandlungen« gewarnt wird und vor dem Kernsatz des »berühmten Vorgängers«: »Sie bedenken nicht, daß die Erfahrung nur die Hälfte der Erfahrung ist«. Die Rede davon ist wiederum am Ende, daß »ein Schriftsteller . . . durch die Dichtung zur *Realität* zu kommen versucht« – um einer größeren Freiheit willen.

Der glückhafte, zweite Teil der *Rückfahrt* (jedenfalls vor 1977 geschrieben) steht unter einem Goethe-Motto; der erste Teil unter Friedrich Glauser, der dritte und letzte bringt den »Nachsommer« in Erinnerung. Und auch hier – an wichtiger Stelle: nach der Frage Ernst Jüngers »Wie leben wir gleichzeitig in den Kollektiven und in den Wäldern?« – die Warnung vor zuviel Philosophie (S. 95).

Hervorzuheben bleibt noch die Sicht der Geschichte – vielleicht der stärkste Gegensatz zwischen Goethe und Hegel –, über die der Denkmalpfleger ein Urteil abgibt, das auch auf dem Klappentext wiedergegeben ist: »Geschichte sei vermutlich nichts anderes als ein für das Leben des Menschen notwendiger Mythos« (S. 46, vgl. auch S. 417ff.). Ähnliches würde ich allerdings von den evolutionstheoretischen Betrachtungen behaupten, die bei ey sich in den Vordergrund drängen.

9. Auch der Tod wird heute nicht mehr weggeschoben oder als endgültige Grenze verwischt; das Sterben ist kein Tabu mehr, freilich dadurch um so gewaltiger, sinnbedrohender. Im Schaffen des ey kommt ihm eine gesteigerte Stellung zu. Für ihn, nicht für sein Werk, wäre sogar zu hoffen, daß er ihn nicht noch mehr ergreife.

Mit einer in ihrer Prägnanz eindrucksvollen Bemerkung endet das Nachwort zu Poe: »das Tier, das sprechen gelernt hat und sich seines Todes bewußt geworden ist« (S. 92). Schon der letzte Satz der ersten größeren Publikation von 1972 vermerkt, daß man den Engländer *tot* gefunden habe. Stifters gräßlichen Tod (daselbst, auch am Ende der Geschichte), die Dämonen und das Ende der *Rückfahrt* seien hier nur angetönt. Den Schluß der ersten Erzählung von 1972, *Dünnerwerdende Äste*, hingegen möchte ich wortgetreu wiedergeben, weil sich darin der Tod mit dem Zerbrechen, mit dem Zerbersten symbolisch verbindet: »[. . .] als die Erde leicht zu schwanken begann, ein entferntes Donnern sich ihm von hinten mit einer unheimlichen Geschwindigkeit näherte und er beim Sichumdrehen sah, wie der Berg *langsam* über ihnen auseinander- und zusammenbrach und die einzelnen mächtigen Felsstücke sie zu zerdrücken begannen.«

Immer wieder an bedeutsamem Orte der Tod. Dazu ein letztes Beispiel, in dem die *Sinnfrage* anklingt, eher resignativ allerdings. Es stammt aus der Rede *Echo der Zeit* von 1973, aus der ich schon

Goethe zitiert habe: »So wie uns die Pflicht nicht zur Ruhe kommen läßt, läßt uns die Leistung nicht zur Ruhe kommen: wir nehmen uns die *Zeit* nicht mehr, uns auf das zu besinnen, was der Mensch und was menschlich ist. – Und was ist der Mensch schon angesichts des Todes, und was bleibt ihm anderes als die Menschlichkeit?« (*Die Hälfte der Erfahrung*, S. 150, vgl. auch S. 176.)

10. Um die alte stoische Anekdote zu variieren: Es ist nicht nur bedeutsam, welche Denker und Dichter in die eigene Betrachtung aufgenommen werden. Sondern auch die Abwesenden sagen etwas über den Autor aus. Die relevante Erwartung kann nur das Naheliegende – und Bekannte – betreffen. Und da stellt sich bei ey vor allem Nietzsche ein; nicht nur wegen dessen subtiler Kritik an jeder Ethik, also an philosophischer *Begründbarkeit* von Pflicht oder Pflichten überhaupt; nicht nur wegen der radikalen Verwerfung jedes Dualismus – der Leib etwa als die große Vernunft –, sondern auch und vor allem wegen des evolutionstheoretischen Aspekts seiner Lehre vom Übermenschen. Nietzsche allerdings ließe weniger Raum für Harmonie und Menschlichkeit.

11. Ich komme zum Ende. Zum Idealtypus Goethe gehört die *Bejahung*. (Man weiß: in Wirklichkeit war er durchaus, auch in späteren Jahren, nicht immer der Bejahende.) Daher die Ablehnung alles Überspannten, daher auch die bereits erwähnte Tendenz, sich in der politischen Wirklichkeit zu versöhnen. Dieser Hang ist in der Grazer Rede ganz, zu offenkundig da. Wie im Nachwort zu Poe »Zerrissenheit« sich häuft, so hier das *Akzeptieren*, zur *ganzen* Entwicklung Ja-sagen. »Es wird uns [?] wohl nichts anderes übrig bleiben, als diese Fakten in ihrer ganzen *Härte* zu *akzeptieren*...« (*Die Hälfte der Erfahrung*, 1980, S. 190). »Auch wenn wir uns noch so allmächtig und gottähnlich fühlen, werden wir lernen müssen, das von uns *Unveränderbare an dieser Welt und an den Lebensbedingungen auf ihr* zu akzeptieren.« Und natürlich auch den Tod: »Dies müßten wir in der Tat wieder lernen – sowohl *Leben* wie *Sterben*, aber nicht nach unseren eigenen Anweisungen, sondern nach denen der Natur.« (*Die Hälfte der Erfahrung*, S. 191.)

Aber was heißt schon »Natur« und »natürlich«? Was ist denn nicht natürlich? Was wird denn nicht von *der* Natur getragen? Ich darf dazu einem aus dem »Paradies« das Wort geben, aus welchem Paradies ey geglaubt hat, wegen seiner Grazer Rede vertrieben zu werden (so tönt deren Ende). »Natur, natürlich Natur, die Natur der Natur, die Natur, natürlich die Natur« (Helmut Eisendle, *Der Narr auf dem Hügel*, 1981, S. 9).

Die Brücke zu Goethe wird, eindeutig wiederum, gegen Schluß des *Sundaymorning* geschlagen (S. 103): Hoffnung, Sehnsucht nach Erlösung; hernach die Mütter, das Urphänomen, schließlich, vielleicht schon überflüssig, der Faust. Und im Nachwort zu Poe, in welchem die Zerrissenheit sogar auf das Gehirn bezogen wird, versucht ey die Hoffnung – nicht das Heil zwar, aber doch ein Leben im Sinne Goethes – evolutionstheoretisch zu untermauern.

12. Die Angst vor dem Zerbersten läßt ihn die Wirklichkeit bejahen.

Anmerkungen

1 Dazu: Franz Kröner: *Die Anarchie der philosophischen Systeme*, mit einem Geleitwort von Ferdinand Gonseth und meinem Nachwort *Über die Systematologie* (Graz 1970; [1]1929). Ich möchte in diesem Zusammenhang auf einige meiner Arbeiten hinweisen, die für den vorliegenden Text relevant sind: *Begriffliche und symbolische Bedeutung*, in: *Gestalt und Wirklichkeit. Festgabe für F. Weinhandl*, Berlin 1967; *Zur Geschichte des Nihilismus*, in: Studia Philosophica Vol. XXIX (1970); *Von innen nach außen oder von außen nach innen?*, in: manuskripte 58 (1977); *Glaube und Wissen*, in: *Wissen, Glaube, Politik. Festschrift für Paul Asveld*, Graz 1981.

2 Schon Kant stellte, an Moses Mendelsohn anknüpfend, zum Pantheismusstreit 1786 seinen Beitrag unter den Titel *Was heißt: Sich im Denken orientieren?*. Nur hat der Primat der *reinen* praktischen Vernunft die Orientierung in der *empirischen* Wirklichkeit nicht gerade erleichtert.

3 Obgleich es zu dem Topos bekannter und geläufiger Kuriositäten gehört, daß sich Gruppeninsider wechselweise zitieren, muß ich doch auf dessen noch unveröffentlichte Dissertation hinweisen, schon weil ich der gutachterlichen Auseinandersetzung mit der systematischen Einleitung viel verdanke (*Im Banne Kants: Heinrich Heine, Georg Büchner und Heinrich von Kleist*, 1981).

4 »Als Goethe dann starb, eben am zweiundzwanzigsten, dachte ich sofort, was für eine Schicksalsfügung, daß Goethe genau für diesen Tag Wittgenstein zu sich nach Weimar eingeladen hatte. Was für ein Himmelszeichen.« (Thomas Bernhard: *Goethe schtirbt*, Die Zeit,

19. März 1982.) Vor dem Schlafen las ich die philosophische Parodie. Sie bestätigte mich zwar in meiner Ansicht über den Vorrang der Dichter, aber so stark, daß ich – eben vor dem Schlafen – beschloß, Philosophisches nicht mehr im Ernste zu schreiben. Statt des »Mehr nicht« wollte ich ein »nicht mehr« setzen. Sein, aus dem Üblichen so herausfallender Beitrag hat mich um so mehr gepackt, als (auch) mich die Frage beschäftigt, was denn der späte Wittgenstein von Goethe gekannt habe. Dann aber kam der Morgen und mit ihm der Idealtypus Goethe.

Mai 1982

E. Y. Meyer

Ein Brief an Max Frisch zu seinem
70. Geburtstag

Lieber Max Frisch
– ich mag Dich.

(Dies ist kein Gedicht und auch kein Gedichtanfang – obwohl
ein Gedicht sicher ein schönes und angemessenes Geburtstagsge-
schenk wäre. Ob Du selber je Gedichte geschrieben hast, weiß ich
nicht – ich kenne jedenfalls keine von Dir und vermute deshalb,
daß Dein Verhältnis zu dieser literarischen Gattung nicht allzu
innig ist. Auch ich habe bisher noch nie genügend Lust verspürt,
mich in dieser Form zu versuchen, aber ich will nicht verheimli-
chen, daß die Fortsetzung eines allenfalls so beginnenden Gedichtes, und sogar, wenn es ein Geburtstagsgedicht geben sollte, offe-
ner- und ehrlicherweise ungefähr lauten müßte: »– auch wenn ich
nur wenig von Dir gelesen hab«.

Um nicht mißverstanden zu werden, müßte diese Zeile nun allerdings gleich in den Zusammenhang mit dem Umfang Deines
bisherigen Werkes gestellt werden – der großen und reichen Produktion eines nun siebzigjährigen Lebens – und in denjenigen mit
dem zeitlichen Rückstand, den mein eigenes Leben auf das Dei-
nige hat, der zufälligerweise genau seiner Hälfte entspricht.

Hier muß ich das Gebiet des Gedichtes aber auch schon wieder
verlassen, meine hilflosen Gehversuche in ihm abbrechen und es
seinen rechtmäßigen Besitzern, den geübten Lyrikern, überlassen.
Es kann nicht der Sinn Deines siebzigsten Geburtstages sein, daß
ich Gedichte zu schreiben beginne – sowenig allerdings auch wie,
daß ich nun schnell soviel wie möglich von dem, was Du geschrieben hast, »nachlese«, um mich dann analytisch-logisch oder
episch-intuitiv darüber zu verbreiten: Du erwartest sicher weder
das eine noch das andere.

Das Leben ist den Gesetzen des Wachstums unterworfen, und
nach diesen ist auch meine Beziehung zu Dir entstanden: eine
Lebenskonstellation, in der Du so etwas wie einer meiner literarischen »Großväter« geworden bist und ich etwas wie einer Dei-

ner literarischen »Enkel« – da wir zufälligerweise beide Schweizer sind, uns einander noch durch einen zusätzlichen »Verwandtschaftsgrad« angenähert.

In einem Milieu der Arbeiter- oder Unterklasse aufgewachsen, das keine Bildungstradition hinter sich hatte, in dem aber trotzdem viel, wenn auch höchst Unterschiedliches und selten sogenannt »Hochliterarisches« gelesen wurde, kam mir, als ich vielleicht fünfzehn Jahre alt war, zum ersten Mal in der Mittelklassen-Familie eines Schulfreundes ein Buch von Dir in die Hände: der HOMO FABER. Ich habe das Buch damals gelesen – wie etwa zur gleichen Zeit auch die *Ansichten eines Clowns* von Heinrich Böll, als erste Bücher der ganz zeitgenössischen, »brandneuen« Literatur –, aber ich muß gestehen, daß ich heute kaum mehr etwas von seinem Inhalt in Erinnerung habe. – Als Gedankenexperiment kann ich hier aber beifügen: daß es jemandem, der sich heute in der gleichen Situation befindet wie damals ich, wenn er eines der Bücher lesen würde, die ich bis jetzt selbst geschrieben habe, wohl auch nicht anders ergehen würde.

Von dieser meiner Herkunft und der sich daraus ergebenden Entwicklung her gesehen, ist es denn wohl auch nicht weiter verwunderlich, daß ich eine bewußt bleibende, dauerhafte Beziehung zu Dir, zuerst als dem Schriftsteller und dann auch als dem Menschen, erst bekam, als auch ich zu schreiben begann – und vor allem, als das, was ich schrieb, auch veröffentlicht wurde, erfreulicherweise vom gleichen Verlagshaus, das auch Deine Werke veröffentlichte, und ich dadurch auch ins zeit(und eid-)genössische Kulturleben »eintrat«. Letzteres geschah in dem Jahr, in dem Dein TAGEBUCH 1966-1971 erschien, 1972, als sich im gleichen Verlags-»Programm« zum ersten Mal auch ein Buch von mir befand.

Seither habe ich Deine neu entstandenen Werke »mitgelesen« und Dich nach und nach auch persönlich kennengelernt: ein erstes Mal auf meine Veranlassung hin, um von Dir Orientierungshilfen für mein Zurechtfinden im »Literaturbetrieb«, in der geschäftlichen Seite des Schriftsteller-Berufs zu erhalten, in der Wohnung in Küsnacht, später aus sympathischeren menschlichen Gründen auch in Restaurants Zürichs, im »Vorderen Sternen«, im »Wolfbächli«, und einmal, als wir im letzteren keinen Platz fanden, in einer Landbeiz, in die wir in Deinem Jaguar gefahren waren, wo wir uns dann, während es draußen, von uns unbemerkt, lautlos, aber heftig zu schneien begann, über Sinn und Unsinn der gerade stattfindenden hochtechnisierten Winterolympiade unterhielten. Die Rückfahrt in der zu unserer Überraschung plötzlich tief verschneiten, noch spurenlosen Landschaft im Scheinwerferlicht des nur leise schnurrenden Autos ist mir ebenso unvergeßlich wie mein Besuch bei Dir und Marianne in Berzona zur Zeit, als ich im »Papageienhaus« in Carona weilte und *meine Rückfahrt* mit mir herumtrug.

Obwohl jedes Deiner Werke, die in diesem knapp zehnjährigen Zeitraum entstanden sind, sein eigenes Gewicht und seine eigene Welt-Haltigkeit hat und so ein Meister-Werk ist, ist für mich diejenige Erzählung unter ihnen *das* Meisterwerk, die ich, ohne sie auf die gleiche Ebene stellen zu wollen, mit Hemingways Meister-Erzählung *Der alte Mann und das Meer* vergleichen möchte: die Erzählung von Dir, welche, wie ich glaube, am weitesten in ein neu entstehendes Bewußtsein im Menschen vordringt – in das Bewußtsein, mit dem der Mensch sich zum ersten Mal als das Ergebnis einer naturgeschichtlichen Entwicklung entdeckt, vor dem Hintergrund einer Vergangenheit mit sich neu öffnenden, ungeheuren, uns ganz einfach unvorstellbaren Dimensionen und Zeit-Räumen, die bis zur Entstehung unseres Universums durch den sogenannten »Big Bang«, jene Explosion von kosmischem Ausmaß, zurückreicht –, eine Erzählung, die man deshalb auch »Der alte Mann und das (naturwissenschaftliche-biologische) Zeit-Meer« nennen könnte – Der Mensch erscheint im Holozän.

»Nach-gelesen« habe ich, wie ich »gestehen« muß, nicht viel – meist auf die Schweiz bezogene, in der Werkausgabe Kleine Prosaschriften genannte Texte, die mir, wie ich hoffte, helfen würden, die unmittelbar vor meiner »Bewußtwerdung« liegende Zeit des Landes, dem wir beide zugehören oder mit dem wir am engsten verbunden sind, besser zu verstehen, und die alle dies auch immer in einer sehr persönlichen und deshalb auch sehr aufschlußreichen Weise getan haben. – In diesem Zusammenhang zwar unwichtig, über die »Entwicklung«, die »unser« Land in der Zwischenzeit »durchgemacht« hat, aber möglicherweise doch einiges aussagend, ist da vielleicht der Umstand, daß ich auch Deinen Stiller nie gelesen habe, meine doch immerhin mehr als zwanzig Jahre später entstandene *Rückfahrt* nun aber schon einige Male mit diesem verglichen worden ist.

Die Begegnungen mit Dir – sowohl in Deinen Texten wie mit Deiner Person – haben mir als Wichtigstes eigentlich immer wieder Mut zum Bestehen auf dem eigenen Denken gemacht, das in den Gesprächen mit Dir auch stets eine Bestätigung, Zustimmung und Bestärkung gefunden hat. Diesen Mut zu haben ist heute, wie mir scheint, zwar durchaus nicht nur, aber auf eine sehr spezifische Weise gerade in der Schweiz schwierig – und so ausgeprägt wie bei Dir, wenn auch notwendigerweise auf eine andere Art, hier eigentlich nur noch bei dem zweiten »Großvater« der Generation »meiner« schreibenden Altersgenossen, dem in diesem Jahr sechzig Jahre alt werdenden Friedrich Dürrenmatt, zu finden.

Wir haben in der Schweiz, scheint es mir, immer weniger Mut, eigenständige Denker gelten zu lassen, und verunmöglichen es somit den Bewohnern dieses Landes – insbesondere, weil es dort am leichtesten ist, dem jugendlichen Nachwuchs, damit aber letztlich eben auch dem Land selber –, immer mehr, eine eigene Identität zu finden, obwohl gerade das – das Finden und Behaupten einer eigenen Identität, und nur das – eine möglichst große Vielfalt garantiert, die, wie ich glaube, doch eine für das Leben und Überleben notwendige Basis ist.

Wir sind – nicht nur in der Schweiz, aber, wie mir scheint, in ihr in einem ganz ausgeprägten Maß – zu »Mit-Machern« geworden, was durch das weltweite technikbedingte »Zusammen-wachsen« zwar zu einem guten Teil unumgänglich geworden zu sein scheint, uns aber noch lange nicht zum Kuschen vor »jedwelcher«, d. h. »jeglicher« oder, moderner, »jeder« weltweiten »Mode« zwingen müßte.

Was mich heute ernsthaft erschreckt, ist vor allem die immer stärker zunehmende und durch die Massenmedien ins Unkontrollierbare vervielfältigte *Vagheit des Denkens*: das ungenaue, pseudo-kritische Lesen oder Aufnehmen von Informationen irgendwelcher Art – und damit auch das ungenaue, also falsche Zitieren und Kommentieren –, das unreflektierte Übernehmen modischer Schlagworte, die Blindheit beziehungsweise Ignoranz gegenüber den Forschungsergebnissen der Naturwissenschaften und damit das vermeintlich »ideologiefreie«, in Wirklichkeit aber höchst ideologische und Parteilichkeit verlangende »Argumentieren« – wer nicht vorbehaltlos »links« ist, ist »rechts«, und umgekehrt –, kurz: ein kaum auf Erkenntnis und Scheuklappenfreiheit ausgehendes, sondern höchst intolerantes, der Diktatur den Weg ebnendes Denken.

Ein Klima also, in dem beispielsweise eine Haltung wie die folgende höchstwahrscheinlich weder von »links« noch von »rechts« und schon gar nicht von der »Mitte« anerkannt werden würde: daß eine Gesellschaft eine Gruppe ungleicher Lebewesen ist, die sich zum Zweck der Befriedigung gemeinsamer Bedürfnisse zusammenfindet; daß bei jeder sich geschlechtlich fortpflanzenden Spezies eine Gleichartigkeit der Individuen von Natur aus unmöglich und das oberste Gesetz aller sozialen Gruppen deshalb die Verschiedenartigkeit ist, das zweite Gesetz aber die Gleichheit der Möglichkeiten; daß eine Gemeinschaft von Gleichen deshalb eine Unmöglichkeit, eine gerechte Gesellschaft jedoch durchaus verwirklichbar ist, nämlich dann, wenn in einer Gesellschaft ein in seiner Strenge je nach dem Zufall der gegebenen Umweltbedingungen variierendes Gleichgewicht zwischen Ordnung und Unordnung herrscht – wenn genügend Ordnung die Mitglieder der Gesellschaft, wie immer sie von der Natur auch ausgestattet sein mögen, schützt, und wenn genügend Unordnung jedem Individuum die größte Möglichkeit zur Entfaltung der ihm gegebenen Begabungen, wie immer diese auch beschaffen sein mögen, bietet.

Dies ist eine Haltung, wie sie von einzelnen Verhaltensforschern, Anthropologen und Zoologen, zwar schon seit einigen Jahren eingenommen wird, in unserer immer mehr orientierungslos werdenden Welt, wie mir scheint, jedoch eine unvergleichlich größere Verbreitung verdienen würde – eine solche aber, wie die Leute, die sie einnehmen, gleichzeitig auch selber sehen, nur noch schwer erreichen kann: so wie wir schon seit langem das Gesetz der gleichen Möglichkeiten ignorieren, leugnen wir heute das Gesetz der Ungleichheit, streben nach dem Unerreichbaren und verhindern so die Verwirklichung des Möglichen.

So »ergötzen« wir uns denn heute in der Literatur vor allem an modisch aufgemachten und -»gemotzten«, Originalität nur um der Originalität willen erzwingenden, nur noch wegen der »brillanten Formulierungen« zu bewundernden, unserer »Unterhaltung« dienenden »Geschichtchen« von höchst privater Art – Voyeure vielleicht interessierende Darstellungen von »Autobiographien«, »Familiengeschichten« und »psychologischen« Problemchen und »Bobochen« beziehungsweise »Wehwehchen« – oder von sich »sozialkritisch« gebender Oberflächlichkeit.

Als ein sehr anschauliches Beispiel für das heutige kulturelle Klima in unseren Breitengraden – weil es dabei um eine öffentliche Institution geht – kann etwa die aktuelle Theater-Situation in der Schweiz dienen. Man trifft da in »programmatischen Grundsatzerklärungen« zwar so schöne Passagen an wie: »Im Rahmen des zeitgenössischen Angebots gehört der dramatischen Literatur, die in der Schweiz entsteht, *besondere Aufmerksamkeit*« – in Wirklichkeit leistet man sich an der immer noch größten und wichtigsten Bühne des Landes jedoch eine so neue-alte Institution wie einen »Keller«, in den man die unbequemen »Kinder« dann bequem »versorgen« (und zwar in der schweizerischen Bedeutung des Wortes, die »in eine Anstalt stecken« meint) und »einsperren« kann. Man ist nicht mehr bereit, echte, das heißt auch unumgängliche Pleiten in Kauf nehmende Wagnisse einzugehen – es herrscht nur noch Angst vor materiellen und das »Prestige« betreffenden Verlusten vor, denen man, ohne zu sehen, daß dies einer »Selbstkastration« gleichkommt, dadurch zu entkommen glaubt, daß man die Theater mit lauter ausländischen »Größen« besetzt.

Daß es zwei Theaterautoren aus diesem Land zu weltweiter Beachtung haben bringen können, scheint man hier nicht mit den Bedingungen in Verbindung zu bringen, die an den hiesigen Theatern herrschen – und hat damit ja vielleicht sogar recht.

Lieber Max Frisch, ich mag Dich, ich bin – als »Schweizer Schriftsteller«, aber nicht nur als solcher – froh, daß es Dich (und auch Friedrich Dürrenmatt) gibt, und ich freue mich auf noch möglichst viele weitere Begegnungen mit Dir – mit Dir persönlich, als Mit-Mensch und Zeit-Genosse, wie auch mit weiteren Werken von Dir,

Dein E. Y. Meyer

Heinz F. Schafroth

Überlagerungen
*E.Y. Meyers Auseinandersetzung mit
Schriftstellern und Literatur*

I.

»Wie kann man sich – über das LESEN und WIEDERLESEN
seiner Werke hinaus – einem *toten* Autor oder Schriftsteller oder
Dichter noch weiter annähern?« Mit dieser Frage leitet E.Y.
Meyer seinen zweiten Walser-Aufsatz (*Ein großer Spaziergänger*,
in *Die Hälfte der Erfahrung*) ein.

Nicht diskutiert wird in der Folge eine Möglichkeit, die Meyer
nicht nur, ohne sie als solche zu deklarieren, im genannten Aufsatz, sondern mit Vorliebe auch andernorts wählt: diejenige der
Literatur über Literatur, worin ein Schriftsteller, seine Person,
sein Leben und Werk einem Nachgeborenen Anlaß zu literarischer Fiktion werden. Unter welchen Voraussetzungen die fiktio-
nale Annäherung gelingt und sinnvoll wird über die übliche Biographie hinaus, ist kaum generell auszumachen. Die Fiktion, die
ganz aus der Lebenssituation, aus Anschauung und Empfindung
des Späteren hervorgeht (wie Goethes *Tasso*), ist ebenso möglich
wie eine, die wie Büchners *Lenz* oder Härtlings Autorenromane
auf Dokumentation basiert. Und die Entscheidung für die eine
Art schließt die andere nicht von vornherein aus und gibt vor
allem nicht Auskunft darüber, in welchem Ausmaß der spätere
Autor sich selber in die Auseinandersetzung mit dem früheren
einbringt – die streng distanzierte Erzählhaltung Büchners ist
nicht diejenige, womit Härtling Hölderlins oder Christa Wolf
(Kein Ort. Nirgends) Kleists Leben nachgehen.

E.Y. Meyer hat den – historisch, biographisch faßbaren – Dichter bereits in seinem ersten Erzählband, *Ein Reisender in Sachen
Umsturz* (1972), als literarischen Stoff entdeckt. Und abgesehen
davon, daß er sich – vor allem im Roman *Die Rückfahrt* (1977)

und der Essay- und Redensammlung *Die Hälfte der Erfahrung* (1980) – theoretisch mit Autoren und Literatur auseinandersetzt, hat er sowohl in den beiden genannten Werken wie im zweiten Erzählband, *Eine entfernte Ähnlichkeit* (1975), für seine Annäherung an Schriftsteller die literarische Fiktion zentral oder doch mitverwendet. Eine Ausnahme macht der Roman *In Trubschachen* (1973). Doch gerade die vieldiskutierte Konfrontation mit Kants philosophischem System darin offenbart ein wesentliches Element auch von Meyers Umgang mit Dichtern. Wie nämlich im *Trubschachen*-Roman neben die Beschäftigung mit Kants Philosophie diejenige mit seinen »Tisch- und Lebensgewohnheiten überhaupt« tritt, so interessiert Meyer für seine theoretische oder fiktive Annäherung an Autoren nicht nur, besser: nicht so sehr, was und wie sie schrieben, sondern wer sie waren und wie sie lebten. Von »Möbeln, die er gebraucht, den Kleidern, die er getragen«, von »diesen und all den andern Gegenständen, welche alte, verstaubte Räume in Geburts-, Sterbe- oder langjährigen Wohnhäusern von Dichtern anfüllen«, möchte Meyer ausgehen, wenn er im eingangs zitierten Walser-Aufsatz die Möglichkeiten einer Annäherung an einen toten Dichter bedenkt. Und für den Spaziergänger Robert Walser, »der zu den Besitzlosen dieser Welt gehört«, erwägt er zusätzlich zum »Aufsuchen der Orte, an denen er gelebt hat«, das »Nachvollziehen seiner Reisen und vor allem der ausgedehnten, manchmal tagelangen Wanderungen«.

2.

Daß es sich beim Reisenden in der Titelerzählung des Bandes *Ein Reisender in Sachen Umsturz* um Goethe handelt, ist zwar nachweisbar. Aber wer den biographischen, zeitlichen und lokalen Parallelen nachzugehen versucht, scheint zunächst ins Unrecht versetzt. Wenn der Reisende eine frühere Italienreise erwähnt, die ihn ebenfalls über die Schweiz geführt habe, wenn er außerdem die diesmal und vor zweiundzwanzig Jahren absolvierten Routen und besuchten Orte aufzählt, dann sind schon an diesen Angaben, die ja mit Leichtigkeit hieb- und stichfest mit Goethes Biographie in Übereinstimmung zu bringen wären, Richtiges und Falsches und der jeweilige Anteil des einen oder andern nur noch mit Mühe auszumachen. Zweiundzwanzig Jahre liegen zwischen Goethes

Schweizer Reisen, aber zwischen der ersten und der dritten, und keine von ihnen führte (bekanntlich) nach Italien; im neunzehnten Buch von *Dichtung und Wahrheit* ist vielmehr nachzulesen, wie (heroisch oder vernünftig) Goethe 1775 dem spontanen Einfall eines Reisegefährten widerstand, vom Gotthard aus nach Italien weiterzureisen. Der Lukmanier-Paß (ein klassisches helvetisches Schulreiseziel), dessen Hospiz Meyer zum Schauplatz seiner Erzählung macht, gehört dann ohnehin in keine von Goethes Schweizer Routen; aber das wird auch dem, der über diese nicht informiert ist, klar, wenn in den ersten Zeilen der Erzählung eine Kapelle aus Beton und Stahl erwähnt wird und in der Folge die Gaststube u. a. mit vier Rockern, einer Seminaristinnenklasse »auf Alpenexkursion« und einem Polizisten mit Funkgerät sich anfüllt und zudem ausgestattet ist mit Radio, Telefon und Juke-Box.

So rasch braucht der auf Goethe Eingespurte allerdings nicht aufzugeben. Der neuzeitlichen Umgebung steht, nebst einigen altertümlichen Goethe-Wörtern wie »Hospitalität« und »Literatoren« einiges entgegen, was mehr als nur äußerer Hinweis auf die Goethe-Reisebiographie ist: die »anfänglich starke Abneigung« gegen Gasthöfe, das Interesse an Hydrographie (mit dem Ziel, mittels Erkundigung der Wasserläufe »eine Übersicht von jeder Flußregion« zu erlangen), die Erfahrung mit dem (Straßburger)Münster – das könnte alles bereits in Goethes innere Biographie gehören. Und vollends die gravitätisch-mißmutige Voltaire-Kritik, danach die Selbstdarstellung des Reisenden und seine Warnung vor Diderot und Rousseau sind nichts anderes als Variation oder Paraphrase, in den zentralen Sätzen sogar unveränderte Zitate von Passagen aus dem 11. Buch von *Dichtung und Wahrheit*.

Es ist gleichermaßen offensichtlich: Meyer kennt seinen Goethe, bis in den Wortlaut, aber er vertuscht seine Kenntnisse, indem er Fakten durcheinanderbringt und seinen Reisenden namenlos, auch ohne Beruf bleiben läßt und in eine heutige Umgebung versetzt. Die Erzählung will dennoch anderes oder mehr als das Prinzip Dichtung und Wahrheit ad absurdum führen, sie ist auch nicht eine Abart der Hamlet-im-Frack-Manier. Ihre Brisanz gewinnt sie gerade dadurch, daß Goethe-Sätze nicht als solche identifiziert werden: »er, der [. . .] seine Bemühungen auf ein tätiges und geselliges Leben, auf Politik, auf Erwerb im großen, auf das Verhältnis zu den Herren der Erde und Benutzung dieses Verhältnisses, damit er selbst zu den Herren der Erde gehöre, gewandt« – das sagt in *Dichtung und Wahrheit* Goethe über Voltaire, in Meyers Erzählung aber ein obskurer Wanderer, der sich gleichzeitig selber darstellt als einer, dem bei der Bewältigung seiner Krisen und Defekte »jene freie, gesellige, bewegliche Lebensart zu Hilfe gekommen« sei, »welche ihn immer mehr angezogen, an die er sich gewöhnt und die er zuletzt mit voller Freiheit zu genießen gelernt hatte [. . .]«, dank derer er sich »am völligsten von seinen Gebrechen los und ledig fühlt, wenn er sich die Mängel anderer vergegenwärtigt und sich darüber mit behaglichem Tadel verbreitet«. Den bekommen in *Dichtung und Wahrheit* neben Voltaire auch Diderot und Rousseau zu spüren (die »einen Ekelbegriff vom geselligen Leben verbreitet hatten« und damit »jene ungeheuren Weltveränderungen« einleiteten, »in welchen alles Bestehende unterzugehen schien«). In Meyers Erzählung, wo der Tadel Goethe aus dem Mund genommen ist, richtet er sich von selbst gegen den, der ihn ausspricht. Sein abschließender Satz über Voltaire: »Nicht leicht hatte sich jemand so abhängig gemacht, um unabhängig zu sein«, fällt auf den Reisenden zurück (in *Dichtung und Wahrheit* gewiß nicht auf Goethe), und der kann in seiner Anonymität so gut Goethe heißen wie E.Y. Meyer oder sonstwie. Wie immer er am Ende heißt – der Umsturz ist mit Sicherheit nicht seine Sache und nicht der Zweck seiner Reise.

Natürlich ist es reizvoll, in die Falle Goethe zu tappen und Meyers wortlose Ironie auf diesen gemünzt zu verstehen. Aber es ist zu wenig. Dadurch daß die *Vorstellung* vom berühmten Reisenden Goethe infolge eines systematischen Verwirrspiels überlagert wird durch die literarische *Wirklichkeit* dieses Namenlosen, trifft Meyers Erzählung umfassender, und verbaut ihr Autor die Möglichkeit, sich mit der darin aufgedeckten Mentalität und Lebenseinstellung auf einem historischen Abstellgeleise auseinanderzusetzen.

Nur dieses eine Mal und erst noch nicht zugegebenermaßen befaßt sich E.Y. Meyer mit Goethe. Immerhin holt er sich später aus dessen *Wahlverwandtschaften* das Motto für den zweiten Teil der *Rückfahrt* (worin die Freundin Bergers diesen übrigens auf die Möglichkeit »schöner Wanderungen [. . .] über den Passo del Uomo zum Lukmanier« – die Route des ›Reisenden‹ also, aufmerksam macht) und aus *Maximen und Reflexionen* den Titel seines Essay- und Redebandes *Die Hälfte der Erfahrung*; Goethe ist demnach kaum mit der frühen Erzählung ad acta gelegt worden. »Etwas vom Großartigsten bleibt doch Goethes gesellschaftlicher Instinkt«, äußert Robert Walser zu Carl Seelig – ein Satz, dessen Vorbehaltlosigkeit angesichts von Walsers Lebensumständen als zumindest hintersinnig aufgefaßt werden muß. Und solche Hintersinnigkeit eignet auch E.Y.Meyer Goethe-Darstellung, bzw. -Nichtdarstellung.

3.

Das Versteckspiel um Adalbert Stifter, den zweiten Dichter, der in Meyers erstem Buch erscheint, ist von anderer Art. Die Erzählung *Hauptgebäude des ehemaligen Klosters St. Katharinathal* berichtet von einem Aushilfsbibliothekar, der sich auch zu Hause eine Unmenge Bücher anschafft und sie nach einem komplizierten System katalogisiert, den – nach seiner Überzeugung infolge eben dieses Umgangs mit Büchern und Zeitungen – eine mysteriöse Hautkrankheit befällt. Er fährt, als sich Heilung abzuzeichnen beginnt, zur Erholung in ein Dorf. Vom außerhalb gelegenen Gasthof aus, einem ehemaligen Bad, in dem er, »wie er erwartet gehabt hatte«, der einzige Gast ist, macht er lange Spaziergänge in die Umgebung.

Einer führt in eine Gebirgslandschaft. Dort sieht der Wanderer von einem Gebirgssattel aus auf einer »sich muldenartig ausbreitenden, von Furchen durchzogenen Felsfläche« einen Mann und eine Frau an einem zwischen zwei Hochspannungsleitungsmasten aufgestellten, »mit Eßwaren reich beladenen Tisch« sitzen und von einer gebratenen Gans essen. Beim Näherkommen erscheint ihm der Mann, »[. . .] der mit bloßen Fingern ganze Fleisch*fetzen* von der Gans weggerissen und in seinen Mund gesteckt hatte, so daß ihm das Fett in breiten Rinnsalen über das Kinn hinunter in den von einer Krawatte zusammengehaltenen Stehkragen geflossen war«, »merkwürdig bekannt, so, als ob er ihm bereits einmal begegnet wäre [. . .]«. Die beiden lassen sich nicht stören, blicken nicht einmal auf – und jetzt erst, in den Schlußsätzen der Erzählung, löst Meyer das Rätsel auf, bemerkt der Wanderer, »daß der Mann Adalbert Stifter, der Stifter-Bertl, und die Frau dessen Frau Mali und daß das dunkelglänzende, auch über Krawatte und Hemdbrust hinunterrinnende *Fett* zwischen Stifters Kinn und

Stehkragen *kein* Fett gewesen war«.

Erneut und vielfach überlagern sich die Bilder und Vorstellungen. Diesmal allerdings ist es der spät ausgesprochene Name Adalbert Stifters, der die Überlagerungen prägt. Das Bild von Freß- und Lebensgier erstarrt zu dem von Stifters Tod. (Stifter hat sich mit dem Messer die Halsader aufgeschnitten.) Und beide Bilder legen sich über eine auf die Rosenhaus-Harmonie fixierte Stifter-Vorstellung. Der Stifter in der grotesk-tragischen Schlußszene von Meyers Erzählung weiß, trotz einer »herrlich gemaserten Tischplatte«, von solcher Harmonie nichts. Eher ist er ein anderer Abdias: dort die über Jahrzehnte gnadenlos herunterscheinende Sonne, bei Meyer »das *Fett*«, das »*kein* Fett« ist und unaufhörlich weiterzurinnen und zusammen mit dem Paar, dem reichbeladenen Tisch und dem Betrachter zu einem Teil der Landschaft zu werden scheint. Die Ahnung, daß diese einer Stifterschen Landschaft (dem »Steinkar« in *Kalkstein* zum Beispiel) nachgebildet sei, mag einem vor der Namensnennung gekommen sein. Aber indem der Autor nicht Auskunft gibt, wie sie und mit ihr das Ehepaar Stifter in seine Geschichte geraten, erweckt er den Eindruck, als wären die Landschaften immer schon solchen von Stifter ähnlich gewesen, als wäre überhaupt die Geschichte von Anfang an und in ihrer ganzen quälenden Langsamkeit auf eben dieses Ende hin erzählt und hätte ihr Protagonist, ohne sich bewußt zu sein, wie unbeirrbar, immer nur auf diese eine letzte Begegnung hin gelebt.

Im Roman *Die Rückfahrt* wird das Thema Stifter nochmals aufgenommen. Albin Berger liest auf Empfehlung seines Psychiaters Stifters *Waldgänger*, der »in seiner Einsamkeit etwas von der totalen, letzten, sozusagen metaphysischen Einsamkeit habe, in der wir uns alle befänden«. Berger und den Psychiater interessiert die Erzählung vornehmlich im Zusammenhang mit Person und Existenz des Autors, »als Spiegel seines innersten Wesens, der wahrscheinlich auch den Grund seiner [. . .] dunklen Biographie« enthalte. Ein weiterer Ansatzpunkt für die Beschäftigung mit dem *Waldgänger* sind für Berger die eigenen Erfahrungen: der schicksalhafte Wunsch des Waldgängers nach einem Kind macht ihm den eigenen bewußt, und wenn er die »idealen Wunschvorstellungen in bezug auf ihr Leben, die Stifters Menschen erfüllten«, als »schädlich für das Zusammenleben dieser Menschen und der Menschen überhaupt« erachtet, dann äußert sich in dieser Stifter-

Kritik das Leiden Bergers an der eigenen Erziehung; »auch er [. . .] war ja noch unter solchen idealen und eigentlich menschenfeindlichen Vorbildern erzogen worden [. . .]«. Die Diskussion von Stifters Sprache und Form tritt demgegenüber in den Hintergrund. Berger stören oft »die verklärte Schönheit und überhöhte Genauigkeit der ganzen Schilderungsart« im *Waldgänger*, sie kommt ihm »in ihrer Überschwenglichkeit, in dem Zuviel [. . .] plötzlich wieder zu ungenau und zu vereinfachend« vor.

4.

Aber die formalen Einwände ändern nichts an Bergers fundamentalem Interesse an Stifters Person und Lebensumständen. Und die Priorität, die dieses Interesse gegenüber einem an literaturgeschichtlichen oder ästhetischen Problemen hat, ist bezeichnend für E.Y. Meyers Auseinandersetzung mit Literatur überhaupt. Wenn ästhetische Probleme dennoch diskutiert werden, dann im Hinblick auf Weltanschauungen und Lebenseinstellungen, die sich herauslesen lassen. In der *Rückfahrt* werden *Gullivers Reisen* oder *Die schwarze Spinne* daraufhin gelesen, zitiert oder nacherzählt. In *Die Hälfte der Erfahrung* hat Meyer in Glausers *Der Tee der drei alten Damen* das »Beispiel eines Kriminalromans vor Augen, in dem immer wieder das *Fehlen* einer umfassenden Gerechtigkeit im Leben der Menschen spürbar [. . .] wird«. Und bei Glauser hat Meyer »zum ersten Mal eine Darstellung der Wirklichkeit und des Lebens angetroffen, wie sie meinen eigenen Empfindungen und Erfahrungen entsprach«. Auch Stevensons Werke haben mit solchen zu tun: die in ihm bei der Lektüre von *Kidnapped* geweckte Sehnsucht, das darin beschriebene Land »mit eigenen Augen zu sehen, seine Natur, sein Klima zu fühlen«, bringt Meyer in Verbindung »mit der Sehnsucht [. . .], welche [. . .] Stevenson selber nach seiner schottischen Heimat gehabt hatte«, die er aus gesundheitlichen Gründen für immer hatte verlassen müssen.

Unter demselben Gesichtspunkt findet sowohl in der *Rückfahrt* wie in der Sammlung *Die Hälfte der Erfahrung* (im Essay *Die großen und die kleinen Wörter*) die Auseinandersetzung mit Hermann Hesse statt. Im Roman, der »die Geschichte« erzählt, »wie [. . .] Berger dazugekommen war, zu schreiben und ein Schriftsteller zu werden«, heißt Hesse Haller – ein letzter Rest von Fiktion, der immerhin als ein nicht unwichtiger Hinweis zu verstehen sein dürfte, daß auch diese Figur aus einer subjektiv erlebten Konfrontation hervorgeht und in diesem Sinne erfunden, fiktiv ist. Meyers Kritik an Haller/Hesse weist Elemente derjenigen an Stifter auf. »Eine Art pathetische oder idealistische Sicht der Dinge«, »fast eine Verherrlichung des Idealen« fällt ihm auf. Und im Roman wie im Essay wirft er Hesse »die großen Wörter« vor, die »leicht mißbraucht werden konnten und [. . .] auch mißbraucht *wurden*. Mißbraucht um ganz konkret Macht über Leute zu erlangen«. Die großen Wörter werden überdies (im Essay) als »ungenau« empfunden, weil sie »zuviel umfaßten und *zusammenfaßten* und sich so meiner Kontrolle entzogen«. »Die kleinen Wörter« vertritt in dem Hesse-Aufsatz Kafka, und mit der Entscheidung für diese oder jene hängt es für Meyer zusammen, ob ein Autor, wie Hesse meist, in seinen Büchern Lösungen anbiete oder (wie Kafka) gerade nicht.

Doch es gibt eine andere Ebene der Auseinandersetzung mit Hesse, der ja in der *Rückfahrt* zentral genug ist, um in die Roman Handlung gleichsam eingebaut zu werden: er hat sich im selben Kurhaus wie Berger von einer Lebenskrise erholt, er ist (als zeitweiliger Mann der Schwester von Anaïs' Mutter) im Haus ein- und ausgegangen, in welchem Berger Ferien verbringt. Diese Zufälle veranlassen ihn, der Frage nachzugehen, »wie es Haller in seinem Leben ergangen sei«, an seinem Beispiel will er untersuchen, »wie man als Dichter [. . .] eigentlich lebt«. Was er von Anaïs und ihrer Mutter vernimmt, zum Teil auch aus der Hesse-Lektüre schließt, wird für Berger so bedeutsam, daß Haller »– über sein Alltagsleben, über das *Menschen*leben, das er geführt hatte – zu einer Bestätigung für ihn« wird, »sich selbst, wenn nicht als Dichter, so doch als Schriftsteller zu verstehen und [. . .] zu versuchen, sein eigenes Leben als Schriftsteller zu leben«. Und noch im Hesse-Aufsatz, mit der unmißverständlichen Kritik an Hesses Sprache, ist Meyer beeindruckt von dessen Leben und der Art und Weise, wie es geführt wurde, und staunt er »über die Offenheit Hesses gegenüber allen menschlichen Tätigkeiten, Lebensweisen und Denkarten aus der ganzen Kulturgeschichte der Menschheit«.

Demonstrativ werden so in Meyers Auseinandersetzung mit Hesse ästhetische Kriterien zwar berücksichtigt, aber am Ende für sekundär erklärt. Allen Einwänden zum Trotz bleibt Hesse ein Autor, der mit seinem Leben und seinem Werk »etwas zu sagen« hat. Und Leute, »die nicht nur zu einer sprachlichen Formulierung fähig sind, sondern gleichzeitig etwas zu sagen haben«, gibt es zu wenig, wie Meyer in der aggressiven *Grazer ›Heimat-Rede‹* behauptet. Die *»reine Poetisierung* des Menschen und der Welt, wie sie in der gegenwärtigen Literatur immer mehr überhand nimmt«, verdeckt nach Meyer »nur die Sicht auf die globalen Probleme, die uns bedrohen«.

5.

Die beiden verschwiegensten Annäherungen an Schriftsteller finden sich in Meyers zweitem Erzählband; sie betreffen (in der Titelgeschichte *Eine entfernte Ähnlichkeit*) Robert Walser und (in *Die Erhebung der Romanfiguren*) E.Y.Meyer selbst.

Mit Robert Walser beschäftigen sich auch zwei Aufsätze im Band *Die Hälfte der Erfahrung*. Beide sind gekennzeichnet durch Unsicherheit und Scheu, formulieren die Fragwürdigkeit jeder Annäherung angesichts des Walser-Satzes »Niemand ist berechtigt, sich mir gegenüber so zu benehmen, als kennte er mich«. Trotz der Du-Anrede in beiden Texten beharren sie auf der Einsicht: »Nein, Robert Walser, – Röbu –, ich kenne Dich nicht« *(Sympathie für einen Versager)*; »[. . .] sage ich zu Röbu: Je mehr ich an Informationen über den Dichter Robert Walser in Erfahrung bringe, desto weniger scheine ich zu wissen, wer er gewesen ist«. Aufschlußreich ist besonders diese zweite Stelle, aus dem Aufsatz *Ein großer Spaziergänger*: es gibt demnach für Meyer einen Walser, mit dem er per Du verkehrt und mit dem er eben dessen Ballonflug im Jahre 1908 von Berlin an die Ostsee unternommen hat, dem er sich verbunden fühlt im »Kampf gegen Tod und Vergänglichkeit trotz seiner Aussichtslosigkeit«; und es gibt den »Dichter Robert Walser«, »einen Märchenerzähler, der eine Geschichte, die keine ist, als Märchen erzählt« und den es für Meyer »nur als Märchen und als Märchenfigur geben zu können schien«. Dieser andere Walser ist weit fremder, unzugänglicher als etwa Hermann Hesse. Dies, obschon es Meyer »dünkt«, er fühle »oft in einer ähnlichen Weise«, und obschon für ihn Robert Walser »auch heute noch in jenem Mansardenzimmer des Blauen

Kreuz [in Biel] wohnt und lebt«, vor dem er im Aufsatz *Sympathie für einen Versager* ein nächtliches Gespräch unter Freunden und mit Walser inszeniert; es geht darin um die Frage, »was es neben dem Normalen sonst noch gibt und warum das Normale eigentlich das Normale ist«. Beide Fiktionen (der Ballonflug/das nächtliche Gespräch mit Walser vor dem Blauen Kreuz), sosehr sie »Sympathie« und »Zuneigung« zum Ausdruck bringen, sollen den »Dichter Robert Walser« mindestens so sehr entfernen, wie sie ihn nahebringen. Die Erkenntnis, daß ein Versager wie Walser »etwas Erwartetes, Gewünschtes nicht erfüllt, denn er *will* es ja gar nicht erfüllen, er schlägt es ab, verweigert es, *versagt* es [. . .]«, will Meyer unausgesprochen auch gegen die nächtliche Freundesrunde und gegen sich selber gerichtet wissen. Walser versagt sich letztlich auch ihm, bleibt als »Versager« (im doppelten Sinne des Wortes) unvereinnahmbar. Die Schlußsätze des ›Versager‹-Aufsatzes lauten: »Wer dem Erfolg im Sinne der Wertordnung unserer heutigen Gesellschaft nicht abgesagt hat und also selber bereit ist, als ein ›Versager‹ angesehen zu werden, scheint mir deshalb nicht berechtigt zu sein, für einen Dichter, wie Robert Walser einer ist, mehr zu empfinden als Sympathie für einen Versager.« Die Sympathie läßt zwar das Du durchaus zu. Aber sie hat die Distanz und die Unbegreiflichkeit nicht aufgehoben. Und die Walser-Bilder, die in den beiden Aufsätzen sich überlagern (das des jungen E. Y. Meyer und das des heutigen; die fiktiven und die auf Fakten gegründeten), werden nie deckungsgleich, weisen »wahrscheinlich nur eine entfernte Ähnlichkeit« auf »mit dem Robert Walser, wie er von 1878 bis 1956 gelebt hatte«.

Mit der Formulierung »eine entfernte Ähnlichkeit« zitiert Meyer den Titel der Erzählung, die seine erste Annäherung an Walser war; eine ungewöhnlich langsame, behutsame Annäherung.

Der Erzähler hört einen alten Mann, Insasse eines Alters- und Pflegeheims, zufällig in einer Gasthausstube von sich reden. Er empfindet zunächst »ein unbestimmtes Gefühl der *Vertrautheit* mit dem Alten, so als ob man ihn schon vor längerer Zeit einmal irgendwo gesehen, dann aber wieder vollständig vergessen hätte«. Der Mann – sein Aussehen und Verhalten, seine Geschichte – läßt den Erzähler nicht mehr los, aber erst Monate später glaubt er zu wissen, daß ihn »der Alte an ein Bild des Insassen der Heil- und Pflegeanstalt Herisau *Robert Walser* erinnerte, das man einmal in einem Buch über diesen gesehen hatte . . .«.

In der nächsten Phase scheint die Geschichte auf eine Robert-Walser-Erzählung zuzusteuern. Das Bild Robert Walsers schiebt sich jedesmal, wenn der Erzähler an jenem Gasthaus vorbeifährt, »mehr vor das Bild des anderen alten Mannes und Anstaltsinsassen«. Aber gerade dieser Vorgang veranlaßt ihn, den Alten in der Anstalt aufzusuchen. Wenn er dort nach ihm fragt und, da er seinen Namen nicht kennt, ihn zu beschreiben versucht, stellt er »vor allem bei der Beschreibung des Gesichtes Schwierigkeiten« fest und ist nicht mehr sicher, ob er »nun wirklich das Gesicht des Anstaltsinsassen [. . .] oder dasjenige Robert Walsers zu beschreiben versuchte«. Anhand der Bruchstücke der Biographie, die der Erzähler in jener Gasthausstube mitbekommen hatte, wird der Alte identifiziert als Hans Loser (»*der* ziehe die ganze Zeit in der Gegend herum«, »spreche gern ein bißchen viel«), ist aber im Anstaltsareal nicht aufzufinden. Erst bei einem weiteren, diesmal angemeldeten Besuch trifft der Erzähler ihn an und läßt sich von ihm sein Leben erzählen. Es ist darin nichts, was an Walser zu erinnern brauchte, und Meyer stellt mit keinem Wort irgendwelche Parallelen her. Im Gegenteil: seinem Erzähler wird, angesichts des Mannes, »der mir wie in sich und in seinen Kleidern zusammengesunken gegenübersaß«, die Assoziation Walser immer »unverständlicher«.

Was sich hält, sind die Irritation und Faszination angesichts dessen, was Loser erzählt, und durch die »*reiche* und *bildhafte* Sprache«, in der er es tut. Aber während bei der ersten Begegnung das Erzählte und die Sprache »in Diskrepanz« zu stehen schienen zum Aussehen Losers und »zumindest *ungewöhnlich* hätten genannt werden müssen«, scheinen sie sich diesmal »immer mehr dem Aussehen des Vermittlers anzugleichen und immer weniger ungewöhnlich zu werden [. . .]«.

Damit ist Entscheidendes geschehen: Loser hat definitiv seine eigene Geschichte zugestanden bekommen. Hinter dem Interesse an ihm, dem proletarischen, etwas spinnigen, wirr und redselig erzählenden, überall, wo er auftaucht, »anscheinend wenig beliebten Loser Hans«, steht nicht mehr dasjenige an Robert Walser. Die unausgesprochene Vermutung oder sogar Hoffnung, die Diskrepanz zwischen Aussehen und Verhalten einerseits und Lebenslauf und Sprache andererseits lasse es zu, aus Loser einen Walser herauszuschälen, ist desavouiert. Loser ist kein Stellvertreter, sein Leben ist unverwechselbar, nicht mit dem eines andern zu erklären. Wenn er es – langwierig, fast unachtsam, vom Hundertsten ins Tausendste springend und vielfach sich unterbrechend – zu Ende erzählt hat und dabei erst noch das, was den Zuhörer besonders interessieren würde (das Bluttrinken), vorenthält, sieht dieser ein, daß »bis auf die blauen Augen, die all das, was er nun erzählte, gesehen und erlebt hatten«, es »*keine* besondere Ähnlichkeit Losers mit Robert Walser« gab. Die »entfernte Ähnlichkeit« ist nur noch eine *allgemeine*: die »mit *jedem* Anstaltsinsassen . . .«; sie aber drängt keinem Leben und Sprache eines andern auf und nimmt ihm das eigene, die eigene weg.

Der bewegende Respekt, den der Erzähler so für die Person und Lebensgeschichte Losers aufbringt (ein Respekt, der an denjenigen Büchners für *Woyzeck* erinnern mag und ganz sicher zu tun hat mit demjenigen, den E.Y. Meyer später in den beiden Aufsätzen für Walser zum Tragen kommen läßt), kulminiert erst im Schluß der Erzählung. Zu einem weiteren Besuch, obwohl er eigentlich vereinbart war und der Erzähler »immer noch oft an Loser hatte denken müssen«, ist es in der Folge nicht mehr gekommen. »Ein *einziges* Mal« hat er beim Vorbeifahren am Alters- und Pflegeheim Loser, »gerade gähnend auf einem Bänklein sitzend, zu sehen geglaubt«.

Als er sich, nach zwei Jahren erst, nach Loser erkundigt, erfährt er, daß dieser und wie er gestorben ist. Am Weihnachtstag habe er sich von der Anstalt entfernt und sei später, an einem Herzschlag gestorben, im Schnee gefunden worden: »Der Tote sei lang ausgestreckt auf dem Rücken gelegen, die rechte Hand auf der Brust, den linken Arm gestreckt und die linke Hand etwas verkrallt. Der Kopf, auf dem er die *Pelzmütze* getragen habe, sei leicht zur Seite geneigt und der Mund geöffnet gewesen, so als ob er die klare Winterluft habe einatmen wollen.«

So wie Loser daliegt, am Weihnachtstag, im Schnee, ist, nach Carl Seeligs Beschreibung, einst Walser gefunden worden. Meyer stützt sich bis in den Wortlaut auf das letzte Kapitel der *Wanderungen mit Robert Walser*. Der ausgestreckte Arm, die verkrallte Hand, der geöffnete Mund (»als ströme die reine kühle Winterluft noch durch ihn ein«, hat Seelig interpretiert) – das sind Zitate, und nicht die einzigen. Aber sie sind nicht die Quintessenz dieses Schlusses; so wenig wie die doch zweifellos absichtsvollen Variationen und vor allem Auslassungen Meyers, der (mit Ausnahme des ›als ob‹-Satzes) sich nicht auf Interpretation einläßt und Loser allein und unbeobachtet sterben läßt, während Seelig Walsers letzte Wanderung mit seiner poetisierenden Vorstellungskraft begleitet. Doch denkwürdiger als Zitate, Variationen und Auslassungen ist der Einfall, zwar die Analogie zu erfinden, aber sie nicht als solche zu deklarieren. Walsers Name ist jetzt, wo er es mit Fug und Recht sein könnte, nicht genannt. Nicht einmal, daß Loser Walsers Tod stirbt, bringt ihn noch um seine Identität. Dafür ist sie, auch in ihrer Unfaßbarkeit, zu sehr gefestigt. Meyer gibt sich, was die »entfernte Ähnlichkeit« betrifft, recht, wenn er Losers Tod dem Walsers nachbildet. Aber zugleich kommt es ihm nicht darauf an, sich recht zu geben, sondern darauf, einem andern, einem Armen, zu seinem Recht verholfen zu haben: zum Recht auf ein eigenes Leben und eine eigene Geschichte, auf den eigenen Eigensinn.

Es ist letztlich übrigens eine Walsersche Haltung, die der Schriftsteller Meyer hier einnimmt. Als Carl Seelig einmal Walser vorgeschlagen hatte, in Hauptwil eine Hölderlin-Gedenktafel zu besichtigen, lehnte dieser ab mit dem Satz: »Man darf über einer Berühmtheit nicht das Unberühmte vergessen.« Meyers Erzählung, die einer Berühmtheit nachgehen zu wollen schien, hat einen Unberühmten *zur Sprache gebracht*.

6.

Eine besonders reizvolle Variation des Überlagerungsprinzips stellt die Erzählung *Die Erhebung der Romanfiguren* dar. Meyer zitiert und porträtiert darin sich selber. Er tritt auf als »Felsöloci András«, der, wie er erzählt, seinem jungen Freund, einem Schriftsteller, »für einen Aufenthalt über Weihnachten und Neujahr ein Dorf und einen Gasthof« empfohlen hat. Die beiden sind unzweifelhaft der Schauplatz von *In Trubschachen*; die Empfehlung allerdings weist weiter zurück, auf die Keimzelle des Romans nämlich, die Erzählung *Der oberste Tag* aus Meyers erstem Buch. Jetzt erzählt András – nicht mehr Ethnologe; dafür ist der Freund in der frühen Erzählung auch noch nicht Schriftsteller – von den Ereignissen seit der Publikation des Romans. Meyer verarbeitet da lauter groteske Wirklichkeit: der Roman hat ihm eine militärgerichtliche Untersuchung und böse Reaktionen aus Trubschachen eingebracht; über beides wurde in den Medien berichtet. In der Erzählung nun hat die *Erhebung der Romanfiguren* sogar das Verschwinden des Autors zur Folge. Ob die Trubschachener ihn um die Ecke gebracht haben oder er sich aus freien Stücken abgesetzt hat, ist nicht auszumachen. Immerhin taucht er im Postscriptum der Erzählung nochmals auf: András, vom Schreiben erschöpft, starrt »an den Spiegelungen der Fensterscheiben vorbei ein Stück weit durch die Nacht in den Garten hinaus [. . .]«. Im »Licht des Vollmondes«, erzählt er, »habe ich dann zwischen den Bäumen [. . .] plötzlich meinen Freund stehen sehen, der mich [. . .] mit einem Lächeln in den Mundzügen zu *beobachten* schien. [. . .] Beide schauten wir uns *unverwandt* an, ich erschrocken und mein Freund anscheinend eher belustigt, bis er [. . .] mit einer kaum wahrnehmbaren Bewegung, ohne daß dabei jedoch das Lächeln von seinen Lippen gewichen wäre [. . .], wieder im Schatten [. . .] verschwunden war«.

Im Grunde sind es *alles* Selbstporträts, die sich hier überlagern: Meyer als Autor, aber auch Protagonist seines ersten Erzählbandes und des *Trubschachen*-Romans; als Autor des hier ebenfalls schon erwähnten dritten Buches, das sich durch »streckenweise fast erschreckende Andersartigkeit« von den früheren abhebt; Meyer als der fingierte Autor András (der Einwände formuliert gegen die Kant-Darstellung im Roman seines Freundes) und schließlich als eben dieser Freund, der nach logischen Erwägungen das eigentliche Selbstporträt des Autors sein müßte. Es würde ihn zeigen als einen, der es mit seinem Schreiben so weit bringen möchte, daß er »ein *einigermaßen* angenehmes, geruhsames und nicht zu aufwendiges Leben führen« kann, der aber auf die Frage, ob er dieses Ziel erreicht habe, mit Schulterzucken und Lachen antwortet. Was ist mehr Meyer oder von ihm: Felsölocis Panik angesichts der Ereignisse oder seines Freundes Gelöstheit, Souveränität? Ist letzteres samt dem Verschwinden und der nächtlichen Epiphanie am Schluß eine utopische Projektion? Und was András von seines Freundes Geschichten sagt (daß sie nämlich »alle« für ihn, der er »die grausame Wirklichkeit kenne, die sich dahinter verbirgt [. . .], nur Ahnungen eben dieser« Wirklichkeit sein könnten): sagt es Meyer über seine eigenen Geschichten und über Geschichten überhaupt? Die Überlagerungen sind gerade in dieser Erzählung so komplex, daß sie es höchstens zulassen, solche Fragen zu stellen, nicht aber, sie zu beantworten.

7.

Was die Voraussetzungen und Wirkungen angeht, ist die Konzeption der Überlagerungen in jedem Fall verschieden eingesetzt. In allen Beispielen aber entzieht sie die Figuren der Durchschaubarkeit und Verfügbarkeit und erweist sich als ein subtil inszeniertes Wechselspiel von Mitteilung und Verweigerung, Aufdecken und Verbergen.

April 1982

Urs Herzog

Erzählte Reflexion
Über E. Y. Meyer

> So gehe es halt manchmal mit den Leuten, man
> *verschwinde*, und niemand kenne einen je mehr . . .
> E.Y.M.

I

Einige verschwinden und sind verloren. Von den drei Engländern
kommt einer aus dem Gebirge nicht zurück. Die Erzählung endet
mit dem Bescheid, »daß man den Engländer *tot* gefunden habe«
(Ein Reisender in Sachen Umsturz).[1] Am Dreikönigstag
verschwinden in Nebel und Schneesturm der Ethnologe und seine
Frau, Opfer vielleicht jener Dämonen, »gegen die man sich im
Innern der Häuser durch gewisse Vorkehrungen schützen könne,
denen man aber draußen *ungeschützt und nicht um die Gefahr
wissend* ausgeliefert sei und gerade in einer solchen stürmischen
Nacht zum Opfer falle . . .« *(Der oberste Tag)*.[2] In der *Inselgeschichte* ist es der Alte, der eben noch bei der Dornenhecke gelegen hatte, blutüberströmt, von dem es rätselhaft heißt, daß er jetzt
keiner Hilfe mehr bedürfe; »das sei nicht mehr nötig, und man
brauche auch sonst niemanden mehr davon zu benachrichtigen«.[3]
Die Rückfahrt, Meyers großer Roman, ist als Ganzes der Versuch, an jenen fatalen Moment sich heranzuerzählen, jenen Autounfall, bei dem der Denkmalpfleger Effinger ums Leben gekommen ist. Auch dieses Verschwinden bleibt dunkel, gelöscht in
jener Amnesie (»retrograden Amnesie«)[4], die Albin Berger bei
dem Unfall erlitten hat.

Die Landschaft, in der solches Verschwinden von Menschen sich
ereignet, ist, nicht geheuer, ein Ort, an dem die Drohung der Sage
sich festgemacht hat. Plötzlich fällt Nebel ein; von »Dämonen«
und »unheimlichen Mächten« wird gesprochen.[5] Auch das Trubschachen, in dem sich scheinbar ganz bequem leben läßt – bei
guter Verpflegung (»GEMÜSESUPPE, COTELETTE, SPA-
GHETTI, RANDENSALAT, ENDIVIENSALAT und

COUPE MELBA«)[6] –, auch Trubschachen ist ein solcher Ort: »Die Bergseiten seien gäh, die Talkessel urweltlich und die Weißtannenwälder einsam. Die Sage wisse, daß die Talschaft früher immer neblig und trüb gewesen sei, daher wahrscheinlich auch die Namen Trub und Trubschachen, als dann aber die Kirche von Trub gebaut worden sei, habe man den Nebel und das wüste Wetter unter die Steinplatten in der Kirche gebannt.«[7] Daß die Bevölkerung darum nicht mehr wissen will, ändert nichts an der »Gefährlichkeit gewisser Zeiten« (Neujahr, Epiphanie . . .): »den Glauben an unheimliche Mächte, an Dämonen, unter denen man sich immer noch menschenähnliche Ungeheuer und Gespenster vorstelle, und an anderen Aberglauben habe man längst überwunden, was jedoch *nichts* an der Gefährlichkeit der Zeiten ändere«.[8] Wo solche sagenhaft numinose Gefahr in Wahrheit doch besteht, sei, heißt es, wer um sie nicht wissen will, ihr »nur um so hilfloser ausgeliefert«.[9]

Die Bewirtung ist gleichmäßig freundlich. Auch widerfährt dem nichts Böses, der in und um Trubschachen seine tägliche Wanderung macht. Trotzdem, das geheime Klima, das der Leser spürt, das immer dichter sich zusammenzieht, ist das der Bedrohung. Ein leerstehendes Haus, das KURHAUS BÄREGGHÖCHI[10], ist unverdächtig, bis doch die Erinnerung Grauenhaftes vorstellt, wie es mit derart verlassenen Häusern oft schon sich verbunden hat. Eine andere Wanderung führt, am Friedhof vorbei, zur Mühle HALDEMANN E. & CIE. und dann zu einer Knochenmühle (CUSTOS-KNOCHENPRODUKTE).[11] Von ihr geht ein ekelhaft aufdringlicher Geruch aus. Nach dem Mittagessen, das man sich einmal mehr hat schmecken lassen, wird eine Abfallhalde entdeckt, auf der sich »Dutzende und aber Dutzende, wahrscheinlich sogar Hunderte von riesigen, übernatürlich großen schwarzen Krähen, wenn nicht Geiern, niedergelassen«[12] haben. Meilenweit im Umkreis ist die Luft verpestet. Geier, Aasgeier . . . Der Gedanke überfällt einen, »daß sich bei dem Aas auch *menschliches* Aas befinden könnte – Embryos oder die Leichen von totgeborenen oder lebensunfähigen Kindern«.[13] Der Ekel wird übermächtig; es bleibt nur die entsetzte Flucht. Fort von dem Ort des Grauens.

Wenn literarische Landschaft immer auch Topographie des Innern ist und also Bild der Welt, dann ist die Welt, in die hinein die Meyerschen Figuren gesetzt – ausgesetzt – sind, ein bedrohlicher, denkbar unheimlicher Ort. Und alles elementare Behagen ist umgeben von Angst. Von da erhält die umständliche Pedanterie, mit der zu Beginn des Romans – anhand des Winterfahrplans (»gültig vom 26. September bis zum 27. Mai«)[14] – die Bahnreise von Biel nach Trubschachen »geschildert« wird, einen Sinn. Das ist der Gestus bedächtigen Zögerns. So, Schritt um Schritt, Mal für Mal neu sich versichernd, geht zögernd voran, wer ins Ungewisse geht; wer dem Grund, auf den er tritt, nicht trauen darf. Wer auf eine heile Rückkehr reflektiert und nicht verschwinden und verlorengehen möchte.

Für jedes weiß das Märchen ein Bild. Hier ist es das von *Hänsel und Gretel*. Denn »als der volle Mond aufgestiegen war, so nahm Hänsel sein Schwesterchen an der Hand und ging den Kieselsteinen nach, die schimmerten wie neu geschlagene Batzen und zeigten ihnen den Weg«.

II

Der Leser traut dem Frieden in Trubschachen nicht. Was hat es mit den täglichen Wanderungen auf sich? Sind sie — in der Nachfolge Kants, der zur Zeit studiert wird[15] – bloße Leibesübung? Sind sie das, wozu aber dann die peinliche Akribie, mit der über Schritt und Tritt schriftlicher Rapport geführt wird (»Am INSTALLATIONSGESCHÄFT WINGEIER ERNST, VORM. WINGEIER GEBR., und an der SERVICE-STATION SCHÄRISCHACHEN DER SHELL OIL SWITZERLAND vorbei auf der Hauptstraße in Richtung Bärau Langnau gehend, würde man schon bald einen nach links abbiegenden Weg einschlagen können, der einen an Hans Bärtschis VELOS-MOTOS-Laden und einem neuen Schulhausgebäude vorbei über eine alte, gedeckte Holzbrücke auf die andere Seite der Ilfis führen würde«)?[16]

Falls es auf bloße gesunde Leibesübung abgesehen war – die letzte große Wanderung gerät anders zur halben Überlebensübung. Bereits ist die Nacht eingebrochen, während der Wanderer, der sich ins abschüssige, tief verschneite Gelände hinausbegeben hat, immer gefährlicher sich erschöpft. »Von den Anstrengungen erwärmt und ins Schwitzen geraten, möchte man, den Himmel über sich betrachtend, der nun beinahe schwarz geworden ist, am liebsten so liegen bleiben und einschlafen, bis man sich, obwohl man an keinem Körperteil auch nur die geringste Kälte verspürt, der Erfrierungsgefahr bewußt wird, der man sich aussetzt, und darauf zu achten beginnt, daß man nicht einschläft . . .«[17] Die Ironie, mit der Kants Wort von vorhin, das vom »BESTIRNTEN HIMMEL ÜBER MIR«[18], nachklingt, täuscht über den doch lebensgefährlichen Ernst der Lage nicht hinweg. Jetzt ist die Bedrohung real. Der sich so in Schnee und Kälte hinaus verstiegen hat, droht – einen Moment lang, auf der innern Zenithöhe des Buches – zu verschwinden, für immer.– »Auf wakkeligen Beinen macht man sich dann erstaunlich leichtfüßig, wie es einem scheint, auf den Rückweg, der einem noch als einzige Möglichkeit geblieben ist. [. . .] Das einzige, an das man noch denkt, ist, daß man gehen und gehen und gehen muß . . .«[19]

Entfernt hat die Szene Ähnlichkeit mit der Situation, in der Robert Walser tot aufgefunden worden ist: abseits zusammengebrochen, im Schnee, vom Herzschlag getroffen. Der Untersuchungsrichter hat das Bild photographiert[20]; Robert Mächler beschreibt es: »Der Tote lag lang ausgestreckt auf dem Rücken, die rechte Hand auf der Brust, den linken Arm gestreckt und die linke Hand etwas verkrallt. Den Kopf leicht zur Seite geneigt und den Mund geöffnet, schien er die klare Winterluft einzusaugen. Zwei Meter oberhalb des Kopfes lag der Hut.«[21]

Diese Schilderung des Walser-Biographen hat Meyer in der Erzählung *Eine entfernte Ähnlichkeit* als Schlußbild montiert (getreu bis auf das eine Detail, daß an die Stelle des Hutes eine »Pelzmütze« getreten ist, eine Pelzmütze, wie der Wanderer in Trubschachen sie trägt).[22]

Der einsame Tod des Dichters im Schnee. Das Bild ist vorweggenommen – »vorgesehen« – im siebten Kapitel der *Geschwister Tanner*. Nachts trifft Simon Tanner im verschneiten Wald auf die Leiche eines Mannes. »Simon zog den Hut von des Mannes Gesicht, es war erstarrt und sah schrecklich aus, und jetzt erkannte er auf einmal das Gesicht, es war Sebastians Gesicht [. . .]. Sebastian mochte hier, durch große, nicht mehr zu ertragende Müdigkeit, hingesunken sein.«[23] Er sei, heißt es von dem Toten, »ein Dichter und Schwärmer«[24] gewesen. »Wie nobel er sich sein Grab ausgesucht hat. Mitten unter herrlichen, grünen, mit Schnee bedeckten Tannen liegt er. Ich will niemandem davon Anzeige erstatten. Die Natur sieht herab auf ihren Toten, die Sterne singen leise ihm zu

Häupten [. . .]«.[25] Die Sterne, Sphärenharmonie – »der bestirnte Himmel über mir«.

Das Motiv, das Meyer aufnimmt, stammt aus der Herzmitte von Walsers Existenz (»Wer sich einschneien ließe und im Schnee begraben läge und sanft verendete«).[26] Zugleich ist es ein säkulares, das Motiv dieses kalt und kälter werdenden Zwanzigsten Jahrhunderts.

»›Es ist kalt‹, das bleibt meine erste Erinnerung – – –« (Horváth, *Ein Kind unserer Zeit*, 1937).[27] Dieses »Kind unserer Zeit« läßt sich einschneien, bis es erfriert. Und »es schneit, es schneit – wie in einem Märchenbuch«.[28] Dies das letzte Bild des Romans.
THE END in Peter Handkes *Falscher Bewegung*:
»Der Springbrunnen von oben. Wilhelm entfernt sich mit dem Koffer. Langsame Überblendung: die Zugspitze im Schnee. Gleichzeitig ein anschwellendes Sturmgeräusch.«
»Eine weiße Schneewächte gegen den grauen Himmel, lange. Das Sturmgeräusch. Ein Schreibmaschinengeräusch dazwischen, das immer stärker wird.«
»THE END.«
»Venedig, Juli/August 1973.«[29]

Die Schlußpartie von Franz Bönis Roman *Schlatt* (1979) scheint bewußt den riskanten nächtlichen Abstieg in Meyers *Trubschachen* überbieten zu wollen. Am Ende einer ausgedehnten winterlichen Wanderung – einem wilden, wie süchtigen Vorrücken in den kalten, leblosen Raum (»Wie bei jeder Wanderung hatte er sich auch diesmal vorgenommen, nirgendwo zu verweilen«)[30] –, am Ende wird eine Abkürzung gewagt, die, »eine reine Unmöglichkeit«[31] selbst im Sommer, jetzt »an Selbstmord grenzt«.[32] Ein Schneesturm treibt das mörderische Unterfangen vollends ins Aberwitzige, Surreale. In der Nähe geht ein Fallschirm nieder, ein »rotgekleideter Pilot«.[33] Ist das bereits im Fieber halluziniert? Irgendwoher kommt ein Bohren und Singen, »wie das pfeifende Geräusch in einer hohlen Teppichstange, nur daß es aus den Himmelssphären zu kommen schien. [. . .] In der Höhe über der Mulde sangen die Engelchöre«.[34]
Robert Walser: »Wer sich einschneien ließe und im Schnee begraben läge und sanft verendete.«
»Wie schön muß das Erfrieren sein – bei dieser Hitze, dachte Zuber.«[35]

III

Zuber, in Franz Bönis Roman, kann auf dem letzten, bald selbstmörderischen Gang an keine Umkehr denken. Ihm bleibt nur die Flucht nach vorne, durch die tödliche Drohung hindurch, vom Fieber getrieben, hinein in die äußerste Erschöpfung. »Wieder trieb Zuber sich vorwärts, immer in Erwartung eines weiteren Anfalls . . .«[36]

Anders der Wanderer in Trubschachen. Er, »immer wieder der Versuchung ausgesetzt, in der weichen, sich dem Körper anpassenden weißen Masse – die einem die mit der letzten Kraft erworbene Wärme nicht zu nehmen, sondern im Gegenteil zu erhalten scheint – liegen zu bleiben«[37] . . . er kehrt um, aus der »gefährlichen Nähe des Schnees« heraus, und kriecht mit letzter Kraft zurück – »auf den *Rückweg*, der einem noch als einzige Möglichkeit geblieben ist«.[38]

Meyers Wanderer findet »heim« in den ›Hirschen‹. Anderntags kehrt er von Trubschachen zurück nach Biel. Der Roman endet mit der Rückfahrt. Seine Form ist zirkulär, kreisförmig zuletzt sich schließend. Es ist die Form auch der früheren *Inselgeschichte*; die Form auch der *Rückfahrt*.

Die drei, die mit dem Schiff übersetzen, dringen am Sportplatz (Rugbymatch) und am Kloster (Rousseau-Zimmer) vorbei ins Inselinnere ein; wie »von einer Horde von Wilden verfolgt«.[39] Wenn sie dann allein und, wo der Weg sich verloren hat, in »weglosem Gras«[40] sind, trennen sie sich. Er, sein Name wird nicht genannt, kommt querfeldein bis zu der Dornenhecke, in der er sich verfängt und verwundet, »so daß er sich für eine Weile nicht mehr zu bewegen wagte«.[41] Die Hecke steht quer, und beidseits der Hecke zieht sich quer ein Fußweg entlang. Jenseits findet er das alte Paar, den Alten, der verletzt ist, und die Alte, die ihn hält, beide vollständig in Schwarz. »Der Kopf des Alten lag in dem Schoß der Frau, die in der rechten Hand, welche auf dem zerrissenen, wie er jetzt sehen konnte, ehemals weißen Hemd des Alten lag, eine Dose mit einer Salbe hielt, während sie mit der linken dem Alten immer wieder über seine blutbefleckten, gelblich-weißen Haare fuhr.«[42] Hier, bei diesem traumartig gestellten lebenden Bild des Leidens (dem Bild der Kreuzabnahme und Pietà dunkel angenähert), ist die kritische, die Krisis-Mitte und Kehre der Erzählung erreicht. Verletzt, mit der Salbendose der Alten in der Hand, kehrt er um. Er trifft Freund und Freundin wieder, von denen er getrennt war. Zusammen mit der Alten – der Alte ist »verschwunden« – kehren die drei von der Halbinsel aufs Festland zurück, nun auf dem Landweg. Zurück zu dem Gasthaus, in dessen tiefem, von Tabor-Licht überhell ausgeleuchtetem Gang schöne Menschen sind. Wie Licht im Dunkel steht dieses letzte, unwirkliche Bild der Schönheit gegen das der Horden am Anfang (»in einem außerordentlich langen, alles andere, was er an diesem Tag und wahrscheinlich überhaupt bis jetzt an Hellem gesehen hatte, übertreffenden Gang«).[43]

Der *Rückweg,* »der einem noch als einzige Möglichkeit geblieben ist«. Diese letzte einem gebliebene Möglichkeit ist in der *Rückfahrt* das tragende, innen immer durchgehende Thema. Der Roman beginnt nach der Krisis, dem Unfall, bei dem der Denkmalpfleger ums Leben gekommen ist: Punkt, an den Albin Berger sich nicht mehr zu erinnern vermag. Der erste und der zweite Teil des Buches setzen, vorsichtig, schonend, Bergers Leben fort, die Tage der Rekonvaleszenz in Luzern, dann im Tessin. Die Eröffnung des ersten Teils, Bergers Erwachen – »Berger lag auf dem Rücken und sah zur Decke hinauf. Er hatte wieder geschlafen . . .«[44] –, dieser Eingang spielt an auf den berühmten anderen der *Recherche du temps perdu.* Und das mit Grund, ist doch *Die Rückfahrt* die Suche nach der verlorenen Erinnerung. Mit seinem dritten Teil, der Erinnerung der Zeit zuvor bis zum Moment des Unfalls, schließt der Roman zirkulär in der nächsten Nähe jener nicht aufzuhellenden Krisis, nach der er eingesetzt hat. Reflexion, Re-flexion im primären Sinn des Wortes ist es, was erzählerisch sich hier vollzieht: *erzählte Reflexion.*

Der Alptraum des Erzählers, an sein schlimmstes Ende geträumt, ist nicht die Aporie, die Weglosigkeit (»wegloses Gras«), sondern die Rückweglosigkeit, die Falle. Der Angsttraum, der den Titel *Neuyork* trägt, steigert sich bis da hinein und bricht ab: »Sie habe sich dann in der Mitte des Raumes, in dem eine Stille geherrscht habe, die jedes Geräusch aus der Außenwelt abgehalten habe, auf den Fußboden gesetzt, und ein Gefühl des Nichtmehrzurückkönnens und des Alleinseins sei in ihr aufgestiegen . . .«[45] Dr. Santschi, der Psychiater, der im ersten Teil der *Rückfahrt* besucht wird, erwähnt Kafkas *Kleine Fabel.* Das ist die Geschichte der Maus, die am Ende der Sackgasse, Ende der immer enger und beängstigender werdenden Welt, vor der Falle anlangt, vor dem Nichtmehrzurückkönnen. Denn: »Du mußt nur die Laufrichtung ändern, sagt daraufhin die Katze zu der Maus und frißt sie auf.«[46]

Anschließend dann, auf dem Heimweg durch die Stadt, die beherzte Türinschrift von 1832: FIDELITER PROGREDIMUR (»Getreulich schreiten wir weiter«).[47] Unter diesem Motto tritt Berger in die Buchhandlung ein und findet von Sidney H. Courtier einen Kriminalroman, den er nicht gekannt hat: *Zurück in die Falle* (der Text auf der Rückseite: »Als dem jungen Mann bewußt wird, daß er sein Erinnerungsvermögen verloren hat, gibt es nur einen Weg, seine Identität zu ermitteln. Er kehrt an den Ort zurück, wo man ihn erschöpft und völlig verwildert gefunden hat. Und wieder steht die Falle für ihn bereit«).[48]

IV

Die detaillierteste Schilderung des Weges von der Klinik herab durch die Stadt zur Praxis des Psychiaters hinüber, sie zeugt wieder, wie in *Trubschachen* der Anfang, von Vorsicht und Rücksicht gleichermaßen. Indem er zögernd weitergeht, versucht Berger immer näher an den biographischen Grund seiner Amnesie zurückzugelangen. Was er tut und denkt, fast alles steht im Dienste dieser Anamnese und läßt die Figur der Erzählung Reflexion werden.

Reflexion als Suche nach der (beschädigten) Identität. Als das wird Bergers Interesse an der »allgemeinen Bedeutung des Namens Berger als Herkunftsname«[49] sinnvoll. Berger zählt im Luzerner Telephonbuch die Abonnenten mit dem Nachnamen Berger (»er kam auf die Zahl dreißig«)[50]; für die »Bergerianer« interessiert er sich, da diese »den Namen ihrer Religion vom gleichen Namen abgeleitet hatten, den auch er trug«.[51] Im Namen, den man trägt, möchte die Herkunft ergründet sein. Wer vor dem Nichtmehrzurückkönnen und dem Alleinsein Angst hat, mag den Zusammenhang mit seinen Vorfahren suchen, hoffend, wie es in der Erzählung *Groß-Papa ist wieder da* einmal heißt, »in den Reihen der Vorfahren eine Art Geborgenheit und ein besseres Verständnis für das eigene Wesen und das eigene *Dasein* zu finden«.[52]

Mit Dr. Santschi, auch mit der Malerin im Tessin werden »philosophische Lebensprobleme« besprochen. Einmal fällt der Satz, den Samuel Beckett irgendwo gesagt oder geschrieben haben soll: »J'aime les vieilles questions. Ah les vieilles questions, les vieilles réponses, il n'y a que ça!«[53] Denken versteht damit sich immer von neuem als Frage und Rückbezug auf die alten Fragen, die alten Antworten.

Einer, der so nach seiner inneren Herkunft und dem Grund des Denkens fragt, hat das Zeug zum Historiker. Er fragt nach der »Geschichte der Gegend«[54], in der er lebt, nach der politischen wie nach der Geschichte der Natur, und versucht, die Physiognomie der Landschaft und den Schlag der Leute ineins zu sehen (»die merkwürdige Mischung von eng und weit, die sich auch im Charakter der Leute zeigte«).[55] Wiederholt kommt es in der *Rückfahrt* zu Lehrgesprächen, die weit zurück in Geschichte und Vorgeschichte ausgreifen. Wie es war, wird gefragt, um zu verstehen, was ist. Um zu ahnen, was werden wird, werden soll. Bergers Freund Effinger, einer aus altem Geschlecht, war Denkmalpfleger und somit einer, der mit Geschichtlichem sehr vitalen Umgang hat. Die Besichtigung der Felszeichnungen im Val Camonica ist Exkursion in die Vorgeschichte europäischer Kultur und Kunst.

Was werden wird. Oder mit Kant zu fragen: Was darf gehofft, was soll getan werden? – Wer so wie Berger verunfallt ist und dabei seinen Freund (einen Denkmalpfleger) ums Leben gebracht hat, mag vorsichtig geworden sein und skeptisch, was »Fortschritt« angeht. Die Meinung, »der Fortschritt sei unaufhaltbar«, ist in Zweifel zu ziehen (die »*Meinung* – und um mehr handelt es sich dabei nicht«).[56] Während der Todesfahrt, mit der der Roman endet, trägt der Denkmalpfleger Berger Überlegungen vor zum Stand der Zeit, zur Lage der westlichen Welt. Er spricht von »unserer Unfähigkeit, die Zeit zu wenden«[57], wo doch ein »Umpolen« und »Umkehren der Zeit«[58] das Dringendste wäre. Der Denkmalpfleger bezieht sich damit auf die Arbeit eines Ethnologen. »›Daß wir für das Korrigieren geschichtlicher Fehlentwicklungen nicht mehr zum Umkehren der Zeit greifen können, liegt nach dem Ethnologen aber auch an den Mächtigen unserer Zeit‹, sagte Effinger [. . .]«.[59] Notwendig sei eine »große Wende«[60] (wie die Reformation eine gewesen ist); es fehle die »Kunst, Zeit *rückwärts* laufen zu lassen«.[61] Eine neue Konzeption der Zeit stehe aus. Der Denkmalpfleger ist es, der darum weiß, daß die noch immer geltende und »herrschende« lineare Zeitauffassung nur eine neben anderen und, möchte er hoffen, jetzt im Begriff ist, einer anderen – der perpendikulären – Platz zu machen. Perpendikulär heißt jene frühere, archaische Zeitauffassung, »bei der die Zeit wie ein Perpendikel oder Pendel hin und herschwingt: Zeit ist da nicht Linie und auch nicht Zyklus, sondern Oszillation, also ein Schaukeln oder eine Schwingung«.[62] Von der Möglichkeit eines »willentlichen Anhalten-, Umkehren- und Rückwärtslaufenlassenkönnens der Zeit«[63] ist die Rede.

Umkehr und Rückkehr – »Reflexion« – am Punkt der Krisis: ins Große, Epochale gewendet, kehrt die Grundfigur Meyerschen Erzählens wieder.

Die herrschende Zeitauffassung, die linear »fortschrittliche«, sei die der Herrschenden, der »Herren unserer Zeit«, wird konstatiert. »›Da die Herren unserer Zeit für alles, was nach Zeitwende aussieht, *blind* sind, hat der Ethnologe geschrieben, sei zwar nicht anzunehmen, daß sie die Herren einer *großen Wende* sein würden‹, sagte Effinger, ›aber trotzdem scheine es immer noch Zeit zu sein, eine Umkehr zu *versuchen,* Zeit zur Rückkehr und zur Einsicht, daß nicht der *Mensch* Herr seiner Zeit sei, sondern bestenfalls der *Tod* . . .‹.«[64]

Unmittelbar vor seinem eigenen Tod ist »Tod« das letzte Wort des Denkmalpflegers. *Die Rückfahrt* wird eröffnet mit dem grotesk apokalyptischen Traumgesicht des auseinanderberstenden Münsterturmes. *Das Zerbrechen der Welt* ist der Titel eines Aufsatzes von E. Y. Meyer.[65] – Die Frage, wie menschliches Leben als ein Ganzes und »wie die Welt nach der großen Wende wohl aussehen würde«[66], bleibt zum Schluß offen.

FIDELITER PROGREDIMUR *(Getreulich schreiten wir weiter).* SIMUL ANTE RETROQUE *(Zugleich vor und zurück).*[67] Eine Devise, die das 17. Jahrhundert emblematisch mit dem Bild des Krebses verbunden hat.

Anmerkungen

1 E. Y. Meyer: *Ein Reisender in Sachen Umsturz. Erzählungen,* Frankfurt a. M. 1972, S. 125.
2 Ebd., S. 100.
3 Ebd., S. 34.

4 E.Y.Meyer: *Die Rückfahrt. Roman*, Frankfurt a. M. 1977, S. 144.

5 *Ein Reisender in Sachen Umsturz*, S. 99 f.

6 E.Y.Meyer: *In Trubschachen. Roman*, Frankfurt a. M. 1979 (st 501), S. 57 f.

7 Ebd., S. 40.

8 *In Trubschachen*, S. 153.

9 Ebd.

10 Ebd., S. 45.

11 Ebd., S. 121.

12 Ebd., S. 127.

13 Ebd., S. 128.

14 Ebd., S. 7.

15 Vgl. ebd., S. 57, S. 65.

16 Ebd., S. 31.

17 Ebd., S. 202.

18 Ebd., S. 195.

19 Ebd., S. 203.

20 Vgl. Elio Fröhlich und Peter Hamm (Hg.): *Robert Walser. Leben und Werk in Daten und Bildern. Mit einem Essay von Peter Hamm*, Frankfurt a. M. 1980 (it 264), S. 306 f.

21 Robert Mächler: *Das Leben Robert Walsers. Eine dokumentarische Biographie*, Genf und Hamburg 1966, S. 291.

22 E.Y.Meyer: *Eine entfernte Ähnlichkeit. Erzählungen*, Frankfurt a. M. 1975 (st 242), S. 56. Vgl. *In Trubschachen*, S. 31.

23 Robert Walser: *Das Gesamtwerk*, Band IV, Genf und Hamburg 1967, S. 130.

24 Ebd., S. 131.

25 Ebd.

26 Robert Walser: *Das Gesamtwerk*, Band VII, Genf und Hamburg 1966, S. 28 (*Eine Weihnachtsgeschichte*).

27 Ödön von Horváth: *Gesammelte Werke 6*, Frankfurt a. M. 1972, S. 514.

28 Ebd.

29 Peter Handke: *Falsche Bewegung*, Frankfurt a. M. 1975 (st 258), S. 81.

30 Franz Böni: *Schlatt. Roman*, Zürich und Frankfurt 1979, S. 233.

31 Ebd., S. 234.

32 Ebd.

33 Ebd., S. 240.

34 Ebd., S. 241.

35 Ebd., S. 242. – Auch hier, in Bönis *Schlatt*, wie zuvor in Meyers *Trubschachen*, das Motiv des unheimlichen leerstehenden Gebäudes. Vgl. S. 232 f. Auch hier spielen die zwölf »Lostage« (234), mit denen sich abergläubische Vorstellungen verbinden, eine Rolle. Vgl. E.Y.Meyer:

Ein Reisender in Sachen Umsturz, S. 100 (*Der oberste Tag*).

36 Franz Böni: *Schlatt*, S. 242. Damit endet der Bericht über die Wanderung.

37 E.Y. Meyer: *In Trubschachen*, S. 203.

38 Ebd.

39 E.Y. Meyer: *Ein Reisender in Sachen Umsturz*, S. 25.

40 Ebd.

41 Ebd., S. 26.

42 Ebd., S. 28 f.

43 Ebd., S. 37.

44 E.Y. Meyer: *Die Rückfahrt*, S. 8.

45 E.Y. Meyer: *Ein Reisender in Sachen Umsturz*, S. 112 f.

46 E.Y. Meyer: *Die Rückfahrt*, S. 85.

47 Ebd., S. 98 f.

48 Ebd., S. 99.

49 Ebd., S. 25.

50 Ebd., S. 100.

51 Ebd., S. 293.

52 E.Y. Meyer: *Eine entfernte Ähnlichkeit*, S. 117.

53 E.Y. Meyer: *Die Rückfahrt*, S. 52.

54 Ebd., S. 295.

55 Ebd., S. 294.

56 Ebd., S. 426.

57 Ebd., S. 424.

58 Ebd., S. 425.

59 Ebd., S. 425 f.

60 Ebd., S. 426.

61 Ebd., S. 424.

62 Ebd.

63 Ebd., S. 423.

64 Ebd., S. 426.

65 In: E.Y. Meyer: *Die Hälfte der Erfahrung. Essays und Reden*, Frankfurt a. M. 1980, S. 33-68.

66 E.Y. Meyer: *Die Rückfahrt*, S. 426.

67 Vgl. Arthur Henkel und Albrecht Schöne: *Emblemata. Handbuch zur Sinnbildkunst des XVI. und XVII. Jahrhunderts*, Stuttgart 1978, Sp. 723.

IV

Rezeption

Beatrice von Matt

Bemerkungen zur Rezeption

E.Y. Meyer trat 1972 gleich schon mit dem ersten Buch, den Erzählungen *Ein Reisender in Sachen Umsturz*, im Suhrkamp Verlag auf, der damals schweizerischen Autoren weniger selbstverständlich als heute offenstand. Entsprechende Beachtung fand der Erstling denn auch in den Zeitungen.

Ein Schriftsteller aus der deutschsprachigen Schweiz muß, wenn er in seiner Heimat anerkannt sein will, zuerst in Deutschland Erfolg haben. Dieses seit dem 19. Jahrhundert übliche Rezeptionsschema gilt teilweise wohl auch für E.Y. Meyer. Es waren immerhin vor allem schweizerische Kritiker, welche das Buch überrascht zur Kenntnis nahmen. Man lobte da den Kunstverstand, die ungewohnte, hochentwickelte, schwierige Sprache des Autors, auch wenn man noch literarische Abhängigkeiten feststellte. Ein Vierteljahr nach Erscheinen der wichtigsten Kritiken resümiert Heinz F. Schafroth unter dem Titel *Nach dem Erstling* (Basler Nachrichten, 10.6.72):

»Ein sechsundzwanzigjähriger Schweizer bringt – nach wenigen Veröffentlichungen in den manuskripten und im spektrum – sein erstes Buch gleich im deutschen Renommierverlag Suhrkamp unter. Die ersten Kritiken erscheinen: Dieter Bachmann (Weltwoche) wirft in der ersten Hälfte eines langen Artikels über neue Schweizer Literatur die gesamte Frühjahrsproduktion in einen Topf, um dann in der ganzen zweiten Hälfte für die eigentliche Entdeckung, E.Y. Meyer, einen neuen aufzusetzen. Im Tages Anzeiger reagiert Peter Meier ähnlich überrascht und erfreut auf den Erstling. Und Werner Weber in der NZZ, der Meyer zwar allzu starke Bernhard-Hörigkeit vorwirft, zweifelt dennoch keinen Augenblick an ihm, wenn er resümiert: ›Da ist einer im Kommen.‹«

Und Schafroth, der Ms. Werdegang seit dessen Gymnasialjahren mitverfolgt hat, fürchtet auch, der so gefeierte Erstling könnte die Entwicklung des Autors hemmen.

»Kurz: der junge Autor ist mit seiner ersten Buchveröffentlichung ins Getriebe der Kritik und des Verlagswesens geraten, und dies zweifellos in stärkerem Ausmaß, als es für gewöhnlich mit einem Erstling der Fall ist. Entsprechend größer werden für ihn die Schwierigkeiten, sich zu behaupten: Erwartungen sind an ihn herangetragen, Maßstäbe sind ihm gesetzt – alles Dinge, denen er sich zu entziehen haben wird, wenn er weiter schreibt.«

Schafroth deutet aber auch an, daß die Rezensionen in deutschen Zeitungen einen gedämpfteren Ton aufweisen. Da galten die Geschichten vorab als nicht uninteressante Anfängerstücke. Dem auffällig vorgebrachten Surrealismus gegenüber hatte man einige Bedenken.

Heinrich Vormweg (Süddeutsche Zeitung, 16./17.9.72) beispielsweise erkennt zwar Ms. Methode, »ganz banale Vorgänge durch dehnende Darstellung so zu verschieben, daß eine Dimension des Bedrohlichen entsteht, in die dann gelegentlich auch Phantastisches einschießt«. Er komme aber nicht immer »über die wohlbedachte Absicht hinaus«. Mit der Veröffentlichung dieser Prosa habe sich der Autor übereilt.

Georges Schlocker meint, daß M. wie »die surrealistische Malerei, an die er sich anlehnt, die verfremdete Materialität der Welt zum Selbstzweck« setze und so »mit schlagenden Formeln« den Leser erschlage (Neue Deutsche Hefte, Jg. 20, H. 2, 1973). Egbert Höhl fragt (Die Zeit, 28.7.72): »Syntax als Geduldspiel oder Originalität um jeden Preis?« Man komme in der Titelgeschichte »dem Nullpunkt der Lustlosigkeit« nahe.

Verschiedenen gesellschaftskritischen Kritikern ist das Buch nicht »radikal fragend«, »nicht schonungslos offenlegend« genug, so etwa Jörg Christian Fauser (Frankfurter Hefte, H. 11, Nov. 72). Für etliche Rezensenten ist die Syntax Ms. der Stein des Anstoßes. Die gewaltigen Satzkonstruktionen befremdeten in den Jahren unmittelbar nach 1968, in denen sonst ein lapidarer Erzählstil vorherrschte. Verschiedene Kritiker verraten auch nur Unsicherheit und lassen sich für künftige Besprechungen die Wege offen, so Ulrich Meister (Frankfurter Rundschau, 3.5.72): »Die Erzählungen sind vorderhand – ihrem Sinn und unserer Erwartung nach – uneingelöste Versprechen. Das läßt sich immerhin von ihnen sagen: es ist nicht zuwenig.« Auffällig häufig werden M. Helvetismen angekreidet. Sie seien »ererbte« oder »konstruierte Schwerfälligkeiten« und Ms. Absicht gehe dahin, solchen schweizerischen Ausdrücken »exotischen Wert« zu verleihen (z. B. Neue Deutsche Hefte, Jg. 20, H. 2, 1973).Einmal bekommt die Frage nach der schweizerischen Herkunft eines Autors auch einen positiven Zug. In der Stuttgarter Zeitung (11.10.73) erwähnt

Siegfried Unseld u. a. eine Diskussion über die Frage, ob es eine Schweizer Literatur gebe.

»Die Schweizer Literaten verneinten, der einzige Nicht-Schweizer bejahte die Frage. Die Neinsager wollten nicht in ein Ghetto eingesperrt werden, sondern eben sich aus ihm lösen. Der Jasager nannte als Kriterium zur Abgrenzung gegenüber der (bundes-)deutschen Literatur: den nicht vorhandenen Radikalismus, die größere Toleranz, die entschiedenere Liebe zum Detail und die weitere Phantasie, in einer Nußschale die Welt zu entdecken.«

Als Beispiel wird dann M. angeführt.

Den Roman *In Trubschachen*, Ms. zweite Publikation, kann man eindeutig als den Durchbruch des Autors bezeichnen. In dieser Hinsicht verläuft bei M. die Rezeptionsgeschichte nicht ganz nach dem im Literaturbetrieb der letzten Jahrzehnte üblichen Muster, wonach auf einen von der Kritik hochgejubelten Erstling ein Autor ein zweites Buch vorlegt, das dann nicht selten einen viel schwereren Stand hat.

In Trubschachen hingegen fand Beifall in der Schweiz und vor allem auch in der BRD.

Rolf Michaelis (Die Zeit, 30.11.73), Rolf Vollmann (Stuttgarter Zeitung, 11.10.73), Klara Obermüller (Neue Zürcher Zeitung, 25.9.73), Anton Krättli (Schweizer Monatshefte, H. 10., Januar 74) analysieren und interpretieren das Buch mit eingehender Genauigkeit.

Vollmann nimmt M. zudem vorsorglich in Schutz gegen einen Vorwurf, der nach 1968 in der Luft liege. Ms. Kritik an der Leistungsmoral der westlichen Zivilisation und besonders auch der Schweiz werde nicht nur von soziotechnischen Überlegungen geleitet. M. formuliere hierin scheinbar einfacher, doch auch ganzheitlicher, wenn er betone, daß der Mensch »zum Leben zuallererst ein Stück Glücklichsein« brauche.

Und in der Tat heißt es etwa bei Peter Buchka (Süddeutsche Zeitung, 6.12.73), Ms. Ausführungen über das Glücklichsein seien »schmalspurig«, es seien »Banalitäten«. – Im übrigen aber wird gerade »die verbissene Umständlichkeit« von Ms. Sprache gerühmt.

Was aber wohl auch zur Rezeption gehört, ist der Aufruhr, den der Roman da und dort in Trubschachen hervorrief, in dem Emmentaler Dorf, das M. ja keineswegs als ganzes darstellen, dem er nicht als solchem einfach gerecht werden wollte. In einem Interview, das die Luzerner Neuesten Nachrichten veranstalteten, erklärte M., daß er die Empörung nicht verstehe. Auf die Frage, warum er reale Namen genannt habe, sagte er:

»Das Problem der Personennamen und der Ortsnamen stellte sich natürlich. Ob ich die Namen beibehalten oder ob ich andere erfinden sollte. Etwas in mir sträubte sich, Personen unter einem falschen Namen auftreten zu lassen, über die ich gar nichts Nachteiliges sage. Gotthelf hat es so gemacht, daß er Phantasienamen brauchte, und trotzdem haben sich die Leute erkannt und fühlten sich betroffen. Dort wo in dem Buch dann über einzelne Personen Möglichkeiten ausgedacht werden, werden diese auch deutlich als ›Möglichkeiten‹ und ›Vorstellungen‹ bezeichnet. Ich bin daher überrascht, daß eine Figur wie der ›Lehrer‹, den ich nie getroffen habe, und der eine reine Erfindung ist, tatsächlich existieren soll. Obwohl es in Trubschachen mehrere Lehrer gibt . . .« – »Was sagen Sie zu der Behauptung, Sie hätten die Schächler lächerlich gemacht?« »Nein, lächerlich gemacht habe ich sie sicher nicht. In Trubschachen ist es nicht schlechter oder besser als sonst irgendwo. Ich will mich gar nicht auf einen moralischen Standpunkt stellen und so tun, als wäre ich besser. Im Gegenteil könnte ich analog zu Kennedy (›Ich bin ein Berliner‹) sagen, ›ich bin ein Trubschacher (Schächler)‹.«

Weitere Erläuterungen von M. (am 3. Juni 1982, mir gegenüber mündlich):

»Ohne Angabe des Grundes erfolgte eine Untersuchung des Eidgenössischen Militärdepartements, die ein mir Unbekannter veranlaßt haben muß. Ich wurde als ›auskunftgebende Person‹ vorgeladen. Daß ich in dieser Weise zur Einvernahme erscheinen konnte, geschah wahrscheinlich zu meinem Schutz. Das konnte ich damals aber nicht wissen, und die Vorladung war ein Schock. Als Grund erwies sich meine Beschreibung einer militärischen Anlage, die aber jedem, der dort vorbeigeht, ins Auge springt.

Eine andere Reaktion auf das Buch war eine Nummer des Trubschacher Cabarets ›Schweli-Groppe‹ im März 1975: ›Besuch von draußen‹. Man machte sich da lustig über den Literaturtourismus in Trubschachen, der nach Erscheinen meines Romans eingesetzt hatte. Leute mit dem Buch in der Hand hätten den ›Hirschen‹ etc. besichtigt. Die Nummer schloß mit der Feststellung, man habe im Dorf Gemäldeausstellungen, den Gesangsverein, man brauche nicht noch diesen ›Schmalspur-Gotthelf‹. Was mich aber am meisten beschäftigt hat, war die Erfahrung, daß ehrlich erfundene Figuren voll identifiziert wurden mit real existierenden Leuten. Das geschah vor allem mit der Figur des Lehrers, mit dem ich persönlich gar nie gesprochen hatte und dem ich Ausführungen in den Mund legte, die ich

SCHWEIZERISCHE ARMEE   ARMÉE SUISSE   ESERCITO SVIZZERO
   MILITÄRJUSTIZ   JUSTICE MILITAIRE   GIUSTIZIA MILITARE

Major R. Bosshard
Auditor Div Ger 3   Zürich, 6. Februar 1975

                              Dfr Meyer Peter
                              Schriftsteller
                              Austrasse 4

                              3084   W a b e r n

        Ich teile Ihnen mit, dass dem gegen Sie geführten
militärgerichtlichen Verfahren wegen der öffentlichen Beschreibung einer militärischen Anlage in Ihrem Roman "In
Trubschachen" mit Entscheid des Oberauditors der Armee vom
3. Februar 1975 keine weitere Folge gegeben wird.

                         Der Auditor Div Ger 3:

                              Majnr R. Bosshard
                              Auditor Div Ger 3
                              Schweiz. Volksbank
                              Postfach 631
                              8021 Zürich

EINGESCHRIEBEN

Form. 22.30 - 4. 74 - 30.000 - 40149/1

Brief eines Auditors der Schweizer Armee an E.Y. Meyer.

aus meiner eigenen Schultätigkeit kannte . . . Das Haupterlebnis am Ganzen war, zu sehen, auf welche Weise die Realität gegenüber der Fiktion aufholt. Das Verhältnis zwischen Fiktion und Realität hat mich dann lange beschäftigt. Jedenfalls hinkt die Realität der Fiktion hintennach.«

Am 18. Juni 1982 nahm M. in Trubschachen an der Vernissage einer Jubiläumsausstellung teil und schrieb darüber am 26. Juni 1982 in der Berner Zeitung. Er führt u. a. aus:

»Die Nichterwähnung der unter uneigennütziger Mithilfe der ganzen Dorfgemeinschaft zustandegekommenen Ausstellungsreihe in meinem Buch ist natürlich beinahe unverzeihlich. Aber mein Buch hat nach seinem Erscheinen in Trubschachen ja auch sonst schon zu heftigen und teils empörten Reaktionen geführt. Im Heimatbuch ›Trubschachen/ Trub‹ steht: ›E.Y. Meyer hat . . . die Grenzen der dichterischen Freiheit überschritten.‹ Dem möchte ich bei dieser Gelegenheit allerdings noch einmal mit aller Deutlichkeit widersprechen. Wer dies behauptet, war bei der Behandlung der sprachlichen Form des Konjunktivs (der Möglichkeitsform) in der Schule entweder krank oder hat sonst gefehlt. Mein Buch ist kein Heimatbuch mit dessen Genauigkeitsanspruch, sondern ein literarisches Werk, das nach der bekannten Formel: ›Ich stelle mir vor‹, geschrieben ist. Es sagt also viel mehr über die Weltsicht des Erzählers aus als über die Wirklichkeit des Dorfs und seiner Bewohner – es sagt, wenn es etwas über das Dorf und seine Bewohner aussagt, nicht wie diese wirklich *sind*, sondern wie sich der Erzähler vorstellt, daß sie sein *könnten*. Diese Sicht des Erzählers ist nun allerdings zugegebenermaßen keine reine und hehre *idealistische* Sicht der Welt, sondern vielmehr eine, die den einseitig auf- und abwertenden Dualismus der griechisch-christlichen Tradition – hie guter Geist, da böse Materie – überwinden und die beiden Seiten in einer neuen Synthese wieder zusammenführen möchte.«

Die beiden Einvernahmen sowie die Reaktion einiger Bewohner von Trubschachen wurden dann u. a. auch Anlaß zur Erzählung *Die Erhebung der Romanfiguren. Von Felsöloci András*, die M. 1975 im Erzählband *Eine entfernte Ähnlichkeit* veröffentlichte.

Dieses dritte Buch nun, *Eine entfernte Ähnlichkeit*, wurde in der Kritik eher stiefmütterlich behandelt, was – nach dem Erfolg von *In Trubschachen* – erstaunt. M. gibt sich selber die Schuld. Er habe darauf bestanden, daß die drei umfangreichen Erzählungen als wohlfeiler Band in der Taschenbuchreihe herauskommen sollten. Studenten würden ihn dann eher kaufen können, habe er geglaubt. Diese Wirkung blieb aus. Und es versagten verschiedene Feuilletonredaktionen, für die anscheinend die Erscheinungsart, der Ort, an dem etwas publiziert wird, mehr Signalwirkung hat als der Autor und das Werk selber. Andreas Oplatka immerhin rezensierte das Buch an prominenter Stelle der Sonntagsbeilage der Neuen Zürcher Zeitung (7./8. 6. 75). Der Band fand in der Schweiz vorwiegend Zustimmung. In der BRD wurden wieder Stimmen laut, die M. Helvetismen vorwarfen, beispielsweise Lothar Baier (Frankfurter Allgemeine Zeitung, 27. 9. 75):

»Als Deutscher versteht man die Sprache dieser Erzählungen anders als ein Leser aus der Schweiz: mag er sich selbst in dem Schweizerdeutsch wiedererkennen, das M. seine Personen sprechen läßt, für einen deutschen Leser ist es eine exotische Beigabe. Statt Authentizität zu verbürgen, gibt das Meyers Texten einen unbeabsichtigten kabarettistischen Einschlag. Eine schriftdeutsche Interlinearversion der Mundartpassagen hätte dieses Dilemma vielleicht mildern, sicher aber nicht lösen können. Es bleibt bestehen, solange die Fiktion einer beliebig exportierbaren Schweizer Literatur aufrechterhalten wird.«

M. gibt eine unerwartete Antwort im Aufsatz *Schweizerschriftsteller* (erstmals in Tages Anzeiger, Kulturspiegel, 10. 11. 79):

»Die einzige Chance, um auf dem Markt des größeren Landes vielleicht wenigstens als Kuriosum bekannt und deshalb eines Kaufs würdig zu werden, scheint für diejenigen, welche die ihnen aufgeklebte Etikette ›Schweizerschriftsteller‹ noch nicht mit der Gelassenheit eines Max Frisch oder Friedrich Dürrenmatt – quasi wie das Abzeichen des lokalen Fußballclubs, dessen Gönner man aus einer gesellschaftlichen Verpflichtung heraus halt auch noch ist – tragen können, – die einzige Chance für die ›Schweizerschriftsteller‹ scheint in der *Exotik* zu liegen, die der Käufer auf dem Markt des größeren Landes im Schweizer-Sein und im Schweizertum entdecken könnte. Und das Ergreifen dieser Chance würde für den ›Schweizerschriftsteller‹ denn also darin bestehen, daß er sein Schweizer-Sein und sein Schweizertum türchterlich übertreiben, bis ins Groteske hineinsteigern und etwa bei Lesungen im größeren Land nur noch in einer Sennentracht, mit einem Alphorn und einem ›Schweizerfähnlein‹ auftreten würde.« (Nachgedruckt in *Die Hälfte der Erfahrung*, S. 181.)

Im Roman *Die Rückfahrt* hat M. – wie immer stark autobiographisch ausgerichtet – die Summe einer Existenz gezogen, der Existenz eines jungen Mannes, der sich zum Wagnis durchringt, freier Schriftsteller zu werden. Der Roman wurde denn auch zu Recht als ein »reich instrumentierter Entwicklungsroman« bezeichnet (von Christoph Kuhn im Tages Anzeiger, 15.11.77), auch als »ein bedeutender Entwicklungsroman« von Urs Strässle (in Badener Tagblatt, 11.2.78). – Marianne Zelger-Vogt beschreibt das ästhetische Weltbild, das der Romanheld Berger anstrebt, und überschreibt ihre Rezension mit »Wirklichkeit als Kunstwerk« (Neue Zürcher Zeitung, 11.11.77). Egon Wilhelm betont eher Ms. Inventarisierungstechnik, »das Registrieren der Dinge mit bewußter Ausführlichkeit«. Für ihn schreibt M. »fast wie ein schweizerischer James Joyce« (Solothurner Zeitung, 19.1.78).

Bei der Lektüre der nun wieder sehr eingehenden Rezensionen fällt ein Überhang von Inhaltswiedergaben auf. Die doch auffällige Kompositionsarbeit, die gewaltige künstlerische Anstrengung scheinen oft nicht genügend ins Blickfeld zu kommen. Daß in diesem Roman so viele Gedanken zu Gegenwart und Zukunft von Erde und Menschheit – zu Zukunft auch als Besinnung auf Vergangenes – formuliert sind, scheint man dem Autor da und dort auch als eine Überbetonung von Weltanschaulichem anzukreiden. Um 1977 herum glaubte man noch ganz an die Produktivität der Nicht-Affirmation, und so wurde gelegentlich schon das Suchen nach Auswegmöglichkeiten suspekt.

Man stellt freilich vielerorts fest, daß M. nun »die volle Freiheit seiner Autorschaft erreicht« habe, wie das der Schriftsteller Heinrich Wiesner ausdrückt. Weiter sagt er:

»Es ist der mit umsichtigem Kunstverstand komponierte deutsche Satz mit seiner vielfältigen Auffächerung (nicht Verschachtelung), welcher die stagnierende deutsche Hauptsatzprosa aus ihrer Armut befreit. Es gelingt ihm auf gegenwärtige Weise, das reiche Erbe deutscher Syntax nochmals als Ernte einzubringen [. . .] Auffällig [. . .] der Ernst, der aus den Sätzen spricht, als hätten sie ›Das Gewicht der Welt‹ zu tragen [. . .] Später wird es zu jenen Büchern gehören, zu denen man immer wieder greift, weil trotz kritischer Gegenwartsanalyse etwas Heilsames von ihm ausgeht, das ich als eine Art neu gewonnenen Grundvertrauens empfinde.« (Basler Zeitung, 12.3.78)

Auch für Anton Krättli ist *Die Rückfahrt* ein ganz bedeutendes Buch: es »könnte zur Wegmarke in der Entwicklung der deutschen Literatur werden« (Schweizer Monatshefte Nr. 2, 1978). Heinz F. Schafroth charakterisiert Ms. insistentes Vorgehen so:

»Seine Geduld beim Informieren, Beschreiben und Schreiben erinnert an Stifter (der, wie Hesse, Swift und viele Denker, in diesem Buch mehrfach präsent ist), erweist sich aber als grundverschieden. Ms. schriftstellerische Geduld ist nicht eine, die, was ihr begegnet, entgegen-, auf-, hinnimmt und es, bei aller Betroffenheit, letztlich gelassen beschreibt. Wenn M. beschreibt, ist er wie angesetzt auf die Gegenstände. Seine Geduld ist die des Spürhundes; eine radikale Geduld, die warten kann. Dabei ist seine Methode nicht die, vom Hundertsten ins Tausendste zu gelangen, und Beschreibungsseligkeit ist bei ihm nicht im Spiel. Eher von Beschreibungsqualen wäre zu reden.« (Frankfurter Rundschau, 5.8.78)

Auffälligerweise werden die drei Teile des Buchs, von denen jeder durch Personal und Örtlichkeit ein ganz anderes Gesicht bekommt, unterschiedlich bewertet. Während etwa Fritz Zopfi in den Berner Nachrichten (7.10.78) eher die beiden ersten Teile hervorhebt, gibt Alice Vollenweider dem dritten eindeutig den Vorzug (Die Weltwoche, 7.12.77).

Verschiedene Rezensenten formulieren Vorbehalte dem hartnäckigen Benennen, Registrieren und Zitieren gegenüber. Wolf Scheller bezeichnet Ms. Art, »das Faktische [. . .] wie in einem Katz- und Maus-Spiel« zu umkreisen, als »sperrig und umständlich« (Sendung »Bücherlese« am Saarländischen Rundfunk, 6.8.78). Gert Ueding bemängelt, daß es M. »an jener Imaginationskraft« fehle, die seine »Berichte und Protokolle aus der Sphäre der Baedeker-Prosa und des gebildeten Kaffeehausgesprächs« höben. Nebenbei prägt er einen einleuchtenden Begriff für diesen Roman: »prospektive Erinnerung« (Frankfurter Allgemeine Zeitung, 24.1.78).

In großangelegten Aufsätzen wie in *Ästhetische Kompensation* von Karl Wagner (Die Presse, Wien, 19./20.7.80) und Norbert Mecklenburgs *Aussteiger und Sitzenbleiber. Lehrerfiguren in deutscher Gegenwartsprosa* (die horen, 1. Quartal 1981) findet *Die Rückfahrt* bedeutenden Widerhall. Mecklenburg schreibt:

»*Die Rückfahrt* ist Bildungsroman – mit dem klassischen Thema der ästhetischen Erziehung –, aber kein Gebildetenroman, mehr als ein Lehrer-, ein Erziehungsroman in der Nachfolge Rousseaus und Stifters. In Ms. Buch – ich mag es unter den neuen Lehrerromanen am meisten – ist das pädagogische Thema aus der Enge bloßer Schulmeisterleiden befreit, dennoch auf einer höheren, der allgemeingesellschaftlichen Ebene festgehalten. Es ist in ihm, in mehrfachem Sinne, gut aufgehoben.«

In der französisch sprechenden Schweiz wird *Die Rückfahrt (Le Retour)* lobend besprochen. Das Journal de Genève (17.2.79) z. B. fordert: »Le dernier roman d' E.Y.M.: à traduire d'urgence!« (»Den letzten Roman von E.Y.M.: dringend übersetzen!«) Grund: Man erfahre nicht weniger über schweizerische Realität als über den Helden.

Die Hälfte der Erfahrung, der Band mit Essays und Reden seit 1972, hat gelegentlich irritiert. René Regenass fragt (Basellandschaftliche Zeitung, 2.2.81):

»Ist es nicht ein dialektischer Purzelbaum, wenn einer, der das Schreiben und somit die Verarbeitung von Erfahrungen sich zum Beruf gewählt hat, nun über diese Erfahrungen in Form von ›Erfahrungsberichten‹ Rechenschaft abzulegen versucht? Ergibt sich durch diese Reflexionen über die Reflexionen beim Schreiben nicht eine doppelte Brechung und mithin eine Unschärfe, indem die Gedanken nochmals reflektiert werden, und zwar außerhalb des erzählerischen Werks?«

Dann aber stimmt er dem Band zu und weist nach, wie kohärent die Themen behandelt seien.

Walter Oberer erkennt im Bund (6.12.80) das »kritische Exerzitium«, sieht aber auch, wieviel Anteil die Fiktion hat. In *Freddy, Elvis & Co. und die Folgen* heißt es da:

»Ich habe in der neueren Literatur noch keine Geschichte gefunden, in der sich Wirklichkeit, Traum, Erinnerung gleichzeitig zu einer Gegenständlichkeit verdichten, die so ganz unmißverständlich das Signum unserer Zeit trägt: die geheime Trauer um Verlorenes und die permanente Angst vor der Ungewißheit des Kommenden.«

Dann und wann fällt der Begriff Neo-Konservatismus in bezug auf dieses Buch. Solches wollte der Artikel der Verfasserin in der Neuen Zürcher Zeitung (13.2.81) zurechtrücken:

»Was an E.Y. Meyers Botschaften besonders aufhorchen läßt, das sind seine Warnungen vor Tendenzen der Überschätzung von Heimat als bloßem Verhaftetsein in einer bestimmten Region. Da wittert er ein Wiederaufflammen von gefährlichem Blut-und-Boden-Denken; er warnt vor der Usurpation des Heimatbegriffs durch die ›Neue Rechte‹ in Frankreich, in Deutschland und anderswo.«

Und zum Fiktiven:

»E.Y. Meyer ist ein Denker, ein Mahner, ein Sinnierer, ein Grübler, dem unter anderem Dürrenmatts hartnäckige Gedankenarbeit ein Vorbild ist. Welch ein hervorragender Schriftsteller er auch ist, ließe sich Seite für Seite im neuen Band nachweisen. Wie im Roman *In Trubschachen* oder im Roman *Die Rückfahrt* verfolgt er hier einen ähnlich irritierenden Stil, eine absichtlich gleichbleibende Intonation für verbürgt Wichtiges und scheinbar Nichtwichtiges. Der Leser wird da – wie schon immer bei Meyer – selber in die Entscheidung über die Gewichtung des Genannten gedrängt.

Da ist eine gewisse vertrackte Umständlichkeit am Werk, die einen nie in wohltuende Allgemeinheit entläßt.«

Wieder werden in deutschen Zeitungen Stimmen laut, die M. als besonders schweizerisch charakterisieren und – man kann nicht umhin zu sagen – damit einschränken möchten: So Hugo Dittberner (Frankfurter Rundschau, 18.4.81), der »Die Redeweise« als »sehr würdig für das Alter des Autors« bezeichnet, »mitunter leer . . . oder einfach sehr schweizerisch«. Werner Ross (Frankfurter Allgemeine Zeitung, 20.2.81) findet zwar »Würze in der »schweizerischen oder bernerischen Umständlichkeit«, die Sätze des »skurrilen Schweizer Schriftstellers« seien »lang und wohlgeordnet«; und wenig später: er sei ein »freier, bedachtsam in langen Sätzen schreibender Schriftsteller geworden, ein Naturprodukt der Landschaft zwischen Baselland und Bern«.

Da man in der Schweiz beispielsweise gerade kunstvolle Hypotaxe als anspruchsvolles Hochdeutsch empfindet, erstaunt diese hartnäckige Betonung von Ms. Nationalität in der BRD.

Unter den weiter ausgreifenden Arbeiten der jüngsten Zeit sind deren drei besonders zu beachten. Unter teilweise komparatistischen Gesichtspunkten hat Gerda Zeltner in *Das Ich ohne Gewähr. Gegenwartsautoren aus der Schweiz* über Meyer gehandelt. Ihre Fragestellung ist auch in linguistischer Hinsicht ergiebig. Anton Krättli hat seinen eingehenden Würdigungen von Einzelwerken Meyers (s. Schweizerische Monatshefte) im *Kritischen Lexikon zur deutschsprachigen Gegenwartsliteratur* eine Gesamtdarstellung folgen lassen.– Dieter Bachmann zeichnet mit *Die Zertrümmerung des Gesichtsfeldes* (Tages Anzeiger Magazin) ein einleuchtendes Bild des Autors als eines Einzelgängers. Allerdings stempelt er ihn gar zu nachdrücklich zum Außenseiter und drängt ihn so ab in ein Abseits, in dem er, zumindest, was die Zahl der Leser angeht, nicht zu suchen ist.

In der akademischen Diskussion ist der 36jährige Schriftsteller in vergleichsweise hohem Maß präsent. An verschiedenen Universitäten sind Lizentiatsarbeiten im Entstehen. Auf dem »Internationalen Germanisten-Kongreß« in Basel (1980) wurden gleich zwei Referate (von Hans Wysling und Hans-Joachim Sandberg) über Werke Ms. gehalten. Hermann Burger sprach 1979 an der Handelshochschule St. Gallen über *Die Rückfahrt* in philosophischer Hinsicht. Im Sommersemester 1982 behandelten Harald Burger und Peter von Matt anhand von Ms. Voltaire-Bearbeitung in *Ach*

Egon, Egon, Egon das Problem der Nacherzählung (Universität Zürich).

Wünschenswert wäre eine Untersuchung von Meyers Texten nach streng linguistischen Gesichtspunkten. Damit würde einerseits dem Überhang rein inhaltlicher, philosophischer Interpretationen begegnet, andererseits würden die vielen verschiedenen Sprachschichten, die Meyer mit artistischer Kunst einsetzt, besser bewußt. Da wären konsequent aufgebaute syntaktische Bauten zu untersuchen, die wohl den unermüdlichen Wahrheitssucher Meyer verraten, die aber auch (nicht zuletzt durch die eingefügten Zitate) den Charakter aufwendiger Montagen haben, die auf Ms. Vergnügen am literarischen Spiel, nicht selten auf seinen hintergründigen Witz hinweisen.

V

Anhang

Zeittafel

1946	geboren in Liestal, Kanton Basel-Landschaft, am 11. Oktober als Sohn des Jakob Meyer und der Maria, geborene Fleig
1946 - 1956	Kindheit in Pratteln (Basel-Landschaft)
1949	Geburt der Schwester Silvia
1956	die Familie zieht nach Biel, Kanton Bern
1961	Übertritt aus der letzten Sekundarschulklasse in die Quarta des Gymnasiums Biel, Realabteilung
1964	Umzug der Familie nach Nidau bei Biel
1965	Matura, Typus C
1965 - 1966	Vorkurs für die Lehramtschule an der Universität Bern
1966 - 1967	*Dritte Person Einzahl*, Romanmanuskript, entsteht während eines Winteraufenthalts bei den Großeltern väterlicherseits in Pratteln
1967 - 1969	Studium der Germanistik und Geschichte, dann hauptsächlich der Philosophie an der Universität Bern
1968	*Inside-Outside*, 8-mm-Film
	Reise nach Prag
	Der Untermieter gewinnt den 2. Preis an einem Lyrik- und Kurzgeschichtenwettbewerb der Literarischen Gesellschaft Biel
1969 - 1970	Sonderkurs zur Ausbildung bernischer Primarlehrkräfte am Staatlichen Lehrerseminar in Bern
1970	*Inselgeschichte* erscheint in »manuskripte«, Graz
1971	Primarlehrer in Ittigen bei Bern, Heirat
1972	*Ein Reisender in Sachen Umsturz*
	Buchpreis der Stadt Bern
	Spitzberg
1973	*In Trubschachen*
	Buchpreis des Kantons Bern
	Übersiedlung nach Wabern bei Bern
seit 1974	freier Schriftsteller
	Reisen nach Italien, Frankreich, Deutschland, Österreich
1975	*Eine entfernte Ähnlichkeit*
	Werkbeiträge der Stadt und des Kantons Bern
1976	*Herabsetzung des Personalbestandes*
	Literaturpreis des Kantons Basel-Landschaft
1977	*Die Rückfahrt*
	Buchpreis des Kantons Bern
	Beginn der Theaterarbeit

1978 Werkjahr des Kantons Zürich zur Erarbeitung eines Theaterstücks
Reisen in die Provence und nach Sardinien
1979 *Sundaymorning*, berndeutsches Theaterstück, 1. Fassung
Israelreise, Scheidung
Reisen nach Paris und Deutschland
Besteigung des Mont Ventoux
1980 *Die Hälfte der Erfahrung*
Buchpreis der Stadt Bern
Reise nach Holland
Sundaymorning, 2. Fassung
1981 *Sundaymorning* in der oberschwäbischen Fassung von Wolfgang Kunz als »suhrkamp theatertext« erschienen
1982 Tod des Vaters, Übersiedlung nach Bern
Plädoyer

E.Y.M.

E.Y.Meyer

Vita

Ich wurde 1946 im Kantonsspital von Liestal, der Hauptstadt des Basellands, geboren und wuchs im benachbarten Pratteln auf – einem Dorf, das auf der Talsohle zwischen dem Rhein und den nördlichen Ausläufern des Juras an der Grenze zwischen der Schweiz und Deutschland liegt.

Meine von einer großen Verwandtschaft umgebene Familie war dort, soviel ich weiß, schon seit mindestens drei Generationen ansässig. Zuerst als Bauern, die Viehwirtschaft und etwas Rebbau betrieben und wenn sie davon nicht leben konnten daneben noch in eine Fabrik arbeiten gingen oder sich als Wirte versuchten. Dann fast durchwegs als Eisenbahnarbeiter, und zuletzt fast ausschließlich nur noch als Fabrikarbeiter.

Mein Vater hatte in einer Eisenbau-Fabrik den Beruf eines Kesselschmieds gelernt, und meine Mutter war in einem badischen Dorf auf der anderen Seite des Rheins beim Direktor einer Soda-Fabrik als Köchin tätig gewesen.

Meine Vorfahren mütterlicherseits, deren Nachkommen nun zum Teil auf der anderen Seite des Rheins lebten, stammten aus dem Schwarzwald und waren Bauern, Bader und Uhrmacher gewesen. Von ihnen habe ich möglicherweise den Hang zu einer gewissen Präzision und zum Philosophieren geerbt.

Als ich zehn Jahre alt war, entschloß sich mein Vater, einer besseren Stellung wegen, das Dorf und den Kreis der Verwandten zu verlassen und in eine Stadt auf der anderen Seite des Juras zu ziehen – in die an einem See gelegene Jurasüdfußstadt Biel im Kanton Bern. Nachdem er zuvor in einem Zweigunternehmen einer amerikanischen Pneufabrik gearbeitet hatte, arbeitete er nun für dasjenige einer amerikanischen Automobilfabrik.

In Biel begann ich, nach der Schriftsprache, die ich in der Schule zu lernen hatte, meine zweite Fremdsprache zu lernen – Berndeutsch. Die dritte Fremdsprache, die ich wieder hauptsächlich in der Schule, aber auch im Alltagsleben der zweisprachigen Stadt lernte, war Französisch, die vierte Englisch.

Als ich vierzehn Jahre alt war, wollte ich Schlagersänger werden. Als ich achtzehn war, spielte ich Theater und wollte Schauspieler werden. Eine Zeitlang malte ich und versuchte mich als Drehbuchautor, Regisseur und Hauptdarsteller von 8-mm-Filmen, und schließlich begann ich zu schreiben und die Schriftstellerei als meinen Beruf anzusehen.

Um die Zeit bis zur Veröffentlichung meines ersten Buchs zu überbrücken, studierte ich an der Universität Bern Philosophie, Geschichte und Germanistik.

Seit der Gymnasiumszeit arbeitete ich zwischendurch unter anderem auch als Zeitungsverträger, Lastwagenbeifahrer, Aushilfskraft in Fabriken, Buchhändlergehilfe, Journalist und Lehrerstellvertreter.

Dann ließ ich mich in einem Jahreskurs zum Volksschullehrer ausbilden, verheiratete mich und gab von 1971 bis 1974 in einer Vorortsgemeinde Berns Schule.

Nach der Veröffentlichung des Romans »In Trubschachen« ließ ich mich als freier Schriftsteller in Wabern bei Bern nieder. Immer häufiger hielt ich mich nun auch im Ausland auf, vor allem in Italien und Frankreich. 1979 Israelreise und Scheidung von meiner Frau. Beginn der Arbeit für das Theater. In diesem Zusammenhang auch Aufenthalte in Deutschland und Holland. 1982 Tod des Vaters. Übersiedlung nach Bern.

Bibliographie der Werke E.Y.Meyers

Die mit einem * versehenen Arbeiten sind in diesem Band abgedruckt.

Buchausgaben

Ein Reisender in Sachen Umsturz. Erzählungen, Frankfurt/M.: Suhrkamp 1972.

In Trubschachen. Roman, Frankfurt/M.: Suhrkamp 1973, 1979 (suhrkamp taschenbuch 501); Zürich: Ex Libris 1975.

Eine entfernte Ähnlichkeit. Erzählungen, Frankfurt/M.: Suhrkamp 1975 (suhrkamp taschenbuch 242).

Die Rückfahrt. Roman, Frankfurt/M.: Suhrkamp 1977, 1980 (suhrkamp taschenbuch 578); Zürich: Ex Libris 1979.

Die Hälfte der Erfahrung. Essays und Reden, Frankfurt/M.: Suhrkamp 1980.

Plädoyer. Für die Erhaltung der Vielfalt der Natur beziehungsweise für deren Verteidigung gegen die ihr drohende Vernichtung durch die Einfalt des Menschen, Frankfurt/M.: Suhrkamp 1982.

Verstreut Gedrucktes

Der Turmbau, in: Drehpunkt, Basel, Nr. 2, 2. Jahrgang, März 1969.

Die Mondstadt, in: Spektrum, Nr. 44, Junge Dichter und Künstler unter 30, Zürich, 11. Jahrgang, im September 1969.

Inselgeschichte, in: manuskripte, Graz, 28. Heft, 1970, S. 18-20; in: (Hg. Dieter Fringeli) *Gut zum Druck. Literatur der deutschen Schweiz seit 1964*, Zürich und München: Artemis 1972, S. 257-266; in: *Erkundungen. 35 Schweizer Erzähler*, Berlin: Volk und Welt 1974, S. 184-195.

Zeit des Wassers, in: Coop-Genossenschaft Wochenzeitung, Basel, Nr. 33, 15. August 1970.

Dünnerwerdende Äste, in: *Junge Schweizer erzählen*, Zürich: Schweizer Verlagshaus AG, 1971 (Neue Schweizer Bibliothek), S. 215-223.

Der oberste Tag, in: Spektrum, Nr. 54, Spuk, Zürich, 14. Jahrgang, im März 1972.

In Trubschachen. Fragment, in: Basler Nachrichten, 10. Juni 1972; (Auszug aus dem Roman), in: Schweizer Monatshefte, Zürich, Heft 6, September 1973, S. 420-427.

An den Main, in: *Taschenbuch der Gruppe Olten*, Zürich/ Köln; Benziger Verlag 1974, S. 24-36; in: *Die Hälfte der Erfahrung*, Frankfurt/M.: Suhrkamp 1980, S. 69-84.

Loser, in: Berner Student, Nr. 2, 26. Februar 1975.

Eine entfernte Ähnlichkeit (Auszug), in: Die Weltwoche, Zürich, Nr. 12, 26. März 1975.

Ach Egon, Egon, Egon. Ein Briefwechsel mit Monsieur de Voltaire anläßlich seines »Candide«, in: Schweizer Monatshefte, Zürich, Heft 2, Mai 1975, S. 127-143; in: (Hg. Hans-Christian Kirsch/Herbert Günther) *Die beste aller möglichen Welten. 22 Erzählungen zu einer Behauptung*, Ravensburg: Otto Maier Verlag 1975, 1981 (Ravensburger Taschenbücher Band 697); in: *Die Hälfte der Erfahrung*, S. 7-32.

Spotten Sie nicht über Kriminalromane, in: (Hg. S. Unseld) *Erste Lese-Erlebnisse*, Frankfurt/M.: Suhrkamp 1975, S. 123-132; in: *Die Hälfte der Erfahrung*, S. 133-142.

Meine drei Gedichte Brechts, in: *Bertolt Brecht, Gedichte. Ausgewählt von Autoren*, Frankfurt/M.: Suhrkamp 1975 S. 124-129.

Das Zerbrechen der Welt, in: manuskripte, Graz, 50. Heft, 1975, S. 100 bis 104; in: Schweizer Monatshefte, Zürich, Heft 10, Januar 1977, S. 912 bis 923; in: *Die Hälfte der Erfahrung*. S. 53-68.

Das Holz, aus dem die Träume sind (zu Weill/Brechts *Mahagonny*-Oper), in: *Programmheft des Opernhauses Zürich*, März 1976; in: *Die Hälfte der Erfahrung*, S. 131-132.

Biel/Bienne: 26. März – 4. April 1976. Aus der Gegenwart einer »Zukunftsstadt«, in: Tages Anzeiger Magazin, Zürich, Nr. 25 und 26, 19. und 26. Juni 1976; als *Bieler Tagebuch 1976*, in: (Hg. E. Amman/E. Faes) *Literatur aus der Schweiz*, Zürich/Frankfurt/M.: Suhrkamp 1978 (suhrkamp taschenbuch 450), S. 73-104.

Die Hälfte der Erfahrung, in: manuskripte, Graz, 56. Heft, 1977, S. 64 bis 68; in: *Die Hälfte der Erfahrung*, S. 53-68.

Letztlich doch irgendwie sinnvoll, in: Luzerner Neuste Nachrichten, Nr. 217, 17. September 1977.

Der Untergang Englands, in: Neue Zürcher Zeitung, Nr. 230, 1./2. Oktober 1977.

Exposé für ein Münster-Freilichtspiel, in: Der Bund, Bern, Nr. 248, 22. Oktober 1977.

Der große Durst, in: Zytglogge Zytig, Bern, Nr. 22, Oktober 1977; in: *Die Hälfte der Erfahrung*, S. 117-122.

Luzern, in: Zytglogge Zytig, Bern, Nr. 29, Mai 1978.

Die Trennung, gelesen bei den »Tagen der deutschsprachigen Literatur«, Klagenfurt, 24. Juni 1978; im: Schweizer Radio DRS, 30. Juni 1978.

FREDDY, ELVIS & CO und die Folgen, oder: Wie Musik zu mir und ich zu Musik kam, in: *Programmheft Jazz Festival Willisau*, 31. August 1978, S. 27-29; in: Tages-Anzeiger, Zürich, 9. September 1978; in: *Die*

Hälfte der Erfahrung, S. 123-130.

Die Rückfahrt, 1. Teil, als Fortsetzungs-Roman, in: Luzerner Neuste Nachrichten, ab 16. Oktober 1978.

Der Untermieter, in: Neue Zürcher Zeitung, 2./3. Dezember 1978.

Jerusalem. Ein Fragment, in: *Pack Deine Sachen in einen Container und komm. Sieben Schweizer Autoren begegnen Israel*, Bern u. München: Edition Erpf 1979, S. 51-63; in: Tages Anzeiger Magazin, Zürich, Nr. 14, 15. April 1980.

Gimme Shelter oder Eine Monsterschule, in: Basler Magazin Nr. 45 (Basler Zeitung), 8. November 1980; (Auszüge), in: *Programmheft Nationaltheater Mannheim*, Nr. 17, 203. Spielzeit 1981/82.

Neuyork, in: *contemporary german writers and poets. A Suhrkamp Almanac*, Boston: Suhrkamp/Insel Publishers, 1981.

*Vita, in: *dito* (ins Englische übersetzt).

Sundaymorning. Theaterstück. Aus dem Berndeutschen ins Oberschwäbische übersetzt von Wolfgang Kunz, (als: *suhrkamp theatertext*) Frankfurt/M.: Suhrkamp Theaterverlag, 1981.

Baldrian der Saurierhahn. Ein Kunstmärchen, in: Tages Anzeiger Magazin, Zürich, Nr. 53, 31. Dezember 1981.

Essays, Aufsätze, Reden, Rezensionen

Zweiter Autorenabend: Wolfgang Hildesheimer. Literarische Gesellschaft Biel - Thespis, in: Tagwacht, Bern, Nr. 272, 18. November 1966.

»Jörg Steiner und Jazz« ..., in: Tagwacht, Bern, Nr. 223, 23./24. September 1967.

»Fräulein Maschine«. Gastspiel des Berner Pantomimen-Ensembles, in: Tagwacht, Bern, Nr. 223, 23./24. September 1967.

Jörg Steiner las aus seinem neuesten Schaffen, in: Tagwacht, Bern, Nr. 273, 21. November 1967.

Leonce und Lena. Aufführung der Theatergruppe des Gymnasiums Biel, in: Tagwacht, Bern, Nr. 26, 1. Februar 1968.

Seit 20 Jahren um gute Filme bemüht, in: Tagwacht, Bern, Nr. 127, 4. Juni 1969.

Zieht hin in »Frieden« (Nach Aristophanes aufgeführt vom Dt. Gymnasium Biel), in: Tagwacht, Bern, Nr. 139, 18. Juni 1969.

Überzeugende Regisseure – weniger überzeugende Filme. Diskussion mit den drei Regisseuren von »swissmade«, in: Tagwacht, Bern, Nr. 148, 28./29. Juni 1969.

»Liebelei lohnt sich nicht . . .«. Zur Première von Arthur Schnitzlers Liebelei im Stadttheater Biel, in: Tagwacht, Bern, Nr. 235, 8. Oktober 1969.

Beitrag zum *Echo der Zeit* im Schweizer Radio DRS, 31. Dezember 1973; in: *Die Hälfte der Erfahrung*, Frankfurt/M.: Suhrkamp 1980, S. 149 bis 152.

Von den Schwierigkeiten »kluger Kritik«. Rede zur Verleihung des Literaturpreises des Kantons Baselland, gehalten am 30. Januar 1976 in Pratteln, in: Die Weltwoche, Nr. 6, 11. Februar 1976; in: *Die Hälfte der Erfahrung*, S. 153-160.

1. August oder Von der Freiheit und vom Risiko. Rede zum Schweizer Nationalfeiertag, gehalten am 1. August 1976 in Pratteln, in: (Hg. Dieter Bachmann) *Fortschreiben. 98 Autoren der deutschen Schweiz* (gut zum druck 2), Zürich und München: Artemis 1977, S. 345-350; in: *Die Hälfte der Erfahrung*, S. 161-168.

Die großen und die kleinen Wörter. Zu Hermann Hesse und seiner Sprache, in: Die Weltwoche, Nr. 20, 18. Mai 1977; in: (Hg. Volker Michels) *Über Hermann Hesse. Zweiter Band*, Frankfurt/M.: Suhrkamp 1977, S. 409-419; in: (Hg. Egon Schwarz) *Hermann Hesses ›Steppenwolf‹*, Königstein/Ts.: Athenäum Verlag 1980, S. 98-104; in: *Die Hälfte der Erfahrung*, S. 101-116.

Sympathie für einen Versager. Gedanken eines Nachgeborenen über einen Dichter namens Robert Walser, in: Tages-Anzeiger Magazin, Nr. 15, 15. April 1978; in: (Hg. Katharina Kerr) *Über Robert Walser. Zweiter Band*, Frankfurt/M.: Suhrkamp 1978, S. 51-58; in: *Die Hälfte der Erfahrung*, S. 85-94.

Ein großer Spaziergänger oder Annäherungsversuche an den Menschen Robert Walser, in: *Katalog zur Ausstellung »Robert und Karl Walser«* im Helmhaus Zürich vom 16. April bis 4. Juni 1978; in: Aargauer Tagblatt, 15. April 1978; in: *Die Hälfte der Erfahrung*, S. 95-100.

Frei, freier, am freisten. Was bedeutet Befreiung heute, für mich?, in: Wir Brückenbauer, Zürich, 4. August 1978; in: *Die Hälfte der Erfahrung*, S. 169-172.

Ein Buch für Winterabende. Vorwort zu: Robert Louis Stevenson, *Entführt oder Die Erinnerungen des David Balfour an seine Abenteuer im Jahre 1751*, Frankfurt/M.: Insel Verlag 1979; in: *Die Hälfte der Erfahrung*, S. 143-148.

Wasser und Öl. Über den Maler Heinz-Peter Kohler, in: *Heinz-Peter Kohler, Zeichnungen, Aquarelle*, Zürich: Verlag »Um die Ecke« 1978, S. 3-7.

Die leeren Räume des Eduard Dill, in: a+h informationen 2, Bern: Galerie Arnold+Hostettler, November 1978.

Schweizerschriftsteller, in: Tages-Anzeiger, Zürich, 10. November 1979; in: *Die Hälfte der Erfahrung*, S. 173-188.

Im Zeitalter der Katastrophen. Zu Friedrich Dürrenmatts neuster Theaterarbeit (gekürzt und abgeändert und unter dem redaktionellen Titel »Unser Jahrhundert ›zäpfelet‹. Friedrich Dürrenmatt inszeniert ›Die

Panne««), in: Wir Brückenbauer, Zürich, 21. September 1979.

Grazer »Heimat-Rede«. Rede gehalten am 28. Oktober 1979 anläßlich des Literatursymposions »Heimat ist, wo noch niemand war – Konkrete Utopie oder Rückkehr zum Provinzialismus?« in Graz, in: Basler Zeitung, 30. April 1980; in: *Die Hälfte der Erfahrung*, S. 189-198.

Kein Schutz gegen Schutzumschlag? (unter dem redaktionellen Titel »Kein Schutz gegen die Schutzumschläger?«), in: Basler Zeitung, 15. November 1979.

Max Frisch zum 70. Geburtstag, in: *Begegnungen. Eine Festschrift für Max Frisch*, Frankfurt/M.: Suhrkamp, 1981, S. 146-153.

Walter Oberers Bilder, in: *Vernissage-Einladung* zur Ausstellung »Walter Oberer zum 70. Geburtstag«, Bern, Galerie Marbach, 23. April 1981.

Das sprechende Tier oder Der nicht rationalisierbare Rest. Zu Edgar Allan Poe, seinem Gedicht »Der Rabe« und dem sich darauf beziehenden Essay »Die Methode der Komposition«, als Nachwort in: Edgar Allan Poe, *Der Rabe*, Frankfurt/M.: Insel Verlag, 1981 (Sonderausgabe des Insel-Bücherei-Bandes Nr. 1006 »Für unsere Freunde und Kunden zur Eröffnung der Buchhandlung zum Rennwegtor November 1981« in Zürich); Buchhandelausgabe 1982.

Eine Art 100-Mark-Mißverständnis um zwei Hälften. Eine Antwort an Ludwig Harig (der unter dem Titel »Die eine und die andere Hälfte« einen Aufsatz über den Band *Die Hälfte der Erfahrung* schrieb, mit dem er das Buch beim Sender Freies Berlin als bestes Buch zum Verschenken an Weihnachten 1980 vorstellte), in: Schweizer Monatshefte, Zürich, Heft 1, Januar 1982, S. 53-57.

Wieder einmal »in Trubschachen«, in: Berner Zeitung, 26. Juni 1982.

Übersetzungen

Ins Englische:

The Trip Back (1. Kapitel von Die Rückfahrt, übersetzt von David J. Ward), in: Dimension, Austin/Texas 1977, S. 242-259.

Ins Französische:

Sur le Main (An den Main, übersetzt von Antoinette Monod), in: Almanach du Groupe D'Olten 1974, Lausanne: Editions L'Age d'Homme 1974, S. 112-118.

Un voyageur en matière de boulversements (Ein Reisender in Sachen Umsturz, übersetzt von Jeanlouis Cornuz), in: Ecrire aujourd'hui en Suisse allemande, Lausanne: Editions L'Age d'Homme 1978, S. 124-132.

Le retour (Auszug aus Die Rückfahrt, übersetzt von Wilfried Schiltknecht), in: Journal de Genève, 1. August 1981.

A Trubschachen. Une traduction annotée avec une introduction critique, von Laurence Gantois. Université de Lille III, Thèse de doctorat de 3e cycle, Lille 1982.

Sendungen der dramatischen Werke

Spitzberg, Hörspiel, 1972.
Ursendung: 26. 2. 1972 Schweizer Radio DRS, Regie: Guido Wiederkehr.

Eine entfernte Ähnlichkeit. Hörspiel, 1975.
Ursendung: 3. 3. 1975 Schweizer Radio DRS, Regie: Joseph Scheidegger.
Weitere Sendungen:
6. 12. 1975 SRG Studio Basel.
8. 7. 1978 SRG Studio Basel.

Herabsetzung des Personalbestandes. Fernsehspiel, 1976.
Ursendung: 21. 4. 1976 Schweizer Fernsehen, Regie: Joseph Scheidegger.
Weitere Sendungen:
18. 11. 1976 3. Programm Bayern.
20. 7. 1977 South African Broadcasting Corporation TV-1 (in Afrikaans).
31. 10. 1977 3. Programm Hessen.
17. 10. 1981 Czechoslovak Television/Ceskoslovenska Televize (in tschechischer Sprache).

I heiße Bärger, Schweizerdeutsche Bearbeitung des Hörspiels *Ich heiße Podrazek* von Gerhard Aberle, 1977.
Ursendung: 2. 4. 1977 Schweizer Radio DRS, Regie: Matthias von Spallart.
Weitere Sendungen:
3. 4. 1977 SRG Studio Basel.
31. 5. 1980 SRG Studio Basel.

Die Warnung, »Schreckmümpfeli«, 1978.
Ursendung: 8. 11. 1978 Schweizer Radio DRS.

Der Anhalter, »Schreckmümpfeli«, 1979.
Ursendung: 25. 4. 1979 Schweizer Radio DRS.

Bibliographie der wichtigsten Arbeiten über
E. Y. Meyer

Schlußtermin: Juni 1982. Die mit einem * bezeichneten Beiträge sind in diesem Band abgedruckt.

Zu einzelnen Werken

Ein Reisender in Sachen Umsturz

* Bachmann, Dieter: *Neue Schweizer (Heimat-)Literatur. Eine dritte Generation etabliert sich und ein Außenseiter erscheint*, in: Die Weltwoche, Zürich, 29. März 1972.

C.C. (Cornu, Charles): *Dünnerwerdende Äste*, in: Der Bund, Bern, 16. Juni 1972.

Fauser, Jörg Christian: *Dämonen in Eggiwil*, in: Frankfurter Hefte, H. 11, November 1972.

Gröhler, Harald: *Alltag in offenen Geschichten*, in: Frankfurter Allgemeine Zeitung, 28. November 1972.

Hoehl, Egbert: *Orgien im Plusquamperfekt. E.Y. Meyers mysteriös-banale Erzählungen*, in: Die Zeit, 28. Juli 1972.

Kraft, Martin: *Ein Reisender in Sachen Umsturz. Das Erstlingswerk von E.Y. Meyer*, in: Der Landbote, Winterthur, 5. Mai 1972.

Matthijsse, André: *Beklemming op taalniveau*, in: Het Vaderland Gravenhagen, 4. November 1972.

Meier, Peter: *Drei neue Schweizer Autoren stellen sich vor. Peter Meier bespricht Veröffentlichungen von Hansjörg Schneider, Ernst Halter und E.Y. Meyer*, in: Tages Anzeiger, Zürich, 13. April 1972.

Meister, Ulrich: *Pathologisches in Schachtelsätzen. E.Y. Meyers Erzählungen ›Ein Reisender in Sachen Umsturz*, in: Frankfurter Rundschau, 3. Mai 1972.

*Moser, Samuel: *Immer dünnerwerdende Äste*, in: Basler Nachrichten, 10. Juni 1972.

Schafroth, Heinz F.: *Nach dem Erstling*, in: Basler Nachrichten, 10. Juni 1972.

Schlockers, Georges: *E.Y. Meyer: Ein Reisender in Sachen Umsturz*, in: Neue Deutsche Hefte, H. 2, 1973.

Vormweg, Heinrich: *In Sachen Umsturz*, in: Süddeutsche Zeitung, 16./17. September 1972.

*Weber, Werner: *Einer im Kommen*, in: Neue Zürcher Zeitung 23./24. April 1972.

In Trubschachen

Bachmann, Dieter: *Von Angst zuwachsende Landschaft. Über E.Y. Meyers ersten Roman ›In Trubschachen‹*, in: Die Weltwoche, Zürich, 31. Oktober 1973.

Buchka, Peter: *Schneelandschaft mit Imperativ. E.Y. Meyers erster Roman*, in: Süddeutsche Zeitung, 6. Dezember 1973.

C.C. (Cornu, Charles): *Emmentalisches Memento mori*, in: Der Bund, Bern, 28. Oktober 1973.

Krättli, Anton: *Verfinsterung in Trubschachen. E.Y. Meyers Roman ›In Trubschachen‹*, in: Aargauer Tagblatt, Aarau, 30. November 1973.

Krättli, Aton: *Ungenach im Emmental*, in: Schweizer Monatshefte, H. 10, Januar 1974.

*Michaelis Rolf: *Leben als Möglichkeit. Immanuel Kant im Emmental. E.Y. Meyers erster Roman ›In Trubschachen‹*, in: Die Zeit, 30. November 1973.

*Obermüller, Klara: *Die Gefährlichkeit gewisser Zeiten. ›In Trubschachen‹ von E.Y. Meyer*, in: Neue Zürcher Zeitung, 25. September 1973.

Senti, Alois: *Emmentaler-Käserei-Reportage im Roman*, in: Der Schweizer Bauer, 31. Januar 1974.

Unseld, Siegfried: *Suhrkamp Verlag: E.Y. Meyer*, in: Stuttgarter Zeitung, 11. Oktober 1973.

Vogel, Traugott: *In Trubschachen*, in: Zürichsee-Zeitung, 12. Oktober 1973.

Vollmann, Rolf: *Aasgeier im Emmental. E.Y. Meyers Roman ›In Trubschachen‹*, in: Stuttgarter Zeitung, 11. Oktober 1973.

Widmer, Urs: *Langsamer als anderswo. E.Y. Meyers Roman ›In Trubschachen‹*, in: Frankfurter Allgemeine Zeitung, 1. April 1974.

Eine entfernte Ähnlichkeit

Achermann, Hans Beat: *Die gefahrvolle Suche nach dem eigentlichen Urheber. E.Y. Meyers neuer Erzählband ›Eine entfernte Ähnlichkeit‹*, in: Luzerner Neueste Nachrichten, 20. Mai 1975.

Bättig, Joseph: *Eine entfernte Ähnlichkeit*, in: Vaterland, Luzern, 19. Juli 1975.

Baier, Lothar: *Ordnung ins Chaos. Neue Erzählungen E.Y. Meyers*, in: Frankfurter Allgemeine Zeitung, 27. September 1975.

C.C. (Cornu, Charles): *Die Rache der Romanfiguren*, in: Der Bund, Bern, 7. März 1976.

Kamer, Paul: *E.Y. Meyer. Eine entfernte Ähnlichkeit*, in: Radio DRS (»Forum der Kritik«), 20. Juni 1975.

Kerr, Katharina: *Vorbild und Abbild. E.Y. Meyer ›Eine entfernte Ähnlichkeit‹*, in: Domino, April 1976.

Krättli, Anton: *Eine entfernte Ähnlichkeit*, in: Schweizer Monatshefte, H. 5, August 1975.

Müller, Ernst: *Die geräuschlose Menschenfreundlichkeit des E.Y. Meyer* in: Berner Tagblatt, 21./ 22. Juni 1975.

Oplatka, Andreas: *Erhebungen. E.Y. Meyers Erzählungen ›Eine entfernte Ähnlichkeit‹*, in: Neue Zürcher Zeitung, 7./8. Juni 1975.

*Schafroth, Heinz F.: *Wohltuende Sturheit. E.Y. Meyers neue Erzählungen*, in: Die Weltwoche, Zürich, 25. Juni 1975.

Das Zerbrechen der Welt

*von Matt, Beatrice: *Schreiben im Bodenlosen. ›Das Zerbrechen der Welt‹ – ein Schlüsseltext*, in: Schweizer Monatshefte, H. 10, Januar 1977.

Herabsetzung des Personalbestandes

Burri, Sepp: *Am Ende des Sinnes*, in: Zoom, 5. Mai 1976.

rn.: *Arbeitslosen-Tragödie*, in: Neue Zürcher Zeitung, 23. April 1976.

Wäger, Gerhart: *Herabsetzung des Personalbestandes*, in: Zoom, 4. Februar 1976,

Die Rückfahrt

Anders, Richard: *E.Y. Meyer: ›Die Rückfahrt‹*, in: Neue Deutsche Hefte 1, 1978.

Bättig, Joseph: *Doch du wirst geschoben*, in: Die Ostschweiz, 26. November 1977.

Burger, Hermann: *Die Wiederherstellung der Welt. E.Y. Meyers Roman ›Die Rückfahrt‹*, in: Aargauer Tagblatt, 24. Dezember 1977.

*Burger, Hermann, *Die Wiederherstellung der Welt*, in: Merkur 6, 1980.

Graf, Hansjörg: *E.Y. Meyer ›Die Rückfahrt‹*, in: Deutschlandfunk, Abt. »Literatur und Kunst«, 15. Januar 1978.

Herzog, Valentin: *E.Y. Meyers Rückkehr aus Trubschachen*, in: Basler Zeitung, 13. März 1978.

Knecht, Susanne: *Reise ins dunkle Innere*, in: Brückenbauer, 23. Dezember 1977.

Krättli, Anton: *Umkehr zur Wahrheit*, in: Schweizer Monatshefte, H. 2, 1978.

Kraft, Martin: *Selbstfindung in der Literatur*, in: Der Landbote, 26. Januar 1978.

Kuhn, Christoph: *Ein reich instrumentierter Entwicklungsroman*, Tages Anzeiger, Zürich, 15. November 1977.

li.: *Literatur als Lebensschule*, in: Der Bund, Bern, 24. Dezember 1977.

Müller, Ernst: *In der Vergangenheit ist Schuld verborgen*, in: Berner Tagblatt, 19. November 1977.

Petermann, Roland: *Vieldeutige Rückfahrt*, in: Luzerner Tagblatt, 25. März 1978.

Podak, Klaus: *Buch der Erinnerung. E.Y. Meyers ›Rückfahrt‹*, in: Süddeutsche Zeitung, 1. Dezember 1977.

Salvini, D.: *Die Rückfahrt. Ein Roman von E.Y. Meyer*, in: Zürichsee-Zeitung, 5. Mai 1978.

Seemann, Hellmut: *Untergangsträume im Musterländle*, in: Deutsches Allgemeines Sonntagsblatt, 26. November 1978.

Schafroth, Heinz F.: *Ernsthaftigkeit und Respekt. ›Die Rückfahrt‹: E.Y. Meyers zweiter Roman*, in: Frankfurter Rundschau, 5. August 1978.

Scheller, Wolf: *Nach dem Unfall. Erkundung der Innenwelt. E.Y. Meyers ›Die Rückfahrt‹*, in: Wiesbadener Kurier, 29./30. Juli 1978.

Schiltknecht, Wilfred: *Le dernier roman d'E.Y. Meyer: à traduire d'urgence!*, in: Journal de Genève, 17. Februar 1979.

Strässle, Urs: *Vergangenes aufgreifen, die Welt des Kunstwerks betrachten. E.Y. Meyers großer Roman ›Die Rückfahrt‹*, in: Luzerner Neueste Nachrichten, 18. Februar 1978.

Ueding, Gert: *Fahrplan für die Zukunft gesucht*, in: Frankfurter Allgemeine Zeitung, 24. Januar 1978.

Vollenweider, Alice: *Die Kunst, Zeit rückwärts laufen zu lassen*, in: Die Weltwoche, Zürich, 7. Dezember 1977.

Vormweg, Heinrich: *E.Y. Meyer ›Die Rückfahrt‹*, in: Hessischer Rundfunk, Frankfurt, Abt. »Kulturelles Wort«, 27. Februar 1978.

Wagner, Karl: *Ästhetische Kompensation. Stifters ›Nachsommer‹ und E.Y. Meyers ›Die Rückfahrt‹*, in: Die Presse, Wien, 19./20. Juli 1980.

Wiesner, Heinrich: *Die Präsenz des E.Y. Meyer*, in: Basler Zeitung, 12. März 1978.

Wilhelm, Egon: *Rückfahrt und Durchbruch. ›Die Rückfahrt‹ ein neuer Roman von E.Y. Meyer*, in: Solothurner Zeitung, 19. Januar 1978.

*Wysling, Hans: *E.Y. Meyers Roman ›Die Rückfahrt‹. Eine Kant-Krise und ihre Überwindung*, in: Akten des VI. Internat. Germanisten-Kongresses, Basel 1980: P. Lang 1981.

Zelger-Vogt, Marianne (m.v.): *Wirklichkeit als Kunstwerk. E.Y. Meyers Roman ›Die Rückfahrt‹*, in: Neue Zürcher Zeitung, 11. November 1977.

*Zelger-Vogt, Marianne: *E.Y. Meyers ästhetisches Weltbild. Aus Anlaß seines Romans ›Die Rückfahrt‹*, in: Neue Zürcher Zeitung, 1. Dezember 1978.

Zopfi, Fritz: *Auf der Suche nach dem Sinn des Lebens. Zum Roman von E.Y. Meyer: ›Die Rückfahrt‹*, in: Bernerspiegel 7. Oktober 1978.

Die Hälfte der Erfahrung

Dittberner, Hugo: *Nachdrücklicher Zweifel. E.Y. Meyers ›Hälfte der Erfahrung‹*, in: Frankfurter Rundschau, 18. April 1981.

*Harig, Ludwig: *Die eine und die andere Hälfte. E.Y. Meyers Essays und Reden*, in: Süddeutsche Zeitung, 14./15. März 1981.

Kerr, Katharina: *Die Hälfte der Erfahrung*, in: Allgemeiner Anzeiger vom Zürichsee, Wädenswil, 5. Juni 1981.

von Matt, Beatrice: *Die Hälfte der Erfahrung. Ein Essayband von E.Y. Meyer*, in: Neue Zürcher Zeitung, 13. Februar 1981.

Oberer, Walter: *Exerzitium in eigener Sache*, in: Der Bund, Bern, 6. Dezember 1980.

Regenass, René: *Ein Autor auf der Suche nach Identität. E.Y. Meyers Essayband ›Die Hälfte der Erfahrung‹*, in: Basellandschaftliche Zeitung, Liestal, 2. Februar 1981.

Ross, Werner: *Ein Schlitzohr in der Gärtnerei. Reden und Essays von E.Y. Meyer*, in: Frankfurter Allgemeine Zeitung, 20. Februar 1981.

Witschi, Hans: *Die Utopie kann ein sehr blutiger Tyrann sein. Der Berner Schriftsteller E.Y. Meyer über Kultur, Individuum und Gesellschaft*, in: Berner Zeitung, 24. Januar 1981.

Allgemeinere Themen

Bachmann, Dieter: *Die Zertrümmerung des Gesichtsfeldes. Notizen zu E.Y. Meyer. Eine Vermißtenanzeige*, in: Tages Anzeiger Magazin, Zürich, 31. Dezember 1981.

Dahl, Sverre: *Tidsoppgjør med Sveits som utgangspunkt. En presentasjon av E.Y. Meyers Romaner*, in: Ergo, 12. Jg., Lysaker, Norwegen.

*Übersetzung von S. Dahl: *Die Schweiz als Ausgangspunkt einer Auseinandersetzung mit der heutigen Zeit. Eine Präsentation der Romane E.Y. Meyers*)

Krättli, Anton: *E.Y. Meyer*, in: *Kritisches Lexikon zur deutschsprachigen Gegenwartsliteratur*, hg. Heinz Ludwig Arnold, München: edition text + kritik 1978 ff.

Krättli, Anton: *Szene Schweiz – oder das Versickern im Alltag. Von der Förderung neuerer Dramatik an unsern Theatern*, in: Schweizer Monatshefte, Januar 1982.

Mecklenburg, Norbert: *Aussteiger und Sitzenbleiber. Lehrerfiguren in deutscher Gegenwartsprosa*, in: die horen, Zeitschrift für Literatur, Grafik und Kritik, 1. Qu. 1981.

Pender, Malcolm: *The Tenor of German-Swiss Writing in the nineteen-seventies: E.Y. Meyer*, in: New German Studies, vol. 8, nr. 1 Hull, Spring 1980.

Zeltner, Gerda: E.Y. Meyer, in: *Das Ich ohne Gewähr. Gegenwartsautoren aus der Schweiz*, S. 125 ff., Zürich: Suhrkamp 1980.

Rechte-Vermerke

Der Verlag dankt für die Genehmigung zum Nachdruck des Textes von E.Y. Meyer: *Eine Art 100-Mark-Mißverständnis um zwei Hälften* der Redaktion der Schweizer Monatshefte, der Arbeit von Sverre Dahl der Solum Forlag A.S, der Arbeit von Malcolm Pender den New German Studies (Hull), der Arbeit von Hans Wysling dem Verlag Peter Lang.

Die Arbeiten von Urs Herzog, André Holenstein, Georg Jánoska, Anton Krättli, Beatrice von Matt-Albrecht und Heinz F. Schafroth wurden eigens für diesen Band verfaßt. Die Rechte für den Beitrag von Heinz F. Schafroth liegen beim Verfasser, die Rechte für die übrigen Beiträge ebenso wie für die Druckfassung des Vortrags von Hans-Joachim Sandberg, die Übersetzungen der Aufsätze von Dahl und Pender und die Texte von E.Y. Meyer liegen beim Suhrkamp Verlag.

Den Autoren der bereits an anderer Stelle gedruckten Beiträge dankt der Verlag für die Genehmigung zum Wiederabdruck.

suhrkamp taschenbücher materialien

st 2004 Peter Handke
Herausgegeben von Raimund Fellinger

Im deutschen Sprachraum wie international hat das literarische Werk Peter Handkes ein großes Echo hervorgerufen. Im Zentrum des neuen Materialienbandes stehen detaillierte und umfassende Analysen der einzelnen Werke. Ein zweiter Teil gilt einmal der Untersuchung übergreifender Zusammenhänge: der Zusammenhänge zwischen Werken aus einer bestimmten Periode, zwischen Texten verschiedener Genres. Zum andern werden hier aber auch die Unterschiede in den Schreibhaltungen herausgearbeitet. Der dritte Teil gibt ein Bild der bisherigen Rezeptionsgeschichte und ihrer Phasen. Den Band beschließt eine komplette Bibliographie der Primär- und Sekundärliteratur.

st 2005 Ödön von Horváth
Herausgegeben von Traugott Krischke

Nach dem Erscheinen des Bandes *Über Ödön von Horváth* vor neun Jahren war es an der Zeit, eine neue Sammlung vorzulegen, die die wichtigsten neuen Fakten und Erkenntnisse in Beiträgen namhafter Wissenschaftler gesammelt präsentiert. Besondere Akzente liegen dabei auf der Prosa Horváths, auf der Frage nach seiner thematischen Beeinflussung, auf Spätwerk und Rezeption: Probleme, die erst in letzter Zeit verstärkt ins Blickfeld getreten sind, Fragestellungen, die das Horváth-Bild wieder aus vorschnellen Festlegungen gelöst haben. Ein ausführlicher Anhang mit der auf den letzten Stand gebrachten Zusammenstellung »Daten und Dokumente« sowie einer ausgewählten Biblio-

graphie unter Berücksichtigung der wichtigsten Sekundär-
publikationen bis zum Sommer 1981 schließt den Band ab.

st 2006 Geschichte als Schauspiel
Herausgegeben von Walter Hinck

Eine Wiedereroberung der Geschichte hat begonnen; überall
macht sich das Bedürfnis nach Aufklärung über unsere Vergangenheit bemerkbar. Keine literarische Gattung aber vermag Geschichte so unmittelbar zu vergegenwärtigen wie das
historische Drama. Gegenstand der – teilweise kritischen –
Deutungen dieses Bandes sind bedeutende Beispiele eines
Geschichtsdramas, das den vergangenen und den gegenwärtigen Zustand so miteinander verknüpft, daß im Geschichtlichen die Gegenwart zu einem vertieften Verständnis ihrer
selbst und zugleich zu einem Ungenügen an sich selbst gelangt, aber auch zu einem Bild oder zur Ahnung möglicher
Zukunft. Von Gryphius über Goethe, Schiller und Kleist,
Büchner und Grillparzer führt die Reihe zu Brecht und
Dürrenmatt, R. Schneider und Hochhuth, P. Weiss und
Kipphardt, Hacks, M. Walser und H. Müller.

st 2007 Ludwig Hohl
Herausgegeben von Johannes Beringer

Auf ungewöhnliche, auf unbedingte Weise ist Ludwig Hohl
dem nachgekommen, was er als seine Berufung erkannt
hatte: dem Schreiben. Er hat sich nicht dazu hergeben können, aus solcher Berufung einen Beruf zu machen, hat sich
zugleich geweigert, vor der Höhe und Schwierigkeit seiner
Aufgabe abzudanken und in eine Nebentätigkeit auszu-
weichen. Der Band stellt die wichtigsten Aufsätze, Rezensionen und Berichte über Hohl aus einem Zeitraum von
vierzig Jahren wieder vor. Eine sorgfältig erarbeitete Bibliographie wird neben den Sekundärtexten erstmals auch
den ganzen Umfang von Hohls Schaffen erkennbar machen.

st 2008 Die Strindberg-Fehde 1910–1911
Herausgegeben von Klaus v. See

Mit dieser Dokumentation, ausgewählt aus einer Sammlung
von nahezu 500 schwedischen Zeitungs- und Zeitschriften-

artikeln, ergänzt durch einige deutsche Texte und illustriert mit etwa zehn zeitgenössischen Karikaturen, philologisch erschlossen durch den Herausgeber, tritt die schwedische Dreyfus-Affäre ins Blickfeld. Mißgunst und Verbitterung sind im Spiel, als Strindberg – zwei Jahre vor seinem Tod – eine Pressekampagne inszeniert, die schließlich alles in Frage stellt, was dem offiziellen, monarchisch-konservativen Schweden lieb und heilig ist. Doch kommt in den persönlichen Querelen sogleich immer wieder Grundsätzliches zum Austrag: die Frage nach der politisch-sozialen Rolle des Dichters in der Gesellschaft, die Frage nach der öffentlichen Verantwortung einer subjektiv wertenden Literaturkritik, die Frage nach den Möglichkeiten einer sozialdemokratischen Kulturpolitik und einer proletarischen Ästhetik.

st 2010, 2011 Rilkes »Duineser Elegien«
Zweiter und dritter Band
Herausgegeben von Ulrich Fülleborn
und Manfred Engel

Mit diesen beiden Bänden und dem ersten bereits als st 574 erschienenen liegen die Materialien zu R. M. Rilkes *Duineser Elegien* in einer bisher einmaligen Vollständigkeit und Abrundung vor. Der erste Band belegt zum ersten Mal umfassend und genau die krisenreiche äußere und innere Entstehungsgeschichte von Rilkes lyrischem Hauptwerk und enthält alle Selbstdeutungen des Dichters. Während der zweite Band die Forschungsgeschichte von 1930–1981 dokumentiert und daraus die Konsequenzen für ein angemessenes künftiges Verständnis der Elegien in einem eingehenden Vorwort erarbeitet, gibt der dritte Band eine reiche Auswahl der allgemeinen Rezeption. Wie der zweite Band wird auch dieser dritte durch ein Vorwort erschlossen und enthält überdies eine erschöpfende Bibliographie der internationalen Rezeption.

st 2012 Literarische Utopie-Entwürfe
Herausgegeben von Hiltrud Gnüg

Wie eine bessere Welt als die jeweils gegenwärtige zu denken sei, welche Chance auf heilere Zukunft diese in sich

berge, darüber sind die Ansichten verschieden. Von mittel-
alterlicher Gralsutopie bis zur Utopie-Diskussion unserer
Zeit spannt sich der Bogen dieses Materialienbandes von
über dreißig Essays und Texten namhafter Literaturwissen-
schaftler, Philosophen, Literaturkritiker und Autoren, der
nicht nur den Utopismus der ›hohen‹ Literatur, sondern
auch die politische Perversion utopischer Wunschphantasie,
auch Genres wie Science-fiction oder Schlager-Utopien
thematisiert.

st 2013 Plenzdorfs »Neue Leiden des jungen W.«
Herausgegeben von Peter J. Brenner

1972 in der DDR, 1973 in der Bundesrepublik erstmals erschienen, in der Theaterbearbeitung hüben wie drüben zugleich umstrittenes und umjubeltes Ereignis, hat Plenzdorfs
»Neuer Werther« den Erfolg seiner klassischen Vorlage
eingestellt. Wie diese 200 Jahre zuvor, so enthält auch
Plenzdorfs *Werther* das Gefühl, trägt ihn die Strömung
seiner Zeit, artikuliert er einer Generation Trauer und
Sehnsucht. Den Mythos von Plenzdorfs Werther historisch
und kritisch zugleich zu belegen und aufzuhellen, gleichzeitig aber zum ersten Mal Plenzdorfs Erstling einzuordnen
in den größeren Zusammenhang eines umfassenderen Schaf-
fens: dies macht der neue Materialienband sich zur Aufgabe.

st 2014 Horváths »Der Fall E.« oder
Die Lehrerin von Regensburg
Herausgegeben von Jürgen Schröder

Horváths Dramenfragment über »Den Fall E.« fußt auf
einem Fall von Berufsverbot und seinen tragischen Folgen
im Jahre 1930. Die Voraussetzung für das Verständnis
von Horváths Arbeitsweise als des »Chronisten« der Wei-
marer Republik bildet eine möglichst genaue Dokumentation des authentischen Falles. Sie ist in den letzten beiden
Jahren fast lückenlos gelungen. Neben der Edition des Dra-
mentextes und aller Varianten, ausführlicher historischer
und literaturwissenschaftlicher Interpretation bietet der Ma-

terialienband u. a. die umfangreichen Personalakten der seinerzeit zuständigen Kreisregierung, die Protokolle des bayerischen Landtags, ein handschriftliches Tagebuch des Opfers, Fotografien und mündliche Äußerungen noch lebender Zeugen.

st 2015 Herbert Achternbusch
Herausgegeben von Jörg Drews

Der Bezeichnungen für Herbert Achternbusch, den Mann und das Werk, sind viele: Den Ungebändigten, Wütenden, den Eigensinnigsten, den Anarchisten hat man ihn genannt, zugleich aber den Schwierigen, den Versponnenen. In seinem Werk, ob Dichtung oder Film, entdeckte man den »Sog des Existentiellen« ebenso wie das Sentimentale, das Satirische wie das Utopische, das Volkstümliche wie das Exzentrisch-Esoterische. Auf eines jedoch wird man sich wohl verständigen: Achternbusch steht in der Reihe der wenigen wirklich großen Unzeitgemäßen, der Schöpfer ihres provokant eigenen Lebens, der wahren Poeten. Der Materialienband von Jörg Drews unternimmt eine Annäherung, ohne hinter den Facetten dieses Autors den großen Nenner, dem er sich und sein Schaffen verweigert, zu suchen.

st 2016 Brechts »Mutter Courage
und ihre Kinder«
Herausgegeben von Klaus-Detlef Müller

Mutter Courage und ihre Kinder ist Brechts vermutlich erfolgreichstes, mit Sicherheit aber folgenreichstes Stück. Der neue Materialienband mit dem Bestreben, »Einschüchterung durch Klassizität« zu verhindern, ersetzt und ergänzt die ältere Sammlung von Werner Hecht (edition suhrkamp 50). Der Offenheit und Aktualität von Brechts Werk wird er gerecht durch den Abdruck weiterer Dokumente zur Entstehung des Stücks und bisher unveröffentlichter Varianten, eine Zusammenstellung von Äußerungen Brechts zum Werk und zur Aufführung, eine Dokumentation zur Rezeption, den Wiederabdruck wichtiger Deutungen, Bibliographie und Aufführungsverzeichnis. Er versteht sich als Anregung zu erneuter Auseinandersetzung mit dem Stück in Theater, Universität und Schule.